핵심 소비자정보관리

핵심 소비자정보관리

김영신 · 이희숙 · 김시월 · 옥경영 · 서인주

CONSUMER INFORMATION MANAGEMENT

교문사

머리말

지속적으로 발전해 온 디지털 기술과 인터넷의 확대는 우리의 생활과 사회구조를 근본적으로 변화시키고 있다. 소비자정보는 현대 사회에 있어 주요한 자원으로 우리의 소비생활뿐 아니라 사회를 움직이는 원동력이 되고 있으며, 손쉽게 얻게 된 디지털 소비자정보는 시장에서의 소비자 힘이 확대되어 있다.

소비자정보론적 관점에서 가장 중요한 변화는 언제, 어디서나, 누구와도 대량의 정보교환이 가능해진 정보네트워크의 확산이다. 이러한 변화는 우리 소비생활의 편리성이라는 긍정적인 면과 함께 과거에는 생각하지도 못했던 새로운 소비자문제, 예를 들어 허위·오류정보, 정보 과다, 정보 격차, 정보 집중, 정보이용의 불균형, 개인정보보호문제 등도 나타나고 있다.

기업의 입장에서도 정보기술의 변화와 함께 소비자의 욕구가 다양해지고 복잡해짐에 따라 기업의 생존과 발전을 위해서 소비자에 관한 정보관리가 중요하게 되었다. 기업의 매출증대는 고객만족을 통해서 가능하며, 이는 소비자의 불만이나 요구를 단순히 처리하는 것이 아니라 변화하는 고객의 요구를 미리 예측하여 상품을 개발하고 판매하는 것을 의미한다. 다시 말해 기업수익의 중요한 비중을 차지하는 고객과 장기적인 관계를 유지하는 것이 필요하며, 이를 위해서는 고객의 정확한 정보의 수집과 활용이 뒷받침되어야 한다.

디지털 사회의 새로운 경제패러다임에 능동적으로 대처하기 위해서는 새로운 사회가 요구하는 능력을 갖추어야 할 것이다. 특히 오늘날과 같은 정보기술사회는 정보의 생산, 유통, 소비자 중심적 가치를 지니게 되는 사회로, 많은 정보를 어떻게 효과적으로 활용하는가 하는 정보관리능력이 중요해지고 있다. 나아가 소비자학 전공자는 새로운 시대가 요구하는 정보관리능력을 연마함으로써 새로운 인력 수요에도 부응할 수 있을 것이다.

본서는 이러한 변화에 소비자와 기업이 적극적으로 대처하기 위해서 요구되는 정보의 생산과 획득, 그리고 활용능력에 대해 다루었다.

이 책은 총 3부 14장으로 구성되어 있다. 1부에서는 사회변화 속에서 소비자정보가 갖는 의의, 소비자정보에 대한 기초적인 이해, 소비자정보의 역할, 소비자정보처리, 소비자정보탐색 등에 대하여 살펴보았다. 2부에서는 소비자정보의 획득과 활용이 소비자, 기업, 정부 측면에서 어떻게 이루어지는가를 살펴보았으며, 3부에서는 소비자정보와 관련된 정책적 이슈로써 가장 중요한 개인정보보호 관련법을 비롯하여, 개인정보피해 구제방법과 개인정보피해 예방을 위한 소비자정책 이슈, 소비자정보제공 관련법과 제도에 대해 살펴보았다. 나아가 미래사회에서 소비자정보가 갖는 역할과 이슈에 대해 살펴보았다. 본서는 5인의 공저로 1, 10, 14장은 김시월 교수, 2, 5장은 김영신 교수, 3, 6, 7장은 서인주 교수, 4, 8, 9장은 옥경영 교수, 11, 12, 13장은 이희숙 교수가 각각 집필하였다.

소비자학을 전공하는 학생들의 전공서적으로, 소비자 상담사를 준비하는 사람들과 새로운 디지털 사회를 적극적으로 준비하는 사람들의 참고서적이 될 수 있도록 저자들은 필요한 내용을 가능한 쉽게 집필하고자 하였다. 또한 고객정보관리와 관련된 실무도 포함시켜 기업에서의 고객정보관리를 위한 지침서로도 활용되었으면 한다. 이를 위해 각 장마다 관련된 내용의 이해를 돕고, 실무적 활용에도 도움이 되고자 읽을거리를, 그리고 필요한 관련 용어들도 함께 정리하였다.

그러나 충분한 시간적 여유도 없이 출간을 서두르게 되어 부족한 점이 많을 것으로 생각된다. 보다 나은 책이 될 수 있도록 소비자학 분야의 선후배, 동료, 그리고 독자들의 건설적인 비평과 좋은 의견이 있기를 바란다. 앞으로 미흡한 부분을 충분히 검토하여 좀 더 나은 내용으로 개정할 것을 약속하면서 부끄러움을 무릅쓰고 이 책을 내놓는다.

끝으로 많은 어려움에도 불구하고 이 책이 나오기까지 애써 주신 교문사의 류제동 사장님 및 임직원 여러분, 특히 편집을 맡아 주신 직원 분들께 진심으로 감사드린다.

2015. 8.

저자 일동

차례

CHAPTER 4 소비자정보이론

CHAPTER 5 소비자정보의 탐색활동

PART 2 소비자정보의 획득과 활용

CHAPTER 6 소비자의 정보획득

CHAPTER 7 소비자의 정보 활용

PART 1

정보사회와 소비자정보

CHAPTER 1

사회변화와 소비자정보

사회가 변화함에 따라 소비자, 생산자, 정부의 역할도 함께 변화해 간다. 특히 급변하는 사회에서 소비자정보는 소비자가 상품과 서비스 등을 선택함에 있어서 필수적인 존재가 되었다. 소비자의 선택은 소비자의 이익과 만족을 도모하므로 그들의 복지와 관련된다. 객관적이고 투명한 정보는 소비자의 생활에 있어 중요한 요소이며 과거 일방적으로 주어지던 소비자정보는 이제 소비자와 상호적인 관계로 변화하였다. 이에 기업은 최종소비자의 효율적 욕구 충족뿐만 아니라 소비자만족경영을 고려해야 하며, 정부는 복지 정책 개발 시 사회와의 상호작용을 함께 고려해야 한다.

일반적으로 정보화 사회는 정보를 가공, 처리, 유통뿐만 아니라 재생산하는 활동이 활발한 정보 중심적인 사회 및 시장을 말한다. 정보화 사회는 정보기술을 창조적이고 생산적인 방식으로 활용해 국가의 경쟁력을 향상시키는 것이 주요한 목적이다. 또한 소비자의 복지 향상을 추구하기 때문에 소비자정보는 더욱 필요하고 중요하다.

본장에서는 사회변화와 시장변화를 중심으로 살펴보고, 시장변화에서도 소비자, 생산자, 정부의 역할 변화와 아울러 소비자정보의 필요성을 살펴보고자 한다.

1. 사회변화와 시장변화

1) 사회변화

일반적으로 사회의 변화를 구분할 때, 어떤 관점으로 어떻게 구분하는가는 다양한 접근과 견해의 차이가 있다. 소비자는 무엇을 먹고, 어떻게 살아왔는가의 원천인 생계의 수단과 관련된 측면에서 본다면, 수렵채집사회, 유목사회, 농경사회, 산업사회, 탈산업사회, 그리고 정보화 사회 등으로 구분이 가능할 것이다. 특히 이러한 사회변화는 생산과 소비의 등장, 생산과 소비의 구조적 변화, 시장의 형성, 화폐의 등장, 그리고 시장이 공정한 질서를 형성하게끔 하는 정부의 역할 변화 등을 구성하면서 변화하였고, 생산자, 소비자, 그리고 정부 등의 시장요소의 형성과 힘의 균형, 다양한 판매와 유통이 관련되어 시장의 형성과 관련성이 깊다.

전통적인 소비의 개념이란 모든 생산의 목적으로서 일정한 서비스와 상품의 구매를 통하여 소비자의 만족을 극대화하는 것이었다. 그러나 산업혁명을 계기로 자본주의가 고도로 발달하면서 모든 영역이 시장 상품과 서비스화되는 등 소비의 영역이 크게 확대되었으며 소비환경을 설명하는 데에 그 범위가 점점 넓어지고 있다(김시월, 2007). 이에 소비는 생산의 목적이 아니라 소비중심적인 관점의 시장으로 변화하기에 이르렀다.

시대에 따라 많은 사람들이 소비 관련 사회를 언급하였는데, 아담 스미스(Adam Smith)는 소비가 생산 활동의 목표라고 언급하였으며, 스탬플(Stampfl)은 인류의 공통점은 바로 소비자로서의 역할 수행이라고 하였다. 그리고 카토나(Katona)는 대중소비사회야 말로 소비의 확산이라고 하였으며, 리스먼(Riesman)은 생산시대에서 소비시대로 바뀌는 전환기라고 언급하였다(궁선영, 2009). 오늘날의 모든 이들에게 일상적인 행위로 다가온 것이 소비이다. 과거의 소비는 일부 계층의 전유물이었으나, 경제적 발전을 통한 물질적인 풍요는 소비를 대중에게 확산하게 되어 심리적이며 표현적인 기능의 소비시대로 변화하였다.

소비와 소비자에 관한 논의는 최종소비자의 효율적 욕구 충족과 관련한 문제뿐만 아니라 소비자만족경영을 위한 기업적 측면, 복지 측면에서의 정부와 소비자단체의 활동 또한 소비생활의 장이 되는 사회와의 상호작용을 함께 고려해야 한다.

일반적으로 정보화 사회는 정보를 가공, 처리, 유통, 그리고 재생산하는 활동이 활발하여 이것이 사회 및 경제의 중심이 되는 사회를 일컫는다. 정보화 사회의 목적은 정보기술(IT)을 창조적이고 생산적인 방식으로 사용해 국가 간 경쟁우위를 얻는 것이 주요한 목적이다. 정보 및 정보화 사회라는 말은 현대사회의 특징을 나타내는 중요한 개념의 하나이며 매우 많은 내용을 포함하므로 그 정의도 다양하다.

사회과학에서 의미하는 정보는 발신자 또는 수신자 사이에 어떤 의미를 지니는 것이라고 할 수 있지만, 자연과학에서는 정보를 사상(捨象)된 부호로서 이해하고 있다. 사회과학에서는 정보를 인간인 소비자행동과의 관계로 받아들이려고 하는 데 반해, 자연과학에서는 기계에 의한 정보의 전달·처리를 염두에 두고 있다는 점에 차이가 있어 행동 연계와 처리 과정의 차이라고 볼 수 있다. 사회과학에서의 정보의 일반적인 정의도 그 의미의 구체적 내용을 파고들면 더욱 다양해지며, 또한 특정한 행동을 선택하기 위한 수단으로서의 정보(수단적 정보)와, 정보의 발신·수신 그 자체를 목적으로 하는 정보(목적적 정보)가 있다.

정보화 사회의 정의도 정보와 마찬가지로 다양한데, 주로 다음과 같이 정리하고 있다.

우선, 질과 양에서 풍부한 정보가 생산되어 유통 및 전달되는 사회라고 할 수 있다. 즉 이들 풍부한 정보의 생산·처리·전달·축적에 일정한 경제적 가치를 인정하고, 직접 또는 간접적으로 그 비용을 부담하는 구조를 이룬 사회라고 볼 수 있다. 정보의 생산·처리·전달·축적, 그리고 재생산을 원활하고도 효율적으로 행하기 위한 정보기기나 정보 네트워크가 급격히 발달하여 보급되는 것이 일반화된 사회이다.

이러한 의미에서 소비자정보는 투명하고 객관적인 중요한 정보로서 소비자에게 제공되어 소비자의 선택에 효율적이고 의미 있는 역할을 하는 자원이다. 아울러 소비자의 정보 재생산이나 재가공 및 채널별 소비자선택 행동 등이 중요하므로 이에 맞는 소비자의 역량도 효율적으로 변화시키는 것이 필요한 사회이다.

일반적으로 정보화 사회론의 시조는 케네스 보울딩(Kenneth Boulding)이다. 그는 그의 저서 《20세기의 의미(The Meaning of 20th Century: The Great Transition)》(1964)에서 대담하게도 인류의 역사를 문명 전 단계, 문명 단계, 문명 후 단계라는 3단계로 나누고, 그 당시는 문명 단계에서 문명 후 단계로 이행하는 도중에 있다고 주장하였다. 이어 보다 구체적으로 정보화 사회론을 전개한 사람은 다니엘 벨(Daniel Bell)이다. 그는 그의 저서

《탈공업사회의 도래(The Coming of Post-Industrial Society)》(1973)에서 탈공업사회란 기술적 지식을 주축으로 하여 경제성장을 하고 사회 성층(成層)이 조직되는 사회라고 주장하였다. 그리고 헤르만 칸(Herman Kahn)은 《2000년(The Year 2000)》(1967)에서 1인당 국민소득(GNP)이 4,000달러를 넘으면 탈공업사회로 이행한다고 말하고, 발전 단계론적 입장에서 탈공업사회를 해석하였다.

그러나 탈공업사회라는 말은 다가올 사회의 특징을 표현하기에는 추상적이고 불충분하였으며, 이것을 보다 구체적 설득력을 지닌 용어로 표현할 필요성이 제기되었다. 즉 미래사회를 정보화 사회라 명명하여 실용적 기능보다 정보적 기능이 중시되는 사회라는 정의를 부여한 것은 1970년 전후이었으며, 이후 정보화 사회라는 용어가 널리 보편적으로 쓰이게 되었다. 1973년의 유류파동은 소비자들의 관심을 에너지와 그 밖의 자원문제에 집중시켜서 정보화 사회론에 대한 흥미를 일시적으로 후퇴시켰으나, 그 후 선진국들에서 다시 정보화 사회론이 각광을 받게 된 것은 1980년 이후인데, 그 배경에는 다음과 같은 몇 가지 일들이 있다(위키백과, 2015).

첫째, 두 차례에 걸친 유류파동을 극복해내고 어느 정도 여유가 생기자 먼 장래가 아닌 21세기가 어떻게 될 것인가 하는 문제가 관심사로 대두되었고, 이에 미래시대를 반영한 21세기론이 활발히 대두되었다.

둘째, 마이크로일렉트로닉스(ME) 기술을 응용한 매력적인 기기나 시스템이 현실적으로 보급되기 시작하여 관련 산업이 급성장기로 접어든 점을 들 수 있다. 예를 들면 산업용 로봇, 사무용 컴퓨터와 워드프로세서 등의 OA 기기, VTR의 생산량이 1980년 이후 급격하게 증대하였다. 이른 바 뉴미디어도 이 연장선상에 있어 많은 기업 경영자들의 관심은 물론, 일제히 정보 관련 기기와 그 시스템에 집중되었다. 앨빈 토플러(Alvin Toffler)는 《제3의 물결(The Third Wave)》(1980)에서, 존 나이스비츠(John Naisbitt)는 《메가트렌즈(Megatrends》(1982) 등의 저서를 출간하면서 이러한 미래사회학자의 영향도 지대한 역할을 하였다.

셋째, 마이크로일렉트로닉스 기술을 응용한 기기와 그 시스템이 보급됨에 따라 역효과의 측면이 드러나게 되어, 대책을 강구하지 않으면 더 큰 위기감을 불러일으킨 점을 들 수 있다. 예를 들면 1980년경에 연달아 등장한 국제노동기구(ILO)와 경제협력개발기구(OECD)의 보고서는 최대의 문제로 실업자의 대량 발생을 다루었다. 실제로 컴퓨터 범죄나 사고로 인한 컴퓨터 시스템의 마비와 정지 또한 빈발하였다. 그리고 컴퓨터 노동에 있어서의 VDT(Visual Display Terminal) 증후군과 같은 신체기능 장애의 문제도 주목되었다. 또한 데이터베이스업의 번창은 프라이버시 침해가 진행되고 있음을 암시하고 있었다고 할 수 있다.

이러한 배경 아래에서 제2기의 정점을 맞은 정보화 사회론에는 고도 정보화 사회라는 표현이 사용되었는데, 본질적으로는 초기의 것과 거의 같은 내용이다. 다른 점은 정보기술의 급격한 발전에 따라 고도의 정보기기와 시스템이 현실화되고, 그 이미지가 보다 구체화한 점이다. 여기에서 특기할 만한 일은 정보화 사회론을 담당하는 데 중요한 일익을 형성하고 있는 산업화로 확산된 정보산업론의 전개이다. 프리츠 매클럽(Fritz Machlup)의 《미국에서의 지식산업(The Production and Distribution of Knowledge in the USA)》(1962)과 우메사오 다다오(梅棹忠夫)의 《정보산업론》(1963)에서 시작된 정보산업론은 그 후 마크 포랫(Marc Porat)의 《정보경제(The Information Economy)》(1977) 등에 의해서 구체적으로 산업구조의 정보화 과정과 그 장래의 비전이 제시되기에 이르렀다. 즉 정보 관련 산업의 구체화가 시작되었고 관심이 증대되었음을 의미한다.

또한 가장 일반적으로는 정보화 사회라는 말이 산업사회, 농경사회, 수렵사회 등과 대비되는 개념으로 사용되었다. 공업화가 일정한 수준에 도달했거나 공업화가 완료된 사회에서 일어나기 때문에 이때는 사회 발전 단계의 하나로서의 의미가 강하다. 정보화 사회라는 용어는 비슷한 개념의 유의어가 많은데, 이들 유의어는 정보에 관련되는 단어를 수반하는 것이 보통이다. 멀티미디어사회, 디지털사회, 지식사회, 정보 네트워크사회, 글로벌 네트워크사회 등이 그것이다. 산업사회 성립의 계기가 된 일련의 사건들을 산업혁명이라고 하는 것과 같이, 정보화 사회로 진행되는 과정을 정보혁명이라고 부르기도 한다. 사회 전체적으로 기술사회·지식사회·고학력사회를 형성하고, 산업사회 이후 정보화 사회를 규명하기 위해서 많은 신조어들이 생겨났다.

정보화 사회로의 변화에서 선진국들이 정보화 사회로 이행해가는 이유는 주로 두 가지로 생각할 수 있다(위키백과, 2015).

먼저 과학기술, 특히 마이크로일렉트로닉스 기술의 급격한 발전에 따라 컴퓨터와 그것을 응용한 산업용 로봇, 유연생산방식(FMS: Flexible Manufacturing System), 사무자동화(OA: Office Automation) 기기, 뉴미디어 등의 기기나 시스템이 차차 실용화되기에 이른

점이다. 그 결과 기존 산업분야의 생산성 향상은 물론 신제품이나 새로운 서비스의 가능성이 더욱 확대되었다.

다음으로 기술적 가능성을 현실화시키는 데 있어서의 필수 불가결한 요소로 사회적 욕구의 확대를 들 수 있다. 의·식·주에 대한 기본적 욕구가 충족되면 소비자들의 욕구는 점차로 고도화·다양화·개성화로 변하게 되며, 그리하여 이런 변화에 대응한 상품이나 서비스를 기획하기 위해서는 많은 사람들의 창의성과 상상력이 요구된다. 또 다양한 상품이나 서비스를 효율적으로 생산·제공하기 위해서는 고도의 정보기술을 적용하거나 새로운 기기나 시스템의 이용이 불가피해진다.

이 양자는 서로 자극하여 상승작용을 불러일으키기 때문에 가속도적인 변화를 유도하게 된다. 즉 새로운 정보기술의 개발이 욕구의 고도화·다양화·개성화를 강하게 자극하는 한편, 이와 같은 소비자의 욕구 변화가 곧 정보기술의 새로운 응용 영역의 개발을 촉구하는 것이다. 이런 의미에서 정보화 사회는 변화가 격심한 사회이기도 하다. 즉 사회에서 생산에서는 고도의 정보 기술적 상품과 서비스, 소비에서는 소비증대 및 사회화와 소비자의 수요 증진, 그리고 이러한 것이 시장 중심으로 변화된 것이다. 그러나 정보화 사

표 1-1 산업사회와 정보사회의 특징 비교

구분	산업사회	정보사회
주요 인프라	철도, 도로, 산업기반, 자본	유무선 네트워크, FID/USN
주요 산업	제조업(철강, 조선, 자동차 등)	정보통신(기기, N/S, S/W 콘텐츠 등) 유통, 미디어, 레저 등
생활 문화	획일화된 문화, 물리적 생활수준 향상 추구	탈규격화, 다양화, 탈획일화 및 정신적 욕구, 개인의 가치 충족
생산과 소비	양 중시: 규격화된 대량생산, 대량소비	질 중시: 다품종 소량, 웰빙 추구, 개인 감성 소비
기본 소양	표준화된 공급 중심의 교육, 대량생산체제에 적합한 기술 및 자격	창의력·창조력 정보 활용 (능력정보·생산·가공·검색)
활용 공간	실제 공간(광역화, 도시화, 세계화)	실제 공간+온라인(사이버 가상 환경)

자료: 정지선·은혜진·김연철(2009). 트렌드로 보는 미래사회의 5대 특징과 준비과제. NIA 한국정보화진흥원(2009). IT & Future Strategy 8.

회, 정보화 사회론에 대하여 다음과 같은 비판도 제기된다.

첫째, 기술결정론 중심인 점을 들 수 있다. 즉 너무 정보기술에 주목해 그것이 사회변동을 예측하는 주요 관점으로 가는 경향이 있어서 다른 요소인 문화, 정치, 경제 등을 충분히 고려하지 못한다는 비판이 있다.

둘째, 정보 자체의 질적인 변화나 사회구조의 근본적 변화가 일어나지 않는다는 것을 들고 있다. 최근의 정보기술 발전은 정보의 양적인 변화를 일으킬 수는 있지만 전파되는 정보의 질적인 변화는 가져오지 못했다는 비판이다. 이 비판에선 정보기술이 가져온 것은 정보를 전하는 속도나 수단, 정보량의 변화이고 이들은 사회가 움직임에 있어서 근본적인 변화를 가져오기는 힘들다고 한다.

셋째, 산업사회의 연장선상에 지나지 않는다는 것이다. 정보화는 산업시스템에 구조적인 효율성 등을 가져왔지만 근본적인 구조는 산업사회와 비교해 그다지 변화하지 않았다는 비판이 있다.

넷째, 정보사회라 불리는 것은 이상적인 이데올로기적인 사회가 아니라 여러 문제를 야기시키는 사회라는 비판이다.

다수의 연구자가 예상하는 정보사회의 부정적인 측면은 데이터베이스나 감시카메라 등으로 대표되는 감시·감독기술이 발전해 정부나 기업에 의한 소비자가 프라이버시 침해로 언론의 자유나 사상의 자유가 억압되는 사회라는 것이다. 즉 소수의 기업이 보도기관을 독점 혹은 과점해서 소수의 의견이나 기업이나 자본주의를 비판하는 의견이나 견해가 억압되는 반 민주주의적 사회라는 것이다. 그리고 소수의 기업이 문화산업을 독점 혹은 과점해서 문화적인 다양성이나 창조성을 잃어버린 사회, 정보에 접근하기 쉬운 일부 엘리트층과 그 외의 사람들 간의 정보 격차가 커져 더욱 견고한 착취구조가 형성된 사회, 범죄를 실행하기 위한 관련 기술에 누구나가 손쉽게 다가갈 수 있게 되어 인터넷을 통한 범죄가 늘어나 치안이 악화된 사회 등을 의미한다.

다섯째, 정보의 과잉으로 인해 본래 얻을 수 있을 정보를 얻지 못하게 되고 잘못된 허위정보가 범람하게 되어 정보 자체의 의미를 잃어버리게 된다는 것이다. 이로 인해 정보가 쓸모없게 되는 사회를 의미하게 된다는 비판도 있다. 따라서 정보를 둘러싼 소비자의 반응 및 행동과 관련된 사회적 변화를 살펴보는 것은 매우 중요하다.

이러한 변화를 겪으면서, 앞으로 변화될 사회를 미래사회라고 할 때, 사회 트렌드 측면

미래사회의 뉴스

존 나이스비츠는 《The Post-literature Future》(2007)에서 2010년대에는 완벽한 음성인식 기기와 목소리 저장기술이 등장하고, 매일 아침 자동적으로 오늘의 뉴스가 흘러와 선호하는 뉴스를 쉽게 음성으로 선택하여 들을 수 있는 시대가 도래하면 뉴스를 '읽을' 필요가 없을 것이라고 하였다.
리처드 왓슨(Richard Watson)은 《The Future File》(2009)에서 미래에는 대부분의 신문이 무료로 제공되고 2040년 무렵에는 종이 신문이 사라질 것이라고 하였다. 종이 신문에 실린 소식은 인쇄되는 과정에서 이미 늦은 소식이 되어 버리고, 이를 배포하는 데 엄청난 비용이 소요되며, 콘텐츠를 만드는 과정에서 독자들의 참여가 제한적이기 때문이다.

자료: 한국정보화진흥원(2009). 트렌드로 보는 미래사회의 5대 특징과 준비 과제. p.20.

에서 미래사회의 특징과 준비 과제를 한국정보화진흥원(2009)에 의해 살펴보면 다음과 같다.

오프라인 중심에서 온라인 미디어로의 변화를 들 수 있다. 즉 종이로 된 신문에서 실감미디어로의 변화를 들 수 있는데, 예컨대, 온라인 저널리즘의 발전과 종이 매체의 종말을 들 수 있다. 신문으로 대표되는 종이 매체의 종말은 2000년 36.2%에 달했던 신문 점유율이 2001년 방송에 광고시장 선두를 내준 이후 2002년 29.5%, 2006년 22.5%, 2008년 21.2%로 하락하였다. 그리고 1인 미디어의 발달로 누구나 뉴스를 생산할 수 있고, 기존의 뉴스산업은 더 이상 독점적 위치를 갖기 어려울 것으로 전망하고 있다.

뉴미디어의 일환으로 시·공간의 제약을 극복하면서 실재감과 몰입감을 제공하는 실감미디어 산업의 발전과 경제적 효과를 기대할 수 있게 되었다. 실감 미디어 서비스는 시각, 청각, 촉감을 포함하는 다차원 정보의 생성, 처리, 저장, 전송, 재현 등에 의해 구현된다. 특히 한국전자통신연구원(2009)은 국내 실감 미디어 산업의 경제적 기대효과를 생산유발효과, 부가가치 유발효과, 고용 유발효과 등으로 나누어 2023년에서 2027년 사이에 생산유발효과(414,081억 원), 부가가치 유발효과(132,408억 원), 고용 유발효과(237,671명)로 예측하였다.

다음으로 면대면에서 비대면 커뮤니케이션의 변화를 들 수 있으며, 시청각에서 오감으로의 변화를 예측할 수 있다. 또한 소셜 네트워크 서비스 활성화 및 소셜 텔레비전의 보급을 예측할 수 있다. 다양한 서비스 개발을 바탕으로 SNS, 블로그를 매개로 한 커뮤니케이션의 활성화를 들 수 있다. 이미 국내 최대 SNS인 싸이월드의 이용자 수가 2,600만 명(2015, 1월 기준)에 이르고 인터넷 이용자의 60%가 블로그를 이용하고 있다. 또한 최근 SNS를 통해 나와 가족, 친구(잊혀진 과거의 친구까지), 익명의 대중 사이를 연결하고 의사소통과 정보 공유 활동이 확산되고 있으며 점차 증가하는 추세이다.

그리고 SNS의 새로운 채널인 소셜 텔레비전 서비스 개발이 진행 중이다. SNS를 정기적으로 이용하고 있는 이용자의 36%가 텔레비전을 통한 SNS 접속을 희망하고 있으며(ABI Research, 2009), 인텔과 야후가 공동으로 텔레비전을 위한 위젯 채널(Widget Channel)을 발표, 인터넷 지원 TV 개발 등이 진행 중이다.

또한 미래에는 이미지를 통한 커뮤니케이션, 일명 아이코닉 문화가 더욱 확대될 것으로 예상하고 있다. 디지털 미디어를 이용한 소리와 제스처의 조작이 가능하여 이미지를 통한 자기표현이 활발하게 이루어질 것이며, 미래에는 비언어적 의사소통으로 감성과 감정을 표현하기 위해 새로운 기호와 상징의 역할이 필요하다고 하였다.

그리고 인간과 기계, 기계와 기계 간 커뮤니케이션이 가능할 것으로 예측하고 있다. 스스로 판단하는 지능형 로봇의 등장은 인간과 기계 간 커뮤니케이션, 기계와 기계 간 커뮤니케이션이 가능한 사회가 구축될 것이며, 기계와 기계 간의 커뮤니케이션은 인간이 해야 할 의사판단의 상당 부분을 기계가 대신 수행할 수 있음을 의미한다.

다른 하나로 전통적인 가족의 변화 및 가족구조의 변화를 들 수 있다. 전통적인 결혼

오감으로 느끼는 TV

TV에서 냄새가 솔솔 난다? 포르투갈 산업디자이너 누노 테이세이라(Nuno Teixeira)의 '스멜리티: 화면 속 상품의 냄새를 내뿜는 DVD 플레이어 스멜리티'는 118개의 젤 타입 카트리지가 내장되었으며, 화면에 피자가 나오면 밀가루, 치즈, 햄 등의 냄새가 혼합되어 밖으로 나온다.
앞으로 오감화면, 가상현실이 뜰 것이다. 삼성전자는 차세대 유망사업 10선 중 조만간 눈으로 보는 모든 것이 디스플레이로 구현되는 시대가 올 것으로 전망하고, 나아가 오감으로 교감하며, 디스플레이 가격이 저렴해지면서 가상현실 세계도 가능할 것으로 예측했다.

자료: 한국정보화진흥원(2009).

과 가족의 정의에서 벗어나는 사례 증가를 예측할 수 있다. 가족주의의 약화와 개인주의의 강화 현상으로 인해 전통적인 결혼과 가족의 정의에서 벗어나는 사례가 증가하고 있다. 예컨대, 동거와 독신, 만혼과 비혼, 무자녀 가족의 증가를 대표적으로 가족구성원의 수 감소 및 1인 가구인 단독가구의 수 증가 추세를 들 수 있다. 또한 점차 부모와 남녀의 성 역할 구분이 모호해져 집에 있는 아버지가 증가하고 기존의 남성우월주의가 사라지면서 신모계사회가 도래한다고 한다. 이러한 것은 여성의 교육수준 상승, 여성에 대한 사회적 인식 변화, 여성 스스로의 적극적인 사회 진출 노력, 그리고 서비스 산업의 발달로 인한 여성 노동력에 대한 수요가 증가하면서 영향력이 강화되었음을 의미한다.

집단적이고 전통적인 권위와 권력에서 개인 중심으로 힘의 전환(Power Shift)을 들 수 있다. 즉 개인의 파워가 강화되고 청중의 반란이 예상된다는 것이다. 일반인이 전문가의 권력에 대해 순종하고 신뢰하던 기존의 전통적 관계에서 탈피하고 청중의 반란이 시작되었다고 한다. 전문가 집단의 도덕적 우월성에 대한 의심과 지식생산지로써의 매스 미디어(인터넷)의 발달로 전문지식의 탈 독점화 현상의 발생을 지적하고 있다. 앞으로 개인 소비자의 전문지식은 습득과 동시에 새로운 지식의 등장으로 무용지물이 되어 전문가들은 지속적인 재교육이 필요할 것이다. 또한 후기 정보화 시대로 갈수록 1인 미디어와 같은 똑똑한 개인이 권력을 쥐게 될 것으로 전망하고 있다.

이러한 것은 경제, 정치, 사회적으로 온라인 집단지성을 확대한다. 즉 사용자인 소비자의 참여, 공유, 개방을 속성으로 웹 2.0의 등장은 거대 집단지성의 근간을 마련하여 개개인의 지식과 정보력이 모여 이슈와 담론을 창출하고 문화를 형성하며, 집단지성의 한 형태인 클라우드 소싱 기법을 비즈니스에 활용하는 사례가 증가하고 있다. 또한 가상공간을 통한 새로운 권력의 출현을 들 수 있다. 21세기의 권력은 무에서 유를 만들어내는 사이버 공간에서 창출되며, 구글, MS, 야후 등이 신제국의 대표 열강으로 부상하고 있다. 특히 가상세계의 증가와 인터넷 권력, 가상 엘리트, 가상계급 등 새로운 권력의 출현이 예고되고 있다. 가상세계를 통한 비즈니스가 본격화되고, 소비자의 요구에 따른 복수의 가상세계 병존이 실현될 것으로 예상되며, 전통적 의미의 계급과 서열을 타파하고 사이버 공간을 통한 시민의 참여가 증대하면서 새로운 가상 권력이 부상하고 있다.

최근 기후변화와 에너지 위기가 동시에 도래하면서 탄소배출권 시장, 신재생에너지 시장 등 녹색시장도 빠른 속도로 성장하고 있다(탄소배출권 시장 규모: 2007년 640억 달러에서 2010년 1500억 달러). 각국 정보의 강력한 지원과 함께 에너지와 환경 분야를 중심으로 그린산업에 뛰어드는 기업이 꾸준히 증가하고 있다. 또한 ICT는 경제성장과 환경보호를 충족시킬 수 있는 그린 IT로 진화하여, 2020년에는 전 세계적으로 CO^2 배출량의 15%인 7.8 기가톤을 감축할 수 있을 것으로 기대하고 있다(한국정보화진흥원, 2009).

그리고 공짜경제 시대의 도래로서, 서비스를 무료나 저렴하게 제공하고, 그 대신 시장의 관심과 명성, 고객기반을 확보해 새로운 수익을 창출하는 공짜경제(free economics)의 등장을 예측하고 있다. 정보력 증대, 기술 진보에 따른 한계비용의 감소, 희소 자원의 변화와 창의적 사업모델의 중요성 등에 의해 공짜경제가 트렌드로 부상하고 있으며, 세계적으로 경기 침체가 확산되면서 공짜경제 사업모델에 대한 관심은 크게 높아질 것으로 예상하고 있다. 또한 그 외 정보저작권을 둘러싼 규제 논란이 앞으로 지속될 것으로 전망하고 있다.

전자적인 기능의 민주주의 등장을 들 수 있다. 정보통신의 발달로 인해 전자 민주주의 실현이 가능해지면서 개개인의 정치 참여가 쉬워질 것으로 예상하고 있다. 2017년 문자 메시지, 동영상, 이메일 세대가 대세로 떠오르면서 스마트 몹(smart mob)의 소수 민주주의가 급부상할 것으로 예측하고 있다. 즉 스마트와 군중을 뜻하는 몹의 합성어로, ICT를 바탕으로 네트워크를 이루어 정치, 경제, 사회 등의 제반 문제에 참여하는 사람들의 집단으로, 국회와 정당을 거치지 않고 정부와 국민 간 소통이 가능해져 의회 역할의 중요성이 감소하고 신 직접민주주의 시대의 도래를 예측하고 있다. 정부와 국민 간에 중요한 정보를 직접 공유, 교환하고, 전자투표가 보편화되어 국민들이 국가의 정책결정과 조정 및 평가 과정에 적극적으로 참여하게 될 것을 예측하고 있다.

감성적 소비 트렌드로의 변화를 예측하며, 소비의 주축은 여성과 노인일 것이며, 그리고 글로벌 D세대(Digital-Native)가 될 것으로 지적하고 있다.

감성에 바탕을 둔, 꿈을 대상으로 하는 시장(드림 소사이어티, dream society)이 정보를 기반으로 하는 시장보다 점점 더 커질 것으로 예측하고 있다. 드림 소사이어티는 기업, 지역사회, 개인이 데이터나 정보가 아니라 이야기를 바탕으로 성공하게 되는 새로운 사회이다. 물질의 풍요로움으로 그 이상을 찾고 세상의 변화가 빠른데 지쳐, 인간의 감성을 움직이는 것과 안정되고 평화로운 것에 대한 욕구가 증가할 것이다. 세계는 지속가능한 발전 패러다임으로서 상상력과 감성이 기술, 지식, 문화와 결합해 새로운 성장 동력을 만들어 내는 창조경영으로 진화할 것을 예측하고 있다.

또한 여성과 노장년층을 새로운 소비의 주체로 부상하는 위상 강화를 예측할 수 있다. 여성의 활발한 사회진출 증가와 고령화 사회의 진전으로 여성과 노장년층이 강력한 소비계층으로 등장할 것이다. 여성이 구매력의 70%를 차지하고 상거래를 좌우하는 일명 위미노믹스(womenomics) 또는 이브올루션(EVEolution)의 시대 도래를 예측할 수 있다. 이에 여성의 경제활동 참여율은 인구의 고령화로 인한 생산가능 인구 감소 및 서비스 산업 비중 증가 등으로 지속적으로 증가할 전망이다. 그리고 평균수명의 증가와 제2의 인생에 대한 욕구로 인해 중·노년층의 소비 증가 및 재교육, 그들을 위한 실버시장이 더욱 확대될 전망이다.

그리고 글로벌 D세대의 영향력 확대와 신 소비자군의 등장을 예측하고 있다. 개인화의 확대, 적극적 참여 행동의 증가, 즐거움과 감성 추구, 새로운 도전 추구, 탁월한 정보입수 역량의 특성을 가진 신 소비자군의 등장을 들 수 있다. 어릴 때부터 자연스럽게 IT 기기를 다루며 성장하고 인터넷에 익숙한 글로벌 D세대의 영향력 확대를 들 수 있다(한국정보화진흥원, 2009).

삶의 질에 대한 관심이 고조되면서 여유와 휴식을 즐기고 환경과 건강에 신경 쓰는 행태가 새로운 소비 트렌드로 등장하면서 가족 단위의 저가 및 소량 상품 수요가 증가하였고 건강 관련 웰빙과 로하스 상품, 윤리적이고 환경 친화적이며 에너지 효율적인 상품 선호 현상을 예측할 수 있게 되었다. 이에 다소 비싸더라도 환경을 보호하는 제품, 시장독점의 개선 노력, 정당한 가격을 지불한 기업의 제품들을 선호하는 친환경적 소비, 공정무역, 윤리적 소비 등이 확산될 것으로 전망된다. 즉 사회변화와 정보의 변화는 상호 관련성이 매우 깊으며, 소비자, 생산자, 그리고 정부도 정보 관련 시장변화와 밀접한 관련이 있기 때문이다.

2) 시장변화

(1) 소비자의 변화

시장의 구성 요소 중에서 소비자는 생산자와 정부에 비하여 시대적 변화와 더불어 가장 많은 의미가 변화했다고 해도 과언이 아니다. 소비와 소비자라는 용어가 등장한 것은 학자에 따라 다르지만, 대중소비사회와 고도소비사회라는 의미에서 볼 때, 짧은 기간에 많은 변화를 가져왔다. 특히 생산자 중심적 시장경제와 사회에서 소비 중심적인 사회로의 변화를 볼 때, 소비자는 변화와 진화를 거듭하고 있으며, 현재에도 변화하고 있다. 소비자는 더 이상 시장에서 생산된 상품과 서비스를 단순히 수동적으로 주어지는 존재가 아니다. 수요를 생산에 반영하고 그러한 결과를 소비자정보를 바탕으로 선택하는 능동적 참여자이며 존재자이다. 이에 바야흐로 디지털 컨버전스(digital convergence)의 시대로 돌입하였다.

디지털 컨버전스는 하나의 기기나 서비스에 모든 정보통신기술이 융합되는 현상을 말한다. 이는 기본적인 통화 기능뿐 아니라 디지털 카메라, MP3, 방송, 금융 기능까지 갖춘 휴대전화, 와이브로(Wibro)와 같은 유무선의 결합 등이 대표적인 예이다. 또한 통신과 방송을 연결한 DMB서비스가 상용화되면서 휴대전화나 차량용 리시버에서 방송을 시청할 수 있게 되었다. 이처럼 영상, 음성, 데이터 등 종류가 다른 미디어가 단말기나 네트워크에 관계없이 융합되어 새로운 서비스를 만들어낸다.

컨버전스의 본래 단어의 뜻은 융합으로, 디지털 컨버전스에서는 여러 기능을 복합적으로 쓸 수 있게 만든 제품을 뜻한다. 반대되는 개념은 디버전스로, 전문적으로 사용되는 단순한 기능만을 강조하는 제품을 말한다. 소비자 측면에서 디지털 컨버전스가 가져올 변화는 이미 그 윤곽이 드러나서 다양한 변화를 겪고 있다. 이를 바탕으로 향후 추진되는 소비자 관련 이슈는 생산자와 소비자, 공급과 구매의 접점이 되는 시장의 변화를 수반한다.

우선, 소비자의 적극적인 참여 변화를 볼 수 있다. 인터넷 사용자들은 웹 2.0이 표방하는 공유와 참여 개방의 철학을 잘 반영하여, 익명의 다수 개인들이 댓글, 인터넷 카페, 블로그, 홈페이지 등을 통해 분출하는 집단 여론을 통해 파워의 주역이 개인 소비자로 이동하고 있음을 보여준다.

인터넷 사이트 등이 그 대표적인 예라고 할 수 있다. 인터넷을 사용하는 개개인들은 동영상 UCC(User-Created Contents) 사이트인 유튜브(u-Tube)에서처럼 장애 없이 자유롭게 인터넷에 콘텐츠를 올리는 것이 가능하다. 특히 소비자들의 가치관이 컨버전스 환경을 통해 변화하면서 소비자가 더욱 적극적인 프로슈머로 활동하기 시작하였다. 미디어의 사용에 있어서도 오늘날의 미디어를 이용하는 소비자는 과거의 수동적인 단순한 수용자가 아닌 네트워크 연결망 속에서 자신의 의사를 직접적으로 표현하고 연대를 형성하여 서로 조직하고, 여론을 만들어 가는 적극적으로 이용하는 소비자들이고 적극적인 프로슈머 행위를 보인다.

다음으로 집단지성과 사회 네트워크를 들 수 있다. 소비문화의 변화와 관련하여 새로운 미디어에 기반을 둔 집단지성(collective intelligence)의 중요성이 많은 실무자들과 학자들의 관심 이슈로 부상하였다. 인터넷과 방송통신 융합으로 인하여 탈근대적인 성격이 강화되고 있는 시점에서, 미디어 이용자들은 더 이상 과거의 수동적인 수용자가 아닌 연결망 속에서 연대를 형성하여 여론을 만들어 가는 적극적인 이용자이다. 또한 컨버전스 현상의 확산과 확대는 소비자에게 더욱 방대하고 다양한 형태의 정보와 서비스를 활용할 수 있는 기반을 마련해 주고 있다. 이러한 정보의 상호 연계와 지원 및 서비스로의 연계가 향후 소비자의 심리와 행동, 구매 채널의 활용 전략 변화, 소비자 행동변화의 동인과 유형, 특징에 어떤 변화를 가져올지에 대한 다양한 접근은 소비자 변화를 예측하는 초석이 된다.

예컨대, 멀티미디어 채널과 정보가 가용한 환경에서 진화하게 될 소비자의 구매 선호, 소비자 선택, 소비자 의사결정, 그리고 소비자 감성 등의 개인 성향과 변화에 대한 소비자의 변화 분석이 중요하다. 그뿐만 아니라 다매체 환경에서 시장과 제품에 대한 다중 정보, 복합정보의 접근과 활용을 둘러싼 소비자의 기술 선택, 선호 또는 복합사용 등의 소비자 행동에 대한 분석 또한 중요하다.

특히 앞으로의 소비자 변화 예측은 사회와 밀접한 관련이 있어 매우 중요하다. 그리고 글로벌 가치 시스템, 다매체 환경, 풍부성이 높은 컨버전스 정보에 노출된 미래 소비자의 가치관 변화와 시민으로서의 소비자 행동과 글로벌 소비자로서의 시민행동 패턴에 대한 이해도 중요하다. 또한 멀티미디어 정보의 활용과 소비자 보호 및 프라이버시 관련 이슈 및 컨버전스 기술의 활용과 구매채널의 활용 및 구매 방식의 변화 간의 관계에 대한 분석 또한 중요하다. 왜냐하면, 이미 소비자는 어느 한 곳에 국한하는 지역소비자가 아니라 세계적인 열린 글로벌 소비자이며, 정보도 국부적인 사용이 아니라 빠른 속도로 공유하는 시대로 변화하기 때문이다.

이뿐만이 아니라, 집단으로서의 소비자의 변화로서, 집단지성의 성격에 대한 이해와 분류 및 소비행동과의 관계에 대한 분석이 요구되며, 국지적 집단지성과 글로벌 집단지성의 태동 및 진화의 과정, 역할과 성격의 공통점과 차이점에 대한 이해가 요구되며, 또한 소비자운동과 소비자 커뮤니티의 집단 프로슈머로서의 역할, 압력 행위자로서의 정치적 역학관계, 그리고 사회적 영향에 대한 분석이 요구된다. 이 밖에도 소비자 간 커뮤니케이션의 확대가 시장 균형 메커니즘의 변화에 미치는 영향에 대한 이해가 요구된다(정보통신정책연구원, 2009).

디지털 컨버전스와 관련된 소비자행동 변화는 혁신의 확산이라는 관점에서 그 포괄적인 현상을 조망해 볼 수도 있으나, 미시적으로 소비자의 심리와 행동, 구매 채널의 활용 전략의 변화 등에서 접근이 필요하다. 컨버전스의 진행에 따른 소비자 욕구의 변화와 기술의 발전과정은 제품, 서비스를 매개로 상호 영향을 주며, 그 상호작용의 결과에 의해서 시장, 제품과 서비스, 그리고 기술의 진화 경로가 결정되는 양상을 보인다.

더 이상 소비자의 역할은 단순한 자신의 재화를 중심으로 상품과 서비스를 소비하는 객체가 아니라, 다양한 정보의 획득, 활용, 그리고 재가공 및 제공하는 주체로 변화하였고 또 변화하고 있다. 바야흐로 오늘날 소비자 주권 시대에는 소비자가 시장에서 기업의 성패를 결정하는 주권자로서, 합리적 선택을 하는 주체로서 그 역할이 강조되고 있으나, 일부 소비자들이 제기하는 국부적인 불만행동의 정당성에 대한 논란과 함께 소비자 권리 실현에 따른 소비자 책임과 역할이 재조명되고 있다(정지선 외, 2009; 정보통신정책연구원, 2009).

넷 세대의 주요 특성

1. 선택할 수 있는 자유를 최고 가치로 여긴다.
2. 모든 것을 맞춤화하고 개인화하며 자기 콘텐츠를 만들어 낸다.
3. 철저하게 조사하며 감시한다.
4. 성실하고 투명한 기업을 원한다.
5. 엔터테인먼트와 놀이를 추구한다. 협업과 관계를 중시한다.
6. 빠른 스피드를 요구한다.
7. 혁신을 주도한다.

자료: 정보통신정책연구원(2009).

시장의 변화에 따른 소비자의 역할은 소비자 자신의 선택이 기업경쟁력, 시장경쟁력, 환경, 에너지 소비, 지속가능한 소비, 윤리소비, 소비자의 사회적 책임 등에 중요한 영향을 어떻게 미치는지에 대해 충분히 알고 이를 실행하는 것이 중요하다. 즉 사회적으로 책임 있는 선택을 하는 소비자로서의 책임과 의무도 동시에 지니고 있다는 인식 재고를 통해 가능하다.

이러한 소비자 책임의식 및 역할 재고를 위해서는, 소비자 책임의식 및 역할 재고를 위한 방안으로 소비자의 무조건적인 권리 주장에서 벗어나 보다 적극적인 소비자로서 사회적 책임과 역할에 대한 강조가 필요가 있다(김혜연, 2014). 기업 측면에서는 소비자의 부적절한 행동에 대응하는 기존 접근방식의 변화가 필요하며, 자발적으로 소비자 지향성 경영을 추구하고 소비자문제 해결에 능동적으로 참여할 수 있는 시스템이 마련되어야 한다. 그리고 정부 측면에서는 소비자 정책의 방향을 사회적 책임을 다하는 소비자와 경쟁력 있는 기업의 선순환 관계를 강화하며, 소비자들이 책임 있는 소비자로의 역할 수행이 원활히 이루어질 수 있도록 정보제공, 교육 등에 중점을 두어야 한다.

이러한 점을 고려해 볼 때, 소비자 중심적인 기업의 인증평가, 이용자보호 중심적인 방송통신 관련 기업의 평가 등 시장경제에서 소비자만족 증가와 소비자피해 감소를 위한 시스템 구비 등 소비자를 반영한 평가제도 및 시스템은 상당히 고무적인 측면이 있다.

소비자 개개인의 행동은 전체 소비자의 복지, 문화, 그리고 후생과 관련이 있다. 이에 기업과 소비자 간 신뢰관계를 약화시키거나, 선의의 소비자들이 도움을 받지 못하는 이른바 소비자에 의한 소비자 피해라는 새로운 유형의 소비자 문제가 발생할 가능성도 존재하며, 사회비용 측면에서도 결국 다수의 소비자들이 비용을 분담하는 비용 구조로 갈 수 있다.

따라서 앞으로의 시대적 변화와 비교해 볼 때, 사회적 공유, 사회적 나눔, 소비자의 사회적 책임, 그리고 소비자의 적극적인 참여 등을 고려한다면, 소비자 중심적인 시장을 위하여 다양한 평가, 규제, 지원 등이 고려되어야 할 것이며, 이와 아울러 소비자의 역량 강화가 요구된다.

이러한 관점에서 볼 때 개인 소비자의 단편적이고 부적절한 불만행위 혹은 감정노동자에 대한 불만표출 등이 단기적으로는 자기 이익의 극대화를 가져온다 할지라도 비용 전가나 사회적 문제의 형태를 야기함으로서 결과적으로 전체 소비자의 복지, 후생을 감소

스마트폰 영화 만들기에 소비자 참여 확대

요즈음, 스마트폰이 그 어떤 카메라보다 낫다고 한다. 특히, 스마트폰으로 만든 '저비용 단편 영화'들이 단순한 취미 활동을 넘어서 인터넷과 유튜브를 달구는 것은 물론, 심지어 어엿한 영화제까지 열리고 있다.

스마트폰 영화는 그 길이가 10여 분 남짓이지만, 짧은 길이가 오히려 더 상상력을 키우고 있다. 그렇기 때문에 인기 작품은 동영상 공유 사이트에서 수만 건의 다운로드를 기록하기도 하였으며 최근에는 일반인들뿐만 아니라 연예인들이 만든 스마트폰 무비도 자주 볼 수 있다. 바쁜 여가 시간에 짬짬이 시간을 내서 영화를 볼 수 있는 시대에서, 스마트폰으로는 언제든지 내가 가지고 있는 영상을 통해 쉽게 편집하고 업로드해서 모두가 공유할 수 있는 그런 시대로 돌입한 것은 왜일까? 이는 대중화된 스마트폰 무비를 스스로 찍어서 스스로 보는 참여형 영화라는, 새로운 참여 및 공유 문화를 만들고 있는 것이다.

자료: 미디어다음(2015. 6. 28.).

시킬 수 있다(이경아, 2009). 이는 소비자의 비상도덕적이고 역기능적 행태로 소비자 권리 실현의 일환으로 볼 수 없으며, 소비자의 책임과 의무 관점에서 윤리적 범주로 논의되어야 한다.

그뿐만 아니라, 기업의 사회적 책임을 떠나, 소비자의 사회적 책임이 중요시되는 사회이다. 소비자보호라는 관점에서 소비자의 자율적 주권 강화 및 역할의 강화를 동반한 소비자 참여가 증가한 이 시대에는 소비자 스스로 역량을 강화하기 위하여 노력해야 한다. 소비자도 권리 추구에 앞서 소비자의 책임이 요구되는 사회이다. 특히 소비자정보 관련 자원은 기존 시장에서의 상품과 다른 점을 이해해야 한다.

(2) 생산자의 변화

일반적으로 생산자인 기업은 자본과 노동을 활용해서 상품 또는 서비스를 생산하는 조직체이다. 자본이란 생산에 사용되는 여러 가지 형태의 도구를 의미하며, 노동은 자연 상태의 물질을 인간 생활에 필요한 것으로 변화시키는 활동을 의미한다. 과거의 기업은 기업의 구성원인 내부소비자, 기업이 생산하는 상품과 서비스를 구매 및 이용하는 내부 직원 이외의 외부소비자에 대한 태도나 가치, 그리고 커뮤니케이션이 변화하였다. 즉 과거에는 기업 중심의 일방적 정보제공 및 수여의 입장이었다면, 현대에는 상호작용적인 커뮤니케이션으로 변화하여 소비자를 생각하는 생산, 소비자 중심적인 경영평가의 시대로 도래하였다.

과거와 달리 현대에는 일반적인 노동 외에 능력과 지식이 축적된 노동도 많이 필요하다. 기업이 자본 확보를 위해 주식회사 형태로 등록하게 되면 많은 사람들이 이러한 기업에 투자하는 이유는 바로 생산자인 기업은 처음에 투자한 돈보다 훨씬 더 많은 수익을 안겨줄 거라는 희망 때문이다.

기업이 성공하기 위해서는 무엇보다 먼저 시장에 품질이 좋은 상품을 싸게 공급할 수 있어야 한다. 이는 부단한 노력이 필요한 부분이다. 특히 기업이 살아남기 위해서는 공정한 거래 관행을 구축하고 다른 기업보다 더 많은 이익을 소비자에게 줄 수 있어야 한다. 세계화 시대에 있어서 세계적인 관점에서 용인되는 거래 관행 속에서 효율적인 기업이 되어야 한다. 또한 기업은 경영자와 노동자가 함께 기업의 원래 목표인 효율성을 추구하며 될 수 있는 한 많은 이윤을 만들려고 한다. 시장에서는 소비자와 기업 모두 이득을 볼 수 있는 환경이 조성되어야 하며 특히 기업 간의 거래가 공정하게 이루어질 수 있도록 유지되어야 한다. 기업이 살아남기 위해서는 공정한 거래 관행을 구축하고 다른 기업보다 더 많은 이익을 소비자에게 줄 수 있어야 한다. 또한 기업을 위해 일하는 노동자와 경영자 모두 관계를 형성하고 유지하도록 해야 한다.

예컨대, 미국의 〈포춘(Fortune)〉지는 매년 '가장 존경받는 기업(the most admired companies)'을 9가지의 속성에 기반하여 산업별로 순위를 정하였다. 그 내용에는 혁신(innovation), 인적관리(people management), 자산운용 효율(use of corporate assets), 사회적 책임 수행(social responsibility), 경영수준(quality of management), 재무의 건전성(financial soundness), 장기투자(long-term investment), 제품·서비스의 질(quality of products/services), 글로벌 경쟁력(global competitiveness) 등을 기준으로 하고 있다. 또한 이러한 측면을 깊이 들여다보면, 기업의 역할이 이윤추구도 중요하지만 시장에서 생산자와 소비자와의 관계, 네트워크, 커뮤니케이션 등도 중요함을 의미한다. 또한 그 내부에서 사회적 책임수행은 주로 상품과 서비스의 수요자인 소비자와의 관계를 더욱 중요시 여기고 있다.

기업은 자본과 노동을 활용하여 상품과 서비스를 생산하는 이윤추구의 효율적인 조직체이다. 자본이란 생산에 사용되는 여러 가지 형태의 도구이며 노동은 자연 상태의 물질을 인간이 필요한 것으로 만들어 내는 자원을 말한다. 기업이 성공하기 위해서는 시장에서 품질 좋은 물건을 싼 가격에 공급할 수 있어야 하며, 부단히 소비자의 호응을 얻어야 한다.

따라서 기업은 지속적으로 노력해야 하며 경쟁 속에서 스스로 발전 및 성장해 나가야 한다. 다른 기업과의 경쟁에서 이겨 나갈 수 있는 가장 좋은 방법은 소비자의 만족 혹은

표 1-2 소비자와 기업 간의 관계 변화

	수동적 청취자로서 소비자			상호 가치 창조자로서 소비자
시기	1970~ 1980년대 초기	1980년대 후반~ 1990년대 초반	1990년대	2000년 이후
소비자 역할, 시장의 개념	소비자들은 기업 외부에 속함: 기업에 의해 사전적으로 정의된 제품, 서비스 영역에 한정된 소비자 역할			• 소비자는 공동의 가치 창출자, 제품 개발자, 경제자의 역할 • 시장은 가치 창출 포럼의 개념
기업에서 보는 소비자의 의미	소비대상 및 형태는 평균적이고 획일적 모습	소비자 통계 등에서 집단이 아닌 개인화된 개념으로 취급하기 시작하는 단계	CRM 등 확산으로 소비자 신뢰 및 관계(relationship)가 중요	한 개인이 아닌 관계된 소비자 커뮤니티에 속한 네트워크 구성원
소비자와 기업 관계, 제품·서비스 개발	소비자들의 의견 피드백조차 없는 전통적 생산 모형	• 단순 판매에서 콜센터, 대고객 서비스 등을 지원하는 소비자 지원 개념으로 전환 • 제품 개발에 소비자 사용 후기 등 피드백 적극 반영	• 실제 사용자를 깊이 연구하여 제품 개발에 소비자 니즈 반영 • 모듈화 생산 등으로 맞춤형 제품 제공	• 기업과 소비자 공동으로 이루는 가치 창출 • 대화, 접근, 위험평가, 투명성은 상호 가치 창출의 초석들 • 제품, 서비스는 개인 소비자들이 고유의 가치를 만드는 경험 환경의 일부
커뮤니케이션 목적: 정보 흐름	소비자 매출 목적의 접근: 기업-세분화 소비자 접근, 일방향 커뮤니케이션	데이터베이스마케팅: 소비자와 기업 접근, 쌍방향 커뮤니케이션	Relationship Marketing: 쌍방향성 접근 및 쌍방향 커뮤니케이션	소비자 개인의 기대 형성과 개인화 경험을 위한 적극적인 대화: 다양한 통로의 접근 및 네트워크 방식의 커뮤니케이션
사회적 책임	기업의 사회적 책임(CSR: Corporate Social Responsibility)이 중요	기업의 사회적 책임이 중요	기업의 사회적 책임이 중요	소비자의 사회적 책임이 중요, 공유가치창출(CSV: Creating Shared Value) 강조

자료: LG경제연구원(2004). The Furure of Competition. 재구성.

불만족한 정보를 활용하여 기업이 나아갈 방향을 찾아내는 것이다.

최근의 소비패턴 변화와 기업의 대응 연구보고서를 보면 최근 소비환경의 변화는 디지털 기회와 경기침체 위협이 확산되고 있다고 한다. 즉 디지털 기술의 지속적 발전으로 온라인 쇼핑이 활성화되고 있으며, 참여 지향적 소비자의 기업 활동 참여도 활발해지는 추세이기 때문에 소비자 라이프스타일 분석을 통한 기업의 대응 필요성을 강조하고 있다. 또한 소비자에 대한 빈틈이 없는 소비통제의 필요성을 제기하며, 갈수록 주목받는 여성소비자 파워의 증가를 관심 있게 봐야한다고 강조하였다. 시장에서 경제적으로 힘겨울수록 상승하는 시간소비, 누구나 치유 받고 싶고 안정을 꾀한다는 점, 멈추지 않는 키즈마켓의 성장 등을 강조하고 있다(대한상공회의소, 2013).

이상의 논의를 종합해 보면 시장에서 소비자의 역할이 적극적, 능동적으로 변화함에 따라 기업과 소비자의 관계에 전반적인 변화를 주고 있어 상호 커뮤니케이션이 증가되고 있다는 사실에 주목해야 한다. 이에 따라 기업의 개별 기능에서도 상당한 변화가 요구되는데, 기업의 다양한 주요 기능별 역할 변화가 요구된다. 다음은 주요 기업 기능의 새로운 역할에 대한 내용이다.

첫째, 다양한 채널 관리가 요구된다. 기업은 다양한 통로의 채널을 통합적으로 관리할 수 있어야 하며, 경험 가치의 환경에서 비용 절감뿐 아니라 다양한 소비자들의 정보를 통해 새로운 사업 기회를 제공할 수 있어야 한다. 통상 기존의 기업들은 멀티채널 전략을 수행하는데 어려움을 겪고 있다. 예를 들면, 특정한 브랜드의 자동차 회사는 웹에서 차를 판매하고자 시도하였으나 딜러들의 반발로 무산되었으며, 결국 새롭게 등장하는 기업들이 웹을 통한 통합된 복수 채널 전략을 선점하는 경우가 대부분인 점을 지적하였다. 기업에 따라서는 온라인·오프라인 등 멀티채널을 활용한 소비자와의 커뮤니케이션의 중요성이 대두되고 있으며, 이를 위한 준비가 요구된다.

둘째, 소비자인 고객관리에서 정보제공 및 관계관리(CRM)가 매우 중요하며 변화되었다. 그간 CRM은 자동화 마케팅 도구를 활용하여 비용 절감, 대고객 프로세스 최적화, 배달지연 방지 등 효율화에 상당한 비중을 두었으나, 새로운 CRM의 거래 효율은 소비자 및 기업의 경험들 간에 얼마나 유연한 연결 고리를 찾는가에 달려 있다. 예컨대, 제품에 따라서 좋은 조건으로 제품을 구매하게끔 하는 것이 아니라, 기업이나 동료들의 커뮤니티에서 투명한 정보로 최적의 구매결정이 가능하도록 지원하는 시스템을 의미한다.

셋째, IT 관련 관리 및 공유가 변화하였다. IT 인프라가 뒤에서 지원 기능을 한다는 시각에서 벗어나 경험 가치 창출을 위한 핵심적인 역할로 전환하고 있다. 기업은 개량된 IT 인프라를 통해 기업 내 관리자들의 경험, 외부 소비자 및 커뮤니케이션의 경험을 연결하여 최적의 실시간 해결점을 제공하고 있다. 이는 과거에는 병원이나 기업에 따라서 자신들만의 자료로 한정하던 것이 병원 간, 기업 간 자료 및 성능의 비교를 위한 정보공유 및 공개를 들 수 있다. 이러한 내용을 근거로 앞으로의 변화를 예측하고 확대해 볼 수 있을 것이다.

1990년대 말부터 진행되어 온 소비시장의 변화를 볼 때, 향후 본격적으로 전개될 시장의 모습과 이에 대한 기업의 전략적 점검 사항을 구체적으로 제시하여, 가치 창출방식은 과거 기업 중심의 획일화된 형태에서, 소비자와 기업 간 형성되는 거대한 가치 경험 네트워크를 통함으로써 개인 소비자 관점에 특화된 독특한 상호 가치 창출이 가능하게 되었다. 이러한 측면에서 대량 맞춤 생산과 일맥상통하는 부분이기는 하지만 가치 제공의 주체, 제공되는 가치의 개인차별과 독특성, 네트워크 기반의 가치 경험 인프라 등은 완전히 새로운 가치 창출 패러다임이라 할 수 있다.

정보화 이후 현재까지 시장의 중심이 기업에서 소비자로 전환되어 온 변화 모습과 빠른 속도를 생각해 볼 때, 소비자 입장에서 생각해 본다면, 분명 차별화, 독특한 소비 가치에 대한 욕구는 점차 커질 것은 분명한 사실이다. 즉 시장 가치 창출의 패러다임 변화에 대해 민감할 수밖에 없는 기업 관점에서 소비자 중심으로 더욱 귀를 기울일 필요가 있다는 것이다.

(3) 정부의 변화

정부는 소비자와 기업 간의 거래질서 확립을 위한 다양하고 객관적이며 투명한 정보제공 및 행정 관련 전산화에 힘을 기울여 왔다. 그러한 의미에서, 행정전산화 추진에 대해 정부차원에서의 변화를 살펴보자.

1970년대는 행정전산화 추진을 위한 시스템 구축기로 볼 수 있다. 우리나라는 1975년에 박정희 대통령이 행정전산화 추진을 지시한 이래로 1977년 신설된 총무처 행정전산과에서 1978년에 제1차 행정전산화 기본계획을 확정하였다. 이는 1978년부터 1987년까지 10년 동안에 걸쳐 5년 단위로 전국을 단일정보권으로 하는 행정정보시스템을 구축하는 계획이었다.

1980년대는 국가기간전산망 사업의 추진기라고 볼 수 있다. 세계적으로 1980년대 말~1990년대 초 정보산업이 급속히 발전하고 이것이 국가경쟁력의 지표로 대두되자 우리나라 역시 정부의 주도로 IT정책을 적극적으로 추진하였다. 1983년을 정보산업의 해로 선포하고, 3월에 정보산업 육성방안을 대통령에게 보고하는 한편, 효율적인 정보산업 육성을 위한 정보산업육성위원회를 구성하는 등 본격적인 정보화를 추진하게 되었다. 또한 정보산업육성위원회는 1983년 12월에 제1차 국가기간전산망 기본 계획을 수립하고, 1970년대부터 추진된 행정전산화 사업을 비롯하여 개별적으로 추진되던 국가전산망 사업을 종합적으로 추진하였다.

국가기간전산망 사업은 행정망, 금융망, 교육연구망, 국방망, 공안망 등 5대 망 구축과 운영의 합리화를 위해 추진된 사업으로 정보통신산업의 발전을 통한 산업경쟁력 향상과 정보화를 통한 국민의 생활편의 도모가 목표였다. 국가기간전산망 사업은 그동안 수작업으로 이루어지던 많은 행정업무를 전산화하여 효율적 행정의 기반을 마련하였으며, 이후의 국가 정보화 기반이 되는 DB를 구축하고, 국가 기간 간 네트워크를 통한 정보공유 기반을 마련하였다는 점에서 큰 의의를 지닌다. 국산 주전산기 및 소프트웨어의 개발 등 국내 IT기술개발의 견인차 역할을 수행하였으며, 전산망 보급 확장과 이용촉진에 관한 법률(1986년) 등 국가정보화의 기반이 되는 법제도 제정의 원동력이 되었다.

1990년대는 초고속정보통신기반 구축과 고도화 시대로 볼 수 있다. 1990년대에 들어오면서 세계 선진 각국이 정보통신을 국가경쟁력의 핵심요소로 인식하게 되면서, 미국, 일본, 유럽 등은 21세기 정보사회의 주도권을 선점하기 위한 국가전략으로 초고속정보통신망 구축계획을 경쟁적으로 수립하고 추진하였다. 그리고 21세기 정보사회에서의 국가경쟁력을 확보하기 위해 1995년에 초고속정보통신기반 구축 종합계획을 수립하였다. 이때 수립된 초고속정보통신기반은 국가기간전산망의 전산화 수준을 한층 높여 정보 공유 및 공동 활용의 범위를 높이고 효율화하기 위해 중앙부처와 시도, 시군구 및 읍면동을 연결하는 효율적인 정보통신망 구축 방안과 이를 이용 및 관리하는 기관들을 가장 안정적이고 저렴하며 효율적으로 연결하기 위해 추진되었다. 또한 주요사업 내용은 초고속정보통신망의 구축, 초고속정보통신 시범사업 추진, 초고속정보통신기반 구축을 위한 여건의 정비 등이 있다.

1995년에는 정보화촉진기본법을 제정하고, 1996년에 제1차 정보화촉진기본계획을 수립하였으며, 제1차 정보화촉진기본계획은 2010년까지 3단계로 구분하여 각 단계별로 목표를 설정하였다.

1단계(1996~2000년)는 정보화 기반조성 단계로서 이를 위해 작지만 효율적인 전자정부, 교육정보화, 학술. 연구정보 이용환경 조성, 기업경쟁력 강화, SOC 활용도 재고, 지역

정보유출 배상책임보험 시장의 확대

2015년 9월 징벌적·법적 손해배상 제도가 도입됨에 따라 정보유출과 관련된 배상책임보험 시장이 확대될 전망이라고 한다. 7월 12일 금융위원회에 따르면 오는 9월 12일부터 개정 및 시행되는 신용정보법에 따라 은행 및 지주회사, 정보집중기관, 신용조회회사 등 금융회사들은 20억 원의 배상책임보험에 가입해야만 한다. 그리고 지방은행과 외은지점, 저축은행, 보험사, 금융투자업자, 신협 등 2금융권의 경우 10억 원, 기타 기관의 경우 5억 원 한도의 보험에 가입해야 한다.

금융위원회는 개정 신용정보법이 개인정보 및 정보주체에 대한 보호와 금융회사의 책임성 강화를 골자로 하고 있는 만큼 하위법령들은 이러한 금융사의 정보보호 책임성 강화를 위해 구체적으로 마련했다. 현재는 국내 손보사들이 전자금융거래 배상책임보험을 비롯해 e비즈와 개인정보보호와 관련된 배상책임보험을 판매하고 있다.

손보업계에 따르면 지난해 손보사가 전자금융거래 배상책임보험 시장에서 단독 신계약을 통해 거둬들인 원수보험료 총액 46억 6,357만 원인 가운데, 농협손보가 34억 원의 원수보험료를 기록해 70% 이상의 점유율을 보이며 시장을 주도했다고 한다.

개인정보보호에 대한 중요성은 커지고 있지만 정보유출 사고 발생 후 책임 규모 또는 범위가 모호해 배상책임보험 시장이 활성화되지 못하고 있기 때문이다.

금융당국은 이러한 문제점을 배상책임보험 가입 의무화를 통해 해소할 것으로 기대하고 있지만, 보험업계는 가입기준 금액이 모자라 일종의 구색 맞추기라는 지적이 나온다. 개인정보가 유출될 경우 대부분 대량으로 유출되기 때문에 충분한 보상이 어려울 것으로 보는 것이다.

보험업계 관계자는 “시장의 규모는 어느 정도 확대될 것으로 보이나 손해배상금이 명시돼 있어 보험사 손해율이 상당부분 올라갈 수 있다”고 전했다. 이어 “100억 원대 개인정보유출 배상책임보험의 보험료도 2억 원 정도로 낮은 수준인데, 기준금액이 이보다 낮으면 보험 시장이나 가입당사자도 큰 도움이 안 될 것이다.”라고 덧붙였다. 반면, 또 다른 업계 관계자는 “보험사를 통해서는 최소한으로 보장하고 징벌적 손해배상에 초점을 맞춰 나머지 초과되는 부분에 대해서 벌금을 물리면 효과가 있을 것”이라고 말했다.

자료: 매일일보(2015. 7. 12.).

정보화 지원, 의료서비스 고도화, 환경관리 정보화, 안전관리 정보시스템 구축, 선진 외교, 국방 정보체계 확립 등 10대 중점과제를 담고 있다.

2000년대는 국가사회 정보화 촉진기이다. 1997년 말 IMF 경제위기가 닥치면서 우리의 정보화 추진과 관련된 환경이 변화하였다. 우선 구조조정이라는 국가적 관제와 당면한 실업문제를 해결해야 하고 벤처와 신산업의 육성이라는 새로운 산업을 추구해야 할 상황이었다. 이와 같은 여건의 변화에 따라 기존의 정보화촉진기본계획도 수정이 불가피하였는데 정부는 1999년 3월에 '사이버 코리아21'이라는 정보화에 대한 새로운 청사진을 제시하여 기존의 기본계획을 대체하였다.

사이버 코리아21은 IMF 외환위기를 맞은 국내 경제에 정보화를 통한 일자리 창출과 정보산업 활성화를 통해 IMF 위기를 극복하겠다는 구체적인 목표를 제시하였으며, 그 결과, IT 산업의 육성, 지식사업을 통한 일자리 창출, 정부 생산성 향상 등의 성과를 거두었다. 이후 정부는 2006년에 새로운 정보기술의 패러다임을 반영한 u-KOREA 기본계획을 수립하고 유비쿼터스 IT를 기반으로 한 사회의 당면문제 해결을 위한 정보화 노력을 기울이고 있다.

2010년대는 시스템 확산만이 아니라 지역특성화를 고려하고 안전 도모를 추구하는 시기이다. 정부는 지역 특성화로 인한 분산적 경향을 효율적으로 관리하는 통합적 기술, 관점 등을 확대하여, 구체적으로는 전국적인 지역화로 인한 정보화 관련 다양한 계획 및 지원 등으로 정책을 펼치고 있다(대구경북연구원, 2010).

특히 지역사회의 특성화와 연계된 방안이 요구된다. 예를 들어 현재 시스템표준화로 인해 독자적인 지자체사업의 추진이 가능한지, 자치단체별 별도 정보서비스 제공이 충분한지, 정보제공의 중복성이나 오류는 없는지, 저탄소 녹색성장을 견인하는 녹색정보화 사업은 부족하지 않은지, 해킹 및 바이러스에 의한 보안 취약점은 없는지, 지역정보화에 대한 평가 체계는 충분한지, 그리고 부족한 정보화 예산 등을 고려할 때에 이러한 것을 지속적으로 모니터링하고 가이드라인을 수정하는 것이 가능한지 등의 방안을 연구하며 본격적인 확대기로 도래하였다.

2. 소비자정보의 필요성

정보화 사회는 공업화 사회 다음에 오는 정보가 중심이 되어 가치를 창조하는 사회, 정보사회, 탈공업사회, 문명 후 사회 등과 같은 말로 쓰인다. 종래의 농업화 사회와 공업화 사회에서는 가치를 생산하는 데 있어 물질과 에너지가 가장 중요한 자원이었으나 정보화 사회에서는 정보가 가장 중요한 자원이 된다. 이러한 발상은 다니엘 벨의 《탈공업화 사회(Post industrial Society)》, 앨빈 토플러의 《제3의 물결》에서 찾아볼 수 있다. 사회의 산업구조도 제조업 중심에서 정보산업, 두뇌산업 중심으로 전환되었다.

오일쇼크 이후 물질적 자원의 유한성이 강조된 이후 특히 정보화 사회의 개념을 널리 거론하게 되었다. 제1차 정보화 개념이 1960년대에 제3세대의 스탠드얼론형(stand alone type) 컴퓨터를 염두에 둔 문제제기적 관념론이었으며, 제2차 정보화인 고도 정보화는 1980년대의 분산처리 네트워크화를 전제로 한 문제해결적 실체론으로 변화하여 극히 대조를 보였다. 또 제1차 정보화의 과정에서는 산업 내부의 컴퓨터화인 산업의 정보화와 정보 관련 산업의 탄생인 정보의 산업화가 두드러진 데 대해, 제2차 정보화의 단계에서는 퍼스널컴퓨터나 워드프로세서가 가정으로 보급되어 생활의 정보화를 꾀하였다. 그리고 현금카드 등의 보급으로 사회 전체가 정보에 대한 의존도를 높여 사회의 정보화를 예측하였다.

정보화 사회는 구체적인 사회상으로 여러 가지가 파악될 수 있으나 일반적으로는 컴퓨터 네트워크가 완비된 사회라고 생각할 수 있다. 정보화 사회가 사람에게 있어 어떤 의미를 갖는 사회이냐에 대해서는 장단점 및 명암적인 견해가 있다. 그 하나는 정보의 자유로운 활용에 의해 사람들의 지적 활동이 강화될 수 있다는 긍정적 견해이며, 다른 하나는 소수의 지배자에 의해 정보가 독점되고, 컴퓨터에 의한 관리화가 손쉬운 구속적인 사회가 된다고 하는 부정적 견해이다. 그럼에도 불구하고 생활의 정보화, 사회의 정보화를 넘는 정보화 사회에서 우리는 다양한 소비자정보를 필요로 한다. 왜냐하면 근간의 정보는 시장경제에서의 비용 및 편익, 그리고 만족과 관련성이 많을 뿐만 아니라 소비자 자신도 다양한 정보를 필요로 하고 적극적인 활용 및 참여자세로 변화하였기 때문이다(정보통신정책연구원, 2008).

소비자는 실제로 존재하는 공간과 가상공간을 넘나드는 새로운 시장공간을 형성하고 살고 있다. 이에 가상공간의 신 가치 창출이 요구되며, 새로운 시장과 혁신의 공간으로 버추얼 오션(vitual ocean)에 주목해야 한다. 과거에는 한 국가의 힘은 영토와 자본에서 나왔으나 21세기형 국가의 힘은 사이버 공간, 가상공간에서 창출되고 있다. 즉 미래의 인터넷이 3차원, 4차원 네트워크로 진화하면서 'Where 2.0', '메타버스(Metaverse)' 등 가상공간이 향후 핵심 키워드가 되었다. 이에 미래에는 전 가치사슬모형(value chain)상으로 가상현실의 활동 범위가 확대되어, 가상현실을 통한 소비자의 참여는 직관적, 직접적, 현실과 유사한 3D 그래픽, 비언어적 소통 가능, 참여의 유인 증가(경험성 증가)가 예상된다(LG경제연구원, 2007). 이미 4D 프린터도 상용화 초기 단계이다.

그러나 디지털과 휴머니즘이 결합된 새 패러다임의 국가적 비전 제시와 단계별 전환 준비로서 사용자인 인간 중심으로 기술 진화가 진행되어야 한다. 미래에는 효율성, 편의성 중심의 기술발달에서 소비자의 가치와 감성을 추구하고, 인간을 닮아가는 인간화된 기술 중심으로 발전되어야 한다. 그리고 인간화된 기술은 감성과 오감의 기술부터 신체결합 기술, 생각(뇌신경)과의 연결 기술 등 기술과 인간이 융합된 형태로 진화되어야 한다. 이러한 것은 인간의 생명과 정신에 직접적인 영향을 줄 수 있으므로, 모든 분야를 넘나드는 그랜드테크놀로지인 만큼 단계적인 접근과 대비가 필요하다.

또한 사회발전의 새로운 엔진으로 신뢰성, 진정성 구축이 필요하며, 낮은 신뢰의 위험사회를 탈피하고, 사회적 자본으로서 신뢰 강화가 요구된다. 특히 먹을거리, 범죄, 재난재해 등의 위협에 대한 시민인 소비자의 불안감을 해소하기 위해 ICT기반의 안전한 생활 서비스 확충이 요구되며, 정보가 독점되지 않도록 사회구성원이 동의하는 합법적인 절차와 기준을 통해 정보를 점유, 배포하는 등 정보의 질서를 수립해야 한다. 그리고 현실사회와 가상공간의 결합에 따라 준법질서가 확립되어야 한다.

이와 아울러 경제 활성화를 위한 신뢰기반 확립이 요구된다. 국민이 모든 사회 경제활동을 걱정 없이 인터넷을 통해 지원받을 수 있는 법제도 환경 개선이 요구되며, 소비자의 정보가 경제활동의 기본적인 연료로 공급될 수 있도록 명확한 고객정보 관리 기준 마련과 고객개인정보의 자기결정권 보장이 요구된다. 또한 새로운 경계의 등장에 따른 감시와 프라이버시 침해 분쟁 해결이 이루어져야 한다. 그리고 소셜 네트워크 기술 발전은 개인의 사적공간을 훼손하고 있지만, 장기적으로는 사적공간의 경계가 점차 모호해지며 분쟁이 증가할 것으로 예측된다.

이러한 측면에서 우리의 미래사회는 경쟁심화(무한확장, 무한경쟁) 개인화 및 다원화 확산, 가상공간의 가치 증대, 디지털과 휴머니즘의 결합, 사회적 자본으로써 '신뢰'의 강화를 예측할 수 있다. 또한 바람직한 미래 창출을 위한 준비 방향은 우선적으로는 창조적인 역량 증진, 사회적 균형의 유지, 가상공간의 신 가치 창출, 인간 중심으로 기술 진화, 사회발전의 새로운 엔진으로 신뢰 구축 등을 들 수 있다. 그리고 미래 준비 과제로서는 창조적인 역량 증진으로 미래지향적 사고, 유연성을 갖춘 창조적 인력 육성이 요구되며, C&D(Connect & Development), 개방형 혁신으로 전환, 그리고 협력적 창조의 발전을 위해 창작과 활용 권리의 선순환 구조 정립이 요구된다.

사회적 균형의 유지로서 분권화, 네트워크화, 국제화를 지향하는 뉴거버넌스 확립이 요구되며, 수평적, 횡적인 관련성이 있는 새로운 사회질서 수립이 요구되고, 온라인 공청회 등 협력적 의사결정 체계 구축, 그리고 새로운 취약계층과 격차해소를 위한 기회 확대가 요구된다. 그리고 가상공간의 신 가치 창출로서 버추얼 오션에 주목하고, 사이버 국토 건설을 위한 국가 차원의 투자와 준비가 필요하며, 사이버 영토와 사이버 라이프를 위한 법

불안한 사회와 개인정보 유출의 상관관계

금융감독원은 2015년 7월 7일 상반기 개인정보 유출과 관련해 금융감독원에 접수된 민원인 468건이라고 밝혔다. 이는 지난해 상반기 카드사 개인정보 유출 사태로 관련 신고건수가 2,085건에 달한 것에 비해 큰 폭으로 줄었지만 2013년 상반기 403건에 비해 늘어난 수치이다.

개인정보는 주로 스마트폰 메시지나 악성 애플리케이션으로 유출되었으며, 메르스 등 전 국민의 관심도가 높은 사회적 이슈를 이용해 개인정보를 요구하는 경우도 크게 늘었다. 금융감독원은 또한 검찰, 경찰청 등 정부기관과 금융회사가 전화나 문자메시지로 개인정보와 금전을 요구하는 일은 없다며 그 어떤 경우에도 개인정보를 타인에게 알려줘서는 안 된다고 밝혔다.

만약 개인정보가 유출됐다면 신속히 신고하는 것이 좋은데, 금융감독원 산하 불법 사금융 및 개인정보불법유통신고센터(1332)로 전화하거나 금융회사 영업점을 방문해 개인정보 노출자 사고예방시스템에 등록하면 된다고 한다. 이러한 내용은 소비자에게 부단한 홍보가 필요하며, 온라인·오프라인 등 모든 매체를 통한 적극적인 홍보가 요구된다.

자료: 네이버 뉴스(2015. 7. 7.).

제도적 장치가 마련되어야 한다.

소비자 중심으로 기술 진화로서 디지털과 휴머니즘의 결합된 새 패러다임의 비전 제시가 요구되며, 휴머니즘 실현을 위한 기술과 인간의 소통수단이 마련되어야 한다. 그리고 소비자와 기술의 컨버전스에 대한 사회적 연구 확대가 요구된다. 사회발전의 새로운 엔진, '신뢰' 구축으로 사회적 자본으로서 신뢰 강화, 경제 활성화를 위한 신뢰기반 확립, 새로운 경계에 따른 감시와 프라이버스 침해 분쟁 해결 등이 요구된다(LG 경제연구원, 2004). 소비자정보는 다음과 같은 장점이 있다.

- 소비자정보는 변화하는 사회 환경에 대응하도록 한다.
- 소비자정보는 소비자 선택에 도움이 된다.
- 소비자정보는 소비자 스스로의 역량 강화에 도움이 된다.
- 소비자정보는 소비자 의사결정에 필수적인 요소이다.
- 소비자정보는 소비자 스스로 참여하게 한다.

궁극적으로는 소비자 선택 비용감소, 효용증대, 그리고 시간적인 감축으로 소비자정보는 소비자 복지에 도움이 된다. 따라서 소비자정보에서 신뢰성, 진정성, 그리고 전문적 내용은 필수적인 사항이다.

생각해 보기

1. 시대를 구분하는 기준은 어떤 것이 있으며, 또 어떻게 구분하는지 생각해 보자.
2. 시대변화에 따라 시장의 변화를 생각하고, 시장의 요소인 정부, 소비자, 생산자의 역할 변화를 생각해 보자.
3. 가까운 미래사회의 변화를 구체적으로 예측하고, 그에 대해 소비자는 무엇을 준비해야 하는지 생각해 보자.

CHAPTER 2

소비자정보의 이해

현대 디지털 사회에서는 소비자를 둘러싸고 있는 시장환경이 급속도로 변화하고 있다. 특히 초고속정보통신망 등 새로운 정보통신수단에 의해 제공될 소비자정보 및 정보 관련 상품이 일반 소비자의 소비생활을 비롯한 기업의 생산과 판매 시스템에 미치는 긍정적인 역할은 절대적이라 할 수 있다. 새로운 경제패러다임이 작용함에 따라 소비자가 불확실성을 최소화하고 합리적인 의사결정을 하기 위해서는 과거 어느 때보다도 소비자정보가 중요하게 부각되고 있다.

정보사회에서는 물질이나 에너지보다 정보의 생산, 유통에 가치를 두는 사회로, 소비자정보는 주요 자원으로 우리의 소비생활뿐 아니라 사회를 움직이는 원동력이 되고 있다. 소비자정보가 디지털화되고 네트워크를 통해 언제 어디서나 누구나 손쉽게 디지털 소비자정보를 얻을 수 있게 됨에 따라 시장에서의 소비자의 힘이 확대되어 있다. 그러나 이러한 변화가 모든 소비자에게 균등하게 긍정적인 방향으로 나타나고 있는 것만은 아니다.

이 장에서는 정보사회에서의 소비자정보관리의 중요성을 이해하기 위해서 소비자정보에 대한 개념과 특성, 소비자정보의 디지털화에 따른 소비자정보의 원천에 대하여 살펴보고, 소비자가 필요로 하는 정보내용과 평가기준에 대하여 살펴보고자 한다.

1. 소비자정보의 개념

모든 소비자는 무한한 욕망을 제한된 자원으로 충족시켜야 하는 상황에서 다양한 시장거래를 하게 된다. 소비자가 자신의 다양한 욕구와 욕망을 충족시키기 위해서는 다양한 제품과 서비스를 필요로 하나, 소비자는 제한된 범위의 제품과 서비스에서 전문성과 조직력을 가지고 있는 사업자에 비해 매우 비전문적인 위치에 있다.

더욱이 급속한 기술혁신으로 최첨단 기능을 갖춘 새로운 상품이 쏟아져 나오는 오늘날의 디지털시대에는 소비자들이 자신들의 욕구를 충족시키기 위하여 상품과 서비스를 선택하거나 사용, 취급하는데 있어서 많은 어려움을 느끼게 된다. 이와 같은 상황에서 상품과 서비스의 구매와 상용에 따른 경제적, 심리적 불확실성과 신체적 위험을 감소시킬 수 있는 소비자정보의 역할이 매우 중요하다.

미국의 케네디 대통령이 1962년 3월 15일에 국회연설에서 행한 소비자권리헌장(consumer bill of rights)에도 소비자의 알 권리(the right to be informed)가 잘 나타나 있다. 우리나라 소비자기본법에 명시된 소비자권리 중의 하나인 알 권리는 소비자가 물품 및 용역을 선택할 때 충분한 정보를 제공받고 자유롭게 제품을 선택할 수 있는 권리를 의미한다. 좋은 제품을 제공하는 기업들은 보상을 받고, 조잡한 제품을 제공하는 기업들이 시장에서 도태되기 위해서는 소비자는 현명한 구매의사결정을 내려야 한다. 이를 위해 소비자는 기만적인 광고 또는 마케팅 관행으로부터 보호받고, 또한 올바른 제품 선택에 필요한 정보를 제공받아야 한다.

소비자정보(consumer information)란 구매의사결정 시의 불확실성 정도를 감소시켜주는 것으로 소비자의 욕망 충족 및 목표달성에 유용하고 유의성 있는 가치를 가지는 것이라고 정의내릴 수 있다. 소비자정보는 소비자의 선택, 사용, 처분행동을 바람직하게 이끄는 것으로 소비자가 현명하게 의사결정을 내리고 소비생활을 효율적으로 하기 위해서 꼭 필요한 요소이다. 이와 같이 소비자에게 없어서는 안 될 소비자정보는, 첫째로 소비자 선택의 기회를 확대시키고 소비자불만족을 줄이는 동시에 소비자만족을 극대화시킬 수 있고, 둘째로 소비자피해를 사전에 예방할 수 있으며, 셋째로 소비자 자신을 보호할 수 있는 수단이자 힘이라는 점에서 그 의의가 매우 크다.

1) 소비자정보, 데이터, 지식과의 관계

소비자정보란 소비자가 의사결정을 하는데 사용될 수 있도록 의미 있고 유용한 형태로 가공된 내용을 의미하며, 우리가 흔히 알고 있는 데이터와 지식과는 구별된다(김영신 외, 2002).

데이터(data)는 일반적으로 미분석, 미처리된 사실 등을 모두 모아 놓은 상태의 것으로 원시자료(raw data)를 의미하며, 인구통계자료와 같이 전 국민의 성명, 생년월일, 주소, 가족 수, 결혼관계, 주부의 취업 유무 등의 자료를 한 곳에 모아 놓은 것을 예로 들 수 있다. 이에 비해, 소비자정보는 수용자가 데이터로부터 반드시 필요한 사항만을 뽑아내어 자신에게 필요한 형태로 전환시킨 것을 의미하며, 데이터로부터 가구주의 연령에 따른 주부의 취업 유무를 축출해 낸 것 등을 예로 들 수 있다.

다시 말하면, 데이터는 소비자정보의 원재료이며 처리과정(예를 들어, 통계처리과정)을 거쳐 소비자정보로 변환한다. 그리고 이 소비자정보는 개인 혹은 조직의 행동, 의사결정 시 미래에 발생할 수 있는 불확실성을 감소시키는 데 꼭 필요한 직접적인 자료라고 할 수 있다.

정보의 개념에 대한 관점

1. **정보이론적 관점:** 정보의 내용과는 상관없이 에너지나 물질과 마찬가지로 물리적 요소로 간주한다. 즉 정보는 의미론적 내용에 관계없이 송신자와 수신자를 연결하는 채널을 통해 전달되기 위해 부호화된 모든 것을 지칭한다.
2. **정보사회론적 관점:** 정보가 가장 중요한 재화, 수단, 요소, 자원으로, 정보사회론 또는 탈산업사회론적 관점이라고도 한다.
3. **정치경제학적 관점:** 정보를 단순한 자원이 아니라 상품(commodity)으로 보고, 정보가 어떠한 가치를 가지고 있느냐에 관심을 둔다. 일반적으로 자원으로서의 정보가 가치에 주목하는 반면에, 상품으로서의 정보는 그 가치의 사회적 배분과정에 많은 관심을 둔다. 즉 누가 정보를 어떻게 이용하느냐에 따라 부와 빈곤 등의 갈등이 나타나게 된다.
4. **질적 의미론적 관점:** 정보의 질적 관여가 양적 접근에 앞선다는 관점으로, 정보는 의미가 있으며 주제를 가지고 있고, 사물이나 사람에 대한 지침이나 지시를 제시한다고 본다.

자료: 조윤희(2013). 정보사회론. 신지원. p.4-7.

그림 2-1 소비자정보, 데이터, 지식의 관계

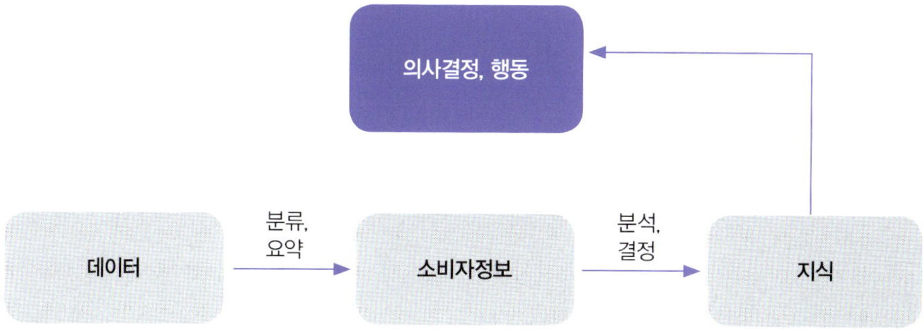

지식(knowledge)은 데이터나 소비자정보와는 다른 개념으로, 개인 혹은 조직의 행동과 의사결정 등에 지침을 제공하는 것을 의미하며, 소비자정보를 우리가 사용 가능한 수준까지 내면화한 것으로 설명될 수 있다. 정보는 특정인에게 특정한 경우에 한해 가치를 부여할 수 있는 반면에, 지식은 포괄적으로 모든 사람에게 모든 경우 비슷한 가치를 부여할 수 있다.

〈그림 2-1〉에서 보는 바와 같이 소비자정보를 산출하기 위해서는 데이터가 필요하고 데이터를 분류, 요약 등의 일련의 과정을 거쳐 가공 처리한 결과가 소비자정보이며, 이러한 데이터와 소비자정보를 바탕으로 어떠한 의사결정과 행동수행의 결정은 지식에 기초한다. 그리고 의사결정과 행동의 결과는 다시 새로운 지식을 추가하거나 기존의 지식을 수정하는 과정으로 이어지게 된다.

예를 들어, 어떤 사람이 신문의 증권시세표를 보고 자신에게 관심이 있는 몇 개 회사들의 주식시세를 살펴보고 주식거의래 여부를 결정하였다고 가정하자. 여기서 단순한 증권시세표의 숫자들은 데이터이며, 이 데이터가 주식을 거래하는 사람에게 의미 있는 숫자이면 이것은 소비자정보가 되며, 이러한 소비자정보를 활용하여 주식거래에 적용할 줄 안다면 이는 곧 이용자의 지식이 되는 것이다. 이들의 관계를 그림으로 설명하면 〈그림 2-1〉과 같다.

2) 소비자정보의 디지털화

디지털의 기술적 발전으로 정보가 아날로그 형태에서 디지털 형태로 바뀜에 따라 정보에 대한 새로운 정의가 불가피해졌다. 일반적으로 정보란 '주어진 환경 속에서 인간의 모든 지적행위를 구조화시켜 주는 유형적 표상의 결과 또는 상태이자 인간의 정신적 활동에 필요한 자료의 수집과 해석을 지속시켜 주는 과정'으로 정의된다.

이러한 정의에 따른다면 디지털 방식으로 이루어지는 수학적 연산 처리가 바로 '인간의 지적 행위를 구조화시켜 주는' 핵심적 과정으로써 '정보'는 이와 같은 과정으로 처리될 수 있는 모든 자료 연관으로 파악할 수 있다. 즉 디지털 코드로 환원되어 저장, 처리, 전달될 수 있다면 그것이 새로운 의미에서의 '정보'인 것이다. 이러한 디지털정보는 기존의 미디어에 새로운 컴퓨터 및 통신 기술이 결합되어 종래와는 다른 새로운 형태의 정보수집, 처리와 가공, 전송, 분배, 이용 등이 가능해진 뉴미디어를 통해 자유롭게 전달될 수 있게 되었다.

소비자정보의 디지털화에 따라 디지털 소비자정보는 '소비자가 의사결정을 내릴 때 다양한 선택 대안 가운데에서 가능한 한 불확실성을 감소시켜 줄 수 있는 대안을 선택하게 하는 유형화된 물질이나 에너지'로 정의해 볼 수 있다. 그리고 디지털 소비자정보는 뉴미디어를 통해 시공의 제약 없이 자유롭게 소비자에게 전달될 수 있게 됨으로써 소비자의 정보력을 획기적으로 높이는 효과를 가져 온다. 다음은 디지털 소비자정보의 속성에 대해 정리한 내용이다(김기옥 외, 2004).

- 개별 소비자나 다수의 소비자가 불확실한 환경에 대해 얻고자 하는 어떤 인식이 담겨 있으므로 디지털 소비자정보는 특정 **목표지향성**(intentionality)을 가진다.
- 지향성을 지닌 개별 소비자들의 생물학적 존재 시간을 뛰어넘을 수 있는 디지털 소비자정보는 그 자체의 시간과 생명력, 즉 **지속성**(continuity)을 가진다.
- 디지털 소비자정보는 그 형태와 존재방식이 다양하고 **유연성**(flexibility)을 가진다.
- 디지털 소비자정보는 네트워크를 통해 소비자능력이 결합되고 확대될 수 있는 연결성과 **연계성**(connectivity)을 가진다.
- 정보의 물리적 양뿐만 아니라 처리속도와 능력이 증대되어 정보처리비용이 획기적으로 감소됨으로써 디지털 소비자정보의 순환성과 **소통성**(communicative-ness)은 점

차 증가된다.

- 컴퓨터와 커뮤니케이션 기기를 통해 디지털 소비자정보는 시간과 공간을 자유롭게 **이동**(mobility)할 수 있다. 디지털 소비자정보는 특히 그 형태와 존재방식의 유연성, 어떤 정보와도 네트워크를 통해 결합될 수 있는 연결성 및 시공을 초월한 이동성에서 혁신적이라 할 수 있다.

3) 디지털 소비자정보가 소비자에게 미치는 영향

(1) 긍정적 영향

디지털 소비자정보의 긍정적 영향으로는 소비자와 생산자 간의 거래 능력, 즉 교섭력을 대등하게 만들 수 있는 정보력을 소비자에게 제공함으로써 소비자시장의 효율화를 가져올 수 있다는 점이다. 공급자가 소비자에 비해 월등히 많은 정보를 갖고 있는 정보의 비대칭 상황에서의 시장의 효율성은 낮아질 수밖에 없으나, 공급자와 대등한 수준의 정보를 거의 비용 없이 소비자가 보유하게 되면 시장의 효율성은 향상되어 경제 시스템의 효율화를 이룰 수 있게 된다.

공급자와 거의 대등한 정보력을 보유하게 된 소비자는 손쉽게 자신의 취향에 맞는 공급자를 선택하게 되고, 이러한 환경에서의 공급자들은 자신의 이윤을 낮추고 소비자에게 유리한 가격을 제시하게 됨으로써 결국 제품의 가격이 낮아지는 효과를 가진다.

디지털화된 시장에서의 진입장벽이 낮아짐으로써 공급자는 자유롭게 시장에 참여할 수 있고, 소비자는 거의 완전한 정보를 갖게 되면서 아담 스미스의 완전시장에 가까운 시장이 인터넷에서 만들어지고 있다. 정보의 비대칭성에서 기인했던 제반 비효율성이 디지털 소비자정보로 인해 제거되면서 마찰 없는 경제(friction-free economy), 즉 이상적으로 수요와 공급이 결정되는 완전균형 상태에 도달할 수 있는 효율적인 경제 시스템이 구축될 가능성이 열렸다. 소비자가 디지털 소비자정보를 거의 비용 없이 소유할 수 있게 됨으로써 결국 시장의 주도권은 소비자 중심으로 전환되어 소비자주권의 실현이 가능하게 되었다.

정보의 홍수 속에서 성공전략

현대의 소비자들은 바야흐로 정보의 홍수 시대에 살고 있다. 시장에는 매년 수많은 신제품이 쏟아져 나온다. 대형마트에서 판매하는 세탁 세제의 종류는 50~100가지이며, 연말 성수기에 대형마트에 진열되는 와인은 180~500종에 이른다.

인터넷 정보의 경우 2000년까지 누적된 인터넷 정보량은 약 20억 기가바이트이지만, 최근엔 그 정도 양의 인터넷 정보가 단 하루 만에 새롭게 만들어져 누적된다. 소비자에게 마음껏 선택할 수 있는 풍부한 제품 대안과 정보가 있다는 것은 매우 고무적인 일이다. 그러나 한편으로 기하급수적으로 늘어나고 있는 정보로 인하여 소비자는 선택과 의사결정에 어려움을 느낄 수 있다. 그렇다면 과연 많은 것이 좋은 것일까, 나쁜 것일까?

선택 대안은 많을수록 좋으며 다양한 제품 구색은 소비자 선호에 긍정적인 영향을 준다는 주장이 있다. 반면에 선택 대안이 많으면 소비자의 인지적인 부담을 가중시켜 개별 대안에 대한 정확한 평가를 방해함으로써 잘못된 선택을 유발할 수 있다는 주장도 있다. 제품, 정보의 홍수 속에서 오히려 크기를 줄이면서 소비자의 사랑을 받고 있는 사례를 살펴보자.

트레이더 조(Trader Joe's)의 성공은 선택과 집중에서 나왔다. 경쟁자가 매장 크기를 늘려갈 때 트레이더 조는 거꾸로 갔다. 매장 크기는 상대적으로 아담하고, 진열된 상품 가짓수는 적게 하였다. 규모는 합리화하고, 식료품이라는 카테고리에 집중했다. 보통의 슈퍼마켓은 약 4만 가지 종류의 상품을 진열한다. 트레이더 조는 1/10 미만인 4천 가지 안팎이다. 이 4천 개의 항목들 중에서도 80%는 트레이더 조의 로고를 달고 판매된다.

코카콜라·버드와이저 같은 어디에나 있는 상품이 트레이더 조의 매장엔 없다. 남다른 것, 하지만 꼭 있어야 할 것을 알차게 갖춰 놓는 방식으로 효율화를 추구했다. 예를 들어 트레이더 조에서는 10가지 종류의 땅콩버터를 판매하나 기타 대형유통망에서는 40가지 종류에 해당하는 제품을 판매한다. 이는 일주일에 40개의 해당제품이 팔려나간다고 가정할 경우 트레이더 조는 종류당 4개가, 기타 유통망에서는 한 종류당 1개의 제품만이 팔림을 의미한다. 즉 한 제품에 대한 회전율이 높아 그만큼 많은 물량을 구입, 소비자들에게는 더 큰 할인 폭을 제공할 수 있다.

소비자들이 한 가지 품목에 대해 더 많은 종류의 제품을 원하지 않느냐는 의문이 제기될 수 있으나 실제 소비자들은 선택의 폭이 너무 많으면 '선택의 역설'에 빠져 자신에 선택에 대한 확신이 들지 않아 만족감과 구매확률이 낮아질 가능성이 높다.

미국의 코스트코는 4천 종의 주력 제품만을 판매함으로써 소비자 선택의 불편과 어려움을 줄이고 판매 효과를 높이는 전략을 운용하고 있다. 국내 대형마트의 경우도 제품의 종류를 줄여 매장 운영을 최적화하고 소비자의 합리적 선택과 만족을 돕는 전략을 시행한 바 있다. 롯데마트는 판매하는 제품 수를 4만여 종에서 3만 4천여 종으로 줄였으며, 이마트의 경우도 7만여 종에서 4만 5천여 종으로 줄이는 계획을 발표한 바 있다.

자료: 이병관(2015). 심리학회 웹진 PSY, KOTRA(2012). 미국 유통망의 새로운 모델, 트레이더 조의 성공전략.

(2) 부정적 영향

디지털 소비자정보는 컴퓨터 장비와 인터넷 서비스를 제공받을 수 있어야 획득할 수 있기 때문에 소비자의 지불능력과 이용능력 및 지불의지와 이용의지가 요구된다. 그러나 이러한 능력과 의지는 소비자마다 차이가 있고 그 차이는 성, 세대, 계층, 지역에 따라 다르며 디지털 소비자정보라는 자원을 중심으로 지금까지와는 다른 형태의 불평등구조가 소비자 사이에 구조화될 가능성이 있다.

또한 디지털 소비자정보를 제공하는 주체가 주로 자본력을 가진 공급자일 때 그것은 상업논리에 입각한 정보제공일 가능성이 높고 결과적으로 완전정보는 상징에 그칠 뿐 실제로 소비자들에게는 제한적인 정보만이 전달될 수 있다. 자본의 실리적 편향성은 없는 자보다는 있는 자를 추구하기 때문에 불특정 다수의 소비자의 정보욕구를 충족시킬 수 있는 정보의 보편화가 무시되고 부유층 소비자를 겨냥한 정보제공으로 정보 불평등이 조장될 수 있다.

2. 소비자정보의 특성 및 가치변화

1) 소비자정보의 특성

소비자정보는 비록 무형이기는 하나 그것을 획득하고 유통시키는 데에는 비용이 수반되는 재화이다. 그러나 소비자정보는 일반적인 사적 재화(private goods)들과는 다른 특성을 가지고 있으며 또한 소비자가 이를 활용하고 처리하는 과정에서 몇 가지 특성을 보여주는데 이에 대해 살펴보면 다음과 같다(최동수, 2007).

- 정보 자체는 일정한 형태를 갖추고 있지 않으며 물과 마찬가지로 유동적이다. 즉 정보 자체는 물리적인 형태를 갖고 있지 않고, 다만 표현된 내용으로만 존재하기 때문에 정보 그 자체는 형태가 없어 **무형성**을 가진다.
- 정보는 수요자가 원하는 시간에 전달되어야 하며 원하는 시간에 전달되지 않는 경우

는 정보로서의 가치가 없다. 즉 모든 정보는 전달속도(speed)와 획득시점(timing)이 중요한 요소가 된다. 따라서 정보는 너무 빨라도 또는 너무 늦어도 의사결정자에게 도움이 되지 않는 경우가 있으며 정보의 획득시점에 따라 그 가치가 결정됨으로 **적시성**이 중요하다.

- 정보는 아무리 중요한 내용을 담고 있다하더라도 공개가 되고나면 정보의 가치는 급격히 떨어진다. 따라서 정보의 최대효용도를 높이기 위해서는 수요자에 의해 비밀리에 수집, 생산되어야 하는 **독점성**의 속성을 갖고 있다. 따라서 공개정보보다는 반 공개정보가, 반 공개정보보다는 비공개정보가 더 큰 가치를 갖게 되는 경우가 있다.
- 자동차, 냉장고 등의 일반 상품은 사용되는 그 순간부터 소모되는 반면, 정보는 아무리 이용하더라도 정보 자체는 소모되지 않는 **비소모성**을 가진다.
- 물리적으로 이전이 가능한 일반 상품과는 달리 한 개인이 소유하던 정보가 다른 사람에게 양도되어도 소유주에게는 원래의 정보가 그대로 남아 있다. 즉 일반 상품은 그것을 소유한 개인의 것이며 소유권을 가진 사람은 그 일반 상품을 사용해 이익을 얻고 처분할 권리를 갖게 되지만 정보는 남에게 빌려주어도 원래의 소유자에게 그대로 남아 있게 된다. 이는 **비이전성**으로 다시 말하면 정보는 타인에게 이전된다고 하더라도 완전히 이전되어 버리는 것이 아니고 자신에게 남아 있으므로 하나의 정보를 동시에 여러 사람이 이용할 수 있다. 따라서 일반 상품은 소유권을 중심으로 한 개념이라면 정보는 사용권을 중심으로 한 개념이다.
- 정보가 어떤 사용자에게 효용을 줄 수 있으나 제3자에게는 효용을 주지 못하는 경우가 있다. 즉 A에게는 극히 중요한 정보일지라도 B나 C에게는 불필요한 경우가 있다. 따라서 자본주의 시장경제원리에 따라 하나의 상품에는 하나의 가격이 형성된다는 일물일가의 법칙이 적용되지만 정보는 정보이용자의 필요성에 따라 여러 가지의 가격(가치)이 존재하며 **가치의 다양성**을 가진다고 할 수 있다.
- 정보는 결합되고 가공되어 보다 높은 차원의 정보가 되는 특성, 즉 **결합성**이 있다. 정보 A와 정보 B가 합쳐져서 C라는 새로운 정보(미래의 불확실성을 감소시켜 주는 정보)를 창출하고 정보 C는 또 다른 정보와 결합하여 보다 더 높은 가치 있는 정보(미래의 불확실성을 더욱 감소시켜 주는 정보)를 만들어 낸다.
- 정보는 생산·축적되면 될수록 가치가 커지는 **누적가치성**이 있다. 예를 들면 데이터베

이스의 경우에 정보가 풍부하게 생산·축적되면 될수록 그 가치가 높아지게 된다.

- 일반 상품은 여러 개의 부품들로 분할될 수 있지만 하나의 정보가 수신자들에게 분할되어 전달되는 경우는 전혀 의미가 없는 정보가 되기 때문에 정보는 항상 데이터의 집합체로서 전달·사용됨으로써 의미를 갖게 되는, **비분할성**을 가진다.
- 정보는 그 자체가 어떤 형태를 갖지 못하는 것이므로 정보가 전달되기 위해서는 어떤 전달매체(신문, 방송, 컴퓨터)를 통해서만이 가능한 **매체의존성**이 존재한다.
- 정보는 결과의 세계이다. 따라서 아무리 노력과 시간을 투입하더라도 좋은 결과를 얻지 못하면 그 정보는 아무런 소용이 없는 **결과지향성**의 특징을 가진다.

소비자정보는 공공재적 특성을 가지고 있기 때문에 시장을 통해서는 충분히 공급될 수 없다. 즉 소비자정보는 일반적인 재화와는 달리 그것이 얼마만큼 공급되든지 간에 일단 공급이 되기만 하면 공급자가 누구이든 관계없이 모두가 아무 불편이나 효용의 감소 없이 공동으로 이것을 이용할 수 있는 성질, 즉 비배타성(non exclusion)과 비경합성(non rivalry)을 가지고 있다.

이러한 소비자정보의 공공재적 특성으로 인하여 소비자문제에는 여타의 공공재의 경우에서와 마찬가지로 무임승차자(free-rider)의 문제가 야기된다. 즉 이는 모든 소비자가 소비자정보를 필요로 하지만 개개의 소비자는 모두 다른 누군가가 그러한 소비자정보를 획득하여 제공해 주기만을 원할 뿐 그 스스로는 이를 위한 시간과 비용을 들이지 않으려 하는 성향을 나타내는 것이다.

2) 소비자정보의 가치변화

소비자정보의 본질적인 특성으로부터 정보활동을 함에 있어 다양한 가치가 증가된다. 먼저 정보활동은 연속적으로 수행될수록 유리하며, 정보의 축적이 많을수록 유리하다. 정보의 채널이 다양할수록 유리하고 빨리 전달될수록 유리하며 다양한 정보를 통합 취급할수록 유리하다.

사회의 정보화는 물질과 에너지라는 유형자원의 가치 부여가 정보라는 무형자원으로 전가되는 과정을 보여주고 있다. 농업사회에서 정보사회에 이르는 사회변화에 따른 정보

그림 **2-2** 정보의 가치 변화

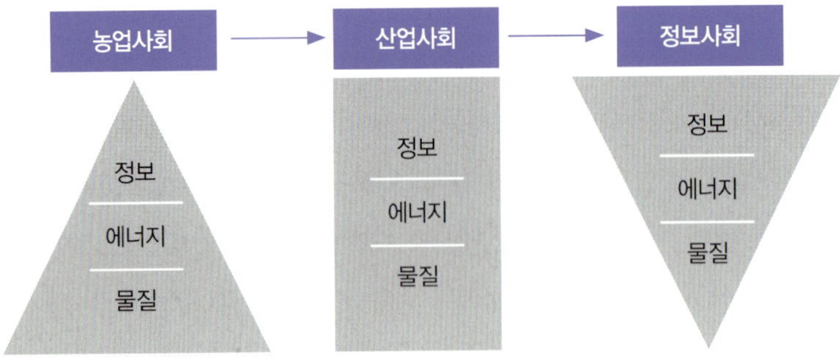

자료: 조윤희(2013). 정보사회론. 신지원. p.12.

가치 비중의 변화를 도식화하면 〈그림 2-2〉와 같다. 그림에서 보는 바와 같이 농업사회에서는 가치는 '물질〉에너지〉정보' 순으로 물질이 가장 중요한 가치를 지니고 있었다. 산업사회에서는 '물질=에너지=정보'가 유사한 가치를 보여주고 있고, 정보사회로 이행됨에 따라 '정보〉에너지〉물질' 순으로 가치가 변화하고 있음을 보여주고 있다. 따라서 오늘날의 정보사회는 물질과 에너지보다 정보가 가장 중요한 가치를 지니고 있다고 볼 수 있다.

3. 소비자정보의 원천

소비자의 정보를 어디서 찾는가는 소비자정보의 원천과 관련이 되어 있으며, 소비자가 서로 다른 정보원천을 이용하는 이유는 원천에 따라 정보의 신뢰성이나 유용성이 다르기 때문이다. 정보의 원천은 소비자의 정보탐색 관점, 정보의 성격과 전달수단, 정보원천의 형태에 따라 분류를 달리 하고 있다.

소비자정보의 원천은 세 가지로 구분할 수 있다. 첫째, 기업 정보원은 과옥, 판매원, 포장, 가격, 점포 내 정보, 유통경로와 같은 수단을 포함한다. 이런 정보는 적은 노력으로 즉시 얻을 수 있고 기술적으로 정확하지만, 간혹 정보가 피상적이고 믿을 수 없으며 부분적이라는 단점이 있다. 그러나 고도의 기술을 통해 생산되는 신기술 제품의 경우 소비자들은 기업 정보원에만 의존할 수밖에 없는 경우도 속출하고 있다.

둘째, 소비자정보원은 가족, 친지, 동료 등 마케터의 직접적인 통제하에 있지 않은 모든 개인 간 정보원천을 포함한다. 이 같은 정보는 개인의 경험이나 판단에 의하는 주관적인 정보로 정보의 질적 측면에서 불완전할 수 있다. 독립적이고 객관적인 정보가 부족한 후

디폴트와 소비자 의사결정 관계

디폴트(default)란 어떤 값이나 설정치 등이 프로그램 사용자에 의해 지정되지 않았을 때, 컴퓨터 프로그램은 미리 정해져 있는 값이나 설정치 등을 사용하게 되는 것을 말한다. 디폴트는 소비자가 사려 깊은 의사결정과정을 거치지 않고 쉽게 선택을 하도록 미리 정해진 속성 세트(set), 미리 정해진 대안이라 할 수 있다. 또 의사결정이 복잡하거나, 선호가 불확실하거나, 정서적으로 어려운 결정일 때 더 많이 사용될 수 있다. 따라서 디폴트가 소비자 선택에 체계적으로 영향을 미칠 수 있으며, 간혹 설정된 디폴트 자체가 선택에 영향을 미칠 수도 있다.

디폴트는 일반적으로 기본 모델, 최대판매모델, 풀 옵션 모델 등을 기초로 하거나, 소비자의 인구통계적 특성이나 쇼핑 프로파일에 의해 맞춤식으로 할 수 있다. 디폴트의 설계는 소비자가 의사결정을 어떻게 하는가를 이해하고 소비자 입장에서 '최선'의 것을 선택하는 것이 더 쉬울 수 있도록 디자인되어야 할 것이다. 즉 소비자가 바람직한 선택을 하도록 슬쩍 찔러 주는(nudging) 것이어야 한다.

그러나 디폴트 옵션이 opt-in(사전 동의에 의해 효력발생)과 opt-out(수신자가 거부를 해야만 효력발생)에 의해 소비자선택에 영향을 미치고 있는 것으로 나타나고 있다. 존슨과 골드스타인(Johnson & Goldstein, 2003)의 연구에 의하면 장기를 기부하는 행동에 큰 차이가 있어 증여자의 42%가 opt-in 방식에 동의를 표시한 데 비해, opt-out방식에서는 82%가 동의를 하고, 디폴트가 없어서 분명한 의사표시를 표시해야만 하는 경우에는 79%가 동의를 하는 것으로 나타나고 있다. 또한 은퇴계획에서도(그 계획이 참여자에게 분명하게 도움이 되는데도 불구하고) 디폴트가 자동등록인 경우 참여자 비율이 의미 있게 더 높은 것으로 나타나고 있다.

이처럼 디폴트를 설정하지 않는 것이 진정으로 중립적인가와 마찬가지로, 디폴트의 설계가 공공정책의 중요한 논의 주제가 되고 있다. 디폴트는 특히 선호가 명확하지 않은 소비자가 활용할 가능성이 높다는 점을 고려해 볼 때 디폴트를 어떻게 설계할 것인가에 대해서 많은 관심과 감독이 필요하다. 특히 소비자가 디폴트에 대해 회의적일 때, 즉 마케터에 의해 조정당하고 있거나 마케터가 설득하고 있다고 믿을 때 소비자들은 오히려 디폴트를 더 따르지 않을 수 있기 때문에 소비자의 합리적 선택을 돕기 위해서는 디폴트의 설정은 매우 중요하다.

자료: Susan M. Broniarczyka & Jill G. Griffin(2014). Decision Difficulty in the Age of Consumer Empowerment, J. of Consumer Psychology, 19. pp.36–38.

진국에서는 개인적 정보에 의존하는 경향이 높다.

셋째, 중립적 정보원은 정부산하 기관이나 언론기관의 발행물, 신문, 잡지, 방송뉴스, 통신정보 등을 포함한다. 공급자도 아니고 소비자도 아닌 제3자 또는 제3기관에 의해 제공되는 정보로, 소비자 모니터 제품비교평가에 의해 제공되는 정보들이다. 소비자단체의 적극적인 활동, 정보산업과 인터넷의 발달로 객관적인 정보는 매우 다양하게 제공되고 있다.

디지털사회에 들어 인터넷이라는 새로운 매체가 등장함에 따라 이러한 소비자정보의 제공, 획득, 활용의 방식이 혁명적으로 변화할 수 있게 되었다. 유용한 소비자정보를 제공하는 영리·비영리의 인터넷 페이지들이 하루가 다르게 생겨나고 있어서 과거에는 같은 상품을 조금이라도 싼 가격에 구입하기 위하여 많은 시간과 노력을 들여 '다리품'을 팔아야 했다면, 이제는 인터넷을 이용하여 편안히 '마우스품'을 파는 것으로 대체되기에 이른 것이다.

또한 품질정보나 환경, 위해정보와 관련해서도 마찬가지이다. 이러한 소비자정보와 관련해서는 우선 소비자들의 경험에 입각하는 것이 가장 정확하기는 하지만, 그 의사소통의 범위에 한계가 존재하므로 충분히 활용되지 못했었다. 그러나 이제는 상품을 구입해서 사용해본 후 느낌이나 경험들을 올려놓는 인터넷 소비자 커뮤니티 사이트들을 통하여 다른 소비자들의 상품 구입 실패담이나 성공담을 읽고 소비의 간접경험도 가능하다. 이러한 구매 후 소비경험에 대한 사이트들은 특히 그동안 분산되었던 소비자들의 의견을 결집시켜, 대기업과 같이 막강한 생산자에게 소비자 파워를 과시할 수 있는 잠재력을 충분히 보유한 민간 소비자센터의 역할을 톡톡히 하고 있다.

따라서 소비자는 최근 원하는 정보가 있을 경우 이에 관련된 정보를 인터넷 정보, 블로그, 카페, 업체 평가 홈페이지, 소비자 후기 홈페이지, 기업의 홈페이지 등을 통해 얻는다. 기업은 매체 광고를 하는 것에 비해 인터넷에 소비자들의 자연스러운 의견을 올림으로써 잠재고객을 끌어들이는 데 있어서 비용대비 효과를 올릴 수 있기도 하다. 이상의 소비자정보원천별 장단점을 비교해 보면 〈표 2-1〉과 같다.

소셜 미디어의 발전과 보급도 주목할 필요가 있다. 소셜 미디어는 오프라인 구전에 비해 정보의 전달속도가 빠르고 전달범위가 넓으며 많은 정보를 전달할 수가 있고 이미지나 동영상도 전달할 수 있어 최근 강력하고 효과적인 정보원으로 떠오르고 있다(표 2-2 참조).

표 2-1 소비자정보 원천별 장단점

정보원	예	장점	단점
기업 정보원	판매원, 광고, 제품 자체, 제품 홍보홈페이지, CD, 쇼핑몰	• 자주 이용 가능한 많은 정보가 존재한다. • 정보비용이 낮다. • 적은 노력으로 이용 가능하다.	• 편견이 게재될 가능성이 크다. • 필요한 정보 모두가 제공되지 않는다. • 신뢰성이 결여되어 있다.
소비자 정보원	친구, 가족, 이웃, 소비경험 사이트	• 여러 곳에서 다양한 정보를 얻을 수 있다. • 신뢰할 수 있다. • 소비자의 욕구에 맞추어 정보가 제공될 수 있다. • 정보비용이 낮다.	• 정보가 그릇될 수 있다(주관). • 간헐적이어서 때때로 중단된다. • 소비자가 스스로 추구해야 한다.
중립적 정보원	신문, 잡지, 간행물, 소비자단체 사이트, 한국소비자원사이트, 공공기관사이트	• 편견이 개재되지 않는 정보이다. • 사실에 근거한 정보이다. • 신뢰할 수 있다.	• 정보비용이 높다. • 규칙적으로 이용 가능하지 않다. • 정보가 완벽한 것은 아니다. • 정보의 최신성이 결여된 경우가 많다. • 정보의 이해에 지적 기술이 필요하다.

자료: 이기춘 외(2001). 소비자학의 이해. 학현사. p.193.

표 2-2 소셜 미디어의 유형

유형	특성	예
SNS(Social NetWork Service)	자신의 공간에 프로필을 작성, 타인과 상호교류	Facebook, MySpace, Cyworld
블로그	자신의 온라인 일지	Naver Blog
마이크로블로그	단문의 블로그	Twitter
커뮤니티	정보, 사진 동영상 공유	Youtube, Flicker
온라인백과사전	내용을 수정, 추가할 수 있는 온라인 백과사전	Wikipedia

자료: 이문규·안광호(2011). 서비스마케팅과 매니지먼트. 집현재. p.49.

〈표 2-3〉은 중립적 정보원인 한국소비자원에서 제공하는 가격과 품질 비교정보이며, 사실에 근거한 것으로 소비자가 신뢰할 수 있다. 이 밖에도 기업이 제공하는 홈페이지에서는 소비자들이 화장품 유형, 피부 고민별로 제품을 검색하는 것 외에도 제품의 원료나 진행하고 있는 캠페인별로 제품을 검색할 수 있도록 하고 있다.

표 2-3 가격·품질 비교 시험(라면 12종)

제품명	내용량		영양성분					가격[1]	
	1봉 (g)	수프 (g)	열량 (kcal)	탄수화물 (g)	단백질 (g)	콜레스테롤 (mg)[2]	칼슘 (mg)	1봉 (원)	1묶음 (원)
한 끼 영양소 기준치[3]	–	–	722.2[4]	110	18.3	100	233.3	–	–
꼬꼬면	115.7	13.8	473.0	75.4	9.5	0.62	48.1	703	3,517
나가사끼 짬뽕	117.7	17.0	486.9	79.8	9.1	0.47	29.5	790	3,950
너구리 우동 얼큰한 맛	120.9	13.8	511.4	80.4	8.8	1.61	216.3	502	3,149
무파마 탕면	120.2	17.6	514.7	81.9	9.7	0.78	180.0	839	4,193
삼양라면	124.8	12.8	519.2	81.1	10.2	불검출	30.3	595	3,080
스낵면 쇠고기 맛	111.3	11.4	489.4	70.3	10.0	불검출	108.6	421	2,168
신라면	118.4	11.9	495.8	75.0	9.8	불검출	178.4	634	3,170
안성탕면	126.8	11.9	549.6	82.5	11.8	불검출	221.2	570	2,850
오징어짬뽕	124.1	16.0	503.2	83.3	11.5	6.03	216.0	723	3,617
진라면 매운맛	123.4	13.6	513.0	78.1	12.1	불검출	133.7	442	2,653
참깨라면	117.6	21.0	504.2	77.0	10.7	6.58	160.2	602	4,327
틈새라면 빨계떡	122.6	15.2	504.7	80.6	10.5	불검출	29.2	757	4,007
평균	**120.3**	**14.7**	**505.4**	**78.8**	**10.3**	**2.68**	**129.3**	**632**	**3,390**

비고: 제품 순서는 제품명 가나다순이다.
상기 값은 1봉(1회 제공량)당 측정값, 매운맛과 감칠맛은 1봉의 수프 중 측정값이다.

① 3대 대형마트 온라인몰에서 판매하는 1묶음(5~6봉입)의 평균가(2014. 9. 11~23. 기준)
② '식품 등의 표시기준'에 따르면, 콜레스테롤 2mg 미만은 '0'으로 표시 가능
③ 1일 영양소기준치를 세 끼 섭취를 기준으로 환산한 값(식품 등의 표시기준)
④ 성인 남녀(19~64세)의 1일 에너지 기준치를 세 끼 섭취를 기준으로 환산한 평균값(한국인 영양섭취기준)

자료: 한국소비자원(2014. 11.). 소비자시대.

그림 2-3 소비자정보제공을 위한 기업의 홈페이지

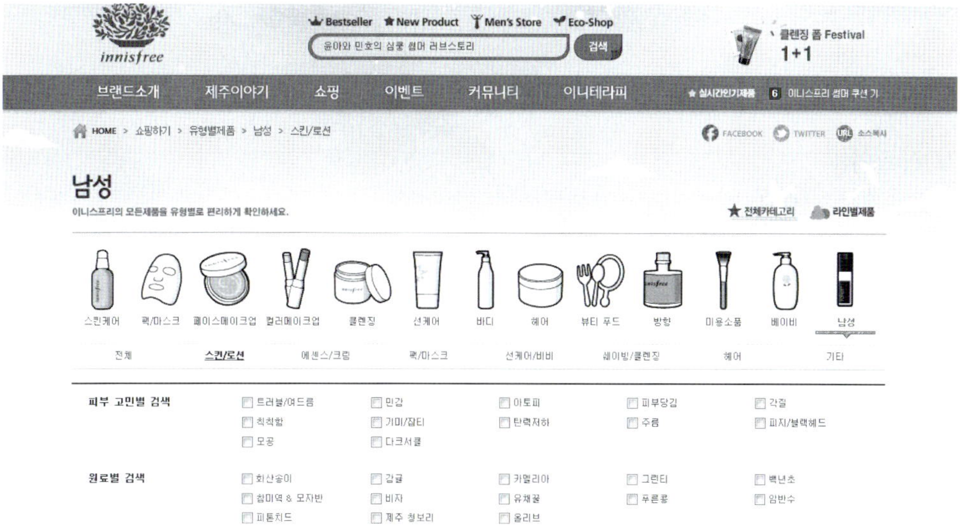

자료: 이니스프리 홈페이지.

각 제품을 클릭하면 제품의 기본정보(용량, 제조국가, 사용기한·개봉 후 사용기간, 제조연월일, 주요성분)와 함께 사용방법, 사용 시 주의사항 등을 확인할 수 있으며, 식약처의 심사필 유무와 품질보증기준, 소비자상담 관련 전화번호 등을 각 제품 설명 상단에 제공하고 있어 소비자들이 쉽게 확인할 수 있도록 하고 있다. 또한 제품 활용법과 소비자들끼리 제품과 관련하여 묻고 대답할 수 있는 게시판을 제공하여 소비자들끼리 정보를 제공할 수 있도록 하고 있다(그림 2-3).

4. 소비자정보의 내용

메인즈(Maynes, 1976)는 소비자가 필요로 하는 정보는 상품·품질·시장·가격 등 네 가지

문제에 관한 정보라고 하였는데 이를 비롯하여 위해정보 등에 대해 자세히 살펴보면 다음과 같다.

1) 상품정보

소비자들이 필요로 하는 상품정보에는 여러 가지가 있다.

- 소비자의 특정 욕구를 충족시키는 상품에는 어떤 것들이 있는가?
- 대체적 상품 군에는 어떤 것들이 있는가?
- 각 상품 군에는 어떤 제품·상표·모델이 있는가?

흔히 소비자들은 시장에 존재하는 상품정보를 대체적으로 파악하고 있다고 생각한다. 그러나 현대 시장환경의 특성상 소비자들이 상품정보를 파악하기가 점점 더 어렵게 되어 가고 있다. 즉 하나의 상품에도 상표, 모델이 너무 다양하고 종류가 엄청나게 많다. 예를 들어, 우리나라의 웬만한 슈퍼마켓에서 취급하고 있는 상품의 종류는 수천 가지이며, 대형할인점의 경우는 심지어 수만 가지의 상품 종류를 취급하고 있다. 단지 장난감만을 취급하는 상점인 미국의 토이저러스의 경우 약 1만 8천 개 이상의 상품을 취급하고 있다. 또한 매일매일 새로운 제품이 출현하고 있어 소비자들이 기존의 제품을 이해하고 평가하기도 전에 새로운 제품이 나오고 있으며, 복합기능을 가진 제품이 계속 개발되어 제품이 더욱 다양해지고 비교 선택 대상이 되는 상품의 종류가 많아지고 있다.

2) 품질정보

현대 산업사회에서는 고도의 기술발달로 제품들의 구조와 기능이 더욱 복잡해짐에 따라 소비자들은 제품의 구조나 작동원리, 사용방법 등을 이해하기 어렵고 따라서 제품의 성능이나 품질을 평가하기가 어렵게 된다.

일반적으로 구매 선택 상황에서 소비자는 품질을 판단하기 어려울 때 높은 수준의 인지된 위험(perceived risk)을 가지게 되며, 이 경우 품질이 좋다고 많은 사람들이 인정하는 유명상표를 선택함으로써 위험을 감소시키는 경향이 있다. 그러나 유명상표가 반드시 품질이 우수한 것은 아니다. 소비자들은 다음 품질정보에 대해 알아야 한다.

- 제품의 품질이나 성능을 결정하는 제품 속성은 무엇인가?
- 위의 제품 속성들의 가중치는 어떠한가? 즉 제품의 품질이나 성능을 결정하는 데 있어 제품 속성들의 상대적 중요도는 어떠한가?
- 특정 제품, 즉 특정 상표나 모델의 제품은 위의 제품 속성을 얼마나 가지고 있는가?
- 객관적인 품질 측정의 결과가 이용 가능하며, 어떻게 이용할 수 있는가?

3) 시장정보

시장은 판매자와 소비자(구매자), 그리고 상품이 집결하는 장소로서 판매자와 필요한 제품을 사려는 소비자 사이에 수요·공급이 계속적으로 일어나 상품의 가격이 형성되고, 상품의 매매가 발생하는 장소이다. 소비자와 판매자 사이에서 매매가 일어날 때 시장에는 언제나 서로 상반된 이해관계를 갖는 힘이 작용한다. 상품을 팔려고 하는 사람들은 서로 경쟁관계에 있으며 이들은 상품을 사는 사람들로부터 가장 좋은 조건의 주문을 받아내고자 한다. 사는 사람들 또한 서로가 경쟁관계에 있고, 파는 사람들로부터 가장 좋은 조건으로 사고자 한다.

시장의 형태는 상품의 종류에 따라 구분할 수 있는데, 예를 들면 청과물 시장, 가구 시장, 귀금속 시장, 그릇 시장, 전자제품 시장 등 여러 가지가 있을 수 있다 또한 상품의 거래장소에 따라 구분할 수도 있는데, 최근에는 통신판매나 방문판매, 전자상거래 등과 같은 무점포 유통기관이 빠른 속도로 성장하고 있다.

4) 가격정보

가격이란 상품이나 서비스를 구매하는 대가로 소비자가 지불하게 되는 금액을 말한다. 그런데 여기서 상품이란 단순히 실체 상품뿐만 아니라 이에 부과되는 부대 서비스나 욕구 충족적인 혜택이나 편익까지 포함한 것을 의미한다. 따라서 똑같은 상품을 사더라도 재래시장에서 구입할 때와 백화점에서 구입할 때의 가격이 다른데, 이는 백화점의 깨끗한 쇼핑공간과 시설들을 누리는 혜택, 상품 포장의 질, 배달 서비스, 백화점 직원들의 친절한 응대와 상품 설명 등이 상품가격에 포함되었기 때문이다. 소비자가 필요로 하는 가격정보로는 다음과 같은 것이 있다.

- 특정 제품의 가격은 고가품에서 저가품에 이르기까지 가격범위가 어떠한가? 가격범주에 따라 제공되는 부대 서비스, 부품, 무료 설치, 교환 가능성, 무이자 할부납부의 가능성이 다른가?
- 가격이 특별 할인되는 시기나 장소, 방법이 있는가?
- 특정 제품에 있어 가격분산이 존재하는가? 판매장소에 따라 가격이 어떻게 다른가?
- 특정 제품에 있어 가격과 품질의 상관관계는 어떠한가?
- 가격정보를 제공해 줄 수 있는 정보원이 있는가? 각 상품별 가격정보제공 정보원은 무엇이며 어떻게 획득하는가?

5) 위해정보 등의 정보

현대사회는 제품의 제조에 따른 복잡한 기술, 새로운 재료, 처리에 따른 화학품의 사용증가 등으로 소비자가 소비생활을 영위함에 있어 위해의 요인이 매우 높은 실정이다. 현행 소비자기본법상, 소비자의 생명과 신체 및 재산상의 위해를 방지하기 위하여 위해정보 보고기관은 위해정보를 보고하도록 되어 있다. 위해정보 보고기관은 경찰청, 소방서, 보건소, 병원, 학교, 소비자단체 등 매우 다양한데, 이들은 위해물품 및 용역 이름, 위해경위, 위해내용 및 위해부위, 소비자 인적사항 등에 관하여 한국소비자원에 통지해야 한다. 이러한 위해정보는 지속적으로 수집 분석되어 소비자정보로 제공되고 있다.

또한 환경보전에 대한 사회적 관심이 증가함에 따라 소비자들의 힘으로 환경을 지키려는 노력들이 많이 경주되고 있다. 이에 과거에는 그다지 관심을 끌지 못했던 상품의 환경관련 정보에 대한 중요성이 점점 커지고 있다. 이를 위하여 상품의 환경마크 표시를 강조하여 구매를 촉진하기도 하며, 리필제품의 소비도 늘어나고 있다.

5. 소비자정보의 평가기준

시장구조가 사업자 중심에서 소비자 중심으로 전환됨에 따라 소비자선택이 기업의 성패와 경쟁구조를 결정하는 시장경제의 기본 틀이 형성되어 가고 있다. 이러한 자본주의 시장경제가 제대로 작동하기 위해서는 생산자와 소비자 간의 정보비대칭 현상을 제거하여 소비자의 구매선택에 필요한 다양한 소비자정보를 원활하게 제공하는 것이 필수적이다. 특히 오늘날과 같은 정보사회에서 소비자선택에 필요한 유용하고 바른 소비자정보야말로 소비자주권을 실현하기 위한 핵심수단으로서 그 중요성은 더욱 크다고 할 수 있다.

하지만 앞서 언급한 바와 같이 소비자가 이용할 수 있는 정보는 그 자체로서 그렇게 유용하지 않을 수도 있음을 간과해서는 안 된다. 대부분의 소비자들이 더 많은 정보를 필요로 하고 있지만 단지 정보를 제공하는 것으로 최적 구매에 이르게 할 수는 없다. 정보가 불분명하여 소비자로 하여금 잘못된 선택을 하게 할 수 있으며, 때에 따라서는 정보는 정확하지만 정보제공 시기가 늦어져 불필요하게 될 수도 있고, 어떤 경우에는 소비자가 정보를 잘못 해석하여 오히려 소비자에게 해로운 결과를 가져오기도 한다. 따라서 일반적으로 소비자정보가 유용성을 갖기 위해서는 여러 가지 요건을 갖추어야 한다(김영신 외, 2002).

1) 정보의 적시성

정보는 시간적 가치를 가지고 있다. 즉 정보의 적시성(timeliness)이 중요하다. 의사결정에 있어 정보는 시간이 흐를수록 가치가 떨어지는 것이 일반적이지만 정보요구자의 상황에 따라 적시성도 달리 평가된다. 예를 들어, 일반인에게 아무리 유용한 정보 내용이라 할지라도 소비자가 필요성을 느끼지 못한다면 그 정보는 그대로 사장되고 만다. 지금 막 자동차를 구매한 소비자에게 특별한 할인 가격에 새로운 멋진 기능을 갖춘 새 차에 대한 정보제공은 소비자에게 기 구매에 대한 후회감을 갖게 하는 것 외에 별다르게 활용될 방안이 없다고 보아야 한다.

2) 정보의 명료성

소비자에게 주어지는 정보는 올바른 해석과 선택을 할 수 있는 정확한 것이어야 한다. 여기에는 정보 자체도 진실하고 허위가 없어야 하지만 정보제공의 형태도 명백해야 함을 의미한다. 중요한 내용이나 조건을 소비자가 이해하지 못하는 난해한 기호나 외국문자, 전문용어로 나타낸다면, 이는 소비자의 최적 구매를 저해한다. 소비자가 정보를 제대로 이해하지 못한 경우에는 그 정보가 제품평가나 선택 시 매우 중요한 정보여도 소비자는 이를 제대로 사용하지 못하며, 오히려 제품 자체와 관련이 없는 가격이나 상표와 같은 주변적인 단서나 왜곡된 정보를 사용하게 하는 문제를 발생시키기도 한다.

부정확한 정보에 대한 논의는 기만 표시·광고에 대한 논의에서 오랫동안 다루어져 왔다. FTC는 1983년 10월에 '기만에 대한 정책성명'에서 기만에 대한 정의를 명확히 공표함으로써 소비자에게 전달되는 정보의 정확성이 어느 수준까지 엄밀하게 지켜져야 하는지를 일찍이 분명히 밝혔다. 여기서 기만이란 소비자의 손해에 대해 해당 상황에서 합리적으로 행동하는 소비자를 오도하게 하거나 오도할 가능성이 있는 표현, 누락 또는 행위가 있음을 의미한다.

이를 다시 구체적으로 살펴보면, 첫째, 소비자를 오도할 가능성이 있는 표현, 누락, 또는 행위가 있어야 한다. 오도나 기만적인 행위에는 허위적인 구두 또는 서면 표현이나 오도된 가격 청구, 적절한 정보 공개 없이 위험하거나 구조적 결함이 있는 상품이나 서비스의 판매, 다단계 판매에 대한 정보 공개의 불이행, 미끼와 속임수의 사용, 약속된 서비스의 불이행, 품질보증 책임의 불이행 등이 포함된다.

둘째, 특정 집단의 관점에서 기만이 조사된다. 만약 어떤 표현이나 행위가 특정집단에 영향을 주거나 중요한 영향을 미친다면, FTC는 그러한 집단의 관점에서 합리성을 판단한다. 예를 들어 어린이나 노인을 대상으로 하는 상품이나 서비스의 경우, 각각 어린이와 노인의 시각에서 기만 여부가 판단된다. 정상적인 성인이라면 호도되지 않을 내용이라도 어린이나 노인은 현혹될 수 있기 때문이다.

셋째, 그러한 표현, 누락, 행위는 중요한 것이어야 한다. 그러한 행위나 관습이 상품이나 서비스에 대한 소비자의 행동이나 결정에 영향을 줄 가능성이 있는지의 여부가 기본적인 문제제기이다. 소비자는 만약 기만이 없었다면 다른 선택을 할 가능성이 있기 때문에, 그러한 행위는 중요한 것이 되고, 이러한 선택을 통해 소비자에게 피해가 발생할 가능

소비자 의사결정을 돕는 '큐레이션 커머스'

최근 정보의 과잉 속에서 어떤 상품을 살지 쉽게 결정하지 못하는 이른바 '햄릿(Hamlet)증후군'을 겪는 소비자들이 늘고 있다. 햄릿증후군이란 '이러지도', '저러지도' 못하고 햄릿처럼 머뭇거린다는 의미이다. 정보의 홍수 속에 선택의 기회는 많아진 반면, 자신의 판단에 대한 자신감이 낮아지면서 나타나는 현상이다. 그 결과 소비자는 무작위로 '아무거나' 선택하거나 타인에게 의사결정을 맡기는 경향이 강하다.

햄릿증후군 소비자를 타깃으로 품질 좋고 우수한 제품을 소비자에게 골라주는 큐레이션 커머스(curation commerce)의 영역도 점차 넓어지고 있다. 큐레이션 커머스는 예를 들어 큐레이터가 작품 등을 수집, 전시, 기획하듯이 특정 분야 전문가 등이 직접 제품을 골라 할인된 가격에 파는 전자상거래를 말한다.

큐레이션 커머스는 주로 전문점 형태로 운영되는데, 이는 특정 분야에 대한 소비자들의 욕구, 구매패턴 등 자세한 사항을 남들보다 앞서 빨리 간파하고 제품을 선택해 제공해 주어야 하기 때문이다. 세계적으로 큐레이션 커머스 열풍을 불러온 업체는 디자이너 제품을 판매하는 미국의 팹닷컴(www.fab.com)이다. 팹닷컴은 독특한 디자인의 제품을 가상 바자회 형식으로 전시해놓고 정해진 기간에만 할인가로 판매하는데, 큐레이션 서비스를 오픈한지 1년 만인 2012년 매출 1억 달러를 넘어섰다.

우리나라에서도 유아용품의 '베베엔코 베베박스', 뷰티박스인 '미미박스' 및 '글로시박스', 디자인용품의 '킥스토어', 애완용품의 '펫츠비' 등의 업체들은 특정 분야 전문가들이 추천 서비스를 하고 있다. 한국소비자원 조사에 따르면 지난해 12월말 기준 영업 중인 '큐레이션 커머스' 쇼핑몰은 약 56개로, 판매품목별로 보면 과일·간식·야채·농수산물 등 '식품'이 12개(21.4%)로 가장 많고, 다양한 품목을 판매하는 '종합쇼핑몰'이 9개(16.1%), '패션·리빙' 7개(12.5%), '임신·출산·육아·웨딩' 관련 6개(10.7%)로 나타났다.

큐레이션 커머스는 신제품 또는 뛰어난데도 주목받지 못했던 제품 등을 집중적으로 소개한다는 점에서 판매자와 소비자에게 매우 유리한 서비스로 소비자는 믿을 수 있는 제품, 이미 많은 사람에게 인정받은 제품 등을 상대적으로 저렴하고 손쉽게 살 수 있다는 장점이 있다. 한국소비자원의 조사에서도 큐레이션 커머스를 이용하는 소비자의 상당수가 만족하고 있는 것으로 나타났다.

대표적인 큐레이션 서비스 업체인 소셜커머스 시장도 큰 폭으로 성장하고 있다. 소셜커머스 시장은 2012년 약 120억 원 규모에 불과했지만 2년 만인 지난해 기준 5조 50,000억 원 규모로 급성장했다. 특히 모바일 쇼퍼가 늘면서 큐레이션 서비스를 제공하는 소셜커머스 업계에 호재로 작용했다. 이처럼 큐레이션 서비스가 소비자들에게 인기를 끌자 기존 오픈마켓들도 속속 서비스를 도입해 현재는 대부분의 국내 이커머스 업체들이 맞춤형 서비스를 제공하고 있다.

자료: 박효주(2015. 4. 22.). 금주의 경제학. 브릿지경제.

그림 2-4 소비자정보의 평가기준

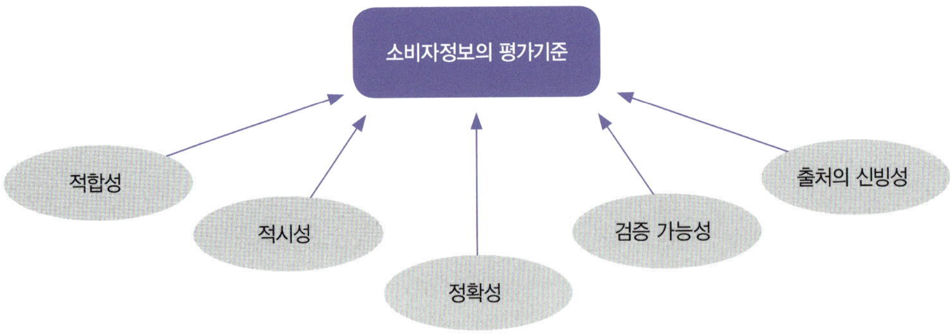

성이 존재하게 된다. 이러한 세 가지 관점에서 표시와 광고에 대한 기만이 판정되고 이에 따라 정보의 명료성(intelligibility) 수준도 결정된다고 할 수 있다.

3) 정보의 적합성

컴퓨터의 구조설명과 같은 상세한 정보는 전문가에게 유용할지 모르지만 대부분의 소비자에게는 별 도움이 되지 않는다. 마찬가지로 현재 의식주 생활을 유지하기도 어려울 정도로 가난한 소비자에게 유례없이 파격적인 가격할인으로 제공되는 아파트 분양정보는 개인적으로 전혀 도움이 되지 않는다. 이 소비자에게는 지금보다 저렴한 가격에 필수품을 구입할 수 있는 웹사이트에 대한 정보나 작은 돈이나마 생활에 도움을 줄 수 있는 아르바이트나 취업정보가 절실히 필요할 것이다. 정보가 정보로서의 유용한 역할을 하기 위해서는 소비자의 상황과 특성에 맞게 적절하게 제공되어야 한다. 즉 정보의 적합성(suitability) 등이 확보되어야 한다.

4) 정보출처의 신빙성

정보출처의 신빙성(source credibility)이란 소비자들이 정보의 전달자에게 느끼는 전문성과 진실성을 말한다. 전문성(expertise)은 정보출처가 상품의 특징이나 성능에 대해 타당성 있는 평가를 내릴 수 있는 능력을 말한다. 진실성(trustworthliness)은 정보출처가 상품에 대해 진실한 내용을 전달하고 있는가를 말한다. 정보출처의 신빙성이 높으면 높을수록 소비자들이 정보를 수용할 가능성이 높아진다.

5) 검증 가능성

검증 가능성은 정보의 정확성을 확인할 수 있는 특성을 의미한다. 만일 정보의 정확성을 검증할 수 없다면 그 정보는 신뢰할 수 없게 되므로 아무리 그 정보가 적시성과 적합성이 높다 하더라도 정보의 가치는 매우 낮게 평가될 수밖에 없다. 일반적으로 정보의 정확성은 다음과 같은 방법으로 검증되어질 수 있다. 즉 이미 정확하다고 알려져 있는 정보와 비교하거나, 데이터로부터 정보를 추적하여 이들의 일치성을 확인함으로써 검증이 가능하다.

생각해 보기

1. 소비자가 정보를 제공하는 대표적인 소비자경험 사이트를 찾아보고 그 특징을 비교해 보고 개선점을 생각해 보자.
2. 중립적 기관에서 제공하는 품질정보 비교사이트 및 간행물의 자료를 찾아보고 그 주요 정보내용과 특징을 검토한 후 개선점을 생각해 보자.
3. 교과서에 나와 있는 정보 이외에 소비자가 더 필요로 하는 정보의 내용에는 어떠한 것이 있는지 알아보자.

CHAPTER 3

소비자정보의 역할

현대사회는 정보사회라 불릴 만큼 정보의 중요성이 증가하고 있다. 소비자정보 역시 공정한 시장경제, 합리적인 의사결정 등을 위하여 중요한 역할을 한다. 제품을 선택할 때 필요한 여러 가지 정보들은 소비자가 합리적인 선택을 할 수 있도록 도울 뿐만 아니라, 올바른 정보를 활용한 소비자의 합리적 선택은 시장경제에서 화폐투표(dollar-vote)로서의 역할을 함으로 소비자주권 확립의 밑거름이 된다. 따라서 소비자 개인적 차원에서의 소비생활 만족도를 위해, 그리고 사회경제적 차원에서 올바른 시장경제 발전을 위해서 소비자정보는 중요한 역할을 하고 있다.

이에 본장에서는 소비자정보의 역할을 정부, 기업, 소비자 측면에서 소비자정보의 역할을 살펴보고자 한다. 또한 정보사용에 있어서의 윤리성 문제, 정보가 너무 많아 소비자의 선택을 더 혼란스럽게 하는 정보 과부하의 문제, 산업사회에서의 경제적 격차가 정보사회로 이전하면서 정보의 격차로 나타나는 정보의 불평등성 문제, 정보관리차원에서 개인정보보호의 문제 등 정보사회에서 정보로 인한 문제점을 살펴보고자 한다.

1. 정보사회에서의 소비자정보의 역할

1) 정부 측면에서의 소비자정보의 역할

(1) 정부가 제공하는 소비자정보의 역할

정부에서 시행하는 소비자정책의 근간은 소비자문제를 예방하고 소비자문제를 해결하기 위한 방안을 모색하는 것이다. 정부는 소비자피해를 최소화하기 위하여 사후적으로 피해를 입은 소비자에게 피해구제방안을 제시할 뿐만 아니라 사전적 예방 차원에서 소비자에게 교육과 정보를 제공하고 있다. 정부에서 제공하는 소비자정보는 중립적 정보로서 신뢰성이 높을 뿐만 아니라 전문적이라는 장점을 지니고 있다. 따라서 정부에서 제공하는 소비자정보는 소비자가 믿고 활용할 수 있는 비교적 정확한 정보로서 소비생활 향상에 긍정적인 역할을 한다.

즉 정부에서 제공하는 소비자정보는 소비자가 올바른 의사결정을 할 수 있도록 유도하며, 이는 개인적으로는 소비생활 만족도를 향상시키고, 사회적으로는 건전한 시장경제를 유지하도록 하는 역할을 하고 있다.

(2) 정부가 제공하는 소비자정보의 내용

정부는 객관적이고 신뢰할 수 있는 소비자정보의 원천으로서 소비자의 선택권 보장이나 실질적 이익을 가져다주는 중요한 정보제공처로서 역할을 하고 있다. 정부에서는 국민들의 복지와 소비생활의 편의를 제공하기 위하여 다양한 내용의 정보를 제공하고 있으며, 정부가 제공하고 있는 소비자 관련 정보의 대표적인 예를 살펴보면 다음과 같다.

① 소비 관련 경제지표 정보

정부에서는 소비자물가지수, 소비지출전망, 물가 동향, 엥겔지수, 지니지수 등 다양한 통계지표를 제공하며, 이러한 지표들은 가계부채, 개인채무상태 등 가계의 경제 상태를 파악하고 가계예산 및 대책을 강구하는데 유용한 자료로서 역할을 한다.

- **엥겔지수**(Engel's coefficient)는 총가계 지출액 중에서 식료품비가 차지하는 비율을 의미한다. 엥겔의 법칙(Engel's law)은 저소득 가계일수록 식료품비가 차지하는 비율이 높고, 고소득 가계일수록 식료품비가 차지하는 비율이 낮다는 법칙이다.
- **지니지수**(Gini's coefficient)는 소득분배의 불평등 도를 나타내는 수치로, 소득이 어느 정도 균등하게 분배되어 있는가를 평가할 때 이용한다. 지니계수는 0과 1사이의 값을 가지며 0에 가까울수록 소득분배는 균등한 것을 뜻하고, 일반적으로 .4를 넘으면 소득분배가 상당히 불평등한 것으로 볼 수 있다.

② 소비생활 관련 정책 정보

정부에서는 국민들을 위해 사회복지, 소득재분배, 노인복지, 연금제도 등 각종 복지정책을 수립하고, 이를 실천하고 있다. 국민들의 생활의 질을 향상시키기 위해 정책을 수립하였으나 국민들에게 이러한 정보가 전해지지 않는다면 그 정책은 유명무실해진다. 따라서 정부에서는 관공서 홈페이지, 또는 공익광고를 통해 정부가 시행하고 있는 각종 정책들에 대한 정보를 제공하고 있다.

③ 안전 관련 정보

소비자의 안전할 권리는 신체, 생명의 위협과 관련된 생존권에 관한 권리로서 다른 어떤 권리보다도 최우선되는 소비자 권리이다. 소비자안전은 중요한 사항으로 정부가 직접 개입하여 안전한 소비생활이 되도록 각종 위해정보를 제공하고 있다. 한국소비자원의 소비자위해감시시스템(CISS: Consumer Injury Surveillance System) 사이트에서 위해정보를 수집해 처리하고 있으며, 위해정보 및 리콜정보를 소비자에게 제공함으로서 소비생활의 안전을 도모하고 있다.

2) 기업 측면에서의 소비자정보의 역할

기업의 입장에서 소비자정보의 역할을 보자면 두 가지 측면으로 살펴볼 수 있다. 먼저 기업이 소비자에게 제공하는 정보의 역할과 두 번째로 기업이 수집한 소비자에 관한 정보의 역할이다.

(1) 기업이 제공하는 소비자정보

기업은 자사 상품과 서비스를 소비자에게 알리고 홍보하기 위해 다양한 방식으로 정보를 제공한다. 소비자는 기업이 제공한 정보를 바탕으로 의사결정을 하게 되지만, 기업이 제공하는 정보는 신뢰성이 떨어진다는 점에서 완벽한 정보로서의 역할은 어렵다. 소비자는 다만, 기업이 제공하는 광고나 정보를 통해 새로운 상품과 서비스를 접하게 되고 인지하게 될 뿐, 의사결정 시 기업이 제공하는 정보가 결정적 역할을 하기는 어렵다.

기업은 자신이 만든 제품을 소비자가 선택할 수 있도록 장점만 부각시킨다거나, 단점을 숨기거나 드러내지 않는 한도 내에서의 정보만을 소비자에게 제공하기 때문이다. 그러므로 소비자는 기업이 제공하는 소비자정보는 정보의 신뢰성 면에서 문제가 있다는 것을 인식하고 다른 다양한 원천을 활용한 정보수집을 통해 이를 보완해야 한다.

(2) 기업이 수집한 소비자에 관한 정보

기업은 자사 상품을 이용하고 있는 소비자의 정보를 수집하여 기업의 수익창출 활동에 활용하고 있다. 즉 소비자의 라이프스타일, 소비성향 등에 관한 다양한 정보들을 수집하고 이를 분석하여 소비자의 욕구를 파악함으로서 제품 개발 및 마케팅 활동에 적용하고 있는 것이다. 고객만족을 최우선으로 하는 기업만이 시장에서 경쟁우위를 차지할 수 있다는 점에 대해 모든 기업이 인식을 같이 하고 있기 때문에 소비자에 대한 정보는 더욱 중요하게 되었다.

기업은 고도화된 소비자정보관리 시스템을 도입해 소비자의 니즈와 성향에 맞는 제품을 제공함으로서 중요한 기업경영의 목표인 고객만족을 달성하기 위해 노력을 기울이고 있다. 이와 같이 일류기업에서는 고객중심경영(CCM: Consumer Centered Management)을 기업경영의 최우선 목표로 하고 있으며, 이를 달성하기 위해서 소비자에 대한 정보는 가장 중요한 기업의 자산으로 평가되고 있다.

고객중심경영이란 기업이 수행하는 모든 활동을 소비자관점에서, 소비자 중심으로 (재)구성하고 관련 경영활동을 지속적으로 개선하고 있는지를 평가하여 인증하는 제도로서 인증기관인 한국소비자원에서 신청 및 평가를 받고 인증심의위원회(공정위, 소비자원)를 거쳐 인증을 받게 된다(기업소비자전문가협회 홈페이지).

3) 소비자 측면에서의 소비자정보의 역할

(1) 소비자정보의 역할

현대사회는 IT기술의 발달로 모든 산업이 빠르게 변화하고 있으며, 소비자를 둘러싸고 있는 시장 환경 또한 급변하고 있다. 이러한 변화로 소비자는 매일매일 시장에 새롭게 등장하는 다양한 제품과 서비스 중 자신의 필요와 상황에 맞는 제품과 서비스를 선택하는데 어려움을 겪게 되며, 이를 해결하기 위해서는 고도의 의사결정 능력과 정보력이 요구된다. 즉 자신의 욕구에 맞는 합리적인 선택을 하기 위해서는 유용한 소비자정보를 획득하고 활용할 수 있는 능력이 필요하다. 정보과잉 현상이 나타나고 있는 현대사회에서 올바른 소비자정보의 선택과 활용은 소비생활을 풍요롭게 하고, 소비생활의 질을 높이는데 기여한다. 따라서 소비자는 올바른 정보의 획득과 활용 능력을 배양해야 한다.

(2) 소비자정보의 내용

소비자는 소비생활에 필요한 제품이나 서비스를 구매하기 위해 필요한 정보를 수집해야 한다. 소비자가 소비생활을 위해 필요한 정보들은 제품이나 서비스의 종류와 성격에 따라 조금씩 차이가 있으나 일반적으로 필요한 정보들을 살펴보면 가격정보, 상품정보, 품질정보, 시장정보, 위해정보, 환경정보 등이 있다. 각 정보에 대한 구체적인 내용은 6장의 소비자의 정보획득에서 살펴보기로 하겠다.

2. 정보사회와 소비자정보의 문제

정보사회의 디지털기술의 발달, 반도체 산업의 발달, 인터넷 인프라 확충 등은 소비자에게 많은 편의와 혜택을 제공한다. IT기술력의 발달로 소비생활에 필요한 모든 정보를 손쉽게 획득할 수 있으며, 각종 첨단제품을 활용함으로 정보획득을 위한 시간과 비용을 절감할 수 있게 되었다. 이처럼 정보의 생산과 유통이 쉬워짐에 따라 정보 활용의 편리성은 증가하였지만 정보의 관리소홀로 인한 개인정보의 유출, 불법 정보수집 및 배포 등의 사회문제가 발생하고 있으며, 그 외에도 정보 자체가 가지고 있는 특성 때문에 생겨난 문제점도 나타나고 있다. 즉 공공재로서의 정보의 특성 때문에 발생하는 문제, 정보의 과잉 문제, 정보 격차로 인한 사회 불평등 문제 등이 그것이다. 정보사회에서 소비자정보가 지니고 있는 문제를 살펴보면 다음과 같다.

1) 정보의 성격과 윤리성

현대사회에서 소비자정보는 물질적인 이용재와는 다른 무형의 소비재로서 독특한 특성을 가지고 있다. 소비자정보는 사용한다고 줄어들지 않고, 오히려 사용될수록 그 가치가 증대되는 누적효과를 나타내며, 네트워크효과와 마찬가지로 혼자 사용할 때보다 많은 사람들이 사용하였을 때 오히려 그 효능이 증가하는 특성을 가지고 있다. 예를 들어 소프트웨어의 경우 혼자 사용하면 이 소프트웨어를 활용해서 만든 문서 등을 다른 사람한테 전달하기가 어렵다. 동일한 소프트웨어를 가지고 있는 사람이 많을 경우 서로 호환이 용이해서 사용이 편리해진다. 소비자정보 역시 무형의 자원으로 감가삼각이 없기 때문에 일반재화에 적용되는 수확체감의 법칙이 아닌 수확체증의 법칙이 적용되어 다수의 사람들이 사용할수록 효용이 커지는 특성을 지고 있다.

소비자정보는 지식의 일종으로 획득하는 순간 영원이 내 것으로 존재한다. 즉 다른 사람이 뺏어갈 수도 없으며, 다른 사람에게 제공한다고 해서 없어지지 않는 속성을 지니고 있다. 이를 정보의 비소비성과 비이전성이라고 한다. 또한 정보는 아무리 많은 사람이 나눠 써도 모두가 불편 없이, 효용의 감소 없이 사용할 수 있는 비배타성과 비경합성의 특성을 지니고 있다. 이러한 속성들로 인해 정보는 많은 사람이 공유하여도 전혀 손해가 없기 때문에 여러 사람이 공유하기가 쉽다. 즉 이러한 공공재적 특성으로 다른 사람의 정보를 무상으로 가져가는 사람들이 늘어나고 있으며, 대부분의 소비자들은 시간과 노력, 비용을 들이지 않고 정보를 획득하려고 하는 경향이 있다. 이렇듯 다른 사람의 노력에 무임승차하려는 경향은 정보의 양을 축소시키고, 정보의 질을 저하시키는 결과를 초래하기 때문에 소비자 스스로 정보획득에는 적절한 비용을 지불해야 한다는 의식을 가져야 할 것이다. 소비자정보도 지적재산의 일종임을 고려할 때 다른 사람의 지식을 사용하기 위해서는 대가를 지불하고 정당하게 획득해야 한다는 윤리의식이 확산되어야 한다. 이러한 소비자의 윤리의식은 더 많은 양질의 정보를 생산하여 소비생활의 질을 향상시키는 밑거름이 될 것이다.

한편 정보화 사회의 정보들은 인터넷을 통해 수집·활용되기 때문에 다른 사람의 정보를 의도적으로 도용해서 범죄에 사용하는 해킹 등이 생겨나 정보화 사회의 또 다른 윤리문제를 야기시키고 있다. 이러한 윤리의식의 부재는 사회범죄로 이어져 사회혼란의 원인을 제공한다. 따라서 컴퓨터를 잘 다루는 기술적 전문가로서의 능력도 중요하지만, 무엇보다 우선되어야 할 것은 정보이용 및 활용에 있어서의 윤리의식을 갖추는 것이다. 정부에서는 컴퓨터의 보급, 컴퓨터 관련 기술력에만 신경을 쓸 것이 아니라 IT 강국의 면모에 맞는 국민들의 윤리의식 향상에도 노력을 기울여야 할 것이다.

2) 정보 과부하

소비생활을 영위하기 위해서는 다양한 정보가 필요하다. 이상적인 시장형태인 완전경쟁시장의 조건은 소비자가 완전한 정보를 가지고 의사결정을 할 수 있는 시장환경을 조성하는 것이다. 그러나 현실적으로 완전한 정보를 공유한다는 것은 불가능하기 때문에 완전정보는 아니지만 보다 많은 정보를 제공함으로서 소비자의 선택의 폭을 넓히려 하고 있다. 기업에서 제공하는 자사 제품과 서비스에 대한 정보는 물론이고, 정부에서도 각종 소비자정보를 제공하고 있으며, 소비자도 정보를 수동적으로 받아들이는 것뿐만 아니라 인터넷 매체를 통하여 스스로 정보제공자의 역할을 하고 있다. 인터넷의 발달로 많은 정보가 다수의 대상에게 신속하게 전달되면서 '정보의 홍수', '정보 과부화' 현상을 야기하고 있다. 그러나 너무 많은 정보는 오히려 소비자의 선택을 더욱 어렵게 만들고 있으며, 더 많은 혼란을 가져오게 된다. 즉 선택대안이 많다고 좋은 것은 아니며 적절한 양의 정보가 필요하다. 정보량에 대한 연구에서 소비자에게 정보가 과도하게 많이 제공된 상황에서 선택의 질이 저하됨이 밝혀졌으며(Jacoby et al, 1974), 솔로몬(Solomon, 2009)의 연구에서도 지식이 많은 경우 정보탐색량을 줄이는 것이 효과적임이 밝혀져 적정량의 점보탐색이 중요함을 시사하였다(채정숙 외, 2010, 재인용). 이렇듯 정보가 과다해서 생기는 문제를 소비자정보 과부하(consumer information overlord)라 하며 현대사회에서 기업의 치열한 정보제공 활동, 정부의 정책적 필요, 소비자들 간의 활발한 정보교류 등은 이러한 정보과부화 현상을 가중시킨다. 사회 발달의 결과물로 정보과부화 현상이 어쩔 수 없이 발생된다면 이러한 정보의 과부하 현상으로 인한 수많은 정보 중에서 가치 있는 정보를 구별할 수 있는 능력과 자신에게 필요한 정보를 획득하고 평가할 수 있는 소비자능력을 배양해야 한다.

3) 정보의 격차

(1) 정보 격차의 문제

① 정보 격차의 의미

정보화 사회의 정보 격차란 계층 간, 지역 간, 성별 간 지식과 정보에 대한 접근이 불평등하게 이루어짐에 따라 격차가 벌어지는 것을 의미하며(국제개발협력용어집, 한국국제협력단(KOICA), 2012), 정보통신기술의 발전에 따라 정보 소유계층(information haves)과 정보 비소유계층(information have-nots) 간에 나타나는 사회경제적 지위의 차이를 말한다. 정보의 가치가 더욱 중요시되는 지식정보 사회에서 정보 격차가 커지게 되면, 정보 소유계층과 비 소유계층 간의 사회 경제적 지위의 차이가 더욱 커지게 된다(이종수, 2009). 이러한 정보 격차의 의미에 근거하여 소비생활에 필요한 정보의 양과 질이 소비자 개인의 연령, 성별, 교육, 지역 등 다양한 이유로 차이를 보이는 것을 소비자정보의 격차라 할 수 있다. 디지털기술이 발달할수록 소비생활에 필요한 정보의 양과 질이 고급화되어 정보의 획득에 많은 시간과 노력이 필요하며 지식이 뒷받침되지 않으면 정보의 획득이 어려운 상황이다. 그러나 소비자정보는 소비생활의 질을 결정짓는 중요한 역할을 하기 때문에 누구나 자신이 필요한 소비자정보를 획득하여 합리적인 선택과 만족한 소비생활을 영위할 수 있도록 사회적 인프라 및 방안을 구축하는 것은 매우 중요하다.

정보 격차의 문제는 우리나라만의 문제가 아니라 국제기구, 지역협력기구 등에서 광범위하게 논의되고 있는 국제적 이슈이다. 우리나라에서도 이러한 기구들에서 개최하는 회의에 참석하여 정보 격차 해소지원의 필요성과 정부의 협력의지를 표명한 바 있다(국제개발협력용어집, 한국국제협력단(KOICA), 2000). 정보화 사회의 정보 격차의 문제는 단순한 개인의 문제가 아닌 사회적 문제로 이어질 가능성이 있으며, 산업사회의 소득격차와 마찬가지로 소비자 불평등의 요소가 될 수 있기 때문이다(김기옥 외 3인, 2012).

② 정보 격차의 원인

정보 격차의 원인을 살펴보면, 개인의 소득, 교육, 성별, 연령, 지역 등에 의해 정보 격차가 발생한다. 정보서비스는 대부분 정보를 이용할 수 있는 기기나 매체이용 비용을 부담해야 하기 때문에 비용을 지불할 능력이 있는 소비자와 그렇지 못한 소비자 간의 격차가 발생한다. 또한 이러한 정보를 이용하기 위해서는 IT기기를 다룰 수 있는 능력, 정보를 검색할 수 있는 능력 등 지적능력이 요구된다. 지적능력을 나타내주는 교육수준에 따라서 접할 수 있는 정보의 양이나 질이 달라질 수 있다. 현대의 많은 정보가 인터넷을 통해 제공된다는 점을 고려한다면 고학력집단의 인터넷 이용률 급증한 현상(한국인터넷정보센터, 2000년)은 저학력집단과의 정보 격차가 더욱 커질 수 있음을 시사한다. 성별이나 연령에 따라 전자미디어에 대한 친숙도나 선호도, 수용력 등에 차이가 있으며, 이러한 차이에 따라 정보에 대한 접근성도 달라지기 때문에 정보 격차가 발생하게 된다. 연령이 높을수록 정보에 대한 인식, 접근, 역량, 이용의 모든 면에서 뒤떨어지는 것으로 보고되고 있으며(한국정보문화센터, 2000), 연령이 높아질수록 새로운 매체를 사용할 필요성을 느끼지 못하기 때문에 정보획득력이 약화되어 정보 격차의 원인이 된다. 지역의 경우, 소비자가 생활하고 있는 지역에 따라 정보인프라의 정도에 차이가 있기 때문에 도시지역의 경우가 농촌지역보다 정보에 노출될 확률이 높고, 정보수집의 기회가 많아 정보가 풍부하다고 볼 수 있다. 이러한 소비자 간의 정보 격차를 최소화하기 위하여 정부에서는 정보 소외계층이나 취약계층에게 정보 인프라 구축, 무상 정보교육실시 등 다양한 방법의 정책을 통하여 정보 격차 문제의 해결점을 찾아야 할 것이다.

③ 경제주체 간의 정보 격차

지금까지는 소비자 간의 정보 격차에 대해서 설명하였으나 정보 격차에는 경제주체 간의 정보 격차도 살펴볼 필요가 있다. 즉 기업, 소비자, 정부를 경제주체라고 보았을 때 기업과 소비자 간의 정보의 비대등성은 이미 알려진 바 있다. 기업은 거대한 조직력과 전문성을 바탕으로 많은 정보를 소유하고 있으며 이에 비해 소비자는 소비생활에 필요한 여러 가지 제품과 서비스에 대한 정보를 획득해야 함으로 전문적이지도 못하면서 개인이 각자 정보를 수집해야 하므로 제품을 직접 생산한 기업만큼 정보를 가지고 있을 수가 없는 입장이다. 경제 주체의 두 당사자 간에는 이러한 구조적 불평등을 지니고 있으므로 정부에서는 중립적 위치에서 기업이 지닌 정보를 소비자에게 투명하게 전달할 수 있는 제도나 정책을 마련하여 기업과 소비자 간의 정보 격차가 발생하지 않도록 조율해야 할 것이다.

(2) 각국의 정보 격차문제 해소 방안

정보사회로의 진입과 맞물려 발생하는 소비자정보 격차 문제는 우리나라의 문제만이 아니라 국제사회에서도 대응방안이 논의될 만큼 모든 나라가 해결해야 하는 공통의 과제이다. 우리나라를 비롯한 각국의 정보 격차해소 방안을 살펴보고자 한다.

① 한국

우리나라의 정보 격차 해소를 위한 방안을 정부 측면과 소비자 측면으로 나누어 살펴보고자 한다. 먼저 정부 측면의 소비자정보 격차 문제 해소 방안의 경우 정부에서는 국민 모두가 공평하게 정보의 혜택을 누릴 수 있도록 정보 관련 정책수립과 지원활동을 추진하고 있다. 정보 격차를 해소하기 위한 사업은 크게 나누어 정보접근 기회를 확대하기 위한 정보이용시설 구축지원사업과 정보취약계층에 대한 정보화교육 지원사업으로 나눌 수 있다(최혜길, 2014). 이러한 내용을 토대로 향후 소비자정보 격차를 해소하기 위한 방안을 살펴보면 다음과 같다.

- 정보통신 인프라 구축을 통해 모든 국민이 정보화의 혜택을 누릴 수 있도록 인터넷 통신망을 전국으로 확대하는 것이 필요하다. 아직도 정보통신 기기들이 보급되지 않은 지역이 많으며, 혜택의 사각지대를 위해 정부차원에서의 적극적인 정보통신 기기의 보급과 이를 활용할 수 있는 정보통신 인프라 구축이 필요하다.
- 정보통신기기의 보급과 더불어 정보화 교육을 통해 기기를 사용할 수 있는 능력을 배양할 수 있는 교육기회의 지원이 필요하다.
- 정보를 이용하기 위해서는 정보통신 기기비용, 인프라 사용 비용 등에 사용되는 비용을 지불해야만 한다. 장애인, 노인, 농어민, 저소득층, 이주민 등 취약계층의 경우 고가

의 정보통신비는 부담으로 작용하여 정보화의 혜택을 받지 못하는 경우가 많다. 통신기기 무상지원, 세금감면혜택 등의 정부정책을 통하여 금전적 부담 없이 정보의 혜택을 받을 수 있도록 하는 것이 필요하다.

- 정보 격차해소는 정부만의 노력으로 달성하기 어려우며, 민간 사업자와 민간단체들의 협력체계가 필요하다. 정보통신망 구축 등은 정부의 정책에 따라 민간 사업자가 시행해야 하므로 민간 사업자들의 적극적인 참여가 있어야 가능한 사업이기 때문이다.

소비자 측면의 소비자정보 격차 문제 해소방안으로는 정부의 정책적 지원도 중요하지만 소비자 스스로의 노력이 없이는 문제해결이 어렵다. 소비자정보 격차를 줄이기 위해서는 소비자 스스로 정보화의 필요성을 깨닫고 정보화 시대에 적합한 정보획득, 활용능력을 키우려는 의지가 선행되어야 한다.

② 미국

미국 FCC는 2007년 브로드밴드 텔레헬스 네트워크 구축을 위한 농촌 보건의료 파일럿 프로그램(RHCPP: Rural Health Card Pilot Program)을 추진하고 있으며, 케빈 마틴(Kevin J. Martin)의장은 2010년까지 3년간 RHCPP의 추진을 통해 약 6천 개의 미국 내 보건 의료 서비스 제공 기관이 브로드밴드 네트워크로 연결될 수 있는 사업을 추진한 바 있다. 국가 브로드밴드 계획(Connecting America: The National Broadband Plan)을 토대로 기존의 다양한 정책과 함께 초고속 브로드 밴드 설치, 보급을 통한 인프라 접근격차 해소와 함께 장애인, 노인을 위한 정보통신 접근성 향상, 소통을 위한 열린 정부 구현을 통한 정책수립 방안을 모색하고 있다(한국정보화진흥원, 2010).

③ 유럽

유럽(EU)은 '모든 사람을 위한 정보화 사회(Information Society for All)'를 모토로 이러한 목표를 달성하고자 노력하고 있으며, 유럽의 정보화 전략인 i2010을 추진한 바 있다. i2010은 통합정책부분(e-Inclusion) 부문, 공공서비스 개선(better public service) 부문, 삶의 질 개선(quality of life) 부문 등 총 3가지 정책 영역으로 구성되어 있으며 이 중 통합정책은 정보접근성 재고(e-Accessability), 정보역량 재고(e-Competences) 등 정보 격차

해소에 관련한 사항으로 장애인, 고령층, 사회적 소수자, 낙후지 거주자 등 정보소외계층의 사회 경제적 삶의 질 해소를 목표로 하고 있다.

영국에서 2009년에 추진된 디지털 브리튼 계획은 미래 디지털 지식경제국가로의 전환을 목표로 하였으며, 특히 정보 격차 차원에서도 영국 국민을 위한 영국 고유의 콘텐츠를 육성하고 모든 국민의 공정한 접근성 보장을 위한 디지털 활용능력의 재고를 위한 사업을 중점적으로 추진하였다. 이를 통해 온라인을 통해 제공되는 공공서비스 확산을 위한 인프라 구축 및 기술개발에 적극적인 노력을 기울이고 있다(한국정보화진흥원, 2010).

④ 일본

현재 일본의 정보통신 주무부처는 총무성으로, 총무성의 정보 격차해소 추진정책은 지방자치단체와 긴밀한 협조관계로 이루어지고 있다. 일본의 주요 정보 격차해소 방안을 살펴보면 〈표 3-1〉과 같다.

표 3-1 일본의 정보 격차해소 방안

주요 과제	세부 과제	구체적 내용
IT구조 개혁력의 추구	21세기에 극복해야 하는 사회적 과제에 대응	• IT를 통합 의료구조 개혁 • IT를 통한 환경친화적 사회 창출
	안전·안심할 수 있는 사회의 실현	• 세계에 자랑할 만한 안전·안심 사회 실현 • 세계 수준의 안전한 도로교통시스템 21세기형 사회경제활동
	21세기형 사회경제활동	• 세계 수준의 편리하고 효율적인 전자행정 • IT 기반 경영확립으로 기업의 경쟁력 강화 • 생애를 통해 윤택한 생활
IT기반의 정비	정보 격차가 없는 IT사회의 실현	• 보편적 디자인화된 IT사회 • 정보 격차 없는 유비쿼터스 인프라 정비
	안심하고 IT를 사용할 수 있는 환경정비	세계 최고의 정보보호 인프라 구축
	인재육성, 교육	• 차세대를 대비한 인재 양성기반 구축 • 글로벌 경쟁력 있는 IT인재 육성
	연구개발	차세대 IT사회의 기반이 되는 연구개발의 추진
홍보		• 국제경쟁사회에서의 일본의 존재감 향상 • 과제해결 모델 제공에 의한 국제공헌

자료: 한국정보화진흥원(2010). 정보화 패러다임 전환에 따른 새로운 정보 격차 해소방안 연구.

4) 개인정보보호

(1) 개인정보의 개념

우리나라의 경우 정보통신망 이용촉진 및 정보보호 등에 관한 법률(제2조 제1항 제6호)에 나타난 개인정보에 대한 정의를 살펴보면, 개인정보란 '생존하는 개인에 관한 정보로서 성명, 주민등록번호 등에 의하여 해당 개인을 알아볼 수 있는 부호, 문자, 음성, 음향 및 영상 등의 정보를 의미하며, 해당 정보만으로 특정개인을 알아볼 수 없는 경우에도 다른 정보와 용이하게 결합하여 알아 볼 수 있는 것을 포함하고 있다. 개인정보보호법(제2조 제1호)에서도 유사한 정의를 하고 있으며 생명윤리 및 안전에 관한 법률(제2조 제18호)에서는 개인정보란 '개인 식별정보, 유전정보 또는 건강에 관한 정보 등 개인에 관한 정보'로 정의하고 있다. 국제 규범에서의 개인정보에 대한 정의를 살펴보면, OECD가 채택한 프라이버시 보호와 개인정보의 국제적 유통에 관한 가이드라인(Guidelines on the protection of privacy and trans border flows of personal data)에서는 개인정보를 식별되거나 식별될 수 있는 개인(정보주체)에 관한 모든 정보라고 정의하고 있으며, EU의 개인정보지침에서는 '식별되거나 식별 가능한 자연인(정보주체)에 관계된 모든 정보'로 정의하고 있다. 이때 식별 가능한 자연인이란 '식별번호나 개인의 신체적·정신적·생리적·경제적·문화적·사회적 정체와 특정하게 연결될 수 있는 하나 이상의 요인에 의해 직·간접적으로 식별될 수 있는 개인'으로 정의하고 있다(이동녘, 2010).

이렇듯 개인정보에 대한 정의는 국가나 기관마다 다소 차이가 있으나 생존하는 개인에 대한 정보, 개인을 식별할 수 있는 고유한 정보, 다른 정보와 결합하여 식별 가능한 정보를 의미한다고 볼 수 있다. 생존하는 개인에 관한 정보라는 의미는 자연인이 아닌 법인이나 단체의 정보는 개인정보가 될 수 없음을 의미하며, 살아 있는 개인이라면 국적이나 사회적 지위와 상관없이 개인정보의 주체가 될 수 있다. 특정개인을 식별할 수 있는 고유한 정보는 성명이나 주민등록번호와 같이 그 자체만으로도 특정개인을 알아볼 수 있는 정보를 의미한다. 다른 정보와 결합하여 특정개인을 알아볼 수 있는 정보는 주소, 전화번호, 이메일 주소등과 같이 이 정보만으로는 특정개인을 알아볼 수 없지만, 성별 또는 주민등록번호와 결합하여 쉽게 특정개인을 알아볼 수 있는 정보를 의미한다(최호웅, 2014).

개인정보는 일반적으로 속성 정보, 활동 정보, 민감 정보로 분류되며 이를 자세히 살펴

표 3-2 일반적인 개인정보의 분류

정보	세부 내용
속성 정보	• 이름, 나이, 성별, 생년월일, 주민등록번호, 주소, 전화번호 • 이메일 주소, 혈액형, 신장, 체중, 사진, 지문, 장애 • 기타 개인을 타인으로부터 식별하고 특성을 규정하는 정보
활동 정보	• 가족, 출신 및 생활환경 • 학년 및 교육, 재산, 신용, 납세정보 • 사회보장 및 행정 서비스 • 기타 개인의 일상생활과 관련된 정보
민감 정보	• 인종, 국적, 민족, 정치적 성향, 종교, 노조, 사회단체활동 • 의료, 성생활, 행정 처분사실, 전과수형기록, 병역사항

자료: 유재성(2009). 정보시스템 분석 및 설계단계에서의 개인정보보호 감리 방법에 관한 연구.

보면, 속성정보는 이름, 나이, 성별, 생년월일, 주민등록번호, 주소, 전화번호, 이메일 주소, 혈액형, 신장, 체중, 사진, 지문, 장애, 기타 개인을 타인으로부터 식별하고 특성을 규정하는 정보를 의미한다. 활동정보에는 가족, 출신 및 생활환경, 학년 및 교육, 재산, 신용, 납세정보, 사회보장 및 행정서비스 기타 개인의 일상생활과 관련된 정보가 포함되며, 인종, 국적, 민족, 정치적 성향, 종교, 노조, 사회단체활동, 의료, 성생활, 행정처분사실, 전과수형기록, 병역사항 등은 민감 정보로 분류하고 있다. 리키 와이블(Ricky J. Weible)은 개인정보를 가족정보, 교육 및 훈련정보, 병역정보, 부동산정보, 동산정보, 소득정보, 기타수익정보, 신용정보, 고용정보, 법적정보, 의료정보, 조직정보, 습관 및 취미정보의 14가지 군으로 분류하기도 하였다(유재성, 2009).

(2) 개인정보보호의 필요성

정보사회에서의 경제활동에는 개인정보에 대한 수집이 필수적인 요건으로 정부에서는 개인의 정보를 국민의 복지, 세금징수 등의 국가 활동에 활용하며 기업은 수집된 고객정보를 활용해 제품개발, 마케팅 활동을 함으로서 수익을 창출하고 있다. 이처럼 개인의 정보는 경제활동의 중요한 요인으로 작용하고 있다. 이러한 사회경제적 필요성과 디지털기술의 발달로 개인의 정보가 대량으로 수집되어 관리됨에 따라 불법적인 개인정보의 수집 및 유출이 빈번하게 발생하고 있다. 불법적으로 수집된 정보는 자신도 모르는 사이 악용되어 개인의 자기정보에 대해서는 스스로 관리하고 통제할 수 있는 자기정보통제권을 침해하게 된다. 더 나아가 불법으로 수집된 정보는 범죄에 이용되는 사례가 많아 개인의 사회, 경제적인 활동에 치명적인 영향을 줄 뿐만 아니라 국가·사회의 경제발전에 악영향을 미치게 된다.

우리의 일상생활을 살펴보면 하루에도 몇 번씩 곳곳에 설치되어 있는 CCTV카메라에 찍히고 있다. 출근이나 등교 등을 위해 집밖에 나서는 순간 엘리베이터 내, 아파트 단지 내, 이동 시 거리 곳곳에, 버스나 지하철을 타려면 역내에 설치되어 있는 CCTV를 피할 수는 없으며, 탑승 시 스마트폰이나 신용카드로 결제를 하게 되면 이 또한 기록에 남게 된다. 자가용을 이용해서 이동하였을 때도 상황은 마찬가지이다. 도로 곳곳에 설치되어 있는 자동감시 카메라에 이동경로, 속도, 시간 등이 수집되고 있다. 목적지에 도착해서 건물 안에 들어섰다고 해서 안심할 수는 없다. 건물 내 곳곳에 설치되어 있는 CCTV가 우리를 감시하고 있으며 학생들의 경우 수업시간에도 출석 자동체크 시스템으로 출석을 하였는지가 기록에 남으며, 신용카드 사용기록으로 몇 시에 점심을 먹었는지, 하교 후 저녁시간에는 무엇을 하였는지도 마음만 먹으면 알아낼 수 있을 정도로 개인이 원하든지, 원하지 않든지 간에 정보수집이 빈번하게 발생한다. 개인의 사생활이 여과 없이 노출될 가능성이 있는 이러한 상황에서 생활하는 현대인들은 자신의 사생활침해와 개인정보의 노출의 문제에 불안할 수밖에 없다. 자신의 의지와 무관하게 수집되어 자신도 모르게 활용되고 있을 수 있는 가능성도 배제할 수 없는 상황이다. 사생활보호와 방범용 CCTV의 필요성 사이의 선택은 계속해서 사회적 논란의 대상이 되고 있다. 최근 어디까지 사생

범인 검거에 활용되는 CCTV

주택가에 설치된 CCTV 모니터링을 통해 취객털이범을 잡은 사례가 있다. 새벽에 취객에게 다가가 취객의 주머니를 뒤져 지갑을 훔치는 모습이 촬영된 CCTV를 보고 경찰과 공조하여 30여분 뒤 검거한 사례이다. 모니터링 요원이 범인의 행동을 수상히 여겨 관찰한 결과 도주 때 사용한 오토바이 번호판을 확인하였으며, 바로 경찰에 신고하여 범인을 검거하고 취객도 안전하게 귀가시킨 사례이다. 이러한 사례는 거리 곳곳에 설치된 CCTV는 범죄예방 및 범인 검거에 활용될 수 있음을 시사한다.

자료: 시민일보(2015. 5. 31.).

활을 보호해야 하는지, 이것이 범죄와 관련될 여지는 없는지 등 민감한 사항들이 지속적으로 이슈화되고 있다.

예전에는 개인정보수집이 대부분 국가기관에서 공익을 목적으로 이루어 졌으나 정보화 사회에서는 기업에서 상업적 목적으로 과다하게 개인정보를 수집하고 있으며 수집된 정보의 관리가 허술하여 개인정보가 유출되어 개인적 피해는 물론이고 사회적 물의를 일으킨 사례들이 빈번히 발생하고 있다. 개인정보누출로 인해 인간으로서 지니는 기본적인 권리인 인간의 존엄성, 사생활의 비밀과 자유 보장 등을 침해 받게 되고, 이러한 침해의 가능성이 증가하고 개인정보침해에 따른 피해가 심각하다는 점은 개인정보보호가 시급함을 의미한다(최호웅, 2014). 그러나 정보화 사회에서 무조건적인 개인정보보호는 현실적으로 어려운 실정이다. 현대사회에서 사회, 경제적인 생활을 하기 위해서 개인정보의 제공이 불가피하다면 개인정보의 제공과 활용이 이루어진다는 전제하에서의 개인정보보호가 실행되어야 할 것이다. 즉 개인의 정보가 투명하게 수집되고 활용될 수 있는 방안을 모색해야 할 것이다.

자기정보통제권(Self control on Personal Information)은 다음과 같은 특징을 가진다(헌법재판소, 2005. 5. 26.).

- 적극적으로 자신에 관한 정보를 관리·통제할 수 있는 권리이다.
- 기록된 개인정보가 부정확함으로 인해 발생할 수 있는 각종 부작용을 예방하기 위해 자신의 정보를 확인하고 정정할 수 있는 청구권적 성격을 지닌다.
- 정보주체는 본인의 개인정보 공개와 이용에 관하여 스스로 결정할 권리를 가진다.

(3) 개인정보침해의 유형 및 사례

한국정보보호진흥원의 개인정보 분쟁사례집 기준으로 침해의 유형 및 민원 건수를 살펴보면, 한국정보보호진흥원에서는 접수된 개인정보 분쟁사례를 기준으로 개인정보침해의 유형을 총 16가지 유형으로 분류하여 제시하였으며, 2009년부터 2013년까지 민원 건수 추이를 제시하였다(표 3-3). 가장 많은 민원은 주민등록번호 등 타인 정보의 훼손·침해·도용에 의한 것으로 나타났으며 전체적으로 개인정보침해 건수가 해마다 증가하고 있는 것으로 나타나 개인정보보호의 필요성을 시사하고 있다.

표 3-3 개인정보침해 유형에 따른 민원 건수 추이

침해 유형	2009	2010	2011	2012	2013
정보주체의 동의 없는 개인정보수집	1,075	1,267	1,623	3,507	2,634
개인정보수집 시 고지 의무 불이행	15	75	53	396	84
과도한 개인정보수집	115	146	379	847	1,139
고지한 범위를 넘어선 목적 외 이용 또는 제3자 제공	1,171	1,202	1,499	2,196	1,988
개인정보 취급자에 의한 훼손·침해 또는 누설	158	158	278	941	1,022
개인정보 처리 위탁 절차 위반	6	25	36	125	44
영업의 양수 등의 통지의무 불이행	6	22	64	44	47
개인정보보호(관리)책임자 미지정	10	21	38	48	51
기술적·관리적 조치 미비로 인한 개인정보 유출 등	819	1,551	10,958	3,855	4,518
수집 또는 제공받은 목적 달성 후 개인정보 미 파기	294	323	488	779	602
열람 또는 정정, 삭제, 처리정지 요구 불응	680	826	662	717	674
동의철회·열람·정정을 수집보다 쉽게 해야 할 조치 미 이행	603	630	800	660	510
법정대리인의 동의 없는 아동의 개인정보수집	19	35	71	47	36
주민등록번호 등 타인 정보의 훼손·침해·도용	6,303	10,137	67,094	139,724	129,103
기타 개인정보침해	23,893	38,414	38,172	12,915	35,284
합계	**35,167**	**54,832**	**122,215**	**166,801**	**177,736**

자료: 한국정보보호진흥원(2013). 2013 개인정보분쟁사례집(개인정보침해 접수 유형 분석).

한국인터넷진흥원의 개인정보침해 유형에 따른 침해사례로 한국인터넷진흥원에서는 개인정보침해사례 기준을 본인의 동의 없는 개인정보수집, 정정요구 불응, 개인정보의 훼손·침해·도용, 개인정보의 유출 및 제3자 제공의 총 3가지 형태로 분류하였다(표 3-4).

개인정보침해 사고에 따른 피해 유형 및 피해 가능성으로 개인정보침해 피해를 명의도용, 개인정보 불법유통, 스팸, 피싱으로 분류하고 이용한 정보, 피해 유형 및 피해 가능성을 살펴보았다. 스팸이나 피싱, 인터넷 회원가입, 개인정보 불법 유통이 피해 가능성이 높게 나타나 이러한 피해를 입지 않도록 개인정보제공에 각별히 주의할 필요가 있다.

표 3-4 개인정보침해 유형에 따른 침해 사례

분류	개인정보침해 사례
본인의 동의 없는 개인정보수집, 정정요구 불응	• 네트워크관리자의 허가를 받지 않고 공공기관이나 기업 등의 컴퓨터에 침입하여 개인정보를 수집하거나 변경하는 행위 • 인터넷에 연결된 개인컴퓨터에 은밀하게 침입하여 개인정보를 수집하는 행위 • 정보주체의 동의가 없는 개인정보수집 • 개인정보수집 시 고지 또는 명시의무를 이행하지 않는 행위 • 과도한 개인정보수집 • 정보주체의 동의 철회(회원탈퇴), 열람 또는 정정요구에 불응 • 정보주체의 동의 철회(회원탈퇴), 열람 또는 정정을 수집보다 쉽게 해야 할 조치를 이행하지 않는 행위 • 개인정보 등 원치 않는 정보 수신
개인정보의 훼손, 침해, 도용	• 개인정보를 안전하지 못한 방식으로 보관하여 저장된 정보의 신뢰성을 떨어뜨리고 정보 접근에 대한 인증을 수행하지 못하는 행위 • 명의 도용으로 인한 금전적 피해를 끼치는 행위
개인정보의 유출 및 제3자 제공	• 고객에게 알리지 않고 고객의 개인정보를 다른 기업들에게 넘겨주는 행위 • 고지명시한 범위를 넘어선 이용 또는 제3자 제공, 영업의 양수 등의 통지의무 불이행 • 개인정보취급자에 의한 누설, 기술적·관리적 조치 미비로 인한 개인정보 누출

자료: 한국정보보호진흥원(2013). 2013 개인정보분쟁사례집(개인정보침해 접수 유형 분석).

표 3-5 개인정보침해 사고에 따른 피해 유형 및 피해 가능성

피해 구분		이용정보	피해 유형	피해 가능성
명의도용	인터넷 회원가입	성명, 주민번호	회원가입 가능한 사이트에 타인명의 회원가입	높음
	기존회원 자격도용	ID, 비밀번호, 성명, 주민번호	• 회원자격 도용 • 타인명의 비방글 게시	중간
	오프라인 서비스 명의도용	성명, 주소, 주민번호, 계좌번호	• 타인명의 금융계좌 및 휴대폰 개설 • 증권사 CMS 계좌이체로 금전 탈취 • 대포 통장 판매 • 타인명의 대포차 할부구매 후 판매	낮음(위험)
개인정보	개인정보 불법유통	전 개인정보	통신사 영업점, 스팸발송업자, TM업자 등에게 판매되어 이용	높음
불법유통	인터넷 유포	전 개인정보	개인정보 판매목적	중간
스팸	불법스팸 발송	이메일, 전화번호	불법스팸 및 TM 발송에 이용	높음
피싱	보이스피싱	성명, 주민번호	기관사칭 전화사기, 납치사칭 전화사기 등에 이용	높음

자료: 강태욱(2014). 개인정보침해사고의 유형분석과 대응방향. 한국CPO포럼.

(4) 개인정보수집단계별 침해 유형

개인정보가 수집되어 활용되기까지는 여러 단계를 거쳐 관리되고 있으며 이러한 단계별로 개인정보가 침해될 수 있다. 황의수(2006)의 개인정보침해 유형에 따른 개인정보보호의 제도에 관한 연구에서는 개인정보관리 프로세스를 수집, 처리, 보관, 이용단계로 분류하였으며, 각 단계에 따른 개인정보침해 유형을 살펴보면 다음과 같다.

- **정보의 수집단계**는 정보를 모으는 단계이며 이 단계에서의 개인정보침해 유형은 불법적인 정보수집이다. 정보주체의 동의 없이 개인정보를 수집하거나, 개인의 사생활이나 권리를 침해할 수 있는 정보를 수집하는 등 불법적으로 정보를 수집하는 피해가 발생할 수 있다. 예를 들어 한 학원에서 수업을 듣고 있는 수강생의 정보를 인근 모든 학원에서 공유하여 스팸문자 등을 받게 되는 사례가 있을 수 있다.
- **정보의 처리단계**는 수집된 정보를 저장, 편집, 검색, 삭제, 출력하는 과정 등을 말하는 것으로 오류로 인해 개인정보침해가 발생하는 것이다. 이 단계에서는 잘못된 정보를 기록하거나, 변경된 정보를 수정하지 않아 발생하는 개인정보의 침해행위이다. 예를 들어 잘못된 주소로 중요한 우편물을 보내 개인이 중요한 정보를 고지 받지 못한 사례 등이 있을 수 있다.
- **정보의 보관단계**는 수집된 개인정보를 관리하고 유지하며, 자료를 분류하거나 통합 및 편집하는 과정을 의미한다. 이 단계에서는 부적격자가 자료를 연람하거나, 자격이 있더라도 불법으로 유출하는 행위, 업무상 취득한 정보를 사적으로 이용하는 행위, 외부인의 물리적 침투에 의한 삽입·변조·파괴·도난 행위, 관리소홀로 발생하는 유출 등을 말하는 것으로 부당한 접속이라 볼 수 있다. 예를 들어 은행직원이 고객의 정보를 대량유출시킴으로 개인의 금융과 관련된 민감한 정보가 공개되는 피해를 입게 되는 사례가 있을 수 있다.
- **정보의 이용단계**는 수집된 자료를 여러 방식으로 이용하는 과정을 나타내며, 이 단계에서 개인정보침해 유형은 이차적 이용이다. 정보이용자는 정보주체에게서 개인정보를 제공받는 기관이나 조직이 그 개인정보를 동의한 목적에만 사용해야 하지만, 수집 목적과 다른 용도로 사용함으로서 개인의 정보를 침해하는 경우가 있다. 예를 들어 기업에서 고객만족도 조사를 목적으로 자료를 수집하여 이를 기업의 이윤추구를 위

수집한 개인정보를 타사에 무단 제공한 사례

경품행사를 통해 수집한 개인정보를 타사에 무단 제공하여 공정거래위원회로부터 제재를 받은 사례이다. A사는 개인정보수집 시, '경품 당첨 시 본인 확인 및 연락 목적' 때문이라는 점만을 강조하여 타사에 개인정보가 제공된다는 사실을 은폐, 축소한 혐의를 하여 개인정보를 수집 후 타사로 개인정보를 제공한 혐의를 받았다. 기업의 투명한 개인정보관리가 절실히 요구된다.

채용 시 제공한 이력서 정보를 타사에 유출한 사례

A 씨는 B회사에 이력서를 냈으나, 이력서를 내지 않은 C사로부터 채용연락이 와서 자신의 정보가 유출됐다고 보고 이를 금감원과 개인정보침해신고센터, 한국소비자원에 신고하였다. 이는 이력서상의 개인정보를 다른 용도로 사용한 것으로 개인정보보호법에 위배되는 것으로 기업에서 구직자들로 받은 정보들을 철저히 관리해야 함을 시사한다.

자료: 디지털타임스(2015. 4. 27.), YTN뉴스(2015. 6. 25.).

한 아웃바운드 텔레마케팅에 이용하는 사례가 있을 수 있다.

(5) 개인정보침해 기술 및 대응방법

개인정보침해 기술을 이동녕(2010)의 연구를 중심으로 살펴보면 다음과 같다.

- **해킹**(hacking)이란 컴퓨터를 이용해서 타인 또는 기관의 컴퓨팅 등 정보처리장치 및 정보처리조직에 침입하여 기술적인 방법으로 타인의 컴퓨터 등에 정보처리장치가 수행하는 기능이나 전자기록에 간섭하는 일체의 행위를 의미한다(이동녕, 2010). 컴퓨터 시스템을 매우 잘 아는 전문적 지식을 발전적인 방향으로 활용하지 않고 돈을 받고 중요한 정보를 몰래 빼내는 불법적 행위를 하는 것으로서 정보의 중요성이 커짐에 따라 해킹으로 인한 피해는 증가될 것으로 보인다. 기술력의 발달로 해킹기술도 다양하게 개발됨에 따라 정부는 이를 저지하기 위한 기술개발뿐만 아니라 국민들이 해킹으로 피해를 입지 않도록 사용지침 및 자료를 제공해야 할 것이다.
- **악성코드**는 사용자의 의사와는 관계없이 시스템을 파괴하거나 정보를 유출하는 등 악의적 활동을 수행하도록 의도적으로 제작된 소프트웨어이다. 최근 트로이의 목마,

USB를 감염시키는 등 악성코드의 일종이다. 이러한 악성코드는 전파력이 높아 대부분의 컴퓨터 사용자에게 피해를 입히는 것으로서 악성코드를 해결할 수 있는 백신 등을 개발함으로서 피해를 예방하고 악성코드에 감염되지 않도록 사용상의 주의사항에 대한 교육 및 홍보가 필요하다.

- **피싱(phishing)**은 개인정보(private data)를 낚시질(fishing)하는 것을 의미하는 것으로 이 두 용어가 합쳐져서 피싱이라는 단어가 생기게 되었다(이동녁, 2010). 최근에는 휴대폰을 이용한 문자를 이용하거나 음성통화로 하는 보이스피싱(voice phishing)이 성행하고 있으며, 웹상에서도 위조 사이트를 만들어 접속자를 유인하는 방법으로 금전적 이득을 취하고 있다. 더욱 정교하고 고도화된 방법으로 접근하여 피싱에 걸려드는 피해자가 점점 더 증가하고 있는 실정이다. 피싱을 예방하려면, 메일이나 문자, 전화 등을 통해 요구하는 개인정보수집의 경우 그 진위를 파악한 후 알려주어야 하며 특히 공공기관이나 금융권을 사칭하는 경우에는 반드시 확인 후 제공해야 한다. 이 밖에도 피싱 관련 범죄행위를 엄벌에 처함으로서 재발되지 않도록 규제해야 하며 소비자들에게 피싱으로 인한 개인정보 피해 사례를 교육함으로서 피해를 예방하도록 해야 할 것이다.

(6) 개인정보보호 제도 및 규제 방안

각국에서는 정보화 사회에서의 가장 큰 문제인 개인정보보호를 위해 법과 제도를 정비하고 있다. 개인정보피해는 세계 공통의 문제이긴하나 각 나라가 처한 상황에 따라 개인정보보호를 위한 방법은 각 나라가 처한 상황에 따라 다르게 적용하고 있다. 개인정보보호를 위한 방법은 크게 시장규제, 입법규제, 자율규제로 구분된다(황태정, 2005; 황의수, 2006; 김영신 외 2002).

- **시장규제**는 시장원리에 의하여 개인정보침해문제를 해결하는 것으로 기업이 개인정보보호에 노력함으로서 기업의 브랜드이미지를 좋게 하고 이를 통해 수익증대를 이룰 수 있음을 인지하여 기업 스스로 개인정보보호를 위해 방안을 모색하도록 하는 방식이다. 문제해결을 시장 자체에 맡겨둠으로서 기업이 개인정보를 침해하는 경우 기업 평판이 나빠지거나 매출이 감소하기 때문에 기업이 스스로 문제를 해결을 위해 노력

한다는 원리이다(강휘원, 2000). 시장규제 방식은 가장 이상적인 방법으로서 자율성과 기업의 노력을 기반으로 한다는 점에서 바람직하나, 현실적인 시장 환경에서는 구현하기가 어려운 측면이 있다(신종철, 2001).

- **입법규제**는 정부기관 주도로 강력하게 법과 제도를 정비하여 강력하게 시행함으로서 강제적 성격을 갖는다. 법 집행을 통하여 개인정보보호를 실천하겠다는 의지를 표방한다. 이러한 입법적 규제는 강력한 통제력을 발휘하지만 시장 환경 변화를 빠르게 반영할 수 없다는 법적 대응의 문제점을 지니고 있다. 입법규제 방식은 피해의 구제수단이 명확하고, 강력한 방법으로 제어할 수 있다는 장점이 있으나 반면에 입법을 위한 절차가 까다롭고, 시간소요가 많기 때문에 경직성이 있으며, 관리 감독하기 위한 행정인력 등 비용이 발생하며 특정 이익집단의 이해가 반영되어 운영될 가능성도 있다는 단점이 있다.
- **자율규제**는 업계의 이익을 위해 업계스스로 개인정보보호정책을 수립하고 자율적인 규제를 시행하는 것이다. 자율규제는 당사자들에 의해 시행되기 때문에 법적 규제보다 유연하게, 즉각적으로 시행할 수 있다는 것이고 선진국형 규제형태로서 국제적인

표 3-6 개인정보보호 모델의 규제별 장단점

	장점	단점
시장 규제	• 이론상 최적의 사생활보호 • 자율성 • 기업 신뢰가 기업 이익으로 반영	• 시장과 이상의 현실적 괴리 • 감시에 있어 고비용 및 비효과성 • 개인정보의 과도한 노출 불가피
입법 규제	• 공공성 반영 • 피해에 대한 구제수단의 명확화 • 강제력을 통한 제어력	• 행정비용(정부, 납세자) 및 준수비용(기업) • 규제의 과잉 혹은 미흡 • 경직성 • 이익집단의 이해반영 우려
자율 규제	• 업계의 전문지식 • 공동체 규범 • 윤리적 가치 • 업계 평판의 재고 • 기술적 표준 확립 • 강제적 정부규제 저지	• 카르텔의 우려 • 시장지배력 행사를 위한 규제 우려 • 업계 이익을 중심으로 규제 • 체재의 비현실성

자료: 황의수(2006). 개인정보침해유형에 따른 개인정보보호의 제도에 관한 연구.

방식이라는 장점을 갖고 있다. 그러나 업계 스스로가 한다는 점에서 업계이익을 중심으로 한 규제일 가능성이 있으며, 카르텔 형성의 우려, 시장지배력 행사를 위한 규제 우려 등이 내포되어 있다(신종철, 2001).

(7) 각국의 개인정보보호 제도

① 국내 개인정보보호 제도

개인 관련 정보가 개인의 의지와 무관하게 끊임없이 수집, 보관되고 때로는 악용될 가능성도 배제할 수 없는 상황에 대응하기 위하여 공공기관의 개인정보보호에 관한 법률(법률 제10465호, 2011. 3. 29. 제정)이 개인정보보호법으로 발전하여 공공분야, 민간분야 모두에 적용되는 개인정보보호제도가 시행되고 있다(정하명, 2014). 개인정보보호법은 개인정보 중 특히 개인식별형 정보를 보호하여 개인의 자기정보결정권을 존중하기 위한 제도이다. 그 외에 위치정보보호 및 이용 등에 관한 법률, 통신비밀보호법 등 개인정보보호를 위한 법제를 마련하고 있음에도 불구하고 새로운 형태의 정보통신기술이 개발됨으로서 개인정보의 부당한 수집을 막기는 어려워지고 있는 실정이다(정하명, 2014).

② 외국의 개인정보보호 제도

외국의 개인정보보호제도에 대해서는 미국, 유럽(EU), 일본, 중국을 중심으로 살펴보고자 하며, 미국은 전은정 외(2013)의 연구내용을, 유럽은 전은정 외(2012 A)의 연구 내용을, 일본, 중국은 전은정 외(2012 B)의 연구내용을 중심으로 정리 요약하였다.

- **미국**의 개인정보보호 법제의 특징을 살펴보면, 첫째, 미국의 개인정보보호는 유럽과 달리 공공부문과 민간부문의 개인정보체계가 분리되어 있어 공공부문에만 법을 적용하고 민간부문에는 원칙적으로 윤리적 통제만 가능하게 되어 있다. 즉 정부개입을 최소화하고 있는 형태인 것이다. 둘째, 개인정보보호에 관한 사항을 포괄적으로 규정하고 있는 법은 가지고 있지 않으면서, 각 영역별로 개인정보보호를 위한 법과 규범을 마련해 두고 있다. 따라서 각 영역별로 개인정보보호를 위한 많은 개별 법률이 정해져 있으며, 개별법에는 특히 보호가 필요한 개인정보의 취급영역에 한정하여 법적 규제를 행하는 장점을 지니고 있으나 단점으로는 법률이 개별법률 중심이기 때문에 관

련업계나 이익단체의 영향을 받을 우려가 있다(양용석, 2010). 셋째, 유럽과 마찬가지로 민감한 정보에 대해서는 필수적으로 정보제공자의 동의를 필요로 한다. 미국에서 정의한 민감한 정보에는 종교, 인종, 정치, 성 관심, 건강, 노동조합 회원(Trade Union Member) 등이 포함되어 있다.

- **유럽**의 개인정보보호 법제의 동향을 살펴보면, 먼저 1980년대 전까지 유럽의 개인정보보호법 제도는 개별 국가 차원에서 논의되었다. 이후 OECD가 1980년에 프라이버시 보호와 개인정보의 국제적 유통에 관한 가이드라인을 제정하였고, 1995년 EU(유럽연합)의 개인정보의 보호 및 자유로운 이전에 관한 EU의회와 이사회 지침 및 97/66EC 지침(이하 'EU 지침') 마련하여 현재 EU의 지침 아래 유럽 각국이 개인정보 관련 법 제도를 운영하고 있다.

표 3-7 EU의 개인정보보호지침의 주요 내용

구분	내용
적용범위	• 물적 범위: 자동 처리되는 개인정보 및 구조화된 파일링시스템에 포함되는 개인정보 • 인적 범위: 자연인의 개인정보
적용 제외 영역	• 국가안보, 공공의 안전 및 방위를 위한 개인정보 처리 • 형사법 영역에서의 개인정보 처리 • 서신왕래와 같은 지극히 개인적이고 사적인 목적의 개인정보 처리 • 언론보도, 문학, 예술적 표현을 위한 개인정보 처리
정보처리자의 의무	• 공정하고 적법한 개인정보의 처리 • 정보처리 목적의 명시 • 정보처리 목적과의 적절성과 관련성, 비례성 유지 • 개인정보의 정확성과 최신성 확보 • 기술적, 조직적 보안조치 확보 • 감독기구에 정보처리에 대하여 고지
정보주체의 권리	• 정보처리의 전반적인 사항에 대하여 통지받을 권리 • 정보처리에 대하여 협의할 권리 • 자신의 개인정보에 대해 수정을 요구할 권리 • 특정 상황에서의 개인정보 처리에 대하여 반대할 권리
제3국으로의 정보 이전 금지	적절한 보호수준을 갖추지 않은 제3국으로의 개인정보 이전 금지
독립기구의 설치	회원국 내 독립적인 개인정보보호기구의 설치

자료: 전은정 외(2012). 재인용.

EU 지침의 흐름을 보면 1981년 1월 28일, EU이사회에서 개인정보의 자동처리로부터의 개인정보보호에 관한 협약이 채택된 이후 1990년 9월 개인정보의 자유로운 유통 확보를 목적으로 하는 지침의 기초안이 제시되었고, 1995년 10월 24일 개인정보의 보호 및 해당 데이터의 자유로운 이동에 관한 지침(95/46/EC 지침)이 채택된 것에 이어 1997년 12월 15일에는 전기통신 분야에서의 개인정보 처리 및 프라이버시 보호에 관한 지침(97/66EC 지침)이 채택되었다. 그리고 2002년 7월 전자통신 분야에서의 개인정

표 3-8 유럽국가의 개인정보보호 법제 비교

국가	대상 정보	정보처리의 원칙	정보주체의 권리
스웨덴	전 과정 또는 부분적인 과정이 자동화된 개인정보의 처리	언론의 자유, 표현의 자유와 관련한 상충 관계를 해결하고자 하는 한층 보완된 원칙	• 동의철회권 • 주기적통보권 • 자동화된 결정권 • 정정요청권 • 삭제권 • 손해배상 청구권
독일	개인데이터와 관련하여 인격의 침해로부터 개인 보호를 목적으로 하는 수작업 정보 포함 공공부문의 데이터 파일형식 및 서류 형식 민간부문의 데이터파일 형식에 적용	• 소관사무의 수행에 필요한 경우 법률 또는 동의에 의해 데이터 수집, 처리 및 이용 허용 직접성의 원칙 • 필요성의 원칙 • 정확성의 원칙 • 소거의 원칙 • 저널리즘 목적인 경우는 제외	• 데이터주체에 대한 통지 열람권 • 민간부문에 대한 데이터 통제권 • 이의신청권 • 입증책임의 전환
영국	공공 및 민간 부문의 기본법 자동 처리된 정보 및 관련 파일링시스템의 일부로서 처리된 수 작업처리 데이터 포함	• 동의의 원칙 • 목적제한의 원칙 • 상응성의 원칙 • 정확성의 원칙 • 보존필요성의 원칙 • 데이터 주체의 권리의 원칙 • 안전보장 조치의 원칙	• 액세스권 • 손해배상 청구권 • 금지청구권 • 자동화된 결정에 참가할 권리 • 정정권 • 봉쇄권 • 말소권 • 파기요구권
프랑스	수작업정보 포함 공공, 민간부문 포함하여 자동처리된 정보에 중점 정보처리시스템의 설치에 대한 규제	• 위법수집금지의 원칙 • 데이터처리거절권의 원칙, 사전통지의 원칙 • 보존필요성의 원칙 • 안전보호조치의 원칙 • 동의적 정보수집 제한의 원칙	• 광범위한 액세스권 • 정정, 추가 명확화, 갱신 • 말소청구권

자료: 전은정 외(2012). 유럽의 개인정보보호 법·제도 동향. 정보보호학회지, 22(2), 70.

보 처리 및 프라이버시 보호에 관한 지침이 채택되며 지침은 EU 가입국인 15개국은 물론 유럽경제지역까지 적용되고 있다. EU 지침의 특성은 공공부문과 민간부문의 구별을 하지 않고 있으며, 일정한 정보 보호수준을 제공하지 않는 비회원국으로의 정보 이동을 금지하고, 자동화 수단 외의 방법으로 정보를 처리하더라도 일정한 기준에 따른 파일링시스템을 갖추고 있다면 EU 지침이 적용된다는 것이다. 유럽의 대표적인 국가인 스웨덴, 독일, 프랑스, 영국을 중심으로 개인정보보호 관련 법 제도 현황을 살펴보면 앞의 〈표 3-8〉과 같다.

- **일본**의 개인정보보호 법제를 말하자면 먼저 일본은 개인정보침해 사고로 인한 대국민 프라이버시의식 고취 필요성의 제기로 인해 우리나라보다 빠른 2003년에 개인정보보호법을 제정, 2005년부터 발효하고 있다. 개인정보보호에 관한 법률의 체계는 기본법에 해당하는 부분과 민간부문의 개인정보보호의 일반법에 해당하는 부분으로 구성되어 기본법과 일반법의 이층구조의 특이한 법률 구조를 가지고 있다(전은정, 2012) 일본의 개인정보보호법의 주요 내용을 살펴보면, 용어정의를 통해 대상 및 범주를 정확하게 제시하고 있으며 개인정보보호를 위한 사업자의 의무를 구체적 법률로 제시하고 있다(표 3-9). 일본의 개인정보보호 법은 내각부와 총무성, 2개 부처를 중

표 3-9 일본의 개인정보보호법 주요 내용

구분	주요 내용	
용어 정의	개인정보	생존하는 개인에 관한 정보로, 해당정보에 포함된 이름, 생년월일, 기타 기술 등에 의해 특정개인을 식별할 수 있는 것이다.
	개인 데이터	검색가능한 개인정보의 집합물을 구성하는 정보이며, 컴퓨터정보뿐만 아니라 매뉴얼 정보도 포함된다.
	보유 개인정보	개인데이터 중에서도 개인정보취급사업자가 개시, 정정 등의 권한을 가진 개인 데이터로 되어 있다.
	개인정보 취급 사업자	개인정보 데이터베이스 등을 사업용으로 제공하고 있는 자로서 정부·공공단체 등과 취급하는 개인정보가 5천 건 이상을 초과하는 자이다.
사업자 의무	• 목적 외의 이용에는 본인 동의 필요(제16조) • 부정취득 금지(제17조) • 안전관리조치 마련(제20조) • 제3자 제공 시 본인 동의 필요(제23조), 다만 법령에 기초한 경우는 예외 • 본인이 동의한 방법으로 공시(제25조)	

자료: 김경환·이상우·KiRi Weekly(2010. 11. 8.). 개인정보보호법(안)의 주요 내용과 보험 산업에의 시사점.

그림 3-1 일본의 개인정보보호 법제의 구성

개인정보보호법 기본법제
- 기본이념
- 국가·지방의 책무
- 기본방침 책정

민간사업자
개인정보취급사업자의 의무 등(개별법)

국가·행정기관법체
행정기관의 보유하는 개인정보보호에 관한 법류

독립행정법인법제
독립행정기관 등이 보유하는 개인정보보호에 관한 법류

지방공공단체
조례

자료: 전은정 외(2012). 일본·중국의 개인정보보호 법·제도 동향. 정보보호학회회, 22(5), 92. 재인용.

심으로 체계를 구축하고 있는데 내각부의 경우 공단체, 사업자단체에 대한 개인정보보호 관련 가이드라인 및 기본방침 제정, 개인정보보호 운영상황 및 실태조사, 의견수렴 등을 수행하는 한편 총무성의 경우, 개인정보보호에 관한 법률 등을 제정 및 관리하며, 가이드라인 및 규정의 제시, 매년 법률의 시행상황 조사 및 결과 공표 등을 수행한다(전은정·김학범·염흥열, 2012). 일본의 개인정보보호 법제는 기본법적 방식에 관해서는 옴니버스 방식을, 일반법적 부분에 있어서는 세그먼트 방식을 취하여 양자의 성격이 포함된 절충적인 형태라 하겠다(이자성, 2007).

- **중국**의 개인정보보호 법제의 동향을 살펴보면 중국은 전통적으로 공공의 이익을 우선하는 법률문화를 배경으로, 개인의 이익과 권익의 추구를 요하는 개인정보보호 관련 법 제정은 기타 국가들보다 느리게 태동했다. 개인정보수집과 활용도 비교적 늦게 시작되었으며, 2005년에 '중화인민공화국 개인정보보호법' 초안이 만들어졌으나 아직까지 심의 중이며 실행되지 않고 있는 실정이다. 2008년 개인정보보호법 초안이 국무원에 제출되었으며, 최근 전국인민대회에 '개인정보보호법 전문가 초안이 단초가 되어 법 제정 작업이 시행되고 있다. 다만 '컴퓨터 형사사건에 대한 법률해석'을 중국정부가 발표하고 2011년부터 시행하고 있다. 이처럼 중국의 개인정보보호법은 한국이나 일본 다른 선진국들에 비하여 초보적인 단계로 내용이나 규정이 미흡한 실정이다. 중국 내의 빠른 경제성장뿐만 아니라 세계시장에서의 중국의 위상이 급변하고 있는 현 시점

표 3-10 한국, 일본, 중국의 개인정보보호 법제 비교

국가	보호대상 개인정보	정보처리의 원칙	정보주체의 권리
한국	업무상 개인정보 파일을 운용하는 공공·민간부문의 모든 개인정보 처리자로 하고, 전자적으로 처리되는 개인정보 이 외에 수기(手記) 문서까지 개인정보의 보호범위에 포함시킨다.	• 목적에 필요한 최소 수집 원칙 • 목적제한의 원칙 • 정확성, 완전성, 최신성 보장 원칙 • 개인정보의 안전한 관리 원칙 • 처리방침 공개 및 열람청구권 보장 원칙 • 사행활 침해 최소의 원칙 • 익명처리 원칙 • 정보주체의 신뢰 원칙	• 개인정보를 제공 수여권 • 동의 및 범위 등의 선택권 • 열람요구권 • 개인정보의 처리 정지, 정정·삭제 및 파기를 요구권 • 개인정보 구제권
일본	생존하는 개인에 관한 정보로서 해당 정보에 포함되는 성명, 생년월일, 기타 기술 등에 의해 특정한 개인을 식별하게 하는 일이 가능하다.	• 이용 목적에 의한 제한 원칙 • 적정한 취득의 원칙 • 정확성 확보의 원칙 • 안정성 확보의 원칙 • 투명성 확보의 원칙	• 통지 또는 공표권 • 공개요청권 • 정정요청권 • 이용정지권
중국	개인의 성명·주소·출생일·신분증번호·의료기록·인사기록·사진 등 독자적으로 또는 기타 정보와 함께 특정된 개인정보를 식별할 수 있는 정보를 말한다.	• 적법 원칙 • 권리보호 원칙 • 이익형평 원칙 • 정보질량 원칙 • 정보안전 원칙 • 직업의무 원칙 • 구제 원칙	• 공개 요구권 • 개인정보 시정권 • 사용정지 청구권

자료: 전은정 외(2012). 일본·중국의 개인정보보호 법·제도 동향. 정보보호학회회, 22(5), 103.

에서 중국에서의 개인정보보호법이 시행이 시급하다. 이상의 내용을 토대로 한국과 일본, 중국의 개인정보보호 법제를 비교하면 〈표 3-10〉과 같다.

생각해 보기

1. 그룹토의를 통해 정보 격차의 원인을 분석하고 해결방안을 정부, 기업, 개인 차원에서 모색해 보자.
2. 개인정보유출과 관련된 경험을 공유하고 개인정보유출을 방지하기 위한 지침을 만들어 보자.
3. 정보의 특성 중 비배타성과 비경합성이 정보화 사회에 미치는 영향을 생각해 보자.

CHAPTER 4

소비자정보이론

1. 소비자정보에 대한 경제학적 관점

1) 완전정보

(1) 시장균형과 완전정보

경제학에서 시장균형(market equilibrium)은 소비자와 기업이 자발적으로 참여하는 시장에서 수요와 공급에 의해 결정되는 것이다. 시장균형을 통한 사회적 후생을 달성하기 위해서는 대다수의 소비자와 기업들이 시장에 참여해야 하며, 이들이 가지고 있는 정보가 완전해야 한다. 즉 시장균형은 시장에 참여한 소비자와 기업이 완전정보(perfect information)를 가지고 있으며 이를 바탕으로 합리적인 의사결정을 한다는 것을 전제로 하는 것이다. 따라서, 완전정보가 존재하는 시장에서 소비자는 기업이 제공하는 임금 수준을 알 수 있으며, 기업은 소비자가 제공하는 노동의 생산성에 대해 알 수 있는 것이다. 또한, 소비자가 제공하는 동일한 노동에 대해서는 모든 기업이 동일한 임금을 지불하며,

소비자 모두는 동일한 임금을 받게 된다.

(2) 완전정보의 가치

이렇게 완전정보가 존재하는 시장에서 완전정보는 불확실한 시장 상황이 내포할 수 있는 불확실성(uncertainty)이 전혀 없는 상태에서의 정보 수준으로 이것은 소비자에게 최적의 의사결정을 가능하게 한다. 시장에서 정보가 부족하게 되면 불확실성이 나타나게 되므로, 정보 부족의 정도는 불확실성의 척도가 될 수 있는 것이다(Arrow, 1984). 완전정보의 가치(EVPI: Expected Value of Perfect Information)는 완전정보를 획득한 상태에서 최적 대안에 대한 기대값과 완전정보를 획득하지 못한 상태에서의 최적 대안에 대한 기댓값 간의 차이로 정의할 수 있다. 시장에 참여하는 소비자가 의사결정을 하는데 있어 완전정보의 가치란 어떤 사건(event)에 대해 완전정보를 가지고 있을 때 이루어지는 의사결정에서 소비자가 기대하는 가치에서 완전정보를 가지고 있지 않을 때 이루어지는 의사결정에서 소비자가 기대하는 가치 간의 차이로 나타낼 수 있다.

완전정보의 가치 = (완전정보일 때 기대 가치) – (완전정보가 아닐 때 기대 가치)

불확실성으로 인한 불완전정보의 가치는 불완전정보를 사용하여 의사결정을 할 때 예측되는 기대 가치를 의미한다. 불확실성하에서 획득 가능한 정보를 바탕으로 예측되는 기대 가치가 불완전정보의 가치로 나타난다. 불완전정보의 가치는 불완전한 정보의 기대 가치에 대한 확률(probability)과 불완전정보하에서 특정 사건이 발생할 확률 등을 바탕으로 측정한다. 불완전정보의 가치가 정보획득비용보다 적을 경우 정보를 계속 탐색하는 것은 올바른 의사결정이라고 할 수 없다(안재현, 2009).

경제학에서는 시장에서 완전정보를 가정하는 것이 현실 시장 상황에도 어느 정도는 적절하다고 보고 있는데, 이렇게 제시하는 근거는 다음과 같다.

첫째, 현실 시장과 같이 정보가 불완전한 상태에서 이루어지는 의사결정의 결과와 완전정보를 가정한 시장에서 이루어지는 의사결정의 결과가 크게 다르지 않다는 것이다. 정부개입이 없는 시장의 경우, 불완전정보의 현실 시장에서 이루어지는 의사결정과 완전정보를 가정한 경제학적 시장에서 이루어지는 의사결정으로 인한 결과가 비슷하게 나타난다는 것을 예로 들고 있다.

둘째, 경제학에서는 현실 시장에서 완전정보를 획득하지 못하는 가장 큰 이유는 비용이며, 이로 인해 완전정보가 아닌 획득 가능한 정보를 바탕으로 의사결정을 하게 된다고 보았다. 즉 시장에 참여하여 합리적인 의사결정을 하기 위해서는 정보가 필요하고 정보를 획득하고 처리하기 위해서는 비용이 발생하게 되는데, 이러한 비용을 고려할 경우 완전정보가 아닌 불완전하지만 획득 가능한 정보를 바탕으로 의사결정을 하게 된다는 것이다. 그리고 이러한 의사결정은 자원의 희소성 문제를 합리적으로 해결한 의사결정이며 한정된 자원을 효율적으로 사용한 것이라고 보았다.

2) 완전정보선

완전정보선(perfect information frontier)은 시장에서 완전정보가 주어질 때 주어진 품질 수준에서 가장 저렴한 가격으로 제품을 구매할 수 있게 되고 이때 소비자만족이 극대화될 수 있다. 즉 가격과 품질 공간에서 품질이 일정할 때 가장 낮은 가격의 제품을 소비자가 선택한다고 보고 각각의 품질 수준에서 소비자의 선택한 가장 낮은 가격(점)의 집합이라고 할 수 있다(Maynes, 1976). 완전정보선은 완전정보를 제공함으로써 소비자의 효용이 극대화되는 점을 이은 선인 것이다. 즉 제품의 품질과 가격을 고려하여 완전한 정보를 제공하게 되면 소비자의 합리적인 선택과 소비자효용의 극대화를 가져올 수 있는 것이다(Stigler, 1961). 메인즈(Maynes, 1976)는 완전정보를 가지고 있는 합리적인 소비자는 완전정보선상에 있는 제품만을 구매하게 되며, 완전정보선상의 제품을 선택하는 소비자는 효율적인 의사결정을 하는 것이고, 이 경우 제품에 대한 소비자의 만족도와 총효용이 극대화될 수 있다고 하였다.

이것은 시장에 완전정보가 가능하게 되면 소비자의 경우 시장에서 제공되는 가격과 품질에 대한 적절한 선택이 가능하게 되고 합리적인 의사결정이 가능해질 수 있는 것을 나타내는 것이다. 그러므로 완전정보선은 시장에서 가격과 품질에 대한 합리적인 선택이 이루어지는 선이다.

현실 시장과 같이 불완전정보하에서는 완전정보선을 알 수 없으므로 소비자들은 필요

그림 4-1 가격-품질 그래프: 완전정보선

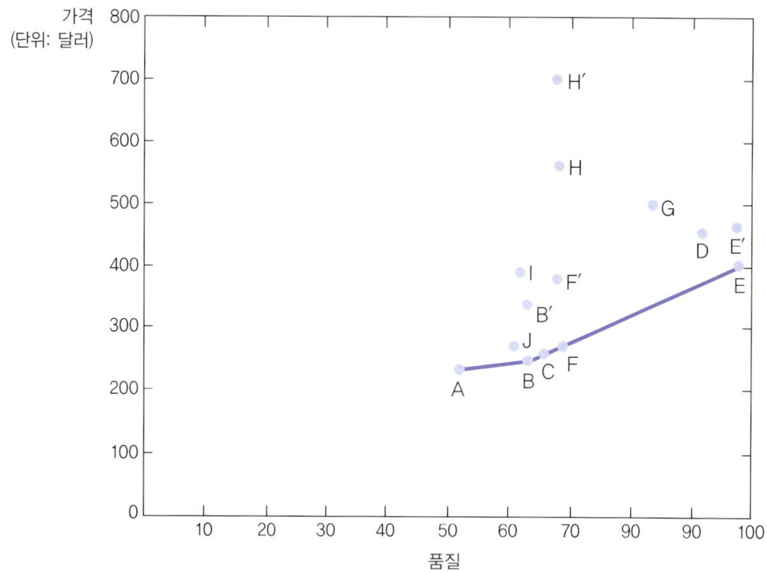

비고: ① 가로축은 품질, 세로축은 가격, 각 점의 알파벳은 품질가격의 조합으로 나타낸 제품들이다. ② 각각의 품질수준에서 가장 낮은 가격의 제품을 선택하여 이를 연결하면 완전정보선을 도출할 수 있다. ③ 이 그래프의 완전정보선은 A, B, C, F, E를 연결한 것이다.

자료: Maynes, E. Scott(1976)

한 정보를 탐색해야 한다. 스티글러(Stigler, 1961)도 시장에서 구매하려는 사람들이 최적의 정보를 찾기 위해 행하는 현상인 '탐색(search)'은 정보의 불완전성을 해결하기 위해 매우 중요하다고 하였다. 그는 모든 시장에서 제품의 가격은 자주 변화하고, 동일한 제품에 대해 가격이 동일하지 않고 다양하고 이러한 시장에서 소비자는 정보가 부족하여 구매하려는 제품의 가격에 대해 알지 못하므로 제품 가격을 알고 합리적인 의사결정을 위해 정보를 탐색한다고 하였다. 여기서 탐색해야 하는 정보의 유형에는 제품 가격에 대한 정보뿐 아니라 제품의 질에 대한 정보도 포함된다. 불완전정보하에 있는 시장에서 소비자는 더 많은 정보를 탐색할수록 합리적인 의사결정을 할 수 있게 되므로 탐색을 중요시하는데 이때 탐색해야 할 정보의 양은 다른 정보탐색으로부터 기대되는 이득이 그것의 한계비용을 초과하지 않을 때까지 계속 정보를 탐색하게 되는 것이다. 탐색하는 정보양의 정도에 대해 메인즈(1976)도 소비자는 제공되는 정보의 양과 사전 상품지식 등에 의해 구매에 대한 의사결정을 하게 되는데, 이때 소비자들이 필요로 하는 정보의 양은 불완전한 정보 상태에서 추가적 정보탐색으로 인한 한계비용과 정보탐색으로 얻는 추가적 이익인 한계 이익이 같아질 때까지 정보를 탐색하게 된다고 하였다.

3) 소비자정보와 네트워크 외부성

시장에서 정보는 정보재로 유통되고 있는데, 샤피로와 바이런(Shapiro and Varian, 1999)은 정보재의 경우 생산비는 높지만 단위당 재생산비용이 낮아 장기간 유통되어질 경우 한계비용이 거의 0에 가까워져서 규모의 경제를 나타내게 된다고 보았다.

경제학에서는 정보재가 감소하는 한계비용 때문에 수요와 공급에 의한 가격결정의 원리가 적용되지 않는 점을 해결하기 위해 정보재의 네트워크 효과(network effect), 즉 네트워크 외부성(network externality)에 주목하였다. 여기서 네트워크 외부성이란 재화나 서비스를 구매(또는 사용)하는 소비자의 수가 증가할수록 그 재화나 서비스의 가치가 증가한다는 것을 의미한다. 예를 들어 팩시밀리제품의 경우 특정 브랜드를 사용하는 사람들이 많아질수록 해당 브랜드를 사용하는 소비자의 효용이 증가하였다.

이렇게 동일한 제품이나 서비스를 사용하는 소비자의 수가 증가할수록 그 서비스나 제품을 사용하는 소비자들의 효용이 증가하는 것을 직접적 네트워크 외부성이라고 하고, 어떤 제품이나 서비스가 서로 연계하여 솔루션(solution)으로 제공될 때 소비자의 효용이 증가하는 것을 간접적 네트워크 외부성이라고 한다. 이렇게 볼 때 정보재의 네트워크 외부성이란 어떤 정보를 사용하는 소비자의 수가 증가할수록 그 정보의 가치가 증대되어진다는 것을 의미한다고 할 수 있다. 예를 들어 온라인 커뮤니티에서 소속된 사람수가 증가하여 동일한 정보를 공유하는 사람들이 늘어날 경우 그 정보에 대한 소비자의 만족은 증가하게 되는 것이다.

이러한 정보재가 나타내는 네트워크 외부성은 정보재 구매에 대한 의사결정에 영향을 미칠 수 있다. 먼저, 정보재의 가격은 비용이 아니라 소비자의 가치에 의해 정해지게 되어 소비자의 가치가 의사결정에 영향을 미치게 된다는 것이다. 즉 높은 고정비용과 낮은 한계비용을 갖는 비용구조하에서는 비용보다는 소비자의 가치에 근거하여 가격을 결정하게 되는데, 정보재도 비용이 아니라 소비자의 가치에 의해 가격이 결정되며 이때 소비자의 가치는 네트워크 외부성에 따라 증가하게 된다. 또한 네트워크 외부성으로 정보를 공유하고 있는 소비자들은 서로의 행동에 영향을 미치게 된다. 즉 소비자들의 정보재 선택은 개인의 의사결정과정에 의해 유발되는 것이 아니라 정보를 공유하고 있는 다른 소비자들의 선택행위의 영향을 받아 의사결정을 할 수 있다는 것이다.

2. 소비자정보에 대한 정보경제학적 관점

경제학에서는 대부분 완전정보를 가정하고 시장에 나타나는 경제 현상을 분석하고 있으나 현실 시장은 정보가 불완전하게 나타난다. 현실 시장에서 기업이나 소비자는 정보를 획득할 수 있는 기회나 정보를 획득하는데 지불해야 하는 비용, 그리고 정보를 활용하는 데 있어 능력의 차이 등으로 인해 정보 비대칭성을 유발하고 한계적인 합리성을 가지고 행동하게 된다.

이러한 시장에서 나타나는 불완전한 정보나 정보의 결핍이 유발하는 결과에 관심을 가지고, 정보 비대칭성이 존재하는 시장 상황에서 유발되는 각종 현상을 연구하는 분야가 정보경제학(Information Economics)이라고 할 수 있다. 시장에서 발생하는 정보 비대칭성은 시장에서 거래가 이루어질 때 어느 한 쪽이 다른 쪽보다 우월한 정보를 보유하고 있는 상황을 이르는 말이다. 이러한 정보 비대칭성은 시장에서의 자원배분의 효율성을 달성하지 못하게 한다.

따라서 정보경제학은 정보 비대칭성이 시장성과에 미치는 영향을 분석하고, 정보 비대칭성으로 인해 발생하는 시장의 여러 가지 문제를 해결하기 위해 기업이나 소비자들의 행동을 파악하며, 정보 비대칭성 문제에 대응하는 정부의 역할 등을 연구하는데 초점을 두고 있다.

1) 정보 비대칭성

(1) 정보 비대칭성의 의미

정보 비대칭 이론의 창시자인 애컬로프(Akerlof, 1970)는 시장에서 거래에 참여하는 사람들은 거래에 필요한 정보 수준에 차이가 존재할 수 있다고 하였다. 이러한 정보 수준의 차이를 정보 비대칭성(information asymmetry)이라고 할 수 있는데, 정보 비대칭성은 다음과 같이 다양하게 나타나고 있다(이정진, 2005).

첫째, 자연발생적 비대칭성으로, 자연적으로 발생하는 비대칭성이다. 예를 들어, 자기 자신에 대해서는 다른 사람들보다도 더 잘 알고 있을 때 자기 자신과 다른 사람 사이에 정보양의 차이로 발생하는 비대칭성이다. 둘째, 내생적 비대칭성으로, 시장 내부에서 조장되는 비대칭성을 말한다. 예를 들어, 어떤 회사의 근로자에 대해서는 이 회사에 속한 동료나 상관이 다른 회사의 사람들보다 더 잘 알고 있을 것인데 이때 같은 회사에 속한 사람들과 다른 회사에 속한 사람들 간에 발생하는 정보 비대칭성이다. 셋째, 인위적 비대칭성으로, 인위적으로 정보의 희소성을 높임으로 인해 발생하는 비대칭성이다. 예를 들어, 어떤 사람이 다른 사람들이 가지지 못한 정보를 더 많이 가지고 있을 경우 발생하는 비대칭성이다.

(2) 정보 비대칭성의 발생

시장에서 거래에 참여하는 사람들이 있고 이들 사이에 이해관계가 형성되어 있는 상황에서 이들이 가지고 있는 정보에 수준 차이가 존재할 수 있는데(Akerlof, 1970), 이렇게 거래에 참여하는 사람들 간에 정보 수준의 차이가 존재하는 상황을 감추어진 특성(hidden characteristic)과 감추어진 행동(hidden action)으로 구분할 수 있다.

여기서 감추어진 특성으로 정보 수준의 차이가 발생한다는 것은 거래 당사자 중에서 일방이 상대방의 특성(혹은 거래되는 재화의 품질)에 대해 잘 모르고 있는 상황으로 인해 거래 당사자 간에 정보 수준의 차이가 있는 경우를 말하며, 이런 상황에서 역선택(adverse selection)이 발생하게 된다. 또한 감추어진 행동으로 정보 수준의 차이가 발생한다는 것은 거래 당사자 모두에게 영향을 미치는 어느 일방의 행동을 상대방이 관찰할 수 없거나 통제 불가능한 상황으로 인해 거래 당사자 간에 정보 수준의 차이가 있는 경우를 말하며, 이러한 상황에서 주인-대리인 문제(principal-agent problem)와 같은 도덕적 해이(moral hazard)가 발생하게 된다.

(3) 역선택

① 역선택의 개념

역선택이란 정보 비대칭적 상황에서 거래 대상의 감추어진 특성으로 인해 정보를 갖지 못한 사람이 바람직하지 못한 선택을 하는 것을 의미한다. 이것은 정보 수준이 낮은 측이 바람직하지 못한 상대방과 거래하여 낮은 품질의 재화를 구입할 가능성이 높아지는 현상이라 할 수 있다. 예를 들어, 중고차 시장, 보험 시장, 금융 시장 등에서 다양하게 발생하고 있다.

② 역선택이 소비자에게 미치는 영향

애컬로프(1970)는 시장의 한 경제주체가 상대보다 더 많은 정보를 소유하고 있다고 가정하였다. 즉 비대칭적 정보를 가정한 중고차 시장에서 판매자는 구매자보다 자동차의 품질에 대해 더 많은 지식을 소유하고 있지만, 성능이 좋은 차와 그렇지 못한 차가 동일한 가격에 판매됨으로 해서 성능이 나쁜 차가 성능이 좋은 차를 시장에서 사라지게 함을 제시하였다.

정보의 비대칭적 상황은 생산자로 하여금 자신의 제품 품질을 숨기려고 하는 유인을 제공하게 된다. 이렇듯 구매자가 제품의 품질을 확인할 수 있는 방법이 없어 동일 품목의 모든 제품이 동일한 가격에 판매됨으로써 고품질(good-quality)의 제품이 저품질(low-quality)의 제품과 구별될 수 없다면 저품질 제품의 판매자는 자신의 제품 품질을 숨기려 하므로 시장에는 저품질 제품만 남게 된다. 이를 우리는 '레몬의 문제(lemons problem)'라고 부른다.

③ 역선택에 대한 대안

역선택에 대한 대안으로는 선별(screening), 신호발송(signalling), 평판(reputation)과 표준화(standardization), 효율성 임금(efficiency wage), 정부의 강제 집행 등이 있다.

중고차 시장에서의 역선택

중고차 시장에서 중고차를 판매하려는 기업들은 중고차 품질에 대한 정보를 알고 있으나 소비자는 이를 알지 못한다. 이로 인해 중고차를 판매하려는 기업과 소비자 사이에 정보의 비대칭성이 발생한다. 중고차 시장에서 발생하는 비대칭 정보로 인해 중고차의 가격은 평균적인 품질을 기준으로 결정되고, 소비자는 이 가격으로 중고차를 구매하게 된다. 이럴 경우 평균보다 높은 품질의 중고차를 가진 기업은 높은 품질에 해당하는 적절한 높은 가격에 판매할 수 없으므로 시장에서 판매할 유인이 없어진다. 반면에 평균보다 낮은 품질의 중고차를 가진 기업은 낮은 품질보다 높은 시장 가격으로 판매할 수 있으므로 시장에서 판매할 유인이 발생한다. 이러한 상황이 계속 진행되면 중고차 시장에는 품질이 낮은 중고차들만 판매하려고 할 것이고 이에 따라 중고차의 시장 가격도 더욱 하락하게 될 것이다. 중고차의 시장 가격이 더 하락하면 품질이 낮아도 상대적으로 괜찮은 중고차마저 시장에서 판매하지 않게 된다. 이러한 시장 상황이 반복되면 결국 중고차 시장에는 가장 품질이 낮은 중고차만 남게 될 것이다. 이러한 현상을 중고차 시장의 역선택이라고 한다.

이와 같이 중고차 시장에서 소비자들이 중고차의 품질에 대한 정보의 비대칭으로 인해 중고차의 품질에 대해 알 수 없는 상황에 처하게 되고 낮은 시장 가격에 따라 품질이 낮은 제품들만 선택하게 되면 시장에는 낮은 품질의 중고차(lemon)만 남게 되고 높은 품질의 중고차를 적절한 가격에 판매하려는 기업은 시장에 존재할 수 없게 된다. 이로 인해 중고차 시장에서 소비자는 다양한 선택을 할 수 없으며, 소비자의 선호에 따라 더 높은 품질의 중고차에 대한 니즈가 있다 할지라도 낮은 품질의 중고차를 살 수 밖에 없게 되어 소비자의 후생이 감소하게 된다. 또한 중고차 시장에 존재하는 낮은 품질의 중고차나 사고차 등으로 인해 소비자는 또 다른 위험에 노출될 수 있다(George A. Akerlof, 1970).

- **선별**은 정보를 갖지 못한 측이 정보가 있는 상대방에게 정보를 공개하도록 유도하는 것으로, 정보를 갖지 못한 측에서 불충분하지만 주어진 자료를 이용하여 상대방의 특성을 파악하려고 하는 것을 의미한다. 정보를 갖지 못한 측에서 사용하는 불충분한 자료는 자기선택장치(self-selection device)의 역할을 한다. 여기서 자기선택장치란 정보 수준이 낮은 측이 정보 수준이 높은 측의 거래와 관련된 선택을 통해서 스스로 자신을 드러내도록 만드는 장치를 의미하는 것이다. 자기선택장치의 예로는 보험회사의 기초공제제도나 생명보험 특약사항 등이 있는데 보험가입자는 자기선택을 통해 스스로 특성을 노출하게 되는 것이다.
- **신호발송**은 정보를 가지고 있는 측이 정보가 없는 상대방에게 정보를 보내는 것으

로, 정보를 가지고 있는 측에서 적극적으로 정보를 알리려고 노력하는 것을 의미한다. 예를 들어, 각종 자격증 취득이나 고등교육을 받는 것, 상당 기간 동안 품질을 보증하는 무상 수리 정책 등이 이에 해당한다. 신호발송은 신호발송에 들어가는 비용보다 다른 사람들과 구별됨으로써 얻게 되는 이익이 클 경우 이루어지며, 신호발송의 비용은 좋은 속성을 가진 측이 그렇지 않은 측보다 낮아야 한다.

- **평판과 표준화**는 정보 비대칭이 존재하는 상황에서 기업이 소비자에게 자신이 항상 고품질의 제품을 판매한다는 확신을 주기 위한 수단들이라고 할 수 있다. 평판의 예로 최고급 한우 식당, 진품만을 취급하는 고서화점 등을 들 수 있으며, 표준화의 예로 프랜차이즈 음식점에서 제품이나 서비스의 품질을 매뉴얼로 표준화하고 있는 것 등을 들 수 있다.
- **효율성 임금**은 실질 임금 한 단위당 노동자의 생산성을 극대화시키는 임금 수준이다. 효율성 임금 이론은 근로자와 기업 간의 정보 비대칭성을 가정으로 하며, 노동자들의 생산성을 높은 수준으로 유지하기 위해 시장의 균형임금보다 높은 임금을 지불하는 것을 의미한다. 효율성 임금을 지불하는 이유는 평균임금보다 많은 임금을 지급해주는 것을 유인으로 기업이 생산성이 높은 노동자를 채용할 수 있기 때문이다. 그러나 효율성 임금이론은 기업이 불완전하게나마 노동자들의 능력을 선별해낼 수단들을 보유하고 있다는 점, 기업은 효율성 임금 외에도 다양한 방법으로 노동자들을 감시할 수 있는 수단을 보유하고 있으므로 굳이 높은 임금을 선택할 이유가 없다는 점, 임금 경직성이 너무 강하여, 경기변동 중 임금 변동에 대한 설명이 불가능하다는 점 등에서 한계성을 나타내고 있다.
- 정부는 가입을 의무화하도록 **강제 집행**을 할 수 있는데 예를 들어 의료보험, 국민연금, 자동차 책임보험 가입 등이 있다. 정부의 강제 집행으로 역선택은 완화되나 저위험군이 고위험군에 보조금을 지급하는 부작용이 발생할 수 있다. 또한 정부는 정보 비대칭을 완화할 수 있는 각종 정보정책(information policy)을 시행할 수 있는데 예를 들어 허위 과장광고 규제, 각종 표준 설정, 각종 정보공시 의무화 등이 이에 해당한다.

금융 시장에서의 역선택

금융 시장에서 금융기관으로부터 대출을 받으려는 기업은 자사의 발전 가능성, 신용상태, 대출자금 회수가능성, 부도율 등에 대해 알고 있지만 은행은 이를 알지 못한다.

이로 인해 금융기관으로부터 대출을 받으려는 기업과 금융기관 사이에 정보의 비대칭성이 발생한다. 금융 시장에서 발생하는 비대칭 정보로 인해 금융기관은 평균적인 건전성을 가진 기업을 기준으로 대출이자율을 결정하고, 금융기관으로부터 대출을 받으려는 기업은 이 이자율을 지불한다. 이럴 경우 부도율이 평균보다 낮은 우량기업은 대출을 받지 않으려고 하고 부도율이 평균보다 높은 부실기업만이 대출을 받으려 할 것이다. 이러한 상황이 계속 진행되면 부실기업의 대출이 증가하게 되어 대출자금 회수가능성이 낮아지게 되고 이로 인해 금융기관은 대출이자율을 인상하게 되며 대출이자율이 인상되면 상대적으로 부도율이 더 큰 기업들이 대출을 받으려 하게 된다. 이러한 시장 상황이 반복되면 결국 금융기관은 상대적으로 부도율이 가장 큰 기업들에게 대출을 하게 될 것이다. 이러한 현상을 금융 시장의 역선택이라고 한다(Michael Rothschild & Joseph Stiglitz, 1976).

(4) 도덕적 해이와 주인-대리인 문제

도덕적 해이는 감추어진 정보가 문제가 되어 정보를 가진 측이 정보를 가지지 못한 측에서 보면 바람직하지 않은 행동을 취하는 경향으로 어떤 계약(거래)이 이루어진 이후에 정보를 가진 측이 바람직하지 못한 행동을 하는 현상을 말한다. 도덕적 해이의 일종으로 주인-대리인 문제를 들 수 있다.

① 주인-대리인 문제

주인-대리인 문제는 대리인의 감추어진 행동으로 인해 발생하는 문제이다. 여기서 주인은 업무의 수익을 얻으나 업무를 직접 할 수 없어 타인에게 부탁하는 사람이고, 대리인은 주인으로부터 적절한 대가를 받고 본인의 업무를 대신 해 주는 사람이다. 주인-대리인 문제는 대리인이 주인의 목적을 달성하기 위해 노력할 유인(incentive)이 없는 상황으로 인해 발생하게 되는 것이다. 예를 들어, 주주는 사용자고 전문경영인은 대리인이다. 전문경영인은 주주보다 회사에 대해 더 많은 정보를 갖게 된다. 주주는 전문경영인이 주주의 이익을 극대화하도록 회사를 운영해 주기를 바라지만, 주주가 회사에 대한 정보를 잘 알지 못하기 때문에 전문경영인은 사무실을 화려하게 꾸민다거나 필요 이상으로 고급차를 운행하는 등 주주의 이익보다는 자신의 이익을 위해 회사를 운영할 가능성이 있다. 또한 자동차보험 가입자는 일단 보험에 가입하고 나면 사고에 대한 경각심이 전보다 느슨해지거나 구태여 전처럼 비용을 들여가며 차량을 정비하려 하지 않을 수 있다. 보험 처리라는 뒷받침을 믿기 때문이다.

② 주인-대리인 문제가 소비자에게 미치는 영향

주인-대리인 문제가 가지는 특성은 첫째, 대리인이 주인의 경제적 후생에 영향을 줄 수 있다는 것이다. 둘째, 주인은 대리인의 행동을 완벽하게 관찰할 수 없다는 것이다. 셋째, 대리인은 자신의 이해관계에 따라 행동하므로 주인의 이익을 극대화하는 행동을 취하지 않을 가능성이 존재한다는 것이다. 넷째, 주인의 입장에서는 특정한 결과가 실현되었을 때 이것이 대리인의 행동 때문인지 아니면 미래의 불확실성 때문인지 구분하기 어렵다는 것이다.

또한 주인-대리인 문제는 대리인이 효율적인 생산을 노력해야 할 유인이 없음으로 인해 주인의 이윤을 감소시키고 이것은 시장 내 생산자후생을 감소시킴으로써 사회적 후생 감소에 영향을 미치고 결국 시장에 속해 있는 소비자후생을 감소시킬 수 있다.

③ 주인-대리인 문제에 대한 대안

주인이 대리인의 행동을 관찰할 수 없는 상황에서 주인은 대리인이 효율적인 행동을 선택하도록 강제하기 어렵다. 그렇기 때문에 대리인이 주인의 이익을 극대화하는 행동을 취할 수 있는 유인을 설계(incentive design)하여 대리인으로 하여금 주인의 이익을 극대화하는 것이 곧 대리인의 이익을 극대화하는 것이라고 유인되어질 수 있어야 한다. 예를 들어 스톡옵션, 변호사 성공 보수, 성과급 등이 있을 수 있다.

2) 정보와 소비자후생

소비자가 허위 또는 과장광고와 같은 정보를 통해 어떤 재화나 서비스에 대해 잘못된 의사결정을 하게 될 경우 구매착오로 인해 소비자후생에 손실이 발생할 수 있다. 또한 소비자가 정보부족으로 어떤 재화나 서비스에 대해 잘못된 의사결정을 하게 될 경우에도 구매누락으로 인해 소비자후생에 손실이 발생할 수 있다. 스티글러(1961)는 정보에 대한 소비자의 무지는 과대수요와 과소수요를 유발하고 이것은 비효율적인 생산량을 발생시켜 소비자 후생 손실을 발생시킨다고 하였다.

예를 들어, 〈그림 4-2〉의 (a)와 (b)를 살펴보자. (a)는 소비자가 과대광고에 노출되어 과대수요를 발생시키게 되는 경우이다. 이 경우 소비자는 완전정보하에서의 수요곡선(DD)이 위로 평행이동하게 되어 새로운 수요곡선(D′D′)을 형성하게 된다. 완전정보하의 수요곡선(DD)에서 소비자가 지불하는 가격은 P_o이고, 소비양은 Q_1이나, 새로운 수요곡선(D′D′)에서 소비양은 Q_2로 증가하게 되며, 이로 인해 과잉수요(Q_2-Q_1)가 발생하게 된다. (a)의 삼각형 ABC는 과대수요로 인한 소비자후생의 손실을 나타낸다. (b)는 소비자가 정보부족으로 과소수요를 발생시키게 되는 경우이다. 이 경우 소비자는 완전정보하에서의 수요곡선(DD)이 아래로 평행이동하게 되어 새로운 수요곡선(D′D′)을 형성하게 된다. 완전정보하의 수요곡선(DD)에서 소비자가 지불하는 가격은 Po이고, 소비양은 Q_2이나, 새로운 수요곡선(D′D′)에서 소비양은 Q_1로 감소하게 되며, 이로 인해 과소수요(Q_2-Q_1)가 발생하게 된다. (b)의 삼각형 EGH는 과소수요로 인한 소비자후생의 손실을 나타낸다.

이러한 과대수요나 과소수요로 인한 소비자후생의 손실을 최소화하기 위해서는 공공기관의 품질표시와 등록상표제도의 도입으로 제품의 품질을 객관적으로 평가하고 이에 대한 정보를 소비자에게 제공하는 것이 필요하다.

그림 4-2 소비자의 정보 비대칭성

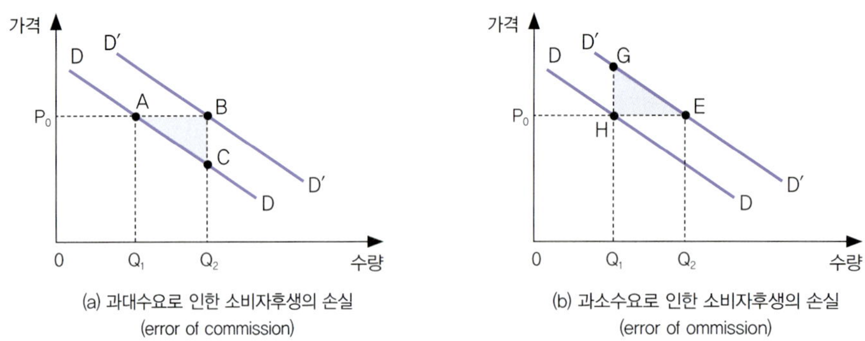

자료: Stigler(1961).

3. 소비자정보에 대한 행동경제학적 관점

시장에서 소비자는 완정정보가 아닌 불완전정보하에서 의사결정을 하게 된다. 불완전정보로 인해 시장에는 불확실성이 존재하게 되고 이러한 불확실한 상황에서 의사결정을 하게 되는 소비자들은 기대결과에 대해 손실회피성을 나타내게 된다. 행동경제학을 발생시킨 카너먼과 트버스키(Kahneman & Tversky, 1979)는 기대이론(prospect theory)을 통해 불확실성한 상황에서 나타나는 손실회피성에 대해 설명하고 있다.

1) 기대이론

기대이론(prospect theory)이란 불완전한 정보로 인한 시장의 불확실한 상황에서 의사결정을 해야 하는 사람들은 의사결정에 대한 기대결과인 이익과 손실에 대해 체감하는 것이 다르다는 것이다(Kahneman & Tversky, 1979). 기대결과로 나타나는 손실의 양을 동일한 양의 이익보다 훨씬 크게 느끼고 있으며, 이로 인해 기대결과에 대해 손실회피성을 나타내게 된다는 것이다(그림 4-3). 이로 인해 기대결과가 이득으로 판단될 경우 확실성을

그림 4-3 기대이론의 가치 곡선

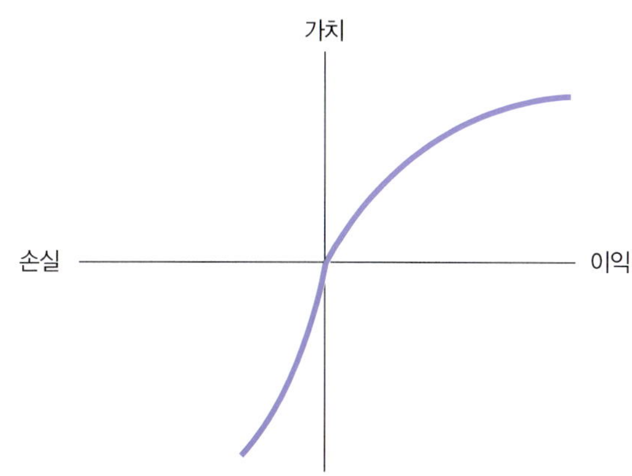

자료: Kahneman & Tversky(1979).

표 4-1 위험회피성과 위험추구성

확률	이익	손실
저(0.35 이하)	위험 추구	위험 회피
중-고	위험 회피	위험 추구

자료: Kahneman & Tversky(1979).

중시하여 높은 확률을 선택하고, 기대결과가 손실로 판단될 경우 가능성을 중시하여 낮은 확률을 선택하려고 한다. 카너먼과 트버스키(1979)는 사람들이 확률이 높고 낮음에 따라, 그리고 기대결과가 이익이냐 손실이냐에 따라 위험을 대하는 태도가 다르게 나타나는 것을 4가지로 유형화하였다(표 4-1 참조). 또한 사람들이 주관적으로 인식하고 있는 이익과 손실에 대한 준거점(reference point)도 주관적 가치에 따라 다르게 나타난다고 하였다.

2) 프레이밍 효과

프레이밍 효과(framing effect)는 사람들이 의사결정을 하는데 필요한 정보를 처리하는데 있어 주어진 정보의 프레이밍이 정보를 인식하는 것과 의사결정행동에 영향을 미치게 되는 것을 의미한다. 이것은 동일한 정보라 할지라도 정보가 사람들에게 제공될 때 어떤 구조로 프레이밍이 되느냐에 따라 사람들의 주관적 인식이 다양하게 형성될 수 있다는 것이다. 또한 제공되는 정보의 프레이밍이 이익을 강조할 때와 손실을 강조할 때 준거점의 위치가 다르게 나타날 수 있는데, 예를 들어, 정보의 프레이밍이 부정적인 형태로 되어 있는 경우, 즉 어떤 정보를 채택하지 않을 경우 입게 될 손실을 강조하는 경우에는 위험을 수용하는 방향으로 정보를 선택할 가능성이 커지게 된다. 그러나 정보의 프레이밍이 긍정적인 형태로 되어 있는 경우, 즉 어떤 정보를 채택할 경우 얻게 될 혜택을 강조하는 경우에는 위험을 회피하는 방향으로 정보를 선택하게 될 가능성이 커지게 된다.

카너먼과 트버스키(1983)는 600명이 사망할 상황에서 이들을 구출할 정보를 제시할 때 그 정보를 어떻게 프레이밍하느냐에 따라 소비자의 선택이 다르게 나타나게 되는 현상에 대해 실증하였다. 첫 번째 실험은 긍정적으로 정보를 프레이밍하여 제시한 경우이다. 정보 A는 이를 선택할 경우 200명을 구출할 수 있으며, 정보 B는 이를 선택할 경우 600명을 구출할 수 있는 확률이 1/3이고, 한 사람도 구출하지 못할 확률이 2/3이다. 정보 A와 B를 선택했을 때 결과에 대한 기대 확률이 동일함에도 불구하고 대다수의 사람들은 정보 A를 선택하였는데, 이것은 정보 A가 구출할 수 있는 상황, 즉 긍정적인 형태로 제시하였기 때문이다. 두 번째 실험은 부정적으로 정보를 프레이밍하여 제시한 경우이다. 정보 C는 이를 선택할 경우 400명이 구출될 수 없으며, 정보 D는 이를 선택할 경우 모두 구출할 수 있는 확률이 1/3이고 600명 모두 구출할 수 없는 확률이 2/3이다. 대다수의 사람들이 대안 D를 선택하였는데, 이것도 정보 C가 구출할 수 없는 상황, 즉 부정적인 형태로 제시하였기 때문이다.

기업에서 소비자에게 광고를 제공할 때 이러한 메시지 프레이밍 효과가 많이 나타난다. 광고를 통해 소비자에게 광고 정보를 채택하여 얻는 혜택을 강조하거나 광고 정보를 채택하지 않아서 얻게 될 부정적인 결과를 강조할 수 있는데, 이러한 광고 정보는 소비자의 의사결정에 중요한 영향을 미칠 수 있다.

3) 부정편향가설

부정편향가설(negativity bias hypothesis)은 사람들이 정보를 처리하는 과정에서 긍정적 단서 보다 부정적 단서를 더 중요하게 여기고 있는 것을 보여주는 것으로, 사람들은 긍정적 단서보다 부정적 단서에 더 큰 긴장감을 느끼게 되고 부정적 단서를 더 중요하게 인식한다는 것이다. 예를 들어, 피부암 검진과 피부암 예방에 대한 메시지 프레이밍 효과 분석 결과, 피부암 검진이라는 높은 위험성을 내포한 경우에는 관여도가 높아져 부정적 메시지 프레이밍의 효과가 높게 나타났으며, 피부암 예방이라는 낮은 위험성을 내포한 경우에는 관여도가 낮아지고 긍정적, 부정적 메시지 프레이밍 간의 효과 차이가 유의미하지 않게 나타났다(Bolck & Keller, 1995).

4) 예상일치가설

스미스와 페티(Smith & Petty, 1996)가 제안한 예상 일치 가설(expectancy-consistency hypothesis)은 항상 부정적 정보가 긍정적 정보보다 태도에 더 큰 영향을 미치는 것은 아니며, 부정편향성이 발생한 이유는 실험 상황의 긍정적 정보가 피험자가 기대한 상황으로 조작되었기 때문이라고 주장하였다. 스미스와 페티의 연구에서 피험자가 부정적 정보를 기대하는 상황에서는 오히려 긍정적 메시지가 메시지 관여도를 증가시켰으며, 반대로 피험자가 긍정적 정보를 기대하는 상황에서는 부정적 메시지가 메시지 관여도를 증가시켰다. 즉 메시지 수용자가 긍정적 정보를 기대하면 부정적 정보가 관여도를 높이고 태도 형성에 더 많은 영향을 미치며, 반대로 수용자가 부정적 정보를 기대하면 긍정적 정보가 관여도를 높이고 태도 형성에 더 많은 영향을 미친다는 것이다.

5) 심적회계

심적회계(mental accounting)는 사람들이 정보를 처리하는데 있어 동시에 혹은 시간적 차이를 두고 발생되는 여러 개의 기대결과로 이득과 손실이 발생할 때 이를 조직화하고 평가하며, 계속적으로 추적하기 위해 사용하는 일련의 인지적 활동을 의미한다(Thaler, 1985). 즉 사람들은 심적으로 정보의 유형에 따라 다른 회계체계를 보유하고 있으며, 이러한 심적인 회계체계에 따라 제공되는 정보를 무의식적으로 분류하고 평가한다는 것을 의미한다. 심적회계의 특성은 첫째, 기대이론을 바탕으로 하여 준거점으로 부터의 손실과 이익을 산정하고, 손실회피성을 중요시한다는 것이다. 둘째, 심적으로 회계체계를 형성하고, 각 항목의 손실과 이익을 산정한다는 것이다. 셋째, 각 항목이 손실인지 이익인지를 판단하는데 시간 간격을 규정한다는 것이다. 이러한 특성을 나타내는 것은 심적회계가 심리적으로 손익산정에 있어 다음과 같은 특성을 가지고 있기 때문이다(그림 4-4 참조).

- 복합이득일 경우 통합한다. X와 Y가 모두 이득을 발생시키는 경우에는 X와 Y의 이익을 분리하여 지각하는 것이 X와 Y의 이익을 통합하여 지각하는 것보다 이득에 대한 지각을 높일 수 있다(그림 4-4 (a) 참조).
- 복합손실일 경우 분리한다. X와 T가 모두 손실을 발생시키는 경우에는 X와 Y의 손실을 통합하여 지각하는 것이 X와 Y의 손실을 분리하여 지각하는 것보다 손실에 대한 지각을 낮출 수 있다(그림 4-4 (b) 참조).
- 혼합이득에서 손실이 작은 경우 통합한다. X가 이득, Y가 손실을 발생시키고 손실의

그림 4-4 심적회계

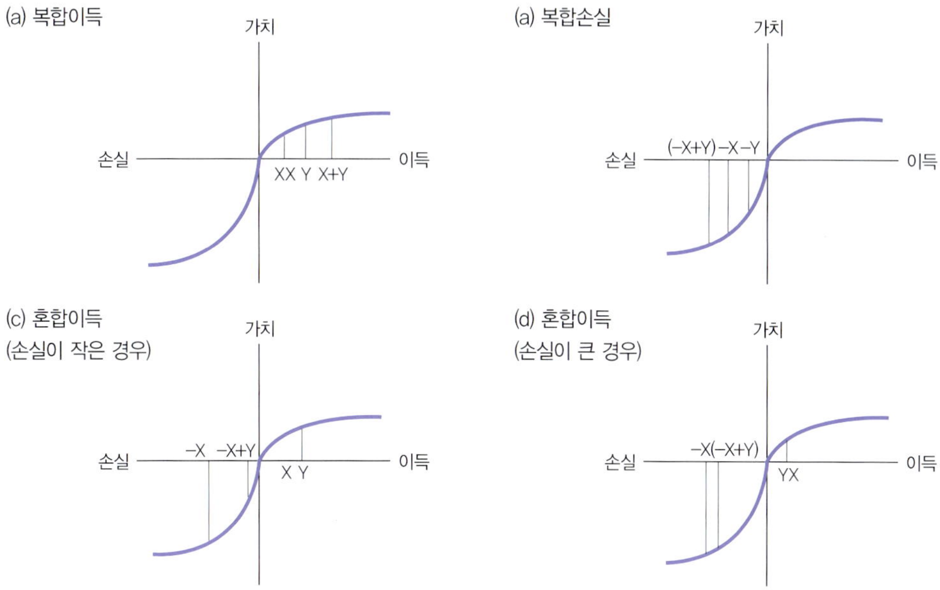

자료: T. Richard(1985).

정도가 작은 경우에는 X의 이득과 Y의 손실을 통합하여 지각하는 것이 손실에 대한 지각을 낮출 수 있다(그림 4-4 (c) 참조).

- 혼합이득에서 손실이 큰 경우 분리한다. X가 이득, Y가 손실을 발생시키고 손실의 정도가 클 경우에는 X의 이득과 Y의 손실을 분리하여 지각하는 것이 손실에 대한 지각을 낮출 수 있다(그림 4-4 (d) 참조).

카너먼과 트버스키는 사람들이 영화를 보려고 티켓을 구매하는 과정에서 발생하는 두 가지 상황을 제시하고 어떻게 행동을 할 것인지를 선택하도록 하는 실험을 하였다.

상황 A는 영화를 보려고 10달러를 주고 영화티켓을 샀는데, 입장하려고 할 때 티켓을 잃어 버렸다는 것을 알았지만 티켓을 못 찾는 경우이고, 상황 B는 영화를 보려고 티켓을 사려고 할 때 10달러를 잃어 버렸다는 것을 알게 되는 경우이다. 각각의 경우를 제시하고 10달러를 주고 티켓을 사는 선택을 할 것인지를 질문하였다. 대부분의 사람들이 상황 A일 경우에 10달러를 주고 티켓을 사는 선택을 하겠다고 대답하였다.

이러한 결과는 사람들에게 있어 영화와 현금에 대한 심적계정이 다르게 형성되어 있어서, 이에 따라 사람들은 상황 A하에서는 티켓과 현금을 분류하여 현금 손실을 10달러로 산정하지만, 상황 B는 현금 손실을 20달러로 산정하고 있는 것이다. 즉 경제적으로 명확한 상황에서 상호관계가 완전히 분리된 계정이 있다는 사실이 의사결정에 영향을 미친다는 것을 증명하고 있다.

4. 소비자정보에 대한 인지심리학적 관점

인지심리학(Cognitive Psychology)은 인지과정에 관심을 갖는 심리학의 한 분야로 사람들이 지식을 학습하고 구조화하여 저장하여 사용하는 방식을 연구하는 학문이라고 할 수 있다(Ulric Neisser, 1967). 사람들의 인지구조 내에 정보를 유입하여 신경계에 저장하고 이를 처리하여 사용하는 모든 과정이 주요한 연구 대상이 된다.

불완전정보하에서 사람들은 의사결정에 필요한 정보를 자신의 장기기억 속에서 무의식적으로 검색하고 추출하는 과정 속에서 의사결정과 관련된 정보들을 맥락화하려는 경향을 나타내는데, 이것을 휴리스틱이라고 한다. 현실 시장에서 휴리스틱에 의한 의사결정이 이루어지고 있는 것은 인간의 제한된 합리성(bounded rationality) 때문이다. 즉 사람들은 불완전한 정보와 인지의 한계로 인해 획득 가능한 정보 수준에서 불완전한 의사결정을 할 수밖에 없는 것이다. 카너먼과 트버스키(1974)는 이런 휴리스틱에 의한 정보처리가 초래할 수 있는 한계에 대해 편향(bias)이라는 개념을 제시하기도 하였다.

1) 휴리스틱

(1) 휴리스틱의 정의

휴리스틱(heuristics)이란 정보처리에 있어 의사결정에 필요한 정보를 자신의 장기기억 속에서 무의식적으로 검색하고 맥락화하여 처리하는 경향으로, 불확실한 상황에서 의사결정을 할 필요가 있는 경우에 사용하는 편의적인 정보처리 형태이다.

사람들이 정보처리에 있어 휴리스틱을 사용하는 이유는 의사결정에 관련된 모든 상황을 파악하고 필요한 정보를 획득하는 데에 상당한 비용이 발생하며, 모든 상황을 파악하는데 필요한 정보는 항상 불충분하게 존재하기 때문이다. 또한 휴리스틱을 사용하면 신속하고 간결한 과정만으로도 결과를 도출할 수 있게 한다는 점에서 의사결정에 있어 유용성을 제공하는 방법이라고 할 수 있다.

정보를 처리하여 의사결정을 하는데 있어 휴리스틱은 다음과 같은 기준들을 사용한다. 첫째, 무시 기반의 의사결정(ignorance-based decision making)이다. 이것은 획득된 정보들에서 자신이 알고 있는 것만 확인하여 정보를 처리하고 의사결정을 하는 것이다. 둘째, 단 근거 의사결정(one reason decision making)이다. 이것은 획득된 정보 중에서 단 하나의 정보만 사용하여 의사결정을 하는 것이다. 타당성이 높은 순서대로 정보를 탐색하다가(탐색 규칙, searching rule) 사용할 수 있는 정보가 발견되면 탐색을 멈추는 방식인데(정지 규칙, stopping rule), 여기에는 가장 타당성이 높은 정보 하나만 사용하게 된다. 셋째, 제거 휴리스틱(elimination heuristics)이다. 이것은 여러 가지의 정보가 있을 때 정보를 하나씩 제거해 나가면서 정보를 처리하는 것이다.

(2) 휴리스틱의 유형

① **대표성 휴리스틱**

대표성 휴리스틱(representative heuristics)은 어떤 정보가 카테고리의 전형적인 특성을 대표하거나 필수 속성 차원에서 유사성이 높을 경우 그 정보를 선택함으로써 기대 결과를 높게 추정하는 성향이라고 할 수 있다(Tversky & Kahneman, 1974). 즉 불확실한 사건이나 그 표본의 확률을 평가할 때 어떤 집단이나 카테고리의 대표적 특징과 유사한 정도에 근거하여 의사결정을 하는 것을 말한다. 이러한 대표성 휴리스틱으로 유발된 결과가 항상 적절한 것은 아니어서 결과의 사전 확률에 이나 표본 크기에 대한 둔감성과 회귀에 대한 잘못된 결과로 인해 편향된 의사결정을 유발할 수 있다. 카너먼과 트버스키(1974)는 병원의 규모와 남자 신생아 비율에 대한 휴리스틱현상을 실험하였다. 규모가 큰 병원과 작은 병원에서 일 평균 신생아 수는 각각 45명, 15명이고, 50%는 남자라고 볼 수 있다. 단, 남자 신생아 비율은 매일 다르다. 이런 상황을 제시하고, '남자 신생아가 60% 이상 태어난 일수는 1년 동안 큰 병원과 작은 병원 중 어느 것이 많을까?'라고 질문한 결과 큰 병원이라는 답이 26%, 작은 병원이라는 답이 21%, 거의 같다는 53%로 나타났다. 만약 표본이 크다면 모집단의 평균치(50%) 가까운 수치를 얻을 수 있는 확률이 높기 때문에 큰 병원보다는 작은 병원에서 남아가 60% 이상 태어날 가능성이 높은 것임에도 불구하고 이런 결과가 나타난 것은 남아의 출생률이 50%인 것이 대표성을 갖는 수치이므로 그것을 병원의 크기(표본의 크기)와 무관하게 의사결정에 근거로 삼았기 때문이다.

② 가용성 휴리스틱

가용성 휴리스틱(availability heuristics)은 사람들이 자신의 머릿속에서 떠오르는 객관적인 정보의 내용이 아니라 그러한 정보가 머릿속에서 얼마나 쉽게 떠오르는가를 기준으로 판단하는 성향이라고 할 수 있다(Tversky & Kahneman, 1974). 즉 사람들이 어떤 범주의 빈도나 사건의 확률을 그 범례나 그 사건이 발생했다고 쉽게 알 수 있는 사례를 생각해 내고 그것을 기초로 판단하는 것을 말한다. 가용성 휴리스틱으로 판단할 경우 친숙성과 현저성이 높아서 범례의 인출가능성이 용이한 정보들은 그렇지 못한 정보보다 더 많이 사용될 수 있고 이러한 정보에 치중하여 의사결정이 이루어지는 경우 오류가 발생할 수 있다. 또한 이미지화하기 용이한 정보를 근거로 의사결정이 이루어지기 쉬워 이미지화의 용이성에 의한 편향된 판단이 이루어질 가능성이 있다.

2) 편향

(1) 편향의 정의

편향(bias)은 어느 편으로 다소 기울어진 상태, 즉 한 판단으로 쏠려 있음을 나타낼 때 사용되고 있다. 인지심리학에서 편향은 휴리스틱에 의해 특정한 정보에 치우치게 도출된 인지적 결과를 의미한다. 휴리스틱 정보처리프로세스에서 편향은 사람들이 사전지식이나 정보에 근거하여 문제들을 신속하고 무의식적으로 맥락화시킬 수 있도록 한다(Stanovich, 1999).

개인적인 차원에서 편향은 개인이 형성하고 있는 신념에 적절한 정보만을 중시하여 새로운 정보가 기존에 형성하고 있는 신념과 다를 경우 이를 거부하는 결정을 나타내기도 하는데, 그 예로 자신의 신념과 일치하는 정보만을 주로 탐색하는 확증편향(Klayman & Ha, 1987)이 있다.

또한 사회적인 차원에서 편향은 개인의 속성을 보호하고 타인과의 관계를 형성하는 데 영향을 미치는데 그 예로 한 사람의 행동을 보고 그 사람의 성향에 관해 추리하는 경향인 상응편향(correspondence bias)과 사람의 자부심을 보호하거나 높여주려는 속성 패턴인 자기고양편향(self-serving bias) 등이 있다.

(2) 편향 유발 요인

편향 유발 요인에 대해 아크스(Arkes, 1991)는 정신물리학적 요인, 관련성 요인, 전략적 요인 등이 있다고 주장하였다. 각 요인에 대한 설명은 다음과 같다.

① 정신물리학적 요인

정신물리학적 요인은 판단과 평가에서 정보에 대해 해석이 다름으로 인해 나타나는 편향을 의미한다. 예를 들면 기대이론의 준거점 효과인데, 사람들마다 상이한 기대 가치에 따라 준거점이 정해지고 이로 인해 이익과 손실에 대한 잘못된 판단이 이루어진다.

표 4-2 편향 유발 요인

	정신물리학적 요인	관련성 요인	전략적 요인
개념	판단과 평가에서의 자극의 비선형 변환	개념적 또는 어의적으로 관련된 인지의 활성화	부적절한 규칙
편향의 예	• 현상 편향(status quo bias) • 결합 또는 분리평가에 기인하는 선호 반전 • 확률 가중함수의 굴곡	• 정착의 일부 형식 • 확인편향의 일부 형식 • 과거지향(hindsight) 편향 • 잠재의식의 기폭(priming)	• 적극적 검사 전략 • 사전 편찬식 선택 규칙
문제점	• 규범적 이론에서 선형으로 가정된 특성을 선형으로 해석(예: 확률) • 자극의 일관성 없는 판단	• 문제해결에서의 기능적 고정성 • 확률판단에서의 주요 결과의 초과 가중(overweighting) • 선택에서 속성과 대안의 좁은 보충	• 판단과 선택에서의 관련 정보 무시 • 판단과 선택에서 입력의 부적절한 결합

자료: 강성안(2013) 불확실성하 의사결정. 두남.

② 관련성 요인

관련성 요인은 기억에서 정보의 접근가능성의 바탕이 되는 자동적 과정이 원인이 되는 과오가 포함된다(Kahneman, 2003). 예를 들면 최초의 표상이 개념적으로 또는 어의적으로 관련된 인지를 활성화하고 관련되지 않은 인지는 억제할 때 생긴다. 관련기반 과정의 주요 결과는 편협한 틀 구성을 포함한다.

③ 전략적 요인

전략적 요인은 좋지 않은 전략 또는 결정규칙의 사용이 원인이 되는 과오를 포함한다. 사람들이 상황적 요구에 적응하기 위해 잘못된 전략으로 의사결정을 하게 된다는 것이다.

(3) 편향의 유형

① 현상유지 편향

현상유지 편향(Status quo Bias)은 사무엘슨과 젝하우저(Samuelson & Zeckhauser)가 〈의사결정에서 현상유지 편향(status quo bias in Decision Making, Journal of Risk and Uncertainty)〉(1998)이라는 논문에서 처음 제시한 개념이다. 현상유지 편향은 사람들이 현재의 상태에 그대로 머물고자 하는 강한 바람을 가지고 있어 현재 상태를 지속할 수 있도록 편향되게 의사결정을 한다고 하였다. 즉 현재 상태를 유지하려는 성향으로 인해 현상유지 편향이 나타나게 된다는 것이다.

② 기정 편향

기정 편향(Default Bias)은 사람들이 의사결정에서의 귀찮음을 싫어함으로 인해 미리 정해진 것을 따르려는 경향을 나타내는 것을 말하며, 이러한 기정 편향은 의사결정에 영향을 미치게 된다.

3) 기저점 효과

기저점 효과(anchoring effect)는 어떤 대안에 대한 의사결정의 결과가 최초 정보를 기저로 판단을 내리는 현상을 나타내는 것이다. 이것은 배가 어느 지점에 닻을 내리면 이리저리 흔들려도 닻을 내린 부근에서 맴돌게 되는 현상에서 근거한 것으로, 최초에 주어지는 정보가 인지적인 닻으로 작용하여 의사결정에 영향을 미치게 되고 결국 의사결정의 결과도 최초 정보에 기우는 현상을 나타내는 것이다. 정보가 불완전한 상황에서는 최초에 제시되는 정보가 의사결정에 주요한 정보가 아니어도 최초 정보를 기저로 하여 의사결정이 이루어진다고 보았다. 최초 정보가 주어질 때 사람들은 기저점을 기준으로 불완전한 의사결정을 하게 되는데 그 예로, 두 집단의 학생들에게 기저점을 다르게 설정한 계산문제를 제시하고 5초 이내에 추정하도록 한 실험이 있다. 이 실험에서 두 집단에 제시된 문제는 다음과 같다.

- **집단 A에게 제시된 문제** 1×2×3×4×5×6×7×8
- **집단 B에게 제시된 문제** 8×7×6×5×4×3×2×1

이 문제의 정답은 40,320인데, 주어진 시간 내에 각 집단의 사람들이 도출한 답은 다르게 나타났다. 집단 A의 중앙추정치는 512였고, 집단 B의 중앙추정치는 2,250이었다.

두 집단이 결과를 추정하는 과정을 살펴보면, 집단 A와 B에 속한 사람들은 짧은 시간(5초)에 문제를 해결해야 한다는 조건으로 인해 보통 시작으로부터 두세 단계의 계산만으로 결과를 추정하는 것을 알 수 있다. 따라서 이렇게 추정된 결과는 시작점에 있는 숫자들의 영향을 받게 되고 시작점에 편향된 결과를 도출하게 되는 것이다.

생각해 보기

1. 컨버전스 환경으로 확장되면서 소비자비대칭성이 발생하는 주요 이유를 살펴보고 사례를 찾아보자.
2. 컨버전스 환경에서 소비자가 보다 합리적으로 정보처리를 하기 위한 역량에 대해 생각해 보자.
3. 컨버전스 환경에서 소비자가 보다 합리적으로 정보처리를 하기 위해 기업과 정부가 할 수 있는 대안에 대해 생각해 보자.

CHAPTER 5

소비자정보의 탐색활동

급속하게 변화하는 사회 속에서 소비자가 접하는 시장환경도 빠르게 변화하고 있다. 기술혁신을 통하여 복잡, 다양화된 제품들이 무수히 쏟아져 나오고, 새로운 서비스가 개발되고, 거래형태가 다양해짐에 따라 보통의 소비자라면 누구나 선택의 어려움에 직면하고 당혹한 좌절을 느끼지 않을 수 없다. 이는 오늘날의 소비자들이 과거 어느 때보다도 소비자정보를 필요로 하고 있으며, 소비자는 지속적으로 정보를 획득하여 활용하지 않고서는 합리적이고 효율적인 선택이 어렵다는 것을 의미한다.

다시 말해 소비자정보의 활용은 구매와 사용에 따르는 재정적·심리적인 불확실성과 위험을 감소시켜 주며 더불어 소비자안전에도 기여하게 될 것이다.

본장에서는 소비자정보탐색활동에 대한 기초를 바탕으로 소비자정보의 유통, 정보탐색의 어려움, 정보탐색의 내용, 정보탐색활동에 영향을 미치는 요인을 살펴보고, 끝으로 정보탐색활동에 대한 평가를 이해하고자 한다.

1. 정보의 유통과 탐색

1) 정보의 유통

소비자, 기업, 정부의 각 경제주체는 각각 고유의 경제활동을 하고 있다. 소비자는 소비생활을 영위하며 이를 위해 자기가 원하는 상품과 서비스에 대한 정보를 필요로 하고 있다. 기업은 상품과 서비스를 생산·판매하며 이윤 극대화를 위해 많은 정보를 축적하고 있으며 간혹 소비자가 필요로 하는 정보를 제공하기도 한다. 정부는 정보축적기관으로 소비생활과 관련된 많은 정보를 수집·축적하여 소비자에게 제공하고 있다.

소비자는 소비생활을 위해 정보를 수집·처리하여 구매의사결정을 하게 된다. 또한 수집된 정보를 처리·가공·축적하여 다른 사람에게 전달하기도 한다. 이처럼 정보의 유통은 정보를 매개체로 하는 정보생산자와 정보이용자 간 커뮤니케이션 과정이다.

정보의 순환은 정보 생산자를 통하여 정보가 생성, 발행·배포되어 최종 이용자에게 이용되어 다시 새로운 정보를 생성하는 순환 과정을 반복한다. 대체로 정보는 일방적으로 한쪽 방향으로 진행되지만, 마지막 단계에서 최종 이용자가 정보의 활용과 응용을 통하여 다시 새로운 정보를 재생산하는 순환과정을 반복하게 된다. 전 과정을 경유하는 경우도 있으나 정보의 종류에 따라 몇몇 과정을 거치지 않는 경우도 있다.

그림 5-1 정보의 유통

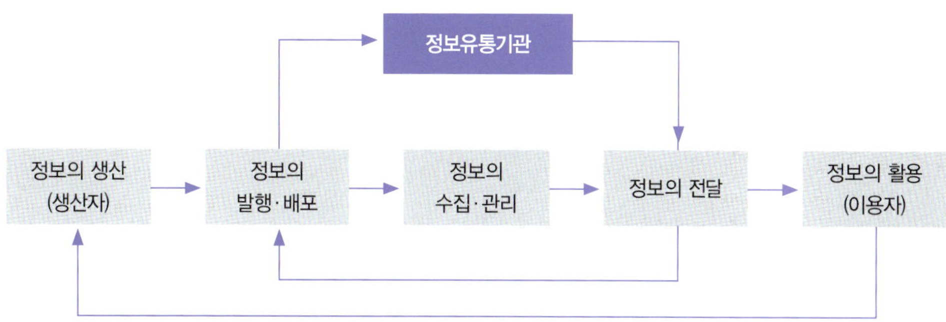

자료: 조윤희(2013). 정보사회론. p.18.

(1) 정보의 생산

정보 생산자가 지적 활동을 통하여 새로운 정보를 창출하는 단계이다. 정보 생산자는 동시에 다른 정보의 이용자가 되기도 한다.

(2) 정보의 발행·배포

생산된 정보를 출판하고 배포하는 단계이다. 공식적·비공식적 채널을 통해 발행과 배포가 가능하다.

(3) 정보의 수집·관리

정보를 수집·조직·가공·관리하는 단계이다. 수집된 정보를 조직하고 가공하는 단계에서 새로운 2차 정보를 생산하게 된다.

(4) 정보의 전달

이용자에게 정보를 전달하는 단계이다. 정보검색 시스템을 통한 검색의 효율성이 주요한 관건이 되며, 도서, 잡지, 신문, TV, 라디오, 인터넷 등 다양한 경로를 통해 제공된다.

(5) 정보의 활용

이용자가 수집한 정보를 활용하거나 응용하는 단계이다. 이 단계는 새로운 정보의 생산과 연계되는 순환의 고리가 된다. 최종 이용자의 정보 활용 능력에 따라 다양한 결과물이 생성되기도 한다.

현대 정보통신기술의 발달은 정보의 소비가 중시되면서 정보의 순환모델이 〈그림 5-2〉처럼 변하고 있다. 즉 정보의 소비자가 정보의 수집·축적·가공·생산을 담당하고 있다. 정보의 패러다임이 변하면서 정보를 어떻게 유효하게 사용하는가가 중요해지고 있다.

2) 정보의 내적탐색

정보가 부족하고 접근이 용이하지 않았던 시대에는 공급자와 소비자 간의 정보 불균형이 시장에 문제를 초래하는 주요 요인으로 간주되었고, 이를 개선시키는 것이 소비자정

그림 5-2 정보수집·생산·소비의 패러다임 변화

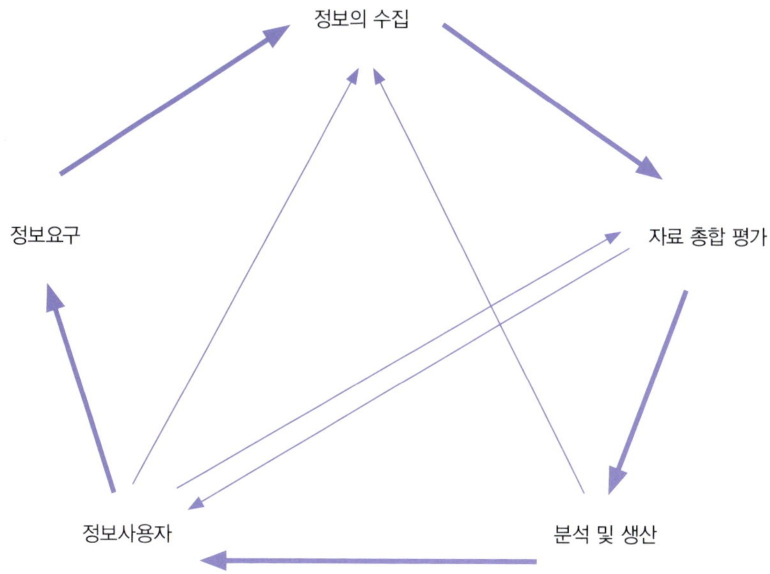

자료: 우정(2009). 지식정보사회에서의 정보소비 이론과 실제. 미래한국재단. p.13.

보정책의 핵심이었다. 하지만 정보포화시대를 살고 있는 현대의 소비자는 수많은 정보에 과도하게 노출되어 있기 때문에 오히려 자신에게 유용한 정보를 찾아내는데 어려움을 겪고 있다.

스티글러(Stigler, 1961)가 《The Economics of Information》에서 정보탐색과 비용의 관계를 설명하면서 정보는 경제학적으로도 가치 있는 자원으로 인식되기 시작하였다. 정보를 획득하려는 노력은 소비자가 자신의 주관적 효용과 객관적 효용 비용 절감을 높이려는 의도에서 추구되는데, 일반적으로 구매를 하기 전에 필요한 정보를 여러 가지 정보원천에서 찾아내는 것을 의미한다.

이러한 정보탐색의 동기에는 두 가지 측면이 있다. 첫째는 어떤 문제를 해결하고 상품을 선택하기 위한 정보의 탐색이고, 둘째는 정보탐색 자체의 즐거움이나 제품에 대한 관심으로 인해서 지속적으로 이루어지는 탐색이다. 다시 말하면 전자는 구매 전 탐색(pre-purchase search)을 의미하고, 후자는 지속적 탐색(ongoing search)을 의미한다.

소비자가 어떤 문제를 인식하였을 때 그 문제의 크기와 중요성이 금전적·비금전적 비용과 사회적 규범 등의 제약요인을 극복할 만큼 충분히 크다면 구매를 목적으로 정보를 탐색하게 된다. 한편 소비자는 문제의 인식에 따라 문제를 해결해 줄 수 있는 수단, 즉 제품이나 서비스에 대한 정보를 자신의 기억으로부터 회상하게 되는데 이를 내적탐색(internal search)이라 하고, 내적탐색에 의하여 의사결정을 할 수 있으면 곧바로 구매로 이어진다.

소비자의 기억 속에는 어떤 구매 의사결정과 관련 있는 자신의 직접 경험에 의하거나 여러 출처(기업광고, 타인들의 말, 한국소비자원이나 언론기관 등의 간행물 등)로부터 의도적이거나 비의도적으로 이미 수집된 정보가 저장되어 있다. 따라서 소비자가 의사결정을 하고자 하면 기억 속에 있는 관련 정보를 자연스럽게 회상하게 되는데, 이때 의사결정을 할 만큼 충분한 정보가 저장되어 있고 회상할 수 있으며 또한 만족스런 대안이 있으면 곧바로 그 대안을 구매하게 된다.

비록 내적탐색에 의한 구매행동이 모두 일상적 반응 행동은 아닐지라도, 이와 같은 내적탐색을 통하여 특정 대안에 대한 만족 경험이 많을수록 일상적 문제해결(routinized problem solving) 혹은 일상적 반응행동(routinized response behavior)이 일어날 가능성이 커진다.

내적탐색에서 얻어진 정보는 외적탐색의 필요성이나 최종적인 결정으로 구매된 제품의 질을 결정하는데 중요한 역할을 한다. 소비자가 문제에 대한 대안적 해결안에 관해 대부분의 정보를 가지고 있다고 믿으면, 즉 내적탐색만으로 충분하다고 생각한다면, 추가적인 외적탐색 활동에 대한 동기가 유발되지 않는다. 또한 내적탐색을 통하여 대안들 간에 차이가 없다고 평가되면 주어진 한정적인 대안이 선택되지만, 차이가 있다고 평가되면 보다 많은 대안을 고려하게 된다.

(1) 내적탐색의 결정요인

일반적으로 내적 정보탐색에 영향을 미치는 주요 요인으로는 소비자의 기억 속에 저장된 정보의 양 및 그 정보의 적합성 등이 있는데, 대체로 기억 속에 저장된 관련 정보가 많을수록, 그리고 그 정보의 적합성이 클수록 내적 정보탐색의 정보는 커진다고 할 수 있다.

① **저장정보량**

앞서 언급한 바와 같이 내적탐색의 주요 정보원천은 과거의 구매 경험 및 정보탐색 등이며, 이러한 저장정보는 소비자의 연역과 추정에 의하여 새로운 정보를 생성하는데 이용된다. 이때 저장된 기억정보의 양이 많을수록 내적탐색량은 증가하게 된다.

그리고 기억에 저장되는 정보의 양은 외부자극인 상점 내 전시(in-store display)에 의존하는 개인의 성향에 따라 차이가 날 수 있다. 예컨대 어떤 소비자는 후일의 구매를 위하여 정보의 내용을 기억하기보다는 직접 매장에 있는 동안에 포장이나 제품에 달려 있는 가격표, 제품목록 등을 이용하려는 성향이 있는데, 이런 외부 자극으로부터의 정보이용성향은 정보를 기억 내부에 보유하려는 노력을 감소시키게 된다.

보통 사전계획에 따라 구매하는 성향이 있는 소비자는 구매 관련 정보를 내적 정보의 형태로 보유하려는 성향이 상대적으로 강하게 나타나고, 반면에 매장 내에서 즉각적인 구매를 하는 소비자는 상대적으로 적다고 할 수 있다.

② **저장정보의 적합성**

소비자의 기억에 저장된 정보의 양이 많다고 해서 항상 내적 정보탐색이 증가하는 것은 아니다. 저장정보 이외에 다른 중요한 결정요인은 현재의 의사결정을 위하여 저장된 정보의 적합성 혹은 유용성이다.

정보의 적합성에 영향을 주는 요인으로는 사전 구매 경험의 만족과 구매간격의 정도 등을 들 수 있다. 사전 구매 경험으로부터의 만족은 그 제품을 이용해 본 결과 소비자의 평가기준에 일치하거나 최저 허용기준을 넘을 때 발생하게 된다. 따라서 사전 구매 경험

그림 5-3 정보탐색과정

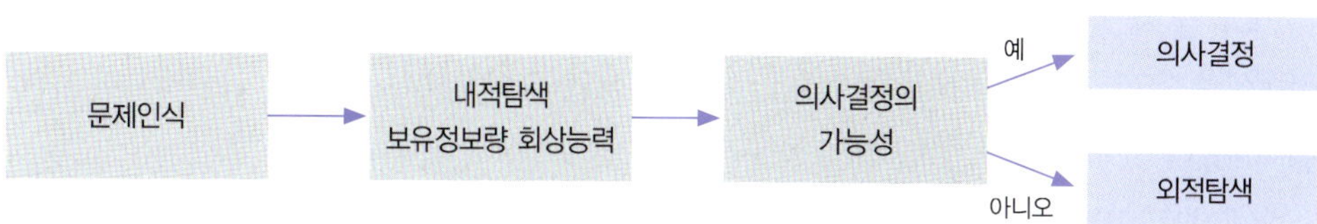

자료: Engel, J. F., Blackwell, R. D. & Miniard, P. W.(1990). Consumer Behavior(6th ed.), The Dryden press, p.4, 김영신 외(2012). 소비자와 시장. 시그마프레스. p.150. 재인용.

에 대한 만족도가 크면 클수록 과거 구매 경험을 기초로 한 저장정보가 더욱 많아질 것이고, 만족한 소비자는 정보탐색과 의사결정에 시간을 덜 소비하게 될 것이다.

또한, 구매간격의 길이가 길수록 저장된 정보의 적합성은 감소하게 되는데, 이는 소비자가 보유하고 있는 관련 정보를 망각할 가능성이 커지고 또한 신상표의 등장, 제품 모양과 속성의 변화로 인해 소비자의 선택대안이 변화할 수 있기 때문이다. 그리고 시간의 경과에 따라서 소비자 자신의 태도 변화가 발생함으로써 정보의 적합성이 감소할 수 있는데, 이것은 구매시점 간 시간간격이 길어짐에 따라 기존과는 다른 태도가 형성됨으로써 구매하려는 제품의 상표나 속성이 바뀔 수 있기 때문이다.

3) 정보의 외적탐색

내적탐색에 의하여 의사결정을 할 만큼 충분한 정보를 기억 속에 보유하고 있지 않거나 보유하고 있더라도 이를 회상할 수 없으면 보다 많은 정보를 찾기 위하여 외부 정보를 찾게 되는데 이를 외적탐색(external search)이라 한다. 외적탐색은 자신의 문제와 관련된 정보에 노출될 때마다 상당한 주의를 기울이는 수동적 정보탐색(passive information search)과 보다 적극적으로 나서서 정보를 탐색하는 능동적 정보탐색(active information search)으로 구분된다.

정보탐색과 관련하여 유념해야 할 사항은, 비록 의사결정에서 나타나는 정보탐색이 객관적이고 합리적인 부분인 것은 사실이지만, 정보탐색을 많이 하는 것이 항상 좋은 것은 아니라는 사실이다. 다시 말해서 가용할 수 있는 대안 상표들에 대한 정보를 많이 축적할수록 의사결정이 더 쉬워지는 것은 아니다. 새로운 정보가 이전에 인식하지 못했던 제품의 다른 측면을 알려줌에 따라서 의사결정과정이 더 어려워질 수도 있다. 사람들은 인지적 인색자이기 때문에 복잡한 것은 피하고 단순한 것에 행복해 하면서 지내기를 원하는 경향이 있다. 외적탐색은 새로운 정보를 찾고자 하는 자발적인 동기에서 출발한다. 외적탐색을 하는 정도에 따라 확대적 문제해결, 제한적 문제해결, 획일적 문제해결로 구분할 수 있다.

확대적 문제해결(EPS: Extended Problem Solving)은 소비자가 구매 경험이 없거나 아주 적은 경우 혹은 사안이 매우 중요한 경우에 수행된다. 이 경우에 소비자는 매우 광범위한 정보를 탐색하게 된다. 따라서 고려하는 상표, 상점, 제품 속성 및 정보출처가 다수이며, 문제해결에 소요되는 시간도 길다.

제한적 문제해결(LPS: Limited Problem Solving)은 소비자가 구매 경험이 있는 경우이며, 이미 경험한 종류의 제품 중에서 새로운 상표를 구입할 때 흔히 발생한다. 따라서 고려하는 상표, 상점, 제품 속성, 및 정보 출처가 서수이며, 문제해결에 소요되는 시간도 상대적으로 짧다.

증강현실과 R테크

시리얼을 사러 대형마트에 온 A 씨는 가장 칼로리가 낮은 것을 구매하기를 원한다. A 씨는 스마트폰 카메라로 매장 선반을 비췄다. 그랬더니 화면에 각종 아이콘이 떴다. '칼로리' 버튼을 누르자 화면 속 시리얼들에 번호가 매겨졌다. '이 중 할인이 되는 건 뭐지?' 다시 스마트폰 화면 속 '할인' 아이콘을 눌렀다. 할인되는 상품에만 칼로리가 낮은 순으로 번호가 매겨졌다. A 씨는 증강현실(augmented reality)을 활용해 할인상품 중 칼로리가 낮은 시리얼을 빠르게 찾았다.

최근에는 증강현실 기술이 적용된 웨어러블이 많이 등장했지만 이러한 경쟁에 본격적인 불을 붙인 것은 구글사의 '구글 글라스'이다. 안경의 형태로 음성으로 실시간 명령을 내리거나 문자 전송, 사진 촬영, 통화 기능, 내비게이션 기능 등을 담고 있으며 눈으로 보는 모든 것을 녹화할 수 있어 일부에서는 사생활 침해에 대한 목소리도 나오고 있다.

우리가 옷을 구매할 때 직접 가서 쇼핑을 하는 것이 좋은 이유 중 하나는 바로 입어볼 수 있다는 것인데 인터넷 쇼핑에서는 입어보는 것이 불가능하다. 특히 여러 가지 아이템과 매칭을 할 때는 인터넷 쇼핑으로는 한계가 있다. 하지만 증강현실을 활용하면 가상으로 직접 입어볼 수 있다.

유통업계의 가장 큰 화두 중 하나는 쏟아지는 기술을 어떻게 유통에 적용할지 여부이다. 이른바 유통(retail)과 기술(technology)의 만남, 'R테크'가 향후 유통의 미래를 좌우한다는 것이다. 모바일이 소비자의 '신체의 일부'가 되면서 소비자가 정보를 얻고, 물건을 사고, 결제하는 모든 것이 달라지면서 생긴 변화이다. '구매→재고 관리→소비자 경험 및 관리→결제→배송'까지 유통의 모든 단계에 새로운 기술을 최적화하느냐가 중요한 화두가 됐다.

이에 따라 국내기업들도 발 빠르게 R테크 분야에 투자를 늘리고 있다. 특히 오프라인 매장과 온라인 유통을 융합하는 데 적극적이다. 온·오프라인 융합을 위해 나온 대표적인 R테크로는 온라인에서 주문해 오프라인에서 상품을 받는 서비스가 꼽힌다. 월마트는 지난해 작은 슈퍼 형태의 매장 200여 개를 미국 전역에 세워 온라인 주문의 오프라인 픽업 허브로 삼았다. 국내에서는 롯데그룹이 '스마트픽' 서비스로 이름을 붙이고, 전 유통계열사에서 시도 중이며 향후 편의점 '세븐일레븐'을 R테크의 '전진 기지'로 삼을 계획이라고 한다.

자료: 동아일보(2015. 4. 29.).

표 5-1 외적탐색 정도에 따른 문제해결의 특성

탐색 특성	포괄적 문제해결	제한적 문제해결	일상적 문제해결
상표의 수	다수	소수	하나
속성의 수	다수	소수	하나
상점의 수	다수	소수	모름
출처의 수	다수	소수	없음
시간 소요	장시간	단시간	최단시간

자료: Engel, J. F., Blackwell, R. D., Miniard, P. W.(1990). Consumer Behavior(6th ed.). The Dryden press. p.498. 김영신 외 (2012). 소비자와 시장. 시그마프레스. p.151. 재인용.

일상적 문제해결(RPS: Routinized Response Solving)은 구매 경험이 매우 많은 경우로, 특정한 상표를 습관적으로 구매함으로써 문제해결을 한다. 정보탐색이 거의 일어나지 않고 동일한 반응을 반복하므로 문제해결 시간도 매우 짧다(표 5-1 참조).

2. 정보탐색의 어려움

정보탐색을 하는 것이 많은 이점을 가지고 있음에도 불구하고 소비자들은 정보탐색을 하기가 점점 더 어려워지고 있다. 이에 대해 자세히 살펴보도록 하자(김영신 외, 2009).

1) 제품의 수 및 복잡성 증가

제품의 다양성, 기술의 진보, 제품의 복잡성, 유통시장 구조의 변화로 정보탐색을 하는 것이 점점 더 복잡해지고 있다. 실버(Silber, 1990)는 "인간은 선천적으로 정보처리 능력의 한계를 가지고 있으며 확률 가능성도 정확하게 추정할 수 있는 능력도 갖고 있지 못하다."고 했다. 이는 인간의 인지적 한계로 인해 의사결정이 어렵다는 것을 의미한다.

그는 의사결정을 하는 것이 벅찰 때는 비합리성이 합리적일 수 있기 때문에 소비자가 자신의 이익을 극대화하지 못한다고 하였다. 한 예로 의사결정 상황에서 스트레스와 인지된 위험이 클수록 소비자들은 더 좌절하고 불안해하며 이 경우 대부분의 소비자들은 정보를 탐색하지 않음으로써 '합리적으로' 행동하려고 한다.

소비자들은 정보탐색활동을 하기보다는 경험적인 방법에 따라 의사결정을 하는 경우가 많은데 이 방법은 널리 쓰이기는 하나 정확하지 않을 수가 있다. 소비자들은 정보탐색 비용을 줄이기 위해서 다양한 경험적인 방법을 사용하고 있다(Cude, 1990). 한 예로 많은 소비자들이 품질에 대해 사용하고 있는 경험적 방법으로 "상표명이 좋은 것을 사라(실제는 상표명이 좋은 것이 품질을 반영하지는 않는다).", "인증 표시가 된 것을 사라(때로는 효과가 있다).", "등급이 가장 좋은 상품을 사라(질은 좋은 편이나 불필요한 제품 특성이 있는 것을 살 수도 있다)." 등이 있다. 가격에 관한 경험적인 방법은 "크기가 큰 것이 더 싸다."이다. 그러나 이것은 간혹 그렇지 않을 수도 있다.

오늘날 소비자 시장은 과거보다 훨씬 거대해지고 복잡해져서 선택해야 할 상품이 무수히 많아졌다. 미국의 경우 매년 2,500개 이상의 새로운 상품이 시장에 나오고 있으며 이 가운데 90% 이상은 3년 안에 사라지고 있으나 여전히 시장은 새로운 제품으로 넘쳐나고 있다(Garman, 1995).

선택해야 할 상품이나 서비스의 수가 많아진다는 것은 사회가 발전하고 있다는 의미일 수도 있으나, 소비자 입장에서는 혼돈이 가중되고 있다. 소비자는 상품이나 서비스를 선택할 때 가격, 품질 등의 경제적인 요소뿐 아니라 아름다움 안락감 또는 유일함 등과 같은 비경제적인 요소도 고려해야만 하는데 상품이나 서비스의 수가 많아지면 이것을 고려한다는 것이 쉬운 일이 아니다. 소비자들은 선택을 잘하기 위해서 정보를 수집해야 만 하고, 이를 위해 시간, 에너지, 돈을 투자하고 있으며 간혹 이러한 탐색비용으로 인해 건강, 행복감을 희생해야 하는 경우도 있다.

정보탐색에는 상당히 많은 요소가 영향을 주고 있다. 예를 들어, 상점의 화려함이나 명성, 구매를 유도하기 위한 포장과 표시, 제품의 이름, 판매원의 외모 등과 같은 시장적 요인도 영향을 미친다. 이 가운데는 판매원의 명성, 이용 가능한 보증이 가장 중요한 요소가 되고 있다.

2) 정보탐색의 비용과 효익 비교

"지칠 때까지 정보를 얻은 후에 쇼핑을 해라."라는 말에도 불구하고 모든 사람들이 제품 정보를 얻기 위해서 많은 시간을 소비하고 있지는 않다. "일하고 소비하고 일하고 소비해라."라는 말이 있으나 오늘날 많은 사람들은 쇼핑할 시간이 없을 정도로 일을 많이 하고 있다. 결국 많은 소비자들은 비교구매를 하지 못하고, "나는 이것을 원해."라고 말하면서 가끔 자신의 감정에 따라 행동을 한다. 또한 많은 사람들은 한두 시간 쇼핑을 하고 나서는 스트레스를 받거나 기진맥진하고 심지어는 짜증까지 내고 있다. 왜냐하면 모든 신경을 써서 정보를 탐색하고 비교를 하면서 선택을 한다는 것이 너무도 힘이 들기 때문이다. 다시 말해 소비자들은 정보탐색에 한계를 느끼고 있다.

대부분의 인간 행동은 비합리적이며 소비자 의사결정도 예외는 아니다. 의사결정을 하는데 있어서도 분석적인 노력을 하기보다는 생각하고 느끼고 행동하는 편이다. 광고가 이성적이기보다 감정적인 것도 바로 이 때문이다.

소비자들은 비논리적인 의사결정을 많이 하고 있는데, 다행히도 이러한 비합리적인 소비자 의사결정이 반드시 어리석은 것만이 아니라는 점이다 그래서 많은 사람들이 정보탐색을 통한 비교쇼핑을 하지 않고 있으며 심지어는 고가품을 구매하는 경우에도 그렇게 하고 있다. 왜냐하면 비교쇼핑을 위해 얻는 한계비용이 정보탐색에 드는 한계효용보다 크기 때문이라고 생각하기 때문이다.

정보탐색에 관한 연구들은 정보탐색이 어느 점까지만 효과가 있기 때문에 그 이상 정보를 탐색한다는 것은 비생산적임을 보여주고 있다. 즉 시간에 대한 기회비용(opportunity cost)이 커질수록 비교쇼핑을 위한 정보탐색 노력은 감소하게 되며, 특히 고소득층에서 그렇다.

주관적으로 기대되는 효용(SEU: Subjective Expected Utility)이론은 소비자가 특정 활동을 할 것이냐 하는 의사결정은 그 행동으로부터 기대되는 한계효용과 한계비용에 달렸다고 본다. 따라서 비교쇼핑으로부터 이득이 많다고 생각할수록 비교쇼핑에 더 많은 시간과 에너지를 투자할 것이다.

일부 소비자에게 있어서 이와는 다른 쇼핑 모델이 있다. 즉 가격이 의사결정에서 가장 중요한 요인이 되는 것으로 소비자가 받아들일만한 품질수준이나 성능수준을 정하고 괜찮은 구매가 되도록 가격을 탐색하는 것이다. 소비자들은 규칙적으로 일련의 상표에 대한 제품 다양성과 가격에 대해 계속 정보탐색을 하면서 만족스럽지 못한 상표와 제품을 제거해 나간다. 이때 판매자가 마음에 두고 있는 제품의 가격을 낮추면 구매를 한다. 이러한 방법은 전통적인 의미에서 비교쇼핑이다. 예를 들어 모델, 제품특성, 판매자 보증 가격 등을 비교하기 위해서 의도적인 정보탐색 노력을 해야 할 필요가 없다. 가격에 민감한 구매 모델을 사용하는 경우 소비자는 최선의 구매(best buys) 대신에 괜찮은 구매(good buys)에 만족을 한다.

3) 정보처리과정의 어려움

소비자는 처리하기 어려울 정도의 많은 기술적 정보에 부딪치고 있다. 오늘날 소비자들은 전문가의 도움 없이는 제품의 어떤 특성이 품질, 안전, 성능에 영향을 미치는지를 이해하기조차 어렵다. 그러므로 소비자들은 의사결정을 위해 다른 곳, 특히 상품 테스트 잡지에 의존하게 된다. 여기에는 한국소비자원에서 발행하는 〈소비자시대〉, 소비자를 생각하는 시민의 모임에서 발행하는 〈소비자리포트〉, 그리고 미국의 〈Consumer Report〉 등이 있다.

소비자는 효율적인 선택을 위해서 최선의 것에서부터 최악의 것까지 순서를 부여하면서 자신의 선호를 극대화하려 한다. 따라서 최종선택은 각 개인이나 가족의 최적선택에 근거한 것이다.

스나이더(Snider, 1993)에 따르면 미국인은 노동시간과 수면시간을 제외한 시간의 9%를 소비자 의사결정을 위한 정보수집에 보내고 있다고 한다. 여기에는 TV 광고를 보는 시간도 포함되어 있다. 또한 정보가 불충분한 상태에서 내린 의사결정은 소비자에게 혼돈과 좌절감을 주며 20%의 추가 비용이 부담되고 있다고 했다. 효율적인 의사결정을 하게 하는 완전한 정보는 소비자 입장에서 비용을 20% 절약하게 해 주거나 20% 이상의 가치가 더 있는 선택을 하게 한다.

이제는 소비자들이 인터넷을 통해 많은 제품들을 평가하고, 선택하며, 구매하고 서비스를 받을 수 있게 되었다. 현대 사회는 소비자가 고품질 시장 정보를 쉽게 접근할 수 있는 텔레커뮤니케이션 체제로, 이런 면에서 보면 앞으로 모든 소비자들은 의사결정을 더 효율적으로 할 수 있는 독립적이고 믿을만한 정보원천을 이용하는 것이 가능해질 것이라고 생각해 볼 수 있다.

4) 라이프스타일과 가치관의 변화

라이프스타일(life-style)은 한 개인이나 집단의 태도와 가치관을 반영해 주는 생활방식으로 특정 소비자가 행한 소비자 의사결정의 합으로 나타나게 된다. 예를 들어, 사람들이 쇼핑을 할 때의 환경 문제(이 제품을 폐기할 때 환경에 유해한 영향을 미치지는 않는가), 건강과 안전 문제(어떤 특정 식품이 위험한 속성을 가지고 있지는 않은가), 사회적 문제(기업주가 사회적으로 책임감 있는 사람인가) 등과 부딪치면서 의사결정을 하게 되며 소비자의 라이프스타일과 가치관이 이러한 소비자 의사결정과정에 영향을 미치게 된다. 소비자들의 라이프스타일 및 가치관 변화에 대해 살펴보자.

(1) 가치지향적 구매의 확산

가치(value)란 특정 대상이나 상황을 넘어서는 행동이나 판단을 이끄는 광범위한 신념이다. 소비자 가치는 소비자에 의해 이루어지는 어떤 대상에 대한 평가라 할 수 있다. 동일한 제품에 대해서도 추구하는 가치가 다를 때 소비자는 다른 행동을 보이며 평가를 내릴 수 있다. 특정 제품 또는 서비스로부터 소비자가 얻게 되는 가치는 경제적, 심리적, 사회적, 규범적, 환경적 가치 등으로 다양하다. 소비자는 구매를 통해 얻을 수 있는 경제적, 심리적, 사회적 혜택과 제반 비용을 비교하여 자신에게 가장 가치 있는 제품이나 서비스를 구매하게 된다.

대부분의 중산층은 절약형 소비 내지는 합리적 소비패턴을 지향하므로 경제적 가치에 대해 민감한 반응을 보이고 있으며, 품질차이 없이 단순한 고가제품을 취급하는 백화점을 점차 불신하게 되어 가격 대비 높은 가치를 제공하는 가격 할인형 소매업태에 대한 관심이 커지고 있다. 최근 PB(유통업체 상표)상품에 대한 높은 인기도 소비자들이 PB상품이 NB(제조업체 상표)상품보다 가격 대비 더 많은 가치를 제공하고 있다고 인식하기 때문이다. 또한 건강과 안전, 환경문제, 기업의 사회적 책임을 다하고 있는가에 대한 판단도 소비자 의사결정에 중요한 영향을 미치고 있으며, 이러한 가치들은 개인의 경제적 이익에 앞서 정보탐색의 내용에 영향을 미칠 수도 있다.

(2) 윤리·나눔·환경보호와 착한 소비

환경과 사회, 미래를 생각하는 의식 있는 소비를 최근 '착한 소비'라고 한다. 나와 내 가족만 생각하는 이기적인 소비자가 아닌, 지구촌의 복지와 행복까지 중시하는 선한 소비를 말하는 것이다. 착한 소비는 크게 세 가지로 나눌 수 있다. 환경을 생각하는 '에코소비'와 지구촌 이웃의 삶을 생각하는 '윤리적 소비', 그리고 기부를 하면서 타인을 위한 소비를 즐기는 '나눔소비'가 그것이다.

① **에코소비**

전 지구적으로 지구 온난화와 이에 따른 이상기온 현상 및 태풍, 쓰나미, 홍수 등의 자연재해가 급증하면서 소비자들이 환경에 관심을 갖게 되었고 지구를 살리고자 하는 에코소비를 선택하였다. 친환경에코백이나 하이브리드 자동차, 바이오연료 자동차 등이 에코소비의 예이다. 이러한 에코소비 증가에 발맞추어 친환경경영, 지속가능경영을 실천하는 기업도 늘어나고 있다. 정부 차원에서도 에코소비를 촉진하기 위해 탄소 캐시백 제도, 탄소발자국 등을 실시하고 있다. 한편 옥션이나 이베이를 통해 중고물건을 팔거나 교환하고, 나에게 쓸모없는 물건을 아름다운 가게 등에 기부하는 것처럼 개개인이 커뮤니티 집단을 이뤄서 공유하고 소비하는 활동을 '협동소비'라고 한다. '아나바다 운동', 즉 아껴 쓰고, 나눠 쓰고, 바꿔 쓰고, 다시 쓰자는 것과 거의 같은 개념으로 의류 교환, 장난감 공유, 공용자전거, 카셰어링(car sharing) 등 전 세계적으로 협동소비를 통해 제품 이용 효율도 높이고, 쓰레기도 줄이고, 과잉생산과 과잉소비도 줄여서 궁극적으로 환경오염을 줄이는 데 큰 역할을 하는 것이다.

② **윤리적 소비**

사회적 책임을 다하는 윤리적 소비의 대표적 사례는 공정무역 상품 구매이다. 공정무역(free trade) 상품이란 경제적으로 풍요롭지 못한 국가와 생산자에게 이익을 돌려준다는 취지를 가진 상품으로, 제3세계 노동자들에게 정당한 임금을 지불하겠다는 것이다. 공정무역 상품에 대한 소비자의 니즈가 증가하면서 많은 기업에서 공정무역 제품을 취급하고 있다. 던킨도넛, 맥도날드, 스타벅스 등에서는 공정무역 커피의 비율을 지속적으로 확대하고 있다.

③ 기부와 나눔 소비

기부와 나눔이란 다른 사람을 돕기 위해 내가 가진 바를 다른 사람에게 대가 없이 기꺼이 주거나 함께 공유하는 것을 의미한다. 기부나 나눔의 대상은 돈과 같은 유형의 물질적인 것이 가장 비중이 크지만 내가 가진 시간이나 생각 또는 재능과 같은 무형의 것도 포함된다. 물질을 넘어선 나눔에는 환경의 나눔, 지식의 나눔, 문화의 나눔 등을 생각해 볼 수 있다

5) 시간의 제약

정보탐색을 할 때 문제가 되는 것은 우리가 매우 바쁜 사람이기 때문에 시간이 제한되어 있다는 것이다. 우리 부모 세대에 비해 더 바쁘고 맞벌이부부, 특히 자녀를 가진 맞벌이 부부가 점점 늘어나면서 그들은 자신들의 바쁜 생활방식을 한탄하곤 한다. 결과적으로 시간을 더 효과적으로 사용할 수 있는 것에 대한 소비자 수요가 커지게 된다.

소비자들은 구매한 제품이나 서비스의 성능, 내구성, 안전성, 품질 등이 자신이 기대한 수준에 미치지 못할 때 불만을 느끼게 된다. 소비자들이 이러한 불만을 느끼지 않고 합리적인 의사결정을 하기 위해서는 더 많은 정보, 더 유용한 정보를 탐색하기 위해 상당한 시간, 노력, 경제적 비용을 사용해야 하는데 현실적으로는 그렇게 하기가 쉽지 않다.

3. 정보탐색의 내용

1) 정보탐색의 차원

소비자정보탐색은 정보, 방향, 순서 등 세 가지 차원으로 구성된다(표 5-2 참조). 정보탐색의 정도는 정보탐색의 총량을 나타내는 데 정보탐색에 고려되는 상표, 상점, 속성, 정보원천 등을 사용하는 정도를 말한다. 정보탐색의 방향은 정보탐색 시 어떤 상표, 상점, 속성, 정보원천을 고려하는가를 의미한다. 정보탐색 순서는 정보탐색의 활동이 일어나는 순서

표 5-2 소비자의 정보탐색 차원

탐색의 정도	• 얼마나 많은 상표를 고려하는가? • 얼마나 많은 상점을 방문하는가? • 얼마나 많은 속성들을 고려하는가? • 얼마나 많은 정보원천을 사용하는가? • 얼마나 많은 탐색에 사용하는가?
탐색의 방향	• 어떤 상표를 고려하는가? • 어떤 상점을 방문하는가? • 어떤 속성들을 고려하는가? • 어떤 정보원천을 고려하는가?
탐색의 순서	• 어떤 순서로 상표를 고려하는가? • 어떤 순서로 상점을 방문하는가? • 어떤 순서로 제품의 속성에 관한 정보가 처리되는가? • 어떤 순서로 정보원천이 사용되는가?

자료: Engel, J. F., Blackwell, R. D., Miniard, P. W.(1990). Consumer Behavior(6th ed.). The Dryden press, 김영신 외(2012). 소비자와 시장. 시그마프레스. p.154. 재인용.

를 의미한다.

2) 가격정보탐색

소비자들이 구매 시 가장 관심이 있는 정보는 가격일 것이다. 이론상 상품의 희소가치를 나타내는 가격은 시장에서 수요와 공급에 의하여 결정된다. 어떤 제품에 대한 구매결정은 최종적으로 지출된 화폐 한 단위에 소비자가 어떠한 가치를 부여하는가에 의해 이루어진다. 즉 소비자는 제품 한 단위를 더 소비하거나 덜 소비함으로써 발생하는 총 효용의 변화(한계효용)를 그 한 단위의 비용과 비교해 봄으로써 구매 여부를 결정하는 것이다.

이론적으로는 의사결정과정에서 고려되는 재화의 가격은 하나이며 이 가격이 곧 시장에서의 각 제품에 대한 단위가격이라고 가정하면서 소비자는 구매 시 제품에 대해 최저가격만을 지불하려하므로 이보다 높은 가격을 부르는 상인은 시장에 잔존할 수 없을 것이라고 가정한다. 그러나 실제 시장상황에서는 어느 한 시점에서 질이 똑같은 제품에 대해 각기 다른 값이 부과되는 가격차이(price variation)가 있음은 자명한 사실이다. 그렇다면 가격차이는 왜 발생하는 것일까? 가격차이의 원인은 크게 판매자와 소비자의 양 측면에서 살펴볼 수 있다.

(1) 판매자 측면에서의 가격차이

판매자의 경제적인 이유로, 판매비용의 차이와 불안정한 시장의 존재로 나눌 수 있다.

- **판매비용의 차이**는 단위당 판매비용이 상점의 규모에 대한 감소 함수여서 상점의 규모가 클수록 제품의 단위당 판매비용이 감소하는 경우에 발생한다. 이러한 상황에서는 규모가 큰 상점이 작은 상점보다 더 낮은 가격으로 제품의 각 단위를 판매할 수 있다. 이런 이유로 대규모 상점에서는 자기들은 아주 많은 양을 판매하기 때문에 낮은 가격을 매길 수 있다고 선전하지만 대규모 상점이 더 낮은 판매비용을 갖는다고 해서 실제로 제품을 더 저렴하게 판매하지는 않는다.
- **불안정한 시장**이란 가격차이가 있는 시장을 의미하는데 수요와 공급의 변동에 따라 시장의 가격 조정 매커니즘은 시장으로 하여금 항상 새로운 균형가격을 향해 움직이게 한다. 가격이 불안정하게 되는 원인은 먼저 새로운 판매자의 출현을 들 수 있는데 이는 새로 상점을 차린 판매자는 보통 기존의 상점보다 더 낮은 가격을 내세워 고객을 유치하려고 하기 때문이다. 또한 기존 판매자가 시장 탈퇴를 할 때도 대부분 문을 닫으면서 폐점 세일을 하기 때문에 가격을 불안정하게 하는 원인이 된다. 끝으로 한 제품의 사용이 다른 제품의 사용과 밀접하게 관련되어 있는 경우에도 시장 가격은 불안정해지기 쉽다. 예컨대 전기히터의 사용은 전기사용과 불가분의 관계에 있으므로 전기요금이 인상되면 일부 판매업자는 휴대용 전기히터의 가격을 인하하여 수요를 지속시키려고 시도하기 때문에 가격변이가 발생할 것이다.

(2) 소비자 측면에서의 가격차이

어떤 소비자는 B나 C 상점에서 자신이 구매하려고 하는 제품을 더 싼 가격에 판매하는 것을 알면서도 항상 A 상점에서 제품을 구매한다. 왜 그럴까? 그 이유는 소비자가 시장가격이 아니라 소비자가격에 따라 의사결정을 하기 때문이다.

소비자가격(consumer's price) 혹은 소비자완전비용은 소비자가 한 제품을 획득하는데 수반되는 총비용을 말한다. 소비자가격은 소비자가 지불하는 시장가격에 그 제품구매와 관련된 정보탐색비용을 더한 것으로 시장가격의 개념과 구별되는 개념이다. 소비자는 시장가격에 의해서가 아니라 소비자가격에 의해서 제품구매 여부를 결정한다는 것이다. 소비자가격을 구성하는 정보탐색비용의 차이로 시장가격의 차이의 존재를 설명하고 있는데, 즉 정보탐색비용의 차이가 시장가격의 차이를 보상해 줄 수 있다는 것이다.

일반적으로 시장에서 더 높은 가격에 판매하는 상점은 제품에 대해 더 많은 정보를 제공하고 소비자에게 더 많은 조언을 해 주며 또한 신속히 일을 처리한다. 이런 경우 소비자는 질문에 대답해 줄 사람을 찾는데 드는 시간과 제품 값 지불에 드는 시간을 단축할 수 있다는 점 때문에 이런 유형의 상점을 선호하게 된다. 이 소비자에게는 이런 상점이 할인매장보다 시장가격은 더 높을지라도 소비자가격은 더 낮을 수 있기 때문이다.

결론적으로 지금까지 우리는 소비자가 정보탐색비용을 지불할 용의가 있다면 최저의 소비자가격을 찾을 수 있다고 암암리에 가정해왔다. 그러나 시장이 소비자에게 필요한 모든 가격정보를 제공하지 않을 것이기 때문에 이러한 가정은 성립되지 않을 수 있다.

가격 정보의 결여는 시장체계에 대해 심각한 결함을 초래하는데 가격에 관한 완전한 정보 없이는 소비자가격과 관련된 구성 요소들을 결정할 수 없게 되고, 이것은 소비자로 하여금 최종 한 단위의 화폐가치를 정확히 평가할 수 없게 하고, 따라서 부정확한 값의 사용으로 최적구매를 불가능하게 한다.

(3) 실제 가격분산과 지각된 가격분산

메인즈와 아썸(Maynes & Assum, 1982)은 실제 가격분산과 소비자가 지각한 가격분산 간의 관계에서 발생할 수 있는 네 가지의 가능한 시장상황을 가정하여 각 시장 상황에서 나타날 수 있는 정보의 양과 구매이득을 설명하였다.

A와 B는 실제 가격분산이 적은 상황인데 정보적으로 완전한 또는 효율적인 소비시장을 나타낸다. A는 실제 가격분산과 지각된 가격분산이 모두 작은 경우로 모든 소비자들은 이익을 얻게 되며 소비자복지는 극대가 된다. B는 실제 가격분산이 작고 지각된 가격분산이 큰 경우로 이익은 얻게 되지만 필요 이상의 탐색을 하여 자원을 낭비한다. C와 D는 실제 가격분산이 큰 불완전한 정보 또는 비효율적인 시장이다. C는 실제 가격분산은 크고 지각된 가격분산은 적은 경우로 소비자들은 정보탐색을 적게 할 것이고 결과적으

표 5-3 실제 가격분산과 지각된 가격분산

구분		실제 가격분산	
		소	대
지각된 가격 분산	소	A: 1. 아주 적은 탐색 2. 소비자들은 매우 낮은 가격으로 구매하여 이득을 본다.	C: 1. 필요 이하의 탐색 2. 소비자들은 필요 이상으로 가격을 지불하여 손해를 본다.
	대	B: 1. 필요 이상의 탐색 2. 소비자들은 매우 낮은 가격 으로 구매할 가능성이 높다.	D: 1. 많은 탐색 2. 탐색의 효용성에 따라 이익 또는 손해를 본다.

자료: 정순희(2007). 소비자학. 신정. p.103.

로 필요 이상의 가격을 지불하기가 쉽다. D는 실제 가격분산과 지각된 가격분산이 모두 큰 경우로 소비자시장의 심각함을 인식하나 지나친 정보탐색과 적절치 못한 구매로 소비자복지는 달성하기 어렵게 된다.

3) 품질정보의 탐색

본래 품질이란 제품의 유용성을 정하는 성질 혹은 제품이 사용 목적을 수행하기 위하여 갖추고 있어야 할 성질이며, 여러 가지 품질 특성의 집합으로 이루어져 있다. 문제는 품질은 개념 자체가 매우 추상적이며 소비자 개인마다, 그리고 제품의 종류마다 각기 다른 의미를 갖고 있기 때문에 개념을 규정하기란 쉬운 일이 아니라는 데 있다.

(1) 품질의 구성 차원

품질의 구성 차원에는 다음과 같이 여러 가지가 있다(정순희, 2007).

- **주 기능 혹은 성능**(performance)이란 제품의 중요한 작동 특성으로 MP3 player의 경우 음질의 깨끗함, 작동의 용이성, 다운로드(download)의 용이성 등을 말한다. 자동차의 경우 운전의 용이성, 안락함, 안전성 등의 속성을 의미하고, 식품의 경우 신선도, 안전성, 영양 성분 등을 들 수 있다.
- 제품의 주 기능을 보완해 주는 **특징**(features)으로 VCR의 자동화면 조절기능, 비행기

의 무료 음료 제공 등이 이에 해당한다.

- **신뢰성**(reliability)은 특정 기간 동안의 제품 고유 기능의 수행 능력, 즉 한 제품이 특정한 환경에서 일정한 수명주기 동안 제품의 주 기능을 만족스럽게 수행할 확률을 말하며, 수치로 표시된 확률치, 주 기능, 제품 수명, 환경 조건 등 네 가지 요소와 관련되어 있다.
- 제품의 디자인 및 작동 특성이 설정된 기준에 일치되는 정도를 말한다. **적합성**(conformance)은 공장에서의 불량률과 제품이 고객에게 인도된 후의 서비스 요구 발생빈도에 의해 측정된다.
- **내구성**(durability)은 제품 수명의 척도이며 이는 기술적 차원과 경제적 차원으로 나눌 수 있다. 먼저 기술적 차원은 품질이 저하되기 전까지 제품으로부터 얻을 수 있는 사용량을 말한다. 한편 경제적 차원의 내구성은 제품의 고장이 반복되어 계속 수리하느니 차라리 교체해야 하는 시점까지 제품으로부터 얻을 수 있는 사용량을 말한다.
- **서비스력**(service ability)에는 제품 고장의 여부 및 빈도뿐만 아니라 AS의 신속성, 용이성 및 능력 등이 포함된다.
- **미적 측면**(aesthetics)이란 소비자가 제품을 어떻게 보고, 느끼고, 듣고, 맛보며, 냄새

품질에 대한 개념 정의

메인즈(1976)는 품질이란 상품이 개개의 소비자에게 요구하는 서비스 특성을 제공하는 정도로, 상품이 그 기능을 수행할 수 있는 능력이라고 규정지었다. 반면에 가빈(1987)은 품질에 대한 개념 정의가 논란의 여지가 있음을 인정하면서 품질은 흔히 제조 기준과의 일치 여부에 따라 결정되나 이외에도 성능, 내구성, 신뢰성, 서비스 가능성, 미적 요인과 같은 많은 요인들이 있음을 제시하였다.
올샤브스키(1985)는 품질이란 태도와 마찬가지로 상품에 대한 총체적 평가라고 규정지었으며, 이들에 의하면 품질이란 외재적, 자아 지향적, 수동적 가치와 연결되어 있다고 주장함으로써 메인즈(1976)가 제시하는 기능적 요인과 더불어 다른 요인들도 품질을 결정한다고 주장하였다.
데이(1986)는 품질이란 수행 능력과 관련된 것으로 상품에 내재되어 있는 특성 혹은 성분으로 스타일, 색상, 크기와 같은 속성도 포함된다고 함으로써 올샤브스키(1985)의 의견과 일치함을 보여주고 있다.

자료: 정순희(2007). 소비자학. pp.105–106.

맏는가에 대한 개인적 판단의 문제이면서 개인의 선호가 반영되는 차원이기도 한다. 그래서 미적 측면은 대체로 소비자마다 차이가 있기 때문에 주 기능과 같은 객관적 기준이라고 할 수 없다.

- 제품에 대해 정확하고 완전한 정보를 가지고 있지 않은 소비자는 제품 비교 시 상표, 광고, 임지, 평판 등과 같은 간접적인 척도를 이용해서 주로 평가하게 되는데, 이를 **지각된 품질**(perceived quality)이라고 한다. 일반적으로 제품의 내구성은 거의 관찰할 수 없으므로 제품의 상표나 광고 내용, 제품에 대한 일반적 평판 내용을 근거로 비교하게 된다.

(2) 서비스 품질

품질은 한 상품이 제대로 만들어져 기대되는 역할을 훌륭히 수행해낼 수 있는 능력을 뜻한다. 지금까지 대부분의 학자가 주로 상품에 대한 품질 정의를 내린 반면에 1980년대 중반에 들어서면서부터는 서비스에 대한 품질에 대해서도 관심을 보이기 시작했다. 서비스의 수행능력, 즉 서비스 품질(service quality)은 차별화된 근간이 되기 때문이다.

우리가 서비스 품질을 논할 때 서비스의 특성, 즉 서비스와 유형재의 근본적인 차이점을 이해해야 한다. 서비스는 다음과 같은 네 가지 측면에서 유형재와 기본적으로 다르다. 서비스는 무형성이 높아 소비자가 구매 전에 시용을 할 수 없고, 생산과 소비가 동시성을 가지고 있어서 현장에서 소비자에게 서비스를 제공하는 접점요원들의 중요성이 크며, 품질의 불균질성으로 소비자들이 서비스의 품질을 예측하기 힘들고, 소멸성으로 인하여 수요의 크기에 큰 영향을 받는다.

서비스 품질이 우수한 지에 대한 평가가 지각된 실제 서비스 품질을 기대 서비스 품질과 비교한 결과로 얻어진다. 그룬누스(Gronroos, 1993)는 서비스 품질이란 실제 서비스 성과에 대한 고객의 자각과 고객의 서비스에 대한 사전 기대치와 비교를 통한 소비자 지각이라고 정의하면서, 서비스 품질은 소비자 기대, 기술적·기능적 특성 및 기업이미지와 같은 여러 변수와 함수관계에 있다고 하였다.

소비자가 서비스 품질을 평가할 때 주로 고려하는 여러 차원에 대한 연구가 많이 행하여졌다. 그중에서 가장 널리 인정을 받는 것은 파라슈라만과 그의 동료들(Parasuraman, Zeithaml & Berry, 1991)이 공동 연구하여 발표한 SERVQUAL이다. SERVQUAL은 물론 서

표 5-4 서비스 품질의 구성차원

신뢰성(reliability)	기업에서 제공해 주기로 약속된 서비스를 믿음직스럽고, 정확하게 수행할 수 있는 능력
대응성(response)	고객을 돕겠다는 의지나 신속한 서비스를 제공하려고 하는 의지
확신성(assurance)	종업원이 제공해 줄 것이라 믿는 확신과 신뢰, 종업원의 능력, 지식, 예의 등
공감성(empathy)	고객에 대한 배려나 개인적인 친밀감
유형성(tangible)	물리적인 시설이나 장비, 인력 등과 같은 물리적 환경

자료: Parasuraman, A. V., Zeithaml, & Berry, L. L.(1988). SERVQUAL: A Multiple Item Scale for Measuring Consumer Perception of Service Quality. J. of Retailing, 64(1), 12-40. 이문규·안광호(2011). 서비스마케팅과 매니지먼트. 집현재. p.409. 재인용.

비스 퀄리티(service quality)의 약자이다. 이들은 여러 유형의 서비스를 이용하는 일반 소비자들을 대상으로 하여 그들이 서비스 품질을 평가함에 고려하는 요인들을 추출해내었다. SERVQUAL은 5차원으로 이루어지는데 이를 요약하면 〈표 5-4〉와 같다. 즉 서비스 품질은 유형성, 신뢰성, 대응성, 확신성, 공감성 등 다섯 가지 차원에 대한 평가에 의해 결정되는데, 예를 들어 헬스클럽의 서비스 품질은 좋은 운동기구가 다양하게 구비되어 있는지, 트레이너와 직원들이 고객의 요구에 잘 응대하는지, 잘 숙련된 트레이너를 보유하고 있는지 등에 의해 영향을 받는다.

결국 품질에 대한 지금까지 연구의 흐름을 종합해 보면 품질에 대한 개념 정의가 재화뿐만 아니라 서비스에까지 확대되고 있으며, 과거에는 재화의 기능적 차원으로만 설명하던 부분을 점차 기능 이외의 요인(서비스 가능성, 미적 요인 등)을 포함시킴으로써 품질에 대한 개념 자체가 보다 확대되고 있다.

(3) 제품유형별 품질 평가

시장구조나 시장경쟁 여하에 관계없이 소비자정보의 양과 질은 상품 특성에 따라 큰 차이가 있다. 소비자정보의 내용과 유용성을 기준으로 상품을 분류해 본다면 탐색재, 경험재, 그리고 신용재의 세 가지로 나누어 볼 수 있다.

- **탐색재**(search goods)는 과일, 채소, 고기, 의류, 구두 등 일반적으로 소비자가 그것의 신선도, 스타일, 품질수준과 가격을 쉽게 비교하여 판별할 수 있기 때문에 그 자체로

서 상당한 양의 소비자정보를 제공한다. 따라서 이런 상품들은 그 상품 자체의 특성이 비교적 단순하기 때문에 소비자가 올바른 선택을 할 수 있는 가능성이 높다고 할 수 있다.

- **경험재**(experience goods)는 맥주, 가공식품, 세탁제, 자동차, 가전제품 등과 같은 것들로서 이런 상품의 품질이나 성능에 관한 소비자정보는 실제로 그것들을 구입해서 사용해 본 경험을 통해서만 얻어질 수 있다. 이런 상품을 올바로 선택할 수 있는 방법은 소비자가 자기의 경험에 비추어 보다 만적을 주는 특정 브랜드(brand)를 찾아냄으로써 가능해지게 된다. 소비자는 구매 전 제품의 질을 평가할 수 없는 만큼 한계효용은 과대 혹은 과소평가되어 결국 최적구매에 도달할 수 없게 된다. 경험재와 관련해서 소비자는 구매 전에 구매로부터 생기는 이득과 손실을 가늠하게 되는데 이 경우 이득 손실은 신제품이 현재 사용하는 것보다 더 좋은 나쁜 것으로 판명될 때 발생한다. 즉 소비자는 신제품 사용의 기대이익이 소비자가격보다 더 클 경우에 제품을 구매해야 한다.
- **신뢰재**(credence goods)는 의약품, 화장품, 의료기구, 영양제, 건강식품 등과 같이 그것의 품질이나 효능 자체에 대해 논란의 여지가 많고 그것을 사용해 본 경험을 갖고서도 그 상품에 대한 정확한 판단을 내리기 어려운 상품이다. 또한 이런 상품에 대한 소비자의 경험적 판단이 항상 옳다고도 할 수 없다. 예를 들면 어떤 영양제가 과연 건강에 도움이 되느냐의 여부에 대한 소비자의 주관적 판단은 그릇될 수 있다. 이와 같이 신용상품은 그 자체가 전달해 주는 소비자정보가 극도로 제약되어 있기 때문에 소비자가 이런 상품을 올바르게 선택하기란 대단히 어렵고 전문적인 연구기관의 시험분석 결과 등을 통해서만 소비자는 상품의 우열을 가릴 수 있게 된다.

상품특성은 어떤 정보가 소비자에게 보다 유익한 정보가 될 수 있느냐를 판단하고 효과적인 소비자정보정책 수단을 모색함에 있어서 중요한 판단기준이 될 수 있다. 예를 들면 탐색재의 경우에는 소비자들이 상품을 보다 쉽게 비교하도록 하기 위한 가격표시나 제품표준화 정책이 보다 유효하다. 이에 비하여 경험재의 경우는 과장광고 또는 허위광고의 규제가 필요하다. 신뢰재의 경우에는 상품에 대한 시험분석 결과의 공표 등 정보공개가 보다 바람직한 접근방법이라고 할 수 있다.

4. 가격과 품질의 관계

싼 것이 비지떡일까 아니면 그 반대일까? 완전경쟁 시장에서는 소비자가 완전정보 상태에서 합리적인 구매 선택을 하기 때문에 동일한 품질의 제품에 대해서는 동일한 가격이 성립한다. 그러나 현실적으로 완전경쟁 시장이란 불가능하기 때문에 가격과 품질의 관계는 다양하다. 이는 능력 있는 소비자들이 얻을 수 있는 이득과 그렇지 못한 무능한 소비자들이 잃을 수 있는 손실이 공존함을 말한다.

오늘날의 소비자는 시장정보(가격과 품질 등)가 불충분하거나 이러한 정보를 인식하지 못한 상태에서 구매행위를 하고 있다. 이것은 아마도 많은 상표명, 각 상표가 가지고 있는 품질의 다양성, 유통기관에 따른 가격차이, 가격별로 상이한 제품 품질 판단의 어려움 등 때문일 것이다. 이 중에서 품질에 대한 일차원적 개념과 다차원적 개념은 품질의 평가 기준에 따라 객관적 품질과 주관적 품질로 구분할 수 있다. 가격과 품질의 구성요인을 도표로 정리하면 〈표 5-5〉와 같다.

객관적 가격이란 상품에 표시된 표시 가격을 뜻하는 것이며, 주관적 가격이란 소비자가 구매 전이나 구매 시에 상품에 대해 느끼는 심리적 가격을 뜻한다. 객관적 품질평가란 제품이 가지고 있는 내재적 요인, 제품의 원료, 성분, 구성 요소 등을 과학적인 방법을 이용하여 직접 평가하는 것이다. 주관적 품질평가란 소비자들이 실질적으로 제품을 사용해 본 후의 경험적 평가로 품질에 대한 만족 정도라고 할 수 있다.

소비자가 시장에서 제품 구매 및 사용할 때 얻는 구매이득과 품질 만족의 충족 여부를 가격, 품질관계를 중심으로 평가할 때 두 가지 접근법이 요구된다. 하나는 객관적 가

표 5-5 가격과 품질의 구성요인

가격	품질
객관적 가격 (표시 가격)	객관적 품질평가 (실험실 평가를 기초로 한 전문가의 평가)
주관적 가격 (소비자가 상품에 대해 인지한 가격)	주관적 품질평가 (소비자들이 실질적으로 상품을 사용해 본 후의 경험적 평가)

빅데이터로 알 수 있는 소비자행동

빅데이터 시대에는 수많은 정보를 실시간으로 분석해 개인에게 맞춤형 서비스를 제공하는 기업이 살아남을 수 있다. 많은 아이템 중 고객이 관심을 가질 최선의 아이템을 추천하는 개인 맞춤형 추천기법은 책, 영화, 음악, 쇼핑, TV 프로그램, 인터넷 콘텐츠, 신문이나 잡지 기사뿐 아니라 온라인 데이터에까지 광범위하게 활용되고 있다.

미국 최대 인터넷 주문형 비디오 웹사이트 넷플릭스(Netflix)가 개발한 영화추천엔진 '시네매치(Cinematch)'는 그 아이디어를 비웃던 많은 사람들을 놀라게 하며 성공적인 기업으로 우뚝 섰다. 넷플릭스의 성공 비결은 개인 맞춤형 영화 추천을 잘 활용했다는 점이다. 먼저 넷플릭스는 많은 사람이 어떤 영화 DVD를 빌릴지 결정하는 데 큰 어려움을 겪는다는 사실에 주목해 영화 추천엔진인 시네매치를 개발했다. 이 알고리즘은 장르별로 분류한 영화 10만 개에 대한 2,000만 건의 고객 영화평점을 활용한다. 또한 각 회원의 웹사이트 내에서 클릭 패턴이나 검색어 입력 등 행동 패턴, 실제 콘텐츠 대여 이력, 시청 영화에 부여한 평점 등을 분석해 고객 취향에 맞춰 영화를 추천하고 DVD 재고 상황을 최적화한다. 회원 80%가 시네매치가 추천한 영화를 대여할 정도로 신뢰를 표시하고 있고 영화 감상 후 만족도도 90%로 높다고 한다.

여성 화장품 광고는 언제 해야 할까? 소셜 빅데이터에 올라온 텍스트를 분석해 보면 여성은 하루에 화장을 무려 네 번 고친다고 한다. 일단 오전 10시에 화장을 고치고, 점심식사 후 1시에 다시 고치고, 오후 4시 이후에는 퇴근을 준비하며 공들여 고친다. 여기까지는 쉽게 알 수 있다. 그런데 마지막 화장을 고치는 시간이 밤 10시로 나타났다. 그 이유는 놀랍게도 '셀카(selfie)' 때문이다. 또 여성들은 월요일에는 화장을 다른 요일보다 좀 더 일찍 한다. 월요일 출근길엔 차가 막히니까 서두르는 것이다. 금요일은 불금(불타는 금요일)이니까 오후 4시에 고치던 화장을 주로 오후 5~7시에 고친다.

최근 많은 기업들은 소비자의 욕구를 파악하기 위해 다양한 조사방법을 사용하고 있다. 다양한 사람들에게 설문조사를 하기도 하고, 몇몇 사람들에게 깊게 묻는 방법도 사용한다. 그러나 이러한 방법들이 소비자들이 필요로 하는 걸 보여줄 알 수 있을까? 우선 소비자들이 정확한 대답을 해 주지 않을 가능성이 있고, 또 질문 자체가 잘못되었을 가능성도 있기 때문에 소비자의 진심을 정확하게 알아내기는 어렵다. 경기침체가 이어지면서 입안의 작은 사치로 만족을 얻는 소비자들이 늘고 있다. 밥값보다 더 비싼 고급 디저트를 위해 기꺼이 지갑을 여는 소비도 빅데이터를 통해 이해할 수 있지 않을까?

자료: 김진호(2014. 12. 15). 김진호 교수의 빅데이터 이야기. 주간동아 967호. p.40-41.

격과 객관적 품질평가의 상충관계를 통해 구매이득의 정도를 평가하는 경제적 접근방법과 다른 하나는 주관적 가격과 주관적 품질평가의 상충관계를 통한 만족에 있다고 할 때 품질 만족이 곧 소비자 효율성이라고 생각할 것이다. 그러나 효율성에 있어 고정된 자원에서 최대의 결과를 얻는다는 측면과 특정 결과를 얻기 위하여 최소한의 자원을 사용

그림 5-4 가격-품질-소비자효율성과의 관계

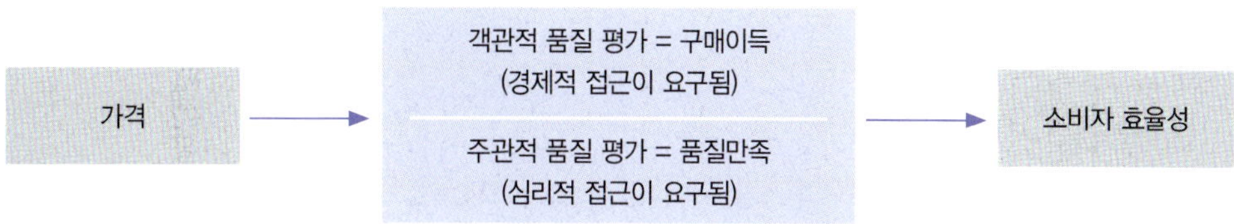

자료: 정순희(2007). 소비자학. 신정. p.113.

한다는 측면에서 생각해 볼 때 앞에서 설명한 구매를 통한 화폐가치의 실현인 금전적 이득 또한 고려하지 않을 수 없다. 결국 소비자효율성을 측정하기 위해서는 구매이득 측정을 위한 경제적 접근과 품질만족 측정을 위한 심리적 접근이 병행되어야 한다. 이를 그림으로 나타내면 〈그림 5-4〉와 같다. 가격과 품질의 상관관계를 연구한 실증연구를 살펴보면, 대부분의 결과들은 가격과 품질의 상관관계가 낮았으며 부정적인 관계를 갖는 경우도 있어 가격이 높으면 제품의 질도 좋을 것이라는 소비자들의 인식은 허구임을 알 수 있다. 가격은 품질의 척도가 되지 못하기 때문에 소비자가 이를 구매의사결정의 단서로 사용할 경우 경제적 손실을 가져올 수 있다.

5. 정보탐색활동의 영향 요인

정보탐색 정도는 구매하려는 제품의 특성, 소비자의 개인적 특성, 시장 특성, 그리고 소비자가 직면한 상황에 의해 영향을 받는다.

1) 구매하려는 제품의 특성

구매하려는 제품의 특성에 따라서 외적탐색의 정도가 달라질 수 있다. 일반적으로 제품이 비교적 고가격일 때, 상표 대안들 간에 가격이나 특징에 있어서 차이가 클 때, 그리고 상표 대안들의 수가 많을 때 소비자는 보다 많은 외적탐색을 한다.

(1) 가격수준

일반적으로 제품의 가격이 높을수록 외적탐색량이 증가하는데 이는 제품구매와 관련된 경제적 위험이 크기 때문에 이로 인한 위험 부담이 외적탐색을 촉진한다고 할 수 있다.

(2) 제품 차별화의 정도

제품 차별화(product differentiation)의 요인은 가격, 색, 스타일 등 다양한데 소비자의 생활과 밀접한 관계를 가지고 있는 의복, 가구, 자동차 등이 대체로 제품 차별화가 심한 제품이다. 제품 차별화가 심할수록 소비자의 외적탐색량은 증가하는 경향이 있다.

(3) 제품군의 안정성

제품군의 안정성이란 가격이나 기능 등과 같은 제품의 특성이나 속성이 얼마나 안정적으로 유지되느냐를 의미한다. 제품의 기능이나 가격 변화가 빈번한 제품은 제품군이 안정되어 있지 않기 때문에 우유, 라면 등과 같이 그 특성이 자주 바뀌지 않는 제품에 비해 상대적으로 많은 외적탐색 활동을 하게 된다.

2) 소비자의 개인적 특성

외적탐색량에 영향을 미치는 소비자의 특성으로는 소비자의 사전지식, 경험, 관여도, 연령, 교육수준, 소득수준 등이 있다.

(1) 사전 지식 또는 경험

소비자가 가지고 있는 사전지식이나 경험이 많으면 일반적으로 외적탐색량은 감소한다. 그러나 사전지식과 외적탐색량이 항상 음의 상관관계를 가지고 있는 것은 아니다. 즉 사전지식이 많을수록 외적탐색량이 증가할 수도 있는데 기존지식으로 인해 새로운 정보를 보다 효과적으로 활용할 수 있다는 자신감을 가질 때보다 적극적으로 외적탐색 활동을

그림 5-5 제품지식과 정보탐색 양의 관계

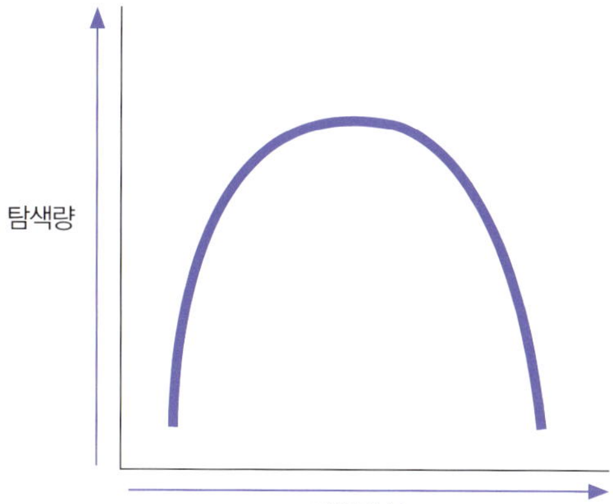

할 수 있다. 예를 들면 주식 투자 시 주식에 대한 지식이 많은 개인 투자자일수록 더욱 적극적으로 주식 관련 정보를 탐색하는 경향이 있다.

이처럼 사전 지식이나 경험은 외적탐색량을 증가시키는 효과와 감소시키는 효과를 동시에 가져올 수 있고, 이로 인한 사전 지식 및 경험과 외적탐색량과의 관계는 ∩자 형태를 지니게 된다. 즉 일정 수준까지는 지식이 증가함에 따라 외적탐색량도 증가하지만 일정 수준을 초과하게 되면 관련 정보가 충분하여 탐색량이 감소하게 된다. 따라서 가장 많이 정보탐색을 하게 되는 중간 정도의 지식수준이 있게 되는데 이는 소비자가 정보를 탐색하고 이해하는데 필요한 지식수준은 갖추었으나 기억에 저장된 정보만으로 구매를 하기에는 미흡한 경우라고 할 수 있다.

(2) 관여도

특정 제품이나 구매에 대하여 소비자가 부여하는 관심이나 중요성의 정보를 관여도(involvement)라고 하는데 보통 관여도가 높을수록 외적탐색량은 증가한다. 관여도는 구매 제품의 특성이나 구매 상황에 따라서 달라질 수 있으며 개인적 특성에 의해서도 크게 영향을 받게 된다. 어떤 소비자에게는 매우 중요한 제품, 다시 말하면 관여도가 높은 제품이 다른 소비자에게는 그렇지 않을 수도 있다는 것인데 보통 가격이 그다지 비싸지 않은 기호품인 경우에 개인적 특성이 크게 작용한다. 예를 들어 담배를 사는 것은 애연가에게는 관여도가 매우 높은 구매활동이지만 담배의 맛이나 상표에 대해서 그다지 신경을 쓰지 않는 소비자에게는 관여도가 낮은 구매 활동이 될 것이다.

(3) 연령

보통 연령이 많아질수록 정보처리능력이 감퇴하여 가능한 한 적은 정보를 처리하려고 하며 과거의 경험이나 지식에 의존하고 상표 충성도(brand loyalty)가 있는 제품을 구매하려는 경향이 강하기 때문에 나이와 외적탐색량과는 부의 관계가 있다.

(4) 교육수준

교육수준이 높을수록 정보 처리에 대하여 자신감을 갖게 되고 그로인해 보다 활발한 정보탐색을 하는 경향이 있어 교육수준과 탐색량 간에는 정의관계가 있다고 할 수 있다

(5) 소득수준

소득과 탐색량 간의 관계는 두 가지 측면에서 논의할 수 있다.

첫째, 정보탐색 비용 중 시간비용과 관련하여 고소득 소비자가 시간에 대하여 높은 가치를 부여하고 이에 따른 탐색 비용이 저소득 소비자에 비해 높아져서 탐색을 적게 한다는 관점이다. 둘째, 소득과 교육 간에 존재하는 정의 상관관계에 근거하여 고소득소비자는 교육 수준이 높고 이에 따라 저소득 소비자보다 탐색을 많이 한다는 관점이다. 또한 소득과 탐색량 간의 정의 관계에 대해 고소득 소비자는 저소득 소비자에 비해 상대적으로 가격이 비싼 제품을 구매할 기회에 보다 빈번하게 직면하게 되고 고가 제품에 대부분의 사람들이 더 큰 중요성을 부여하여 더 많은 노력, 즉 탐색 활동을 하기 때문에 결과적으로 고소득 소비자가 저소득 소비자보다 탐색을 많이 한다는 측면을 지적할 수 있다.

결론적으로 소득과 탐색량 간의 관계에 대해서는 아직까지 일치하지 않은 결과가 제시되고 있으며 각각이 타당한 근거를 가지고 있는 만큼 소득과 탐색량 간의 관계에 대한 논의는 추가적인 연구를 통해 확인되어야 할 것이다.

(6) 인지된 위험

일반적으로 광범위한 탐색과 관련된 구매결정은 또한 일종의 인지된 위험(perceived risk)

표 5-6 인지된 위험의 다섯 가지 유형

	위험에 가장 민감한 구매자	위험에 가장 빠지기 쉬운 구매자
재정적 위험	위험원은 화폐와 재산으로 이루어진다. 비교적 수입이 없고 부유하지 않은 사람들이 가장 취약하다.	상당한 비용이 소요되는 고가 품목은 이런 종류의 위험에 가장 민감하다.
기능적 위험	위험원은 기능을 수행하거나 욕구를 충족하는 대체수단으로 이루어진다. 실리적인 소비자가 가장 민감하다.	구매자나 사용이 구매자 혼자만의 책무를 요하며, 여분이 없는 제품이나 서비스가 가장 민감하다.
신체적 위험	위험원은 신체적 활력, 건강 및 생명력으로 이루어진다. 노인 혹은 허약하거나 병든 사람이 가장 취약하다.	기계 제품이나 전자 제품(자동차나 인화물질과 같은), 약물, 의학적 치료 및 음식과 채소가 가장 민감하다.
사회적 위험	위험원은 자기존중과 자신감으로 이루어진다. 불안정하고 확신이 없는 사람이 가장 민감하다	옷, 보석, 차, 집, 스포츠 장비 같은 사회적으로 드러나거나 상징적인 제품이 가장 취약하다.
심리적 위험	위험원은 친밀(affiliation)과 지위로 이루어진다. 자기존중이 부족하거나 동료로부터 매력이 없는 사람이 가장 민감하다.	죄책감을 일으킬 수 있는 고가의 개인 사치품, 내구재, 그리고 자기단련이나 희생이 요구되는 서비스가 가장 민감하다.

자료: 리대용·이상빈 역(1998). 소비자행동론. 영풍문고. p.231.

과 관련이 있다. 제품의 값이 비싸거나 사용법이 복잡하며 이해하기 어렵다면 인지적 위험이 나타날 수 있다.

〈표 5-6〉은 다섯 가지 기본적인 위험, 즉 객관적 요인(예: 물리적 위험)과 주관적 용인(예: 사회적 당황)뿐만 아니라, 각 유형에 속하는 제품을 제시하고 있다. 이 표에서 보여주듯 '위험자원'이 더 많은 소비자는 그 제품과 관련되는 인지된 위험에 의한 영향을 덜 받는다. 예를 들면 자기 확신이 높은 사람은 제품에 따르는 사회적 위험에 대해 걱정을 덜 하는 반면, 더 취약하고 불안정한 소비자일수록 동료에게 수용되지 않을 제품을 꺼릴 수 있다. 건강 및 안녕에 대해 관심이 있거나 불안한 소비자는 새 차를 구매할 때 안전성에 대해 걱정을 더 많이 할 것이다.

3) 시장의 특성

외적탐색량에 영향을 미치는 시장의 특성으로는 대체안의 수, 가격 분포의 상태, 상점의 분포 상태, 정보의 이용 가능성 등이 있다.

(1) 대체안의 수

시장에 존재하는 제품, 상표, 상점 등과 같은 대체안의 수가 많을수록 외적탐색량은 증가하게 된다. 극단적으로 독점으로 인하여 선택 가능한 제품이 한 가지 밖에 없을 경우에는 외적탐색이 불필요하다.

(2) 가격의 분포 상태

비슷한 속성을 가진 상표의 제품들이 다양한 가격대를 형성하고 있을 경우에는 가격대가 비슷한 경우에 비해 보다 저렴한 가격에 제품을 구입하기 위해서 외적탐색량이 증가하게 된다. 이 경우 가격 분포와 외적탐색량과의 관계는 저렴한 가격의 제품을 탐색하는데 사용되는 돈, 노력 등의 탐색 비용이 추가적인 탐색으로 인한 이익을 초과하지 않는 범위 내에서 양의 상관관계를 나타낼 것이다.

(3) 상점의 분포 상태

상점의 수가 많고 상점 간의 거리 등이 짧을수록 외적탐색량은 증가한다. 상점들이 밀집되어 있는 쇼핑상가나 백화점 등에서는 상점 간의 근접성으로 인하여 추가적인 탐색에 소요되는 시간, 돈, 에너지 등이 절약되기 때문에 외적탐색량을 증가시킨다.

(4) 정보의 이용 가능성

정보에의 접근과 이용 가능성이 많으면 외적탐색량은 일반적으로 증가하게 된다. 그러나 여기서 유의할 점이 있는데, 먼저 소비자가 접하는 정보가 너무 많으면 오히려 광범위한 정보탐색을 포기하고 획득이 쉬운 제한된 정보만을 탐색하는 경향이 있다는 것과 이용가능한 정보가 많으면 학습 효과가 생겨서 오히려 정보탐색량이 감소할 수도 있다는 것이다.

4) 상황적 특성

소비자의 정보탐색량은 소비자가 직면해 있는 시간적·공간적 상황과 개인적 상황에 의해 영향을 받는다. 소비자가 사용할 수 있는 여유 시간이 많으면 외적탐색량은 증가할 것이며 구매 환경이 열악할수록 탐색량은 감소한다. 즉 바겐세일 때와 같이 상점에 사람이 너

표 5-7 정보탐색의 비용

종류	예
경제적 비용	교통비, 주차비, 전화비, 인터넷통신비
시간적 비용	시간의 기회비용(opportunity cost)
심리적 비용	정보탐색의 긴장감, 피로감 등

무 많다든지 하는 공간적 환경도 외적탐색량에 부정적인 영향을 준다. 또한 소비자의 신체적 상태도 탐색활동에 영향을 줄 수 있는데 신체적으로 활력이 있고 정서적으로 여유가 있을 때는 정보탐색량이 증가하는 경향이 있다.

6. 정보탐색활동의 평가

1) 정보탐색활동의 비용

정보탐색은 합리적인 의사 결정을 위한 전제조건이며 소비자는 정보탐색을 통해 구매 후 만족과 구매 관련 위험을 감소시킬 수 있다. 그렇다면 소비자는 자신이 충분하다고 생각될 때까지 계속해서 정보를 탐색해야 할까? 현실적으로 이는 불가능하다.

정보를 탐색하여 수집하는 소비자의 행동은 반드시 비용을 수반한다. 이를 정보탐색비용이라고 하는데 소비자의 정보탐색비용에는 소비자가 인식하고 있는 비용과 인식하지 못하는 비용이 있다. 소비자가 인식하고 있는 비용은 보통 정보탐색에 들어가는 금전비용으로 상점을 방문하는데 드는 교통비, 자가용 운전자의 경우는 주차비 및 차량연료비이며, 인터넷상에서 탐색했다면 통신비용, 전화로 물어보았다면 전화비 등이 해당된다. 또한 소비자가 탐색행동을 하기 위해 상점을 방문했거나 인터넷상에서 검색했다면 이러한 행동에는 반드시 시간이 사용되었을 것이며 이 시간은 다른 용도에 사용가능하므로 정보탐색의 또 다른 비용이다.

이외에도 정보탐색이 매우 즐겁고 여가적인 성향을 가질 수도 있지만, 반대로 육체적·

정신적인 노력이 수반된다는 측면에서 정도는 다르지만 긴장과 피로가 있고 이것이 심리적 비용으로서 정보탐색비용의 마지막 구성 요소로 포함된다. 정보탐색의 심리적 요소는 온종일 쇼핑을 하면서 많은 금전비용과 시간을 사용하는 소비자의 행동을 이해하는 열쇠가 된다. 쇼핑이라는 행위 자체로부터 충분한 기쁨을 얻는다면 그 소비자가 추가적인 상점 방문을 통해서 얻는 것이 없다 할지라도 그 행동을 비합리적이라고 할 수 없는 것이다. 심리적 비용은 개인에 따라 다르고 탐색 유형에 따라서도 다르다. 쇼핑을 싫어하는 소비자에게 있어 쇼핑을 통한 정보탐색은 전부가 비용으로 작용한다. 어떤 소비자는 특정한 유형의 쇼핑만을 좋아한다. 골프광은 골프 정보에 대해서는 필요 이상으로 많은 정보를 가지고 있으면서도 골프에 대한 잡지를 읽고 토론 등에도 참여하겠지만, 식료품이나 가전제품을 사기 위한 쇼핑은 극도로 싫어할 수 있다.

2) 최적정보량

정보탐색에 이처럼 다양한 비용이 수반된다는 것은 무조건 탐색을 많이 한다고 좋은 것이 아님을 시사한다. 추가적인 탐색을 통해서 얻은 것이 있다 할지라도 그 탐색에 수반된 비용이 더 많다면 결국 소비자는 불필요한 비합리적 행동을 했다는 결론에 도달한다. 그렇기 때문에 소비자는 정보로부터 얻는 이익에 비해 정보탐색비용도 신중히 측정해 보아야 한다. 여기서 우리는 각 소비자에게 알맞은 정보탐색량을 의미하는 최적정보량의 존재를 알 수 있다. 최적정보량은 개인에 따라 다르며 이미 소유하고 있는 정보의 양에 따라서도 다르다. 또한 시장의 가격 분포 특성도 여기에 영향을 미친다. 소비자는 처음에 방문한 세 곳 상점의 가격이 모두 비슷하다면 더 다녀보아도 의미 있는 차이는 없을 것이라고 결론내리고 정보탐색을 중단할 것이다. 반대로 특별히 기능이나 품질, 디자인 면에서 차이가 없는 것 같은데 상점 간에 많은 가격차이가 있었다면 소비자는 탐색을 계속해 볼만한 가치가 있다고 생각하게 될 것이다.

시장의 지역 특성도 최적 정보탐색량에 영향을 미친다. 상점들이 서로 모여 있어 여러 상점을 방문하는 것이 쉽다면 상점들이 각각 멀리 떨어져 있을 때보다 탐색 비용이 낮아질 것이다. 그러므로 우리 주변의 상점들은 서로 밀집되어 있고 소비자는 쉽게 쇼핑할 수 있다는 장점 때문에 그 곳을 찾게 될 것이다.

소비자 의사결정의 어려움과 아웃 초이싱

셰익스피어 작품 속의 햄릿은 자기 아버지를 독살한 삼촌 클로디어스를 죽여야 할지 말아야 할지를 주저하며 우유부단하게 결정을 유보한다. 유명한 대사 "죽느냐 사느냐 그것이 문제로다."라고 되뇌며 끊임없이 의사결정을 미루다가 결국에는 최선의 대안을 놓쳐 버린다.

"나는 결정을 잘 내리지 못한다. 어딘가에 잘 정착하지도 못하고 한 가지 일에 잘 집중하지도 못한다. ADHD를 앓고 있는 것도 아니지만, 주의력 결핍에 결단력 박약이다. 내 앞에는 너무 많은 선택의 기회가 있다. 우리가 원하는 게 무엇이든, 내가 바라는 게 무엇이든 마우스 클릭 한 번이면 대체로 해결된다." 《결정장애 세대》의 저자 올리버 예게스는 스스로 결정장애 세대라고 고백하며, 이를 가리켜 '메이비 세대(generation maybe)'라는 표현을 썼다. 디지털 사용에 길들여진 결정장애 세대는 "예(yes)."나 "아니오(no)."와 같은 분명한 의사표현 대신 "글쎄(maybe)."라는 애매모한 대답을 주로 내놓기 때문이다. 저자에 따르면 급격하게 늘어나고 있는 이 결정장애 세대는 '병적으로 모든 결정을 미룬다.'고 지적하고 있다.

의사결정을 하는 것에 대해 장애를 넘어 공포감을 느껴본 적이 있는가? 보통 대부분의 소비자들은 살아가면서 의사결정을 하는 것에 대해 한 번쯤 공포감을 경험할 것이다. 의사결정공포증(decidophobia)은 코프만(Walter Kaufmann)이 《Without Guilt and Justice: From Decidophobia to Autonomy》(1973)라는 책에서 처음으로 사용하였다. 공포감을 강하게 느끼는 사람들은 선택을 하지 않으면서 생활하기를 원하고 있으며 가능한 의사결정을 하지 않으면서 생활하려고 한다.

의사결정에 어려움을 느끼는 소비자들은 그 선택을 스스로 내리기보다 누군가의 도움을 얻어서라도 정답에 가까운 선택을 하려는 선택의 위임, 즉 '아웃 초이싱(out-choicing)'에 집착한다. 의사결정을 다른 사람에게 위임하는 것이 표면적으로 인지적 상충관계와 정서적 스트레스를 경감시켜 주지만 반드시 선택의 만족도를 높이는 것이 아닐 수도 있다는 것을 인지할 필요가 있다. 소비자의 자유로운 선택을 포기한 자존감의 상실, 심지어 위임자가 사기나 기만적인 행동을 할 때는 선택위임에서 얻을 수 있는 잠재적 이득보다 손실이 더 커지게 되는 경우도 있다.

메이비 세대가 함의하는 것은 결정을 잘 내리지 못하는 현상이 개인의 나쁜 습관에만 기인하는 것이 아니라, 수많은 선택을 강요하는 사회배경에도 일부 책임을 묻는다는 사실이다. 이는 많은 것이 반드시 좋은 것인가를 다시 생각하게 한다.

자료: 김난도 외(2015). 트렌드 코리아 2015. 미래의 창. p.211-213.

3) 정보탐색활동의 평가

소비자행동을 설명하는데 있어서 합리성(rationality)과 효율성(efficiency)은 매우 중요한 개념이다. 이 두 개념은 구매 의사결정과정과 구매 결과를 설명하는 데 매우 유용하다.

(1) 정보탐색의 합리성

구매 전 의사결정과정은 문제인식, 정보탐색 대안평가의 단계로 나누어지는데, 정보탐색을 평가하기 위해서는 먼저 '합리성'이 무엇을 의미하는가를 알아야 한다. '합리성'은 이치에 맞거나 이해하는 것, 지적인 것, 분별 있는 것으로 정의되고 있다. 합리성의 개념은 소비자가 시장활동을 할 때 마음속으로 어떤 위계가 있는 선호에 따라 일관성 있게 행동을 한다면 그 결과가 소비자에게 가장 큰 이익을 가져온다는 것을 의미한다.

구매 전 의사결정과정이 합리적이라는 것은 의사결정과정 중에 논리성이 포함되었다는 것이고 의사결정 결과가 합리적이라는 것은 구매가 의사 결정자의 욕구를 충분히 충족시켰다는 것을 뜻한다. 그런데 무엇이 합리적인 것인지를 평가하는 기준은 전적으로 자기 자신이 아닌 타인들이 규정한 사회규범에 의하고 있다. 예를 들어 충동구매, 유명상품선호, 신용카드의 남용 등을 비합리적인 소비 행동이라고 표현하는 것은 규범적 의식이 반영되어 있는 것이다. 즉 사회적 합리성의 개념으로 파악하고 있다.

이에 대해 스와글러(Swagler)는 합리성의 기준은 객관성에 있는 것이 아니라 개인의 가치 선호에 따라 판단될 수 있다고 하였다. 즉 개인적 합리성의 개념으로 파악하고 있다. 다시 말해 모든 사람은 서로 다른 가치와 선호체계를 가지고 있기 때문에 특정 행동을 가지고 합리적 또는 비합리적이라고 할 수 없다고 하였다. 소비자는 자신이 주관적으로 결정한 선호순서를 가지고 있고 합리성을 판단하는 기준은 주관적인 평가이므로 주관적인 선호 순서 간에 내적 일관성만 있다면 개인적인 수준에서는 합리적이라고 할 수 있다. 이상의 합리성에 대한 개념 규정은 우리가 정보탐색에 대하여 합리적인가 또는 비합리적인가를 쉽게 판단할 수 없다는 것을 의미한다.

(2) 정보탐색의 효율성

효율성은 투입(input)과 산출(output)에 대한 분석으로 가능한 최소의 투입으로 최대의 결과를 얻을 때 달성될 수 있다. 구매 의사결정과정에서의 효율성이란 소비자가 의사 결정 그 자체를 수행하는데 얼마나 효율적이었는가를 말한다. 여기에 효율성이란 정보탐색과정에서 이용한 정보원의 수, 정보탐색 및 대안 평가에 소요된 시간의 양 등에 따라 결정된다. 구매 결과에 대한 효율성이란 한정된 자원 안에서 최대의 소비수준을 획득하는 것으로 구매 이득과 소비자 만족이 결합된 개념이다. 이득이 있는 구매가 이루어졌다 할지라도 소비자가 구매에 만족하지 못하면 구매는 효율적이 아니며 반대로 소비자가 구매에 만족하더라도 구매 이득이 뒤따르지 못하면 효율적이라 할 수 없다. 예를 들어 냉장고를 구입하는 경우 냉장고가 갖고 있는 여러 속성, 즉 전기 사용료, 용량, 냉각기능, 소음, 가격 등에서 어떤 속성을 가장 중요하게 생각하는가는 소비자마다 다를 수 있다. 이 중 어느 한 속성, 예를 들어 냉각 기능이 중요하다고 생각한다면 냉각 기능이 비슷한 상표 중에서 가격이 가장 가격이 싼 제품을 구입하는 것이 효율적인 구매가 될 수 있을 것이다. 효율성의 측정은 가격–품질 관계를 살펴보는 것과 가격분산에 따른 소비자 구매이득을 측정하는 방법 등 두 가지를 생각할 수 있다. 이에 대해서는 앞서 정보탐색의 내용 부분에서 설명하였다.

소비자 효율성을 측정하기 위해서는 소비자가 시장활동에서 '받은 것'과 '준 것'에 대한 상충관계(trade-off)를 분석해야 한다. 소비자가 상품을 얻기 위해 지불한 대가는 금전적 가격(monetary price) 외에도 여러 가지 비용, 시간, 탐색, 심리적 비용 등이 수반된다. 따라서 소비자 효율성에 대한 보다 정확한 측정을 위해서는 다차원적인 투입–산출(multiple input-output) 개념이 도입되고, 이를 근거로 효율성 평가가 이루어져야 할 것이다. 그러나 가격 이외의 요인들은 그 가치산정기준이 매우 어려울 뿐만 아니라 실제로 상품에 대한 지불 대가로서 가격이 가장 중요한 요인임을 고려하여 일반적으로 소비자 효율성을 측정하기 위해 가격과 품질 두 요인으로만 평가하고 있다(표 5–5 참조).

효율성 개념이 고정된 자원에서 최대의 결과를 얻는다는 측면과 특정의 결과를 얻기 위해 최소의 자원을 사용한다는 측면을 생각해 볼 때 경제적 접근을 통한 금전적 이득에 대한 평가와 더불어 소비자를 통한 품질만족에 대한 심리적 접근이 병행되어야 한다(Broniarczyk & Griffin, 2014).

결론적으로 소비자행동의 합리성과 효율성은 그 개념 자체가 상당한 차이를 가지고 있다고 볼 수 있다. 합리적 구매란 소비자 자신의 기호, 가치관에 따라 논리적이고 계획적으로 구매가 행해져 의사결정자의 욕구가 충분히 충족되었다는 것을 의미한다. 효율적 구매란 구매 결과에 대한 경제적 이득은 물론 심리적 만족감도 함께 경험했는가에 따라 결정된다. 따라서 소비자가 합리적 구매를 했을 경우 효율적 구매일 확률은 높으나, 합리적 구매가 반드시 효율적 구매를 의미하는 것은 아니다. 예를 들어 의사결정자가 자기 나름대로의 논리를 적용하여 체계적으로 의사결정을 했다면 합리적 구매라 할 수 있다. 그러나 의사 결정자의 구매에 관한 정보 기술 등의 부족으로 구매 후 경제적 손실이나 불만족을 경험하게 되면 비효율적 구매가 될 수도 있다.

가이스펠드(Geistfeld, 1993) 등은 비효율적 구매의 원인이 시장에서의 정보적 불완전성이라 보고 있다. 효율적인 소비자선택을 위해서 정보를 보유하고 획득하는 것은 필수적이다. 즉 정보가 충분하다면 소비자는 자신이 가진 자원의 한계 내에서 가장 큰 만족을 주는 선택을 할 수 있으므로 많은 소비자문제가 해결될 수 있을 것이다. 하지만 무수한 정보 가운데에서 소비자 개개인이 자신이 필요로 하는 적절한 정보를 획득하기란 결코 쉽지 않다.

숙련된 소비자일지라도 시장에서 어려움을 겪기는 마찬가지이다. 이를 두고 미국에서는 "두통약을 고르는 일 자체가 두통거리가 되어 가고 있다."는 말로 대신할 정도이다. 한 예로 자동차나 보험 상품을 고를 경우 어느 차가 더 안전할지, 어느 상품의 수익성이 더 높을지를 제대로 판단하는 일은 매우 어려운 일에 속할 것이다.

정보적으로 불완전한 시장은 특정 제품에 대해 필요 이상의 돈을 지불하게 함으로써 소비자들의 복지수준을 감소시킬 수 있다. 이에 대한 평가는 가격-품질관계를 통해 파악할 수 있고 이에 대한 해결방법은 다음과 같다.

첫째, 소비자나 소비자단체가 정보탐색 행동을 통하여 정보의 비대칭성을 해결한다. 둘째, 기업이 소비자의 재구매를 유도하려면 단기의 손실을 감수하더라도 장기적으로 이윤을 추구하기 위해 고품질, 저가격 제품을 시장에서 판매하는 것이다. 이러한 현상을 명성효과(reputation effect)라 한다. 셋째, 정부가 품질표시를 실시한다. 소비자가 구매를 하

표 5-8 합리성과 효율성의 비교

구분	합리성	효율성
의미	선호의 내적 일관성에 따른 자기이익의 극대화	최소의 비용으로 최대의 효과라는 경제성
판단기준	주관적 개념	객관적 개념
핵심문제	'무엇을 원하는가'하는 개인의 선호	'어느 것을 택할 것인가'하는 소비기술의 문제
구매 후 평가	자신의 선호, 가치관을 바탕으로 논리적이고 계획적이었는지 여부	결과에 대한 경제적 이득과 함께 심리적 만족이 수반되었는지 여부

자료: 채정숙 외(2004). 정보사회의 소비자와 시장. 신정. p.201.

더라도 품질을 판단하지 못하는 신뢰재(credence goods) 예를 들어 의사, 변호사, 공인회계사 등의 전문서비스 직종에 대해 면허제도를 실시하는 것도 정부가 시장실패를 보완하는 방법이다.

생각해 보기

1. 가격정보를 제공하고 있는 홈페이지를 찾아 정리해 보자.
2. 소비자들의 정보탐색의 효율성을 높여주기 위한 정부, 기업, 소비자의 역할에 대해 생각해 보자.
3. 자신이 구매하려는 제품을 한 가지 정한 후 실제로 정보탐색을 해 보고, 거기서 부딪치는 문제와 그 해결방안에 대해 생각해 보자.

PART 2

소비자정보의 획득과 활용

CHAPTER 6

소비자의 정보획득

소비생활에 있어서 필요한 정보의 획득은 중요한 문제이다. 필요한 정보를 획득하는 방법은 다양하다. 정보의 획득방법은 크게 내적 정보탐색을 통한 정보획득과 외적 정보탐색을 통한 정보의 획득으로 분류된다. 정보가 필요할 때 가장 먼저 손쉽게 획득할 수 있는 방법은 자신의 경험이나 친구로부터 들은 이야기 등 이미 알고 있는 정보를 생각하게 된다. 이런 소비자의 기억 속에 내재되어 있는 경험이나 지식들을 정보로 활용하는 것을 내적 정보탐색이라고 한다. 그러나 전혀 경험하지 못한 상품이나, 신제품 등의 경우에는 내적 정보가 없는 경우도 있으며, 또는 자신이 가지고 있는 내적 정보만으로는 의사결정을 하기에 충분치 않을 수도 있다. 이때 새로운 정보를 찾기 위해 정보탐색을 하게 된다. 이를 외적 정보탐색이라 하며, 외적 정보탐색의 원천에는 기업이 제공하는 상업적 정보원천, 정부나 소비자단체 등이 제공하는 중립적 원천, 가족, 지인, 소비경험이 있는 타인 등이 제공하는 개인적 정보원천이 있다. 소비자정보원천 중 중립적 소비자정보원천, 상업적 소비자정보원천, 개인적 소비자정보원천은 2장에서 다룬바 있으므로 본장에서는 온라인상에서의 소비자정보원천을 중심으로 살펴보고자 한다. 또한 2장에서 살펴본 소비자정보의 내용을 소비자정보의 획득 측면에서 심도 있게 다루고자 한다.

1. 온라인상에서 소비자의 정보획득

최근 들어 소비자들이 쉽고 간편하게 획득할 수 있는 정보는 온라인 정보검색을 통한 정보이다. 초고속 통신망의 발달과 IT산업의 발전, 모바일 기기의 활성화로 정보검색이 용이 해졌으며 정보의 확산 속도가 가속화되고 있다. 즉 온라인상의 정보는 빠른 속도로 불특정 다수에게 확산되어 그 영향력이 엄청난 위력을 발휘하고 있다. 이러한 온라인 정보의 특징은 잘못된 정보가 유포되었을 경우에도 적용되어 걷잡을 수 없는 속도로 확산될 수 있으며 이는 다수의 사람들에게 피해를 줄 수 가능성이 크다. 이에 생각 없이 단순히 올린 정보가 본인은 물론 여러 사람이 피해를 입을 수 있다는 점에서 온라인을 통한 정보제공은 신중을 기해야 하며, 정보를 이용하는 사람들도 온라인 정보를 무조건 신뢰해서는 안 된다. 여러 정보원천으로 탐색함으로서 정보의 신뢰성을 소비자 스스로 검증할 필요가 있다. 온라인 소비자정보 원천에 대해서 댓글과 리뷰, 블로그, 홈페이지, 정보제공 사이트, SNS(Social Network Service)를 중심으로 살펴보겠다.

1) 댓글과 리뷰

댓글은 인터넷상의 꼬릿말 또는 답글, 덧글의 의미로 인터넷 사용 초기 게시글 바로 아래 자신의 의견을 간략하게 적는 것을 의미하는 것으로 간단한 메시지로 표현되지만 읽는 사람의 의사결정에 결정적 영향력을 행사할 수 있는 효과를 지닌다. 리뷰(review)는 제품이나 서비스를 경험해 본 소비자가 직접 자신의 경험을 토대로 평가의견을 쓰는 것을 의미하며, 댓글이나 리뷰는 사용한 소비자의 솔직한 의견이라는 점에서 정보의 신뢰성이 높아 영향력이 크다. 특히 전자 상거래의 활성화에 따라 다른 어떤 정보원천보다 댓글이나 리뷰가 소비자의사결정에 큰 영향력을 미치고 있다.

2) 블로그

블로그(blog)는 일반인들이 자신의 관심사에 따라 일기·칼럼·기사 등을 자유롭게 올릴 수 있을 뿐 아니라, 개인 출판·개인 방송·커뮤니티까지 다양한 형태를 취하는 일종의 1인 미디어이다(두산백과, 2015). 우리나라에 블로그가 잘 알려진 2000년 초반부터 활성화된 블로그는 생각이 같은 사람들이 모여서 공통의 관심사에 관해 얘기를 나눌 수 있는 모임방을 개설할 수도 있어, 이런 기능들 때문에 블로그를 '사회적 매체(social media)'라고 부르기도 한다(대중문화사전, 2015). 이런 형태를 띠는 블로그는 인터넷에서 소비자 개인이 각자의 소비경험을 블로그에 올리는 형태로 방문자에게 소비자정보를 제공하게 된다. 블로그가 활성화되면서 높은 방문자 수를 기록하는 파워블로그가 생겨나게 되었으며 특히 파워블로거의 생각이나 의견은 빠른 속도로 확산되어 여론을 형성하기 때문에 파워블로거의 역할은 소비자정보의 확산에 중요하게 되었다. 파워블로거가 어떻게 평가하느냐에 따라 제품이나 서비스가 성공하느냐, 실패하느냐를 결정하기도 한다. 따라서 파워블로거로 부터 좋은 평가를 받는 것이 기업의 주요 관심사가 되었으며, 이는 긍정적으로 기업이 경쟁력 있는 제품과 서비스를 생산하기 위한 노력으로 이어지게 되어 결국 소비생활에 긍정적 영향을 주는 효과를 가져왔다. 그러나 한편으로는 파워블로거를 금전으로 매수하여 자사의 제품을 무조건 좋게 평가하도록 하는 파워블로거의 영향력을 악

파워블로그의 긍정적 활용

해외의 파워블로거를 활용해 우리 제품을 알린 사례로서 중국인에게 우리 수산식품 인지도와 안전성을 알리고자 중화권 대표 소셜 네트워크(SNS)에 소개하여 우리나라의 수출을 증대하고 이미지를 개선하는 데 기여하였다. 중국 내 한국 수산물을 애용하는 서포터즈를 활용하여 중국인 눈높이에 맞는 콘텐츠를 제작하여 한국 수산물을 홍보함으로서 중국시장 개척에 큰 도움이 되고 있다.

파워블로그의 악용

정보화 시대에 들어서면서 많은 네티즌이 방문하는 파워블로거의 영향력은 점점 커지고 있다. 그 만큼 파워블로거의 정보는 신뢰성이 있어야 한다. 그러나 최근 파워블로거들이 자신의 영향력을 아용하는 사례가 많아지고 있다. 자신이 파워블로거임을 내세워, '인터넷에 올리겠다.', '깎아 달라.'등 업주를 협박하는 경우뿐만 아니라 잘못된 정보로 큰 피해를 입히는 경우도 많아 파워블로거의 윤리성과 신뢰성이 요구되고 있다.

자료: 물류신문(2015. 7. 6.), 대검찰청 블로그. 재구성.

용하는 사례가 발생하기도 하였다. 이에 블로그를 통한 정보의 생산과 공유가 소비생활에 긍정적인 영향을 미칠 수 있도록 건전한 의식을 지닌 블로거들의 활동이 활성화되어야 하며 블로그상의 정보의 신뢰성을 높이도록 노력해야 할 것이다.

3) 기업의 홈페이지

제품과 서비스생산의 당사자인 기업은 자사 홈페이지를 통해 소비자에게 기업 소개, 제품 소개, 광고, 마케팅 활동을 구현하고 있다. 직접적인 제품 홍보 외에도 자사의 여러 가지 사회공헌 활동을 소개함으로서 브랜드 이미지를 높여 기업의 수익구조에 긍정적인 영향을 가져오도록 활용하고 있다. 소비자 입장에서 기업의 홈페이지를 방문할 경우에는 기업의 의도적인 마케팅전략이 숨어 있음을 감안하여 기업에서 제공하는 정보를 취사선택하는 것이 중요하다.

4) 정보제공 사이트

(1) 가격비교 전문사이트

오픈프라이스(open price)제의 시행으로 가격책정의 권한이 제업업자에서 유통업자로 넘어감에 따라 같은 제품이라도 상점마다 가격이 다르게 판매될 수 있게 되었다. 이러한 가격분산(price dispersion)이 존재함에 따라 소비자의 정보검색능력에 따라 같은 품질의 제품에 더 많은 돈을 지불할 수도 있게 되고 그렇게 되면 구매력이 저하되어 소비자의 경제적 복지수준도 낮아지게 된다(채정숙 외, 2010). 이러한 시장구조에 변화에 따라 소비자들은 제품이나 서비스의 구매 시 더 싼 가격의 제품을 찾기 위해 인터넷 검색이 불가피해졌으며 가격검색을 필요로 하는 소비자의 니즈에 맞춰 다양한 가격비교 전문사이트가 생겨나고 있다. 이러한 가격비교 전문사이트들은 소비자들에게 가장 싼 가격으로 판매하는 인터넷 쇼핑몰을 찾아 제시하고 링크하여 바로 접속할 수 있는 서비스를 제공하고 있다. 가격비교 전문사이트를 살펴보면 〈표 6-1〉과 같다.

표 6-1 가격비교 전문사이트

사이트 명	URL	비교 상품군
다나와	www.danawa.com	가전, 컴퓨터, 아웃도어(스포츠), 자동차, 가구, 유아, 식품, 생활, 패션, 사무, 취미
에누리	www.enuri.com	가전, 컴퓨터, 아웃도어(스포츠), 자동차, 가구, 유아, 식품, 생활, 패션, 사무, 취미, 여행, 도서
비비	www.bb.co.kr	가전, 컴퓨터, 아웃도어(스포츠), 자동차, 가구, 유아, 식품, 생활, 패션, 사무, 취미, 보험, 백화점 의류
마이마진	www.mm.co.kr	가전, 컴퓨터, 아웃도어(스포츠), 자동차, 가구, 유아, 식품, 생활, 패션, 사무, 취미, 영상·음향
네이버 지식쇼핑	shopping.naver.com	가전, 컴퓨터, 아웃도어(스포츠), 자동차, 가구, 유아, 식품, 생활, 패션, 사무, 취미, 여행, 면세점
다음 쇼핑하우	shopping.daum.net	가전, 컴퓨터, 아웃도어(스포츠), 자동차, 가구, 유아, 식품, 생활, 패션, 사무

- **오픈프라이스제**는 최종 판매업자가 실제 판매가격을 결정해 표시하는 가격제도로서 판매가격표시제라고도 한다. 제조업체는 유통업체에 물건을 납품할 때 납품가격만 동일하게 주고 최종 판매가격은 간섭하지 않는다. 판매가격은 유통업체가 마음대로 정한다. 오픈프라이스제의 효과는 유통업체 간의 경쟁을 촉진시켜 상품가격이 전반적으로 낮아진다는 데 있다. 또한 같은 상품이라도 유통업체별로 가격차이가 드러나 알뜰 소비가 가능해진 것도 장점이다. 반면, 권장소비자가격이 붙지 않음에 따라 기준가격을 알 수 없어 혼란스러운 면도 있다(두산백과, 2015; 시사상식사전, 2015).
- **가격분산**이란 어느 한 시점에서 품질(quality)이 동일한 상품에 대해 단위당 상이한 가격이 부과되는 것(Eastwood, 1985)이다. 또 동일한 품질을 갖는 상품에 대해 상점마다 가격에 차이가 나는 현상(Maynes & Assum, 1982)이다. 가격분산으로 인해 가격이 품질을 보장해 주지 못한다는 것을 알 수 있다.

(2) 소비자단체 사이트

소비자단체들의 주요 역할은 소비자상담과 소비자피해구제, 소비자정보제공, 소비자교육 및 홍보 등이다. 최근의 소비자단체들은 소비자문제에 적극 참여하여 소비생활 관련 문제제기 및 공청회 등을 통해 소비자주권을 확립하게 위해 활발하게 활동하고 있다. 이러한 소비자단체들의 활동의 일환으로 소비자단체 사이트에서는 각종 소비자정보를 제공하여 소비자의 정보획득을 돕고 있다. 소비자단체 사이트 이외에도 소비자단체에서 발간하는 잡지나 신문 등은 중립적 원천으로서 소비자정보제공의 중요한 역할을 하고 있다.

(3) 정부 및 공공기관 사이트

소비자와 관련된 대표적인 공공기관은 공정거래위원회, 한국소비자원, 지방자치단체 등으로서 신뢰할만한 객관적인 정보를 제공하는 정보원천이다. 공정거래위원회 사이트에는 소비생활 관련 각종 법률이 공지되어 있으며 표준약관도 관리하고 있어 소비생활에 필요한 법과 제도 등 각종정보를 획득할 수 있다. 한국소비자원에서는 참가격(www.price.go.kr)이라는 사이트를 운영하여 각종 가격정보 및 가격동향을 제시하고 있으며(그림 6-1), 스마트컨슈머(www.smartconsumer.go.kr) 사이트에서는 상품과 서비스에 대한 비교정보자료를 제공하여 합리적인 소비생활을 돕고 있다.

정부나 공공기관 사이트에서는 국민들의 소비생활에 도움이 되는 각종 정보들을 제공하고 있으나 대부분 이러한 사이트를 잘 활용하지 않아 좋은 정보를 놓치는 경우가 많다. 정부기관에서 제공하는 정보들은 신뢰성이 높고 복지나 각종 정부지원 등 복지 수혜자로서 도움이 되는 정보들이 많아, 잘 이용하면 큰 혜택을 볼 수 있으므로 활용도를 높일 필요성이 있다.

그림 6-1 가격 관련 정보제공 공공기관 사이트

자료: 참가격(www.price.go.kr).

5) SNS

(1) SNS의 기능 및 활용

SNS(Social Network Service)는 사용자 간의 자유로운 의사소통과 정보공유, 인맥확대 등을 통해 사회적 관계를 생성하고 강화시켜 주는 온라인 플랫폼을 의미하는 것으로 사회적 관계망을 생성, 유지, 강화, 확장시켜나가는 것이 중요한 부분이며 이러한 관계망을 통해 정보가 공유되고 유통될 때 더욱 의미 있어질 수 있다(위키백과, 2015).

바쁜 현대인들은 다른 사람과 만나서 소통할 기회가 적으며 자신의 생활을 공유할 친구나 이웃이 많지 않기 때문에 온라인상의 SNS를 통해 다른 사람들과 소통하고, 자신을 표현하고 나타내는 공간으로 활용하고 있다. 많은 소비자들이 SNS에 올라오는 정보들을 이용해 소비생활에 활용하고 있으며, SNS상에서는 정보제공자와 이용자에 대한 구분이 모호하여 자신이 정보이용자인 동시에 정보제공자로서 역할을 하고 있다.

SNS를 통해 교환되고 있는 정보들은 빅데이터 분석 기법을 통해 사회현상에 대한 새로운 시각과 미래에 대한 예측할 수 있는 통찰력을 제공한다. 구체적으로 정부에서는 빅데이터 분석을 통해 국민 여론을 파악하여 국민의 의견을 정책에 반영할 수도 있으며, 범죄예방이나, 국민보건 등의 국가발전 자료로 활용할 수 있다. 기업에서는 소비자의 관심사, 소비트렌드 예측, 자사 기업 이미지 파악, 제품개발의 콘셉트 도출, 고객의 행동 예측 등을 통해 다양하게 마케팅에 활용할 수 있다. 또한 빅데이터 분석을 통해 사람들 사이에 회자되고 있는 용어, 단어, 주제들의 키워드(keyword)를 도출하여 기업 경영전략에 활용함으로서 시장에서 경쟁우위를 차지할 수 있다.

소비자 측면에서도 SNS는 소비자 간의 정보교환의 장으로서 역할을 하고 있다. 소비자들은 각자의 영역에 흩어져서 생활하기 때문에 모여서 조직적으로 정보를 주고받기가 힘들었기 때문에 지금까지는 기업이나 정부로부터의 정보를 수동적으로 받는 입장이었다면, SNS를 통해서 소비자들 간에 자신의 경험을 토대로 정보를 생산하여 제공하고 공유할 수 있게 되었다. 이는 디지털기술의 발달로 이루어진 결과이며, 언제, 어디서에서나 필요에 따라 쉽게 SNS에 접속해서 소통할 수 있기 때문에 소비자들 간의 상호작용이 활발히 이루어지게 되고, SNS에서 획득한 정보를 소비생활에 활용함으로서 삶의 질을 향상시킬 수 있다.

의학에서의 빅데이터 활용

의학에 빅데이터를 활용함으로서 객관적 진료와 환자 치료 방향을 알 수 있고, 도움을 받을 수 있다. 예를 들어 폐암 수술을 받은 환자의 재발률을 예측하는 앱을 한국에서 최초로 개발하였는데 이는 폐암환자의 치료에 큰 도움이 될 것으로 보고 있다. 특히 한국인의 고유한 식생활, 체형 등이 반영되어 좀 더 정확한 예측이 가능해져 향후 암치료에 많은 도움이 될 전망이다.

자료: 매경헬스(2015. 7. 7.). 재구성.

여기서 빅데이터란 디지털 환경에서 생성되는 데이터로 그 규모가 방대하고, 생성 주기도 짧고, 형태도 수치 데이터뿐만 아니라 문자와 영상 데이터를 포함하는 대규모 데이터를 말한다. 빅데이터 환경은 과거에 비해 데이터의 양이 폭증했다는 점과 함께 데이터의 종류도 다양해져 사람들의 행동은 물론 위치정보와 SNS를 통해 생각과 의견까지 분석하고 예측할 수 있다.

(2) SNS와 구전효과

최근 세계적으로 가장 많이 사용하고 있는 SNS는 페이스북(Facebook)과 트위터(Twiter)이며 기업에서는 소셜 네트워크를 입소문 마케팅(viral marketing)으로 활용하고 있다. 특히 경험을 토대로 하는 상품을 직접 사용한 후 발생하는 입소문(Tweet)과 다시 입소문이 되는 트위터의 리트윗(RT, ReTweet) 기능은 매우 빠르고 강력한 메시지를 폭넓게 전달하는 기능을 지니기 때문에 기업 입장에서는 좋은 마케팅이 될 수 있다.

SNS를 통한 구전은 브랜드와 제품, 회사, 서비스에 대해 이루어지는 발신자와 수신자 사이의 비상업적, 비공식적 의사소통으로서(Buttle FA, 1998), 비공식적이고 비상업적인 특성 때문에 수신자에게 강하게 영향을 미친다는 특성이 있다(이나겸·김기진·변광인, 2014, 재인용).

여기서 입소문 마케팅이란 소비자들이 자발적으로 메시지를 전달하게 하여 상품에 대한 긍정적인 입소문을 내게 하는 마케팅기법이다(위키백과, 2015).

2. 소비자정보획득의 내용

1) 가격정보획득

가격은 소비자 의사결정에서 가장 중요한 요인이다. 현대사회의 시장환경은 오픈프라이스제와 가격분산으로 가격이 더 이상 품질의 척도는 될 수 없으나 같은 품질의 제품을 더 저렴한 가격으로 구매하기 위하여 여전히 가격은 선택에 있어서 중요한 판단기준으로 작용하고 있다. 따라서 소비자는 합리적인 선택과 구매력을 높이기 위하여 가격정보를 탐색해야 하며, 기업은 제품과 서비스의 가격을 정확하게 책정하여 고지하고 소비자의 선택권을 지키도록 해야 한다.

(1) 가격보장

가격보장이라 함은 소비자가 상점에서 제품이나 서비스를 구매 후 같은 제품을 더 저렴한 가격으로 판매하는 곳이 있으면, 소비자가 이를 입증했을 때 그 가격차이를 환불해 주는 제도를 말한다. 흔히 최저가격보장(lowest price guarantee policy)이라고도 한다. 가격보장제도는 가격에 민감한 제품의 경우 소비자의 호응도가 높아 상점 선택에 긍정적인 영향을 미치게 된다. 즉 가격보장은 일종의 가격신호로서 이를 채택한 점포의 전반적인 가격수준을 나타내어 소비자의 점포 선호도에 영향을 미칠 수 있으며 이를 통해 고객의 충성도도 강화할 수 있다(Srivastava & Lurie, 2001). 또한 가격보장제는 구매 전 소비자의 가격에 대한 걱정을 낮출 수 있어 구매 후 만족도를 높이는 요인이 되며, 가격에 대한 정보탐색 행동을 낮추게 되어 그에 따른 시간, 비용 절감효과를 가져오게 된다(김나래, 2013). 그러나 이러한 가격보장은 최저가를 유지해야 한다는 압박감을 주게 되어 자칫 기업의 가격담합으로 이어질 수 있기 때문에 소비자에게 이롭지 않을 수도 있다. 그러므로 무조건 싼 것을 선호하는 것이 아니라 자유경쟁이 가능한 선에서의 적정한 가격보장제도가 정착되어야 할 것이다.

(2) 단위가격표시제

단위가격표시(unit price)제란 상품의 가격을 일정단위로 환산한 가격으로 통일하여 표시하는 제도이다(시사상식사전, 2015). 즉 상품의 가격을 표시할 때 단위분량 당으로 가격을 표시하는 것이다. 최근 다양한 제품에 대한 가격비교 정보제공이 활성화되면서 소비자의 합리적인 비교 선택을 도모하고자 대규모 오프라인 점포를 중심으로 시행되었던 단위가격표시제를 온라인으로 확대하고 있다.

한국소비자원의 조사보고서(이기헌·서의진, 2011)의 내용을 토대로 단위가격표시제의 세부내용을 살펴보면 다음과 같다. 제품의 포장용량이나 상품의 규격, 품질의 종류가 지나치게 다양하여 판매가격만으로는 소비자의 가격비교가 어려운 실정이다. 표시품목은 품목과 용량단위, 무게와 부피단위 등 두 가지 이상의 단위로 유통되어 소비자가 가격비교하기 어려운 품목, 유통업체가 여러 가지 단위로 재조합, 재포장하여 판매하는 품목을 대상으로 하였다. 표시단위는 일반화된 계량·규격단위를 이용한 10진수의 중량·용적단위(g, Kg, mL, L, 매 등)를 사용하여 지정된 표시단위로 표시하며 표시단위가격은 1원으로 하며 1원 이하는 반올림하여 표시한다. 표시방법으로 단위가격은 라벨, 스탬프, 꼬리표, 또는 일람표 등을 만들어 개별상품에 표시하되, '○○g당 가격 ○○원' 등 소비자가 가장 쉽게 알아볼 수 있는 방법 또는 크기로 선명하고 명확하게 표시한다. 다만, 냉동·냉장식품, 개별상품 표시가 곤란할 경우에는 진열된 선반 등에 소비자가 가장 쉽게 알아볼 수 있는 위치와 방법으로 별도로 표시하며, 단위가격 표시를 위한 라벨 등은 단위가격과 판매가격, 상품의 용량·규격 등의 정보를 포함하여 소비자가 알기 쉽게 표시해야 한다고 규정하고 있다. 예외적으로 30g 또는 30mL 이하로 포장된 작은 상품이나 총 판매가격이 500원 이하인 상품 및 여러 가지 상품이 복합적으로 포장된 상품과 1개의 규격으로 1개의 상품만 생산되는 경우에는 단위가격을 표시하지 않아도 무방하다. 이러한 단위가격표시제 도입으로 총 분량의 가격만을 제시해왔던 것을 다양한 크기와 무게의 상품들을 대상으로 단위분량당 가격으로 제시하도록 함으로서 소비자들의 가격비교가 쉬워졌다.

2) 품질정보획득

(1) 품질인증정보

요즘 '가성비'라는 용어를 흔하게 쓰곤 한다. '가성비'란 가격대비 성능(품질)을 의미하는 것으로 소비자들이 가격 못지않게 중요하게 생각하는 것이 품질이라는 것을 알 수 있다. 그러나 소비자 스스로 품질을 평가하려면 많은 시간과 노력과 비용이 수반될 뿐더러 전문가가 아니므로 정확한 평가를 하기도 어렵다. 이러한 문제를 해결하기 위해 품질인증 제도가 생겼으며, 인증(certification)이란, 정부기관을 포함하여 공신력 있는 제3자의 기관(The 3rd party)이 제품의 품질 또는 시스템의 품질보증 능력에 대하여 일정한 기준으로 평가하여 규정된 표준(또는 기준)과의 적합성 또는 그 품질의 우수성을 증명하여 주는 제도이다(손상목, 1996). 즉 제품 품질과 관련된 적합판정 절차를 총괄하는 것이며 품질관련 요구사항이 충족된 시험 검사, 인증, 표시(마크)로 이어지는 일련의 적합성 평가절차로서 공신력 있는 제3자가 심사, 인증을 해 주는 포괄적인 절차를 말한다(김현진, 2011). 이러한 절차를 거쳐서 품질인증을 받게 되면 합격품에 특정마크를 부착하게 되는데 이것을 품질인증마크라고 한다.

(2) 품질인증의 종류

우리나라의 품질인증제도는 국가주도형으로서 정부에서 품질인증제도 운영에 개입하여 품질을 인정해 주고 있다. 김현진(2011)의 논문을 바탕으로 품질인증의 종류를 살펴보면 다음과 같다. 좀 더 구체적인 품질인증의 종류는 13장을 참고하기 바란다.

- **인증 대상별 품질인증 제도**는 제품인증과 시스템인증이 있다. 제품인증이란 제품에 인증마크를 부착하는 것으로 KS규격, UL마크, CE마크 등이 있으며, 시스템인증이란 제품을 생산하는 공정 및 생산방법 등 전반적인 품질시스템을 평가하여 적합하면 인증하는 제도로 '품'마크, ISO시리즈 등이 있다.
- **인증 주체별로 품질인증의 종류**를 살펴보면, 국제인증, 국가인증, 단체인증이 있다. 국제인증은 제품의 국가 간 교역을 위해 국제기구에서 정한 기준에 의거 적합성을 평가하고 인증하는 제도로 ISO인증이나 국제전기제품안전인증제도(IECEE), 국제전기기술위원회 인증(IECQ) 등이 포함된다. 국가인증이란 제품이 국내에 유통되기 위한 최소한의 수준을 국가에서 정한 법규 및 기준에 따라 적합한 제품에 대해 국가가 인증하는 제도를 의미하며 우리나라의 신기술인증(NT), 우수품질인증(EM), 친환경농산물인증 등이 대표적인 예이다. 단체인증은 조합이나 협회, 진흥회 등에서 구성원들의 공

동이익과 소비자보호와 산업발전을 위하여 자체 규격기준(단체표준)을 제정하여 적합 여부를 평가하고 인증하는 제도로 물마크, PL마크, UL마크 등이 있다. 또 민간 시험검사 기관에서 제조업체의 제품인증에 대한 신청을 받아 해당 제품이 인정기준에 적합하다고 품질을 인증하는 때도 포함될 수 있는데 그 사례로는 Q마크가 있다. 알아두면 편리한 품질인증마크를 살펴보면 〈표 6-2〉와 같다.

표 6-2 품질인증마크의 종류와 내용

품질인증마크	상세 내용
KS규격	한국산업표준(KS: Korean Industrial Standards)은 대한민국 산업 전 분야의 제품 및 시험, 제작 방법 등에 대하여 규정하는 국가 표준이다.
KC마크	Korea Certification의 약자이다. 국민의 생명과 재산을 지키기 위해 법으로 정한 특정 제품을 유통·판매하고자 할 경우 반드시 제품에 표시돼야 하는 마크로, 안전·보건·환경·품질 등의 강제인증 분야에 국가적으로 단일화한 마크이다.
UL마크	미국의 UL(Underwriters Laboratories Inc)은 소비용품의 안정성을 확보하고 소비자를 보호하기 위해 운영하는 인증제도이다.
CE마크	'CE마크'는 'Conformity to European'으로 지난 1993년 유럽연합(EU) 시장이 단일화되면서 역 내 기술장벽을 제거하기 위해 만들어진 인증제도로 EU 시장에 제품을 수출하는 데 필수적인 인증서이다.
친환경농산물인증	친환경농산물은 합성농약, 화학비료 및 항생, 항균제 등 화학자재를 사용하지 않았거나 사용을 최소화하고, 농산·축산·임업 부산물의 재활용을 통해 농업생태계와 환경을 유지보전하면서 생산한 농축산물을 말한다.
국제전기제품안전인증제도(IECEE)	IEC 전기기기 안전규격 적합 시험제도(IEC System for Conformity Testing to Standards for Safety of Electrical Equipment)이다. IS(IEC 규격)에 따라 가정용 전기기기의 안전성 시험을 실시하고, 그 적합을 증명하는 증서(CB 증명서)를 발행한다.

(계속)

품질인증마크	상세 내용
국제전기기술위원회 인증(IECQ)	IEC 전자부품 품질인증 제도로, IECQ제도(IEC Quality Assessment System for Electronic Components)라고 부른다. 회원국 간에 통일된 규격과 절차에 의하여 전자부품을 인증한다.
신기술인증(NT)	New Technology mark의 약자로, 개발기술의 실용화를 촉진시키기 위해 국내에서 최초로 개발된 신기술로 제조된 상품 또는 제조기술로써 상품화한지 3년 이내의 기술로 하며, 기술을 평가하여 우수기술로 인정되면 신기술 인증마크를 부여하는 제도이다.
우수품질인증(EM)	국내에서 3년 이내에 개발된 기계류·부품·소재의 품질, 성능 및 제조 공정을 시험·분석·평가하여 동종 제품 대비 탁월하게 우수한 제품에 대해서는 품질인증마크(EM)를 부여하는 제도이다.
품질보증 Q마크	제조업체가 원해서 임의로 부착하는 마크이다. 해당분야 민간 시험연구원에 신청하여 소정의 품질기준에 합격해야 한다.
GD마크	GD(good design), KS, 검마크를 받은 제품 중 디자인이 뛰어난 제품에 주는 품질마크이다.
환경마크	동일 용도의 제품 가운데 원료취득 → 생산 → 유통 → 사용 → 폐기 등 제품의 생산과정 각 단계에 걸쳐 자원 및 에너지를 덜 소비하고 오염물질을 덜 배출하는 제품을 선별해 환경부가 친환경상품임을 공인하는 마크이다.

3) 시장정보획득

시장정보란 소비자가 제품이나 서비스를 구매하려고 할 때 어디서 구매해야 할지에 대한 의사결정 시 원하는 제품이나 서비스를 판매하는 장소에 대한 정보를 의미한다. 필요한 제품을 구매하려 할 때 어디서 판매하는지, 판매하는 곳 중에 어디를 선택할지는 제품선택만큼 중요하다. 가격분산으로 상점마다 가격차이가 있으며, 접근 용이성, 쇼핑의 편리성 등이 상점에 따라 차이가 크기 때문이다. 특히 시장의 형태가 다양해지고, 급변하고 있기 때문에 마켓에서 취급하는 제품의 종류나 특징, 장단점에 대한 정보는 실제 구매단계에서 중요한 정보이다. 시장에 대한 정보는 구매의 효율성을 좌우하는 중요한 정보임에도 체계적인 정보제공이 이루어지지 않고 있는 실정이다. 이에 소비자단체나 정부에서는 시장에 대한 정보를 수집하여 소비자들에게 적극적으로 알려야 하며, 소비자들 역시 시장에 대한 정보에 관심을 가지고 적극적으로 탐색하여 효율적인 구매행동이 이루어지도록 노력해야 할 것이다.

4) 안전정보획득

산업이 발전함에 따라 제품을 생산하는 국내 기업의 수도 많아지고, 세계화로 국제무역이 활발해짐에 따라 수입제품의 수와 양도 증가하고 있다. 수입제품의 경우에는 품질이 우수한 제품부터 그렇지 못한 제품까지 다양한 제품들이 다양한 국가에서 수입되고 있는 실정이다. 이러한 이유로 수입제품은 품질관리가 어렵고, 안전사고 발생 후 책임소재도 밝히기 어려운 문제가 내포되어 있다. 산업사회로의 발전은 편리한 생활을 영위할 수 있게 하였지만 제품의 생산라인과 성능이 다양해진 만큼 위험에 노출될 가능성도 증가하였다. 최근 보도되는 안전사고 관련 뉴스들은 이러한 사회적 위험이 우리 주위에 산재해 있음을 시사한다. 이에 안전사고를 예방하고자 한국소비자원에서는 소비자위해감시시스템(CISS: Consumer Injury Surveillance System)을 운영하여 위해정보신고를 접수, 처리

소비자 안전사고 사례

1. **자전거 리콜:** 유아용 자전거의 용접 미흡으로 자전거를 타던 어린이가 다친 사고로 인해 자전거를 리콜한 바가 있다. 유아의 몸무게를 이기지 못하는 등 자전거 불량제품은 안전사고로 이어질 수 있으므로 안전인증기준을 강화하여 철저히 지켜야 한다.
2. **휴대폰 충전기 폭발 사고:** 휴대폰 충전기 폭발사고가 해마다 늘고 있는데, 저가형 충전기인 경우에는 안전인증기준에 부적한 제품이 많아 피해의 우려가 있다. 사고 유형을 살펴보면, 폭발, 화재, 과열로 인한 제품이 녹음, 누전 등의 사고로 손과 팔 등에 상해를 입는 경우가 많다. 저가의 불법제품이 많은 휴대폰 충전기의 경우 더욱 안전관리에 신경을 써서 피해가 없도록 해야 할 것이다.

자료: 동아일보(2015. 7. 3.), 온라인 중앙일보(2015. 3. 14.). 재구성.

그림 6-2 한국소비자원의 소비자위해감지 수집경로

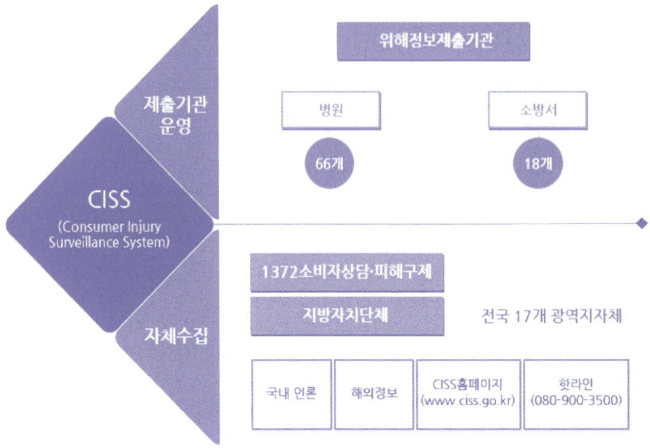

자료: 소비자위해감지시스템(www.ciss.go.kr/www/index.do)

하고 있다(그림 6-2). 위해정보제도는 '소비자가 물품이나 서비스를 사용하는 과정에서 생명, 신체 또는 재산에 위해가 발생하였거나 발생할 우려가 있는 사안에 대한 정보를 수집하여 원인을 분석하고, 사고의 재발방지 대책을 강구할 목적으로 도입된 제도(소비자기본법 제 52조)로서 소비자의 안전확보를 목적으로 하고 있다(소비자위해감시시스템 홈페이지). 또한 소비자위해감시시스템을 통해 분야별 위해정보 및 리콜 정보를 제공함으로서 안전한 소비생활에 기여하고 있다. 기업에서도 정부의 안전관리 규정에 맞는 제품을 생산하도록 해야 하며 소비자는 설명서를 숙지하고 안전마크를 확인하는 등 안전에 주의해야 한다. 안전한 소비생활을 위해서는 이러한 정부와 기업의 제도적 노력도 중요하지만 소비자들도 자신의 안전을 책임진다는 의식을 지니고 위해로부터 스스로를 지키도록 노력해야 한다. 여기서 위해와 위험은 다음과 같은 내용을 의미한다.

- **위해**는 사업자가 제공하는 물품 또는 용역으로 인해 인체에 상해를 끼치거나 사망한 사고이다.
- **위험**은 위해에는 이르지 않았으나 상해 또는 사망 등 위해의 우려가 있는 사례이다.

생각해 보기

1. 국제표준화기구(ISO)가 제정한 품질보증 및 품질관리를 위한 국제 규격인 ISO 인증마크시리즈에 대하여 조사해 보자.
2. 정보원천으로 블로그 검색을 통해 의사결정을 한 경험을 통해, 블로그의 순기능과 역기능에 대해 생각해 보자.
3. 오픈프라이스제의 시행으로 같은 제품이 상점마다 다른 가격으로 판매되고 있는 현재의 가격제도의 장단점을 알아보고, 개선방향을 생각해 보자.
4. 정부와 기업 측면에서 빅테이터의 활용방법을 구체적으로 생각해 보자.

CHAPTER 7

소비자의 정보 활용

정보사회에서 소비생활을 잘 하기 위해서는 정보의 획득과 활용 능력이 절대적으로 필요하다. 인터넷의 발달로 정보의 획득 측면은 어느 정도 수월해졌다면, 정보의 활용은 외부의 도움으로 가능한 것이 아니라 소비자 스스로 정보 활용에 대한 의지가 있어야 가능하기 때문에 소비자의 더 많은 노력이 필요하다. 소비자가 획득한 정보를 활용하는 영역을 크게 두 가지로 구분할 수 있다. 첫 번째는 개인적 영역에서 소비와 관련된 의사결정 시 소비자정보를 활용하는 것이다. 즉 개인의 합리적 소비를 위해 정보를 활용하는 것으로서 가장 기본적이고 대다수의 사람들이 정보를 활용하는 영역이다. 실제 구매단계에서 수집된 정보를 합리적인 선택에 활용함으로서 개인의 소비생활 만족을 위해 정보를 활용하는 것이다. 두 번째는 사회적 영역으로서, 소비자의 사회적 책임(consumer social responsibility)을 위해 정보를 활용하는 것이다. 국제표준인 ISO26000에서 정의한 소비자의 사회적 책임은 소비자의 선택과 소비활동이 사회와 환경에 미치는 영향에 대해 투명하고 윤리적인 행동을 통해 소비자가 지는 책임이라고 하였다. 소비자들의 소비활동은 사회경제체계와 유기적으로 연결되어 있어, 개인의 소비가 사회 전체에 영향을 미치게 됨으로 책임 있는 소비행동이 요구된다.

본장에서는 소비자의 정보 활용을 개인적 영역인 합리적 소비를 위한 영역과 사회적 영역인 사회적 책임을 위한 영역으로 나누어 소비자의 정보 활용을 살펴보고자 한다.

1. 합리적 소비를 위한 소비자의 정보 활용

의사결정단계를 구매 전, 구매, 구매 후로 나눌 때, 구매 전 활동은 정보를 수집하는 단계이며, 구매단계에서는 정보탐색을 통해 수집된 소비자정보를 구매에 실제 활용하여 최종적으로 구매에 이르게 된다. 최종 구매단계에서에서 소비자정보를 활용하는 방법으로 온라인 쇼핑몰을 중심으로 TV 홈쇼핑, 소셜커머스, 인스타그램(Instagram)과 핀터레스트(Pinterest)에 대해 살펴보면 다음과 같다.

1) 온라인 쇼핑몰

(1) 온라인 쇼핑몰의 개념과 현황

인터넷의 확산으로 온라인 쇼핑몰은 현재 소비자와 기업의 제품이 만나는 접점으로서의 플랫폼 역할을 하고 있다. 또한 온라인은 언제 어디서나 원하는 시간에 접속이 가능하다는 장점을 지니고 있어 그 이용률이 증가하고 있다. 호프만과 토마스(Hoffman & Tomas, 1996)는 온라인 쇼핑몰을 여러 가지 상품에 대한 가격, 구조, 특성 등의 상품에 관한 자료를 웹 페이지를 이용하여 멀티미디어 정보와 함께 제공하는 곳이라고 정의하였으며 통계청에서는 컴퓨터 등과 정보통신 설비를 이용하여 재화 또는 용역을 거래할 수 있도록 설정된 가상의 영업장을 뜻하며 온라인 쇼핑몰 중에서 거래대상이 주로 개인(가계)인 쇼핑몰로 정의하여 전자상거래의 기업과 소비자 간 거래(B2C: business-to-consumer) 형태를 강조하였다.

온라인 쇼핑몰은 기존의 오프라인 상점과는 다른 특징을 갖는다. 온라인 쇼핑몰에서

표 7-1 온라인 쇼핑 연도별 시장규모 및 전망

(단위: 조 원)

	2010	2011	2012	2013	2014(F)	2015(F)
온라인 쇼핑 매출액	273,700	316,300	357,800	396,800	451,000	522,500
온라인 쇼핑 성장률(%)	–	15.6%	13.1%	10.9%	13.7%	15.9%

자료: 대한상공회의소(2015). 2015 유통산업백서.

판매하고 있는 제품과 서비스는 기존 오프라인 상점과 달리 상품뿐만 아니라 음원, 정보, 서비스, 게임 등 다운로드를 통해 전달되는 각종 콘텐츠를 판매를 판매한다는 것이다. 또한 거래의 매체가 전자방식이라는 차이가 있다. 즉 인터넷상의 가상공간에 상품의 이미지를 진열한다는 점과 전자적 지불방식을 이용한다는 점, 상품의 전달이 택배로 이루어진다는 점이 기존 오프라인 상점과 다른 점이라 할 수 있다.

온라인 쇼핑몰의 이용현황을 살펴보면, 온라인 쇼핑 시장은 2011년부터 매년 10% 이상의 성장률을 보이고 있으며, 2015년에는 2010년에 비해 매출액이 2배 가까이 늘고 있어 (표 7-1) 온라인 쇼핑 이용률이 증가하고 있음을 시사하고 있다.

온라인 쇼핑몰의 유형에 따라 카탈로그쇼핑, TV 홈쇼핑, 인터넷 쇼핑, 모바일 쇼핑 시장의 규모를 살펴보면, 〈표 7-2〉와 같이 2010년을 기점으로 온라인 쇼핑 시장의 증가율이 급격히 상승하여 본격적인 온라인 쇼핑의 시대가 도래되었음을 보여주고 있다. 2010년 모바일 쇼핑이 급속히 증가한 이래, 다른 어떤 쇼핑 형태보다 높은 증가율을 보이고 있어 향후 모바일 쇼핑 시장이 더욱 활성화될 것으로 예측된다.

(2) 온라인 쇼핑몰의 장단점

① 온라인 쇼핑몰의 장점

온라인 쇼핑몰의 장점을 살펴보면 첫째, 가장 큰 장점으로서 시간과 공간의 제약 없이 쉽고 간편하게 접속하여 쇼핑할 수 있다는 점이다. 시간에 구애받지 않고 쇼핑을 할 수 있다는 것은 바쁜 현대인에게 큰 장점이며 온라인 쇼핑몰 이용률의 증가 원인이기도 하다. 둘째, 정보가 개방적이어서 일방적으로 정보를 받기만하는 것이 아니라 상호작용이 가능하고, 구체적이고 풍부한 정보를 획득하여 활용할 수 있다는 장점이 있다. 온라인 쇼핑몰을 이용하는 소비자는 자신이 구매한 상품에 대한 리뷰를 남기거나, 점수를 부여하며,

표 7-2 국내 온라인 쇼핑 시장규모 및 전망

(단위: 십억 원)

	2007	2008	2009	2010	2011	2012
카탈로그쇼핑	650	650	730	770	770	820
(증가율)		(0.0%)	(12.3%)	(5.5%)	(0.0%)	(6.5%)
TV 홈쇼핑	3,900	3,990	4,700	5,680	6,530	7,920
(증가율)		(2.3%)	(17.8%)	(20.9%)	(15.0%)	(21.3)
인터넷 쇼핑	15,380	17,960	22,030	27,240	32,480	37,205
(증가율)		(16.8%)	(22.7%)	(23.6%)	(19.2%)	(14.5%)
모바일 쇼핑		2	10	300	600	1,700
(증가율)		–	(400.0%)	(290.0%)	(100.0%)	(183.0%)
총합계	19,930	22,602	27,470	33,990	40,380	47,645
(증가율)		(13.4%)	(21.5%)	(23.7%)	(18.8%)	(18.0%)

자료: 한국온라인쇼핑협회(2012). 2011년 온라인 쇼핑 결산과 전망. 한국온라인쇼핑협회(2013). 2013년 온라인 쇼핑 시장에 대한 이해와 전망.

다른 소비자 또는 판매자에게 질문하고 이에 응답을 받기도 하는 등 다양한 상호작용을 수행하고 있다(이윤재·이한석, 2012). 즉 온라인 쇼핑몰에서는 정보가 생성되고 소통을 통해 더 많은 정보가 재생산되는 정보의 활용이 이루어지고 있다. 셋째, 가격비교가 쉽고 비교적 저렴하다. 온라인상의 가상공간을 이용하는 것이기 때문에 매장이나 실제 상품의 진열이 필요 없기 때문에 임대료, 인건비 등에서 비용절감이 가능하므로 오프라인 상점보다 저렴한 가격으로 구매가 가능하다. 특히 오픈마켓의 등장으로 소비자 입장에서 가격은 중요한 선택요건이므로 저렴한 가격은 온라인 쇼핑몰을 이용하게 되는 주요 원인이 되기도 한다.

② 온라인 쇼핑몰의 단점

온라인 쇼핑몰의 단점은 먼저 면대면 거래가 아니다보니 거래자를 신뢰하기 어렵다는 것이다. 특히 온라인 쇼핑몰은 선 결제 후 제품을 배송 받게 되어 있는 시스템으로 결제와 물품 수령이 동시에 일어나지 않기 때문에 결제 후 물품이 도착할 때까지 소비자 입장에서는 안심할 수가 없는 상황이다. 이러한 온라인 쇼핑몰 이용자의 불안감을 해소하기 위해 인터넷 쇼핑몰에서는 에스크로제도를 통해 소비자가 물건을 수령한 후 소비자의 승인이 있을 경우 사업자에게 돈이 지불되도록 하고 있다. 반면, 전자결재시스템으로 인한 금융거래상의 보안, 개인정보유출의 우려를 안고 있다. 전자결재 시 요구되는 정보들은 강력한 보안을 필요로 하는 민감한 개인정보들이므로 유출 시에는 막대한 피해를 입을 수도 있다. 이런 불안감을 줄이기 위해 개인정보보호를 잘하고 있는 사이트에는 인

오픈마켓과 에스크로제도

1. **오픈마켓(open-market):** 일반적인 쇼핑몰 판매방식에서 벗어나 개인과 소규모 판매업체 등이 온라인상에서 자유롭게 거래하는 '중개'형 인터넷 쇼핑몰로서 G마켓, 옥션, 인터파크 등이 대표적 사이트로 이들은 시스템이 제공한 대가로 상품을 등록한 사용자에게서 수수료 수익을 얻는다. 오픈마켓은 인터넷 쇼핑몰에서의 중간 유통마진을 생략할 수 있어 기존보다 저렴한 가격으로 판매가 가능하다(매일경제, 2015).
2. **에스크로제도(escrow):** 제3자(에스크로 사업자)가 소비자의 결제대금을 예치하고 있다가 상품배송이 완료된 후 그 대금을 통신판매업자에게 지급하는 거래안정장치로, 결제대금예치제라고도 한다. 에스크로 사업자는 은행 등 금융기관과 자본금 10억 원 이상, 부채비율 200% 이하 등을 요건을 갖추고 있어야 하며 소비자피해보상보험계약 등에 가입한 상법상 회사 또는 민법상 법인이어야 한다(시사경제용어사전, 2015).

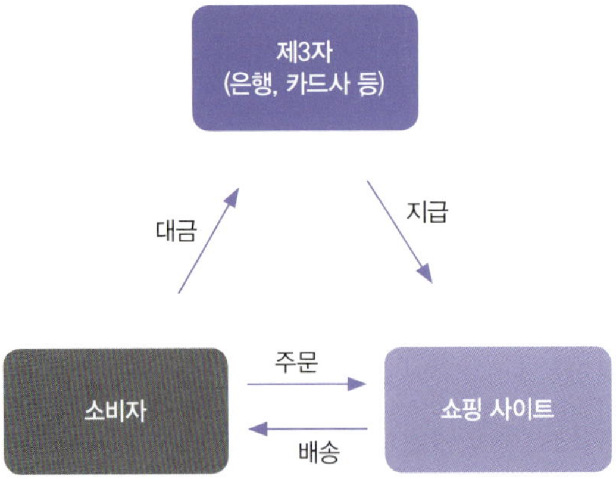

증마크를 부여해 소비자가 쇼핑몰을 이용할 때 확인할 수 있도록 하고 있다. 개인정보보호 인증마크를 살펴보면 〈표 7-3〉과 같다. 이 밖에도 온라인 쇼핑몰 이용 시 제품을 이미지로만 확인할 수 있을 뿐 실제로 보거나 만져볼 수 없기 때문에 실물과 다른, 또는 생각했던 것과 다른 제품이 배달되기도 한다. 그랬을 경우 반품이 어렵거나 비용이 수반되는 경우가 있어 소비자피해로 이어지기도 한다. 마지막으로 배송과정의 문제로 배송지연이나, 파손 등의 문제가 발생할 수 있다.

표 7-3 개인정보보호 인증마크

개인정보보호 인증마크	상세 내용
개인정보보호마크(ePRIVACY마크)	인터넷 사이트의 개인정보 관리와 보호수준을 평가해 일정요건을 충족한 우수한 사이트에 대해 부여하는 마크이다. 이 마크는 한국정보통신산업협회가 정보통신부, 산업자원부, 공정거래위원회 후원으로 시행하고 있다.
이트러스트(eTrust)제도	전자상거래에서 소비자의 신뢰를 확보하기 위한 제도로서 엄격하고 공정한 심사를 통과한 인터넷 사이트에 이트러스트인증마크를 부여하는 제도이다.
개인정보보호인증(PIPL)	개인정보보호인증(PIPL: Personal Information Protection Level): 개인정보보호법의 도입 취지에 따라 공공기관과 민간기업의 개인정보보호 수준을 점검해 인증마크를 부여하는 제도이다.
개인정보보호 관리체계 인증(PIMS)	개인정보보호 관리체계 인증(PIMS: Personal Information security Management System): 기업이 개인정보보호 활동을 체계적, 지속적으로 수행하기 위해 필요한 보호조치 체계를 구축하였는지 점검하여 일정 수준 이상인 기업에 인증을 부여하는 제도이다.

2) TV 홈쇼핑

홈쇼핑이란 집에서 쇼핑하는 것을 말하며, 쇼핑 매체에 따라 카탈로그를 통한 통신판매, PC인터넷을 이용한 웹 홈쇼핑, TV 홈쇼핑, 스마트폰 모바일을 이용한 홈쇼핑 등이 있다(박정훈, 2014). TV 홈쇼핑이란, 집에서 TV를 통해 쇼핑하는 것을 의미하며 케이블 TV, 위성TV를 이용하여 판매하는 방식으로서 종합유선방송법에 의거해 정부로부터 프로그램 공급허가를 받은 사업자가 TV의 홈쇼핑 채널을 통해 상품에 대한 정보를 시청자들에게 제공하고 이를 보고 소비자가 상품을 주문하는 것으로 유통과 TV가 결합된 방식이다(박정훈, 2014). 소비자가 홈쇼핑 프로그램을 시청하면서 필요한 상품이 있으면 전화로 주문을 하고, 카드결제 또는 무통장입금으로 결제를 한 뒤 택배로 물건을 받을 수 있는, 비교적 간단한 쇼핑이 가능하다. 우리나라에는 현재 6개의 홈쇼핑 채널이 있으며 케이블 방송의 보편화로 홈쇼핑이 활성화되고 있다. TV 홈쇼핑의 연도별 매출규모 및 전망을 살펴보면 〈표 7-4〉와 같다.

특히 가정에서 TV 시청 시간이 많은 주부의 경우 홈쇼핑 채널을 통해 다양한 제품을 구매하게 된다. 최근 홈쇼핑 이용자 수, 매출 등이 증가하고 있는데 그 이유를 살펴보면 첫째, 대부분 가격이 저렴하고 생활에 필요한 제품들로 구성되어 있다는 점이다. 즉 시중보다 저렴한 가격으로 여러 개를 구입할 수 있는 기회로 인식하기 때문에 가격부담 없이 구매로 이어질 가능성이 크다. 둘째, 제품의 다양한 쓰임새를 자세하게 설명하고 직접 시연하는 등의 프로그램 구성을 통해 제품에 대한 자세한 설명과 다양한 사용방법을 위한 팁(tip)을 제공함으로서 제품의 필요성을 부각시키기 때문이다. 셋째, 대부분 홈쇼핑 프로그램들이 심야시간을 제외하고 하루 19시간을 실시간으로 운영하기 때문에 시청이나 주문의 폭이 넓다는 점이다. 넷째, 쇼호스트(show-host)들의 역할과 오락적 요소이다. TV 홈쇼핑은 지루하거나, 흥미롭지 않으면 채널이 바로 돌아가기 때문에 오락적 요소를 가미하여 지속적으로 흥미를 유발해야 한다. 그러한 역할을 하는 사람이 제품을 설명하는 쇼호스트들이다. 쇼호스트들은 지루하지 않게 프로그램을 이끌어 가야 하며, 제품 시연 능력이 필요하다. 최근 연예인 못지않은 유명한 쇼호스트들이 생겨나기도 하며, '완판녀' 등의 수식어로 능력과 전문성을 인정받고 있다.

TV 홈쇼핑은 인터넷 쇼핑보다 접근이 용이하고 TV라는 친근한 매체 덕분에 인터넷 사용에 서투른 세대들에게는 더욱 편리한 쇼핑방식으로 자리 잡고 있다. 소비자들은 TV

표 7-4 TV 홈쇼핑 연도별 매출규모 및 전망

(단위: 억 원)

구분		2009	2010	2011	2012	2013	2014(F)	2015(F)
TV 홈쇼핑 (6사)	케이블 TV	42,500 (21%)	49,400 (16.2%)	54,300 (9.9%)	63,400 (16.8%)	63,400 (0.0%)	62,000 (-2.2%)	62,000 (0.0%)
	위성 TV	2,300 -	3,000 (30.4%)	4,500 (50.0%)	6,000 (33.3%)	8,100 (35.0%)	8,200 (1.2%)	8,400 (2.4%)
	IPTV	100 -	2,400 (0.0%)	4,300 (79.2%)	7,500 (74.4%)	16,400 (118.7%)	19,800 (20.7%)	21,000 (1.6%)
	소계	44,900 (22.0%)	54,800 (22.0%)	63,100 (15.1%)	76,900 (21.9%)	87,900 (14.3%)	90,000 (2.4%)	91,400 (1.6%)
T-Commerce		100 -	600 (500%)	800 (33.3%)	900 (12.5	1,600 (77.8%)	1,700 (6.3%)	2,500 (47.1%)
TV 홈쇼핑사 합계		45,000 (22.0%)	55,400 (23.1%)	63,900 (15.3%)	77,800 (21.8%)	89,500 (15.0%)	91,700 (2.5%)	93,900 (2.4%)
인포모셜 홈쇼핑		2,000 -	1,400 (-30.0%)	1,400 (0.0%)	1,400 (0.0%)	1,300 (-7.1%)	1,200 (-7.7%)	1,200 (0.0%)
총계		47,000 (18.0%)	56,800 (20.9%)	65,300 (15.0%)	79,200 (21.3%)	90,800 (14.6%)	92,900 (2.3%)	95,100 (2.4%)

자료: 한국온라인쇼핑협회(2014). 2014 온라인 쇼핑 시장에 대한 이해와 전망.

홈쇼핑을 통해 정보를 획득하기도 하며 획득한 정보를 이용하여 의사결정에 활용하기도 한다.

3) 소셜커머스

소셜커머스는 SNS와 전자상거래(e-commerce)가 결합한 형태로 소셜미디어를 활용한 전자상거래의 일종이라 할 수 있다. 즉 페이스북, 트위터 등의 소셜 네트워크 서비스(SNS)를 활용하여 이루어지는 전자상거래의 일종으로 일정 수 이상의 구매자가 모일 경우 파격적인 할인가로 상품을 제공하는 판매방식이다(두산백과, 2015). 이런 공동구매 형식의 전자상거래가 없었던 것은 아니지만, 소셜커머스는 기존의 공동구매와는 다른 특성을 지

니고 있다. 이전의 인터넷 공동구매는 많은 사람들이 집단적으로 모이기만 하면 할인된 가격의 상품을 구매할 수 있었지만, 소셜커머스에서는 소비자의 인맥과 입소문을 활용하여 일정 규모 이상의 사람이 모이면 할인된 가격으로 상품을 구매할 수 있다는 점이 다르다(유문, 2014). 또한 소셜커머스는 기존의 온라인 쇼핑과 구전효과가 결합한 형태라고 할 수 있으며 오프라인에서 일어나는 일들과 소셜미디어(댓글, 리뷰 등)를 통하여 정보를 공유하므로 소비자들의 구매의사결정에도 활용되어진다. 이러한 근거로 이전에는 집단지성이 중요했다면, 이제 소셜커머스에서는 소셜지성(social intelligence)이 중요하게 되었다(김철환, 2011).

소셜커머스 시장이 커지고 있으며, 주요 소셜커머스의 연도별 거래액 증가추이를 살펴보면 〈그림 7-1〉과 같다. 소셜커머스 시장의 확대에 따라 많은 소셜커머스 사이트들이 생겨나고 있으나 갑작스런 증가로 신뢰할 수 없는 소셜커머스도 난립하고 있어 소비자피해의 우려가 있다. 한국능률협회컨설팅에서는 소셜커머스를 평가할 때 상품정보의 다양성, 비용, 상호작용성, 편리성, 시각디자인, 보안성, 신뢰성, 정보의 개별성, 종합적인 사이트 만족도등을 평가요인으로 사용하고 있으며 소비자들은 이러한 평가요인들을 참고하여 안전하고 신뢰할 수 있는 사이트를 활용해야 할 것이다.

그림 7-1 주요 소셜커머스 연도별 거래액

(단위: 억 원)

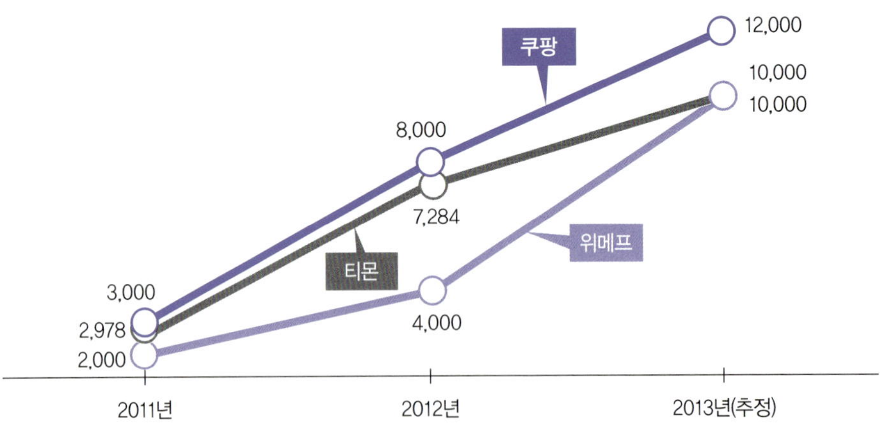

자료: 전자신문(2014. 6. 4).

- **집단지성**이란 생태계에서 다수의 개체들이 협동하여 하나의 집합적인 지능을 만들고, 그것이 어떤 지능적인 활동과 역할을 수행하는 것이다. 다수의 컴퓨터 이용자 간의 상호 협동적인 참여와 소통으로 만들어지는 결과물, 집합적 행위의 결과물, 판단과 지식의 축적물 혹은 그 과정을 의미하기도 한다(백욱인, 2013)
- **소셜지성**은 소셜 네트워크의 발전으로 인해, 집단지성을 넘어서는 것으로 자신과 특별한 관계를 맺고 있는 사람들과 지식을 공유하는 것이다. 불특정 다수에 의한 집단지성보다 실존성과 전문성이 보장된 것을 의미한다.

4) 인스타그램과 핀터레스트

최근 들어 다른 SNS와 차별점을 갖는, 즉 글보다는 사진을 통한 이미지로 대화나 커뮤니케이션을 하는 사이트들이 젊은이들 사이에서 인기를 끌고 있다. 그 대표적인 예인 인스타그램과 핀터레스트를 살펴보면 다음과 같다(이가은, 2014).

(1) 인스타그램

인스타그램은 이미지 중심의 플랫폼으로서 사용자의 90% 이상이 35세 미만이며, 여성이 68%를 차지하고 있어 젊은 여성에게 인기가 있다. 이는 주로 셀프카메라를 즐기는 젊은이들이 다양한 독창적인 이미지를 통해 볼거리를 제공하기 때문인 것으로 해석된다.

인스타그램은 다양한 사진의 이미지를 제공함으로서 쉽게 이미지를 공유할 수 있어 편

인스타그램의 활용

사진을 통해서 소통하는 인스타그램이 요즘 인기를 끌고 있으며, 이용자들이 늘어나는 추세이다. 음식, 옷, 장신구, 신발, 풍경, 가구 등 다양한 소재의 사진을 공유하며 서로 관심 있는 분야의 정보를 공유하는 SNS로서 많은 사람들의 호응을 얻고 있다. 특히 기업의 경우 공식채널보다 인스타크램에 올리는 것이 홍보효과가 훨씬 크다는 평가를 하고 있다. 인스타그램에 노출된 뒤 판매량이 크게 늘고 있기 때문이다.

자료: 한국경제(2015. 4. 10.).

리하며, 메시지를 읽을 필요가 없이 이미지로서 소통을 하기 때문에 훨씬 간단하게 콘텐츠에 집중할 수 있다는 장점이 있다. 이용자들이 콘텐츠 밑에 '좋아요'나 댓글로 호감 등의 의사표시도 할 수 있으며, 마케터는 이미지에 대한 추가정보를 물어보는 팔로워에게 답글을 달거나 따로 연락을 함으로서 정보를 제공하고, 소비자의 의사에 따라 구매로 이어지기도 한다.

(2) 핀터레스트

핀터레스트(Pinterst)라는 용어는 벽에 물건을 고정할 때 쓰는 핀(pin)과 관심사를 뜻하는 인터레스트(interest)의 합성어로, 온라인에서 발견한 관심 있는 주제의 이미지를 핀으로 콕 집어서 포스팅하고 이를 페이스북이나 트위터 등 다른 소셜 네트워크 사이트와 연계해 지인들과 공유하는 이미지 기반 소셜 네트워크이다(김환표, 2013).

각각의 콘텐츠들을 핀이라 부르며, 다양한 방법으로 콘텐츠에 대한 의견을 표현 할 수 있고, 재생산 할 수 있다(김진영 외, 2013) 핀터레스트는 관계나 메시지보다 '이미지'를 중심으로 소통하는 것으로 제품을 소개하는 온라인 카탈로그로 가장 적합한 형식이라는 평가가 있다. 기업 입장에서는 핀터레스트의 분석을 통해 어떤 핀이 가장 많이 리핀되었는지, 핀터레스트로부터 얼마나 많이 트래픽이 발생하였는지를 알 수 있어 마케팅 활용도가 높다. 또한 핀터레스트에는 '소셜큐레이션'이라는 기능이 있어 사용자들이 자신이 원하는 주제 취향 및 관심사와 연관 있는 콘텐츠들만 받아보고 공유하며 커뮤니케이션 할 수 있다.

핀터레스트의 활용

핀터레스트는 쇼핑하는 사람들에게 특히 인기가 있다. 핀터레스트의 이용자 중 70%가 사이트를 이용하는 이유를 "무엇을 구매할지에 대해 영감을 얻기 위해"라고 대답하였으며 이용자의 대부분이 자신이 좋아하는 것에 대한 최신 유행 정보를 얻고 쫒아가기 위해 방문하는 것으로 알려졌다. 이러한 이용자의 목적에 따라 미국에서는 핀터레스트를 주요한 SNS 마케팅 채널로 활용하고 있다.

자료: 김혜지(2013), 커넥팅랩(Connecting Lab). 재구성.

2. 소비자의 사회적 책임을 위한 정보 활용

국제사회에서 환경문제, 인권문제, 윤리적 문제 등이 이슈화되면서 소비자의 역할 중 세계시민으로서의 소비자의 역할을 강조하고 있다. 개인적인 이득만을 추구하는 소비가 아닌 자신이 속한 지역, 사회, 국가, 나아가 지구촌과 다음 세대를 생각하는 지속가능한 소비를 지향하는 것이다. 이는 소비자의 사회적 책임을 중요시하는 것으로서 이전까지는 기업의 사회적 책임만을 요구하였다면 이제는 소비자들도 사회적 책임감을 가지고 소비해야 함을 시사한다. 소비자들이 접하게 되는 많은 정보들을 사회적 책임을 다하기 위해 사용한다면 우리가 사는 세상이 좀 더 풍요롭고 행복해질 것이다. 이에 소비자의 사회적 책임(CSR: Consumer Social Responsibility)을 발휘할 수 있는 영역을 심영(2010)의 연구를 토대로 사회적 측면, 경제적 측면, 환경적 측면으로 나누어 살펴보고자 한다.

표 7-5 영역별 소비자의 사회적 책임

수준 / 역할	사회적 책임	
	미시적 사회적 책임(개인적, 사적 차원)	거시적 사회적 책임(집단적, 공적 차원)
경제적: 도구적 기능	영역 1: 효율적 소비자(Efficient Consumer) • 합리적 선택에 의한 경제적 효용극대화: 효율적 자원배분(단기적, 장기적 차원), 효과적 자원분배, 사회 전체의 경제후생 증진	영역 2: 호혜적 소비자(Reciprocal Consumer) • 상호이익에 의한 사회적 이익: 효과적 자원분배, 사회 전체의 경제후생 증진
사회문화적: 의미적 기능	영역 3: 균형적 소비자(Balanced Consumer) • 필요적·분수적 소비 • 상품의 사용가치	영역 4: 건전한 소비자(Sound Consumer) • 건전한 소비문화 조성
시민적: 정치적 기능	영역 5: 깨어 있는 소비자(Enlightened Consumer) • 소비자 권리 및 책임 수행 • 소비 관련 법, 질서, 윤리 준수	영역 6: 정의적 소비자(Rightful Consumer) • 정의로운 민주소비사회공동체 조성: 소비(자) 관련 운동·정책 전개, 참여, 물질적 나눔, 후원, 기부, fair-trade 상품 구매 및 사용
생태환경적: 존재적 기능	영역 7: 환경적 소비자(Green Consumer) • 환경친화적·의식적 소비 • 적정수준 소비	영역 8: 생태적 소비자(Ecological Consumer) • 지속가능한 생태계 조성

자료: 심영(2010). 소비자의 사회적 책임에 관한 연구. 소비자학연구, 20(2), p.104.

1) 사회적 영역

현대생활에서 소비는 삶의 대부분을 차지한다. 이를 바꾸어 말하면 모든 국민이 소비자이며, 소비의 중요한 주체가 되는 것이다. 즉 소비자는 기업과 더불어 사회를 구성하는 하나의 경제단위이고, 그 사회 울타리를 벗어날 수 없는 사회단위이며, 그 사회의 경제, 사회 등의 영역과 관련하여 사회적 중요성을 지닌 존재이다(이광래, 2000). 시장경제에서 3대 경제주체 중 하나가 소비자라는 점 또한 소비자에게도 기업과 마찬가지로 소비자의 사회적 책임이 존재한다는 것을 지지해 준다. 소비자의 사회적 책임은 소비자로서의 소비 행위가 이웃, 사회, 국가, 환경 등 제3자 또는 제3의 객체에게 미치는 영향을 고려하여 소비자 이루어져야 함을 의미한다. 이러한 소비행동은 단기적으로는 손해를 보는 듯하지만 결국은 소비자 자신에게 혜택으로 돌아옴을 잊지 말아야 할 것이다. 즉 사회적 이익의 극대화는 개인의 혜택으로 돌아온다는 점을 고려할 때 사회적 책임을 다함으로서 개인의 행복감이나 복지감도 증가하게 됨을 의미한다. 소비자의 사회적 책임의 주체, 객체 및 대상을 살펴보면 〈표 7-6〉과 같다.

표 7-6 소비자의 사회적 책임 주체, 객체 및 대상

구분	사회적 책임
책임 주체	소비자로서의 사회적 역할 관련 의사결정 및 행위를 수행하는 자
책임 객체	이해관계자들: 소비자 자신, 다른 소비자, 사회(지역사회 포함), 지구촌 사회, 자연생태계
책임 대상	소비자의 경제적, 사회문화적, 시민적 및 생태환경적 측면에서의 사회적 역할로 인해 그 소비자가 속한 사회의 제도, 이념 및 환경과 관련하여 이해관계자들에게 발생된 혹은 발생가능한 문제적 사태·상황

자료: 심영(2010). 소비자의 사회적 책임에 관한 연구. 소비자학연구, 20(2), p.100.

사회적 영역에서는 건전한 소비문화 조성, 윤리적 소비행위, 인권을 존중하는 소비, 기부와 나눔 등이 포함될 수 있다.

(1) 건전한 소비문화 조성

문화라는 것은 인류가 유목생활에서 농경생활을 바탕으로 정착생활을 하면서 생겨난 말

로서 한 사회의 개인이나 인간 집단이 자연을 변화시켜온 물질적·정신적 과정의 산물을 의미한다. 즉 문화는 인간에 의해 만들어진 것으로, 인간의 창조물이기도 하다. 이러한 정의에서도 알 수 있듯이 문화는 인간이 만들어낸 것이기 때문에 인간의 힘에 의해서 조절이 가능하다. 따라서 어떠한 소비문화를 만들 것인가도 인간에 의해서 결정되고, 이미 형성된 문화에 따른 책임도 인간에게 있다. 따라서 모든 사회구성원이 건전한 소비문화를 형성하고자 노력한다면 그리 어렵지도 않은 일이다. 건전한 소비문화는 소극적으로는 사치나 허례허식을 하지 않고 자신의 소득수준에 맞는 소비를 하는 것을 의미하며, 적극적 의미로는 타인을 생각하는 소비를 하는 것이다. 즉 자신의 소득수준에 맞게 소비하는 것뿐만 아니라 자신의 소득수준에 맞게 소비한다 해도 사회적 위화감을 조성할 수 있는 과시소비 등은 지양해야 한다.

(2) 윤리적 소비

윤리적 소비는 소비윤리를 실천하는 것으로 볼 수 있으며 소비윤리는 사회구성원으로서 개개인의 생활의 기준이 되는 규범체계인 사회 윤리의 하나로서(이기춘, 1999; 채정숙 외 2004) 개인의 소비행도에 대한 잘잘못을 판단할 수 있는 기준이다(송인숙, 2005). 윤리적 소비는 포괄적 개념으로서 연구자마다 다르게 구분하고 있다. 상거래에서 또는 여타의 소비생활에서 도덕적, 윤리적으로 행동하는 것을 의미하는 것으로 송인숙(2005)의 연구에서의 소비윤리 내용을 살펴보면 〈표 7-7〉과 같다.

표 7-7 소비윤리의 내용과 차원

소비윤리 차원	구체적 내용
종적 차원-세대 간 분배	환경과 다음 세대를 고려한 소비
횡적 차원-세대 내 분배	동시대의 자발적 소득 재분배-절제와 나눔, 자선, 기부
사업자와의 거래 차원-상거래 윤리	계약관계 이행 의무, 주의 의무, 소비자 권리에 대응한 소비자 책임
시장경제의 기초적 윤리	절제된 이기심, 정직성, 신뢰성, 책임 의식과 같은 일련의 윤리적 가치가 구성원에게 생활화

자료: 송인숙(2005). 소비윤리의 내용과 차원정립에 관한 연구. 소비자학연구, 16(2), p.48.

(3) 공정무역

공정무역이란 국가 간 동등한 위치에서 이루어지는 무역을 의미하며, 최근 다양한 상품을 생산하는 데 있어 공정한 가격을 지불하도록 촉진하기 위한 국제적 사회운동으로 추진되고 있다. 생산자와 소비자 간의 직거래, 공정한 가격, 건강한 노동, 환경보전, 생산자의 경제적 독립을 포함하는 개념이다(기획재정부, 2010). 특히 공정무역은 제3세계 국가의 노동자들에게 정당한 대가를 지불하여 이들의 경제적 자립을 돕고, 생산과정에서 환경을 파괴하지 않는 새로운 형태의 대안무역이다(류미현·이승신, 2013). 생산자에게 정당한 원료 값을 지불해 구매하고 생산과정에서 아동이나 강제노동이 없이 생산된 제품을 구매하는 것이 기본 개념이다. 공정무역의 취지는 선진국의 소비자, 유통업자가 제3세계의 농산물, 수공예품 등을 직접 수입, 판매하는 대신 그 이익을 생산자에게 제대로 돌려주는 것을 의미한다(현소은, 2009).

이러한 공정무역 제품은 공정무역인증마크, 취급점 등을 통해 확인할 수 있으며 소비자는 이러한 정보를 구매에 활용할 수 있다. 공정무역 제품 인증마크를 살펴보면 〈그림 7-2〉와 같다.

그림 7-2 공정무역 제품 인증마크

FAIRTRADE

WORLD FAIR TRADE ORGANIZATION

FAIR TRADE CERTIFIED®

자료: AFN(Asia Fairerade Network, 2015).

소비자들은 공정무역 제품을 소비함으로서 믿을 수 있는 제품을 사용할 수 있으며 타인을 배려하는 소비에 간접적으로 참여함으로서 인류공동체의 발전에 기여하게 되는 것이다(옥정원, 2015; 이정욱, 2008; 천경희 외, 2010).

(4) 기부와 나눔

경제가 어느 정도 안정되고, 선진국 반열에 오르면 사람들 간에는 기부에 관한 이야기들이 종종 회자되곤 한다. 사람들 간에 회자되는 이야기는 거액을 기부하는 특별한 이야기가 아니라 보통 사람들이 생활에서 소소하게 할 수 있는 나눔과 기부에 대한 이야기이다. 누구의 강요나 강제적으로 하는 기부가 아니라 각자 자신의 위치에서 자신의 형편에 따라 할 수 있는 만큼 하는 것이 진정한 기부인 것이다. 우리나라 속담에 콩 한쪽만 있어도 나눠먹으라는 말이 있다. 돈이 많은 사람만이 기부할 수 있다는 생각은 버려야 한다. 기부에는 금전적인 기부만 있는 것이 아니라 자신이 가지고 있는 재능, 생각, 봉사 등을 통해서 행할 수 있기 때문에 누구든지 가능한 것이다. 기부는 내가 가지고 있는 것을 다른 사람들과 나누려는 마음에서 시작된다. 즉 타인을 배려하고 생각하는 마음이 표출되는 것이 기부이고 나눔이다.

선진국에서 기부는 시민으로서의 당연한 의무라는 생각이 전제되어 있다. 자신의 성공

기부와 나눔의 유형

1. **공공기관의 기부와 나눔:** A구청은 재능기부 미술 교육프로그램인 '2015 꿈그림 학교'를 운영하였는데 이는 미술작가들이 직접 미술지도, 교육에 참여하여 결과물을 전시하는 프로그램이다. 공공기관이 앞장서서 재능기부, 나눔의 문화를 활성화한다면, 지역주민에게 큰 혜택이 될 것이다.
2. **연예인의 재능기부:** 엔터테인먼트 대표인 A 씨는 소외계층을 위한 문화, 예술 나눔을 실천함으로서 상대적 박탈감으로 상처받은 마음을 위로하고자 재능기부를 시작하였다. 문화예술강좌, 문화나눔콘서트, 소외계층 학생들과 함께하는 뮤지컬공연 등 다양한 문화행사로 사회적 나눔을 실천하고 있다. 이러한 재능기부는 돈이 없어도 가능한 것으로, 자신이 잘하는 것을 나눔으로 실천하는 것이 중요하다.
3. **상품을 통한 나눔 문화:** 나눔 금융상품인 '우리함께 행복나눔' 상품을 개발해 생활 속에서 쉽게, 지속적으로 기부와 나눔을 실천할 수 있는 모델을 제시하고 있다. 거래하는 통장에서 발생하는 이자 및 카드 포인트의 1%를 기부하는 형식으로 설계된 이 상품은 복지 사각지대 해소 등의 용도로 사용된다. 소액이지만 쉽고 지속적으로 기부할 수 있는 상품이나 앱이 다양한 형태로 개발된다면 기부문화 확산에 도움이 될 것이다.

자료: 환경미디어(2015. 7. 3.), 헤럴드경제(2014. 11. 28.), 문화체육관광부 정책브리핑 홈(2014. 7. 9.). 재구성.

이나 부의 축적이 국가와 사회, 이웃이 있었기 때문에 가능했다고 생각하여 사회로 환원하는 것이 당연하다는 원리이다. 우리 사회도 성숙된 시민사회로 발전한 만큼 기부가 활성화되고 있으며, 타인을 생각하는 이타적인 마음이 사회 전반적으로 확산되어 기부나 나눔을 위한 많은 활동들이 이루어지고 있다. 소비자 입장에서는 자신이 소유한 물건 중 사용하지 않는 물건들을 서로 나누는 것, 자신의 알고 있는 소비자정보를 나누는 것, 공통체 소비 등으로 기부와 나눔을 실천할 수 있을 것이다.

2) 경제적 영역

(1) 윤리적 기업의 제품 구매

경제적 영역에서의 소비자의 사회적 책임은 제품의 품질만을 선택의 기준으로 삼는 것이 아니라 기업의 윤리성을 평가하여 사회적 책임을 다하는 기업의 제품을 구매하도록 노력하는 것이다. 반대로 비윤리적 기업의 제품을 구매하지 않고, 비윤리적 기업으로 하여금 윤리적 과정을 통하여 윤리적 제품을 생산 판매할 수 있도록 요구하는 것이 소비자의 사회적 책임을 다 하는 행동이다.

(2) 사회적 이익극대화를 통한 개인의 이익을 추구하는 소비

소비자는 의사결정 시 근시안적인 안목으로 개인의 이익을 추구하기보다는 거시적인 안목으로 사회적 이익의 극대화를 추구해야 하며, 그것이 다시 개인의 이익으로 돌아오는 것임을 인식해야 한다.

(3) 공유경제와 공유소비

공유경제(sharing economy)는 한 번 생산된 제품을 여럿이 공유해 쓰는 협력소비의 경제방식으로 대량생산과 대량소비의 자본주의 경제와 대비되는 개념이다. 즉 물품은 물론, 생산설비나 서비스 등을 개인이 소유할 필요 없이 필요한 만큼 빌려 쓰고, 자신이 필요 없는 경우 다른 사람에게 빌려주는 공유소비의 의미를 담고 있다(pmg 지식엔진연구소, 2013).

공유경제의 유형

1. **빈집 공유 회사 '에어비앤비':** 자기 소유의 주택이나 방을 공유하는 것을 연결해 주는 에어비앤비(AirBnb)라는 회사가 있다. 에어비앤비는 개인이 가지고 있는 빈방이나 빈집을 공유한다. 방의 공급자 입장에선 빈방을 효율적으로 전 세계 고객들에게 공유할 수 있는 기회를 제공하고 방을 구하는 고객 입장에서는 호텔에서 구할 수 없는 저가의 방이나 보다 현지 문화를 가까이 접할 수 있는 여행지를 모색할 수 있어 양자에게 모두 윈윈(win–win)인 대표적인 공유 경제의 사업 모델이다.

2. **집밥 나눔 회사 '집밥':** 'ㅈㅂㅂㅂ'라는 특이한 로고로 주목받고 있는 집밥은 국내에 등장한 공유경제 모델의 스타트업 서비스이다. 소셜 다이닝 서비스 '집밥'은 카쉐어링 서비스 '쏘카'와 함께 서울시에서 선정한 바람직한 공유경제 사업모델로 소개되고 있다.

자료: 최규청(2014. 7. 21.). communication 2.0.

세계경제 위기를 계기로 경제가 어려워지고, 자원고갈의 문제가 심각해지면서 공유경제를 통한 공유소비가 부각되기 시작하였다. 특히 IT기술과 소셜 네트워크의 발달은 공유경제의 주체인 대여자와 이용자의 연결이 편리해짐에 따라 공유경제가 활성화되는 기폭제가 되었다. 공유경제를 통한 공유소비는 유형의 자원과 정보 및 서비스 등의 무형자원까지 폭넓게 적용되고 있다. 공유경제 모델을 살펴보면, 기업은 수익이 사회적 기여로 연결되고, 대여자는 유휴자원을 활용해서 수입을 창출할 수 있으며 이용자는 소유가 아니라 공유이기 때문에 비용을 절약할 수 있고, 사회 전체로도 자원의 절약과 환경문제의 해결이라는 선순환을 가져온다. 이러한 공유경제는 전통사회의 서로 돕는 제도인 '품앗이'와 비슷한 개념이며 현대인에게는 '아나바다' 운동처럼 이웃을 돌아보고 함께 성장할 수 있는 소비활동을 가능하게 한다는 점에서 의의가 있다(김점산 외, 2014).

3) 환경적 영역

지구촌의 환경문제는 이제 어제 오늘의 일이 아니며, 한 국가의 문제가 아니라 지구촌 전체의 문제로 국제기구 및 각국에서는 환경문제에 대응하기 위한 방안을 수립하고 있다. 우리나라도 1992년 기후변화협약(United Nations Framework Convention on Climate Change)에 가입하여, 2002년 쿄토의정서(Kyoto Protocol to the United Nations Framework Convention on Climate Change)를 비준한 바 있다(양재강, 2014).

이러한 국가정책은 소비자들의 소비생활에도 변화를 가져오게 되어 친환경소비를 강조하게 되었다. 환경과 생태계를 보존하는 소비로서 제품의 생산에서 소비, 처분까지의 전 과정이 환경 친화적이어야 함을 의미한다. 이러한 친환경적 소비의 대표적인 것으로 녹색소비, 로컬소비, 지속가능한 소비에 대해 알아보고자 한다.

(1) 녹색소비

환경문제에 대한 문제가 심각해지면서, 우리나라에서는 2009년에 '녹색성장 국가전략 및 5개년 계획'을 발표하고 2020년까지 세계 7대 녹색강국에 진입하는 것을 목표로 녹색생활을 강조하고 있다(현대경제연구원, 2009). 녹색성장 국가계획의 일환으로 '생활의 녹색혁명'분야에서 녹색시민을 위한 녹색 성장교육, 녹색생활 실천 확산과 녹색구매 활성화 정책이 강조되고 있다(유두련, 2012).

이러한 녹색성장은 기업과 관련된 문제만 있는 것이 아니라 소비자들도, 즉 소비자의 소비행동을 통해 녹색성장이 이루어질 수 있는 것이다. 소비자의 입장에서 녹색소비는 소비자 개인과 가족 및 생산자, 사회, 자연과의 상생을 통한 장기적이고 광의의 삶의 질 추구라는 의미를 갖는다(손상희 외, 2010). 이러한 의미로 볼 때 녹색소비가 소비자에게 당장의 이득은 아닐지라도 동세대뿐만 아니라 후세대까지를 생각하는 소비라는 점에서 만족감과 보람을 가져다 줄 수 있다. 이처럼 녹색소비가 강조되고 있는 가운데 소비자들이 실제 소비생활에서 녹색소비를 자발적으로 실천하기는 어려운 현실이다. 그러나 에너지 절약, 재활용, 환경마크의 확인 등의 작은 실천을 통해 환경을 생각하는 소비자로서의 역할을 수행해야 할 것이다.

(2) 로컬소비

로컬소비는 그 지역에서 생산한 제품을 그 지역사람들이 소비하는 것으로서 소비자에게는 신선한 제품을 공급할 수 있고, 생산자는 유통비용 절감을 할 수가 있으며, 이러한 소비는 지역사회의 경제발전에도 기여할 수 있는 효과가 있다. 또한 환경보호 측면에서 유통을 위해 장거리 이동이 없기 때문에 장거리 이동시 자동차 또는 비행기 연료로부터 발생하는 탄소배출량이 줄어들어 지구온난화 문제를 해소시킬 수 있다. 요즘은 탄소발자국이라는 식품의 탄소배출량을 표시하는 제품들이 늘고 있다. 탄소배출량 관련 인증마크는 〈그림 7-3〉과 같다.

그 외 로컬소비는 지역사회의 공동체 결합을 증진시키고 가난과 불평등을 감소시키며 생활과 환경을 개선하고, 안전을 제공하는 등의 역할을 한다(Coline Hines, 2000). 로컬소비를 실천함으로서 지역의 경제발전에 도움을 주며, 농업이나 의류 생산과 같은 지역의 다양한 생산을 활성화시키고 아울러 지역공동체의 연대를 강화시키는 효과가 있다(천경희 외, 2010). 로컬소비를 통해 얻을 수 있는 이득은 탄소배출량 감소로 인한 지구온난화 문제 해소, 지역의 생산품을 지역에서 소비함으로서 지역경제의 활성화, 지역경제 활성화에 따른 일자리 창출, 글로벌 푸드를 대체해 로컬 푸드를 이용함으로서 우리 농산물 애용에 따른 농업경제의 부흥을 이룰 수 있다는 것이다. 이러한 다각적 효과를 얻기 위해서는 소비자들이 자신이 속한 사회의 생산물을 이용하는 소비습관을 지녀야 한다.

여기서 탄소발자국이란 사람의 활동이나 상품을 생산, 소비하는 전 과정을 통해 직, 간접적으로 배출되는 온실가스 배출량을 이산화탄소(CO_2)로 환산한 총량을 의미한다. 제

그림 7-3 탄소배출량 관련 인증마크

탄소배출량인증　　저탄소제품인증

자료: SK에너지 블로그(2015. 3. 9).

품생산 시 발생된 이사화탄소의 총량을 탄소발자국으로 표시하게 함으로서 유래됐으며, 표시단위는 무게 단위인 kg 또는 우리가 심어야 하는 나무 수로 나타내기도 한다(한국경제신문, 2008).

(3) 지속가능한 생태계를 위한 소비

지속가능한 생태계를 위한 소비란 후세대의 삶을 위해 자원이 고갈되지 않도록 아껴 쓰고 재사용하고, 친환경 제품의 사용 등을 통해 자원을 보존할 수 있는 소비를 의미한다. 즉 인간이 생명공동체의 일부임을 이해하고 받아들이는 것이며, 우리가 이 지구를 다른 생물종과 미래 후손들과 나누고 있음을 인식하며(한국불교환경연구원, 2000) 소비하는 것을 의미한다. 천경희(2014)는 소비 공동체를 형성하여 공동체 화폐운동을 통한 지속가능한 소비의 실천을 제시하였다. 공동화폐를 이용한 지속가능한 소비의 실천이란 소비자들이 실천할 수 있는 지속가능한 소비는 작게는 생활의 불편함을 감수하고 1회용 컵, 비닐봉투 등을 사용하지 않는 것으로부터 동물실험을 통한 제품이나, 모피 등 생태계를 파괴하는 제품을 사용하지 않는 것, 인간의 욕심을 절제하고 간소한 삶을 추구하는 것 등이 있을 수 있다.

생각해 보기

1. 집단지성과 소셜지성의 차이를 생각해 보고, 각각의 활용사례를 조사해 보자.
2. 공적무역 제품을 구매해본 경험(어떤 제품을 어디서 구매했는지, 구매 후 만족도 등)을 이야기해 보자. 또한 공정무역 제품의 종류와 특징에 대해 알아보자.
3. 공유소비를 할 수 있는 제품이나 정보, 서비스에 대한 아이디어를 생각해 보고, 공유소비를 바탕으로 창업아이디어를 생각해 보자.
4. 소셜커머스를 이용하여 구매한 경험을 토대로 소셜커머스의 장단점에 대한 논의를 통해 개선방향을 모색해 보자.
5. 생활 속에서 실천할 수 있는 윤리적 소비 다섯 가지를 적어보고, 이를 지속적으로 실천할 수 있는 방안을 생각해 보자.

CHAPTER 8

기업의 정보획득

정보화 사회가 급속히 진행되면서 다양한 영역에서 수많은 데이터가 생성되었고, 기업에서는 소비자에 대한 정보를 획득하는데 있어 다양한 정보원으로부터 수집한 대단위의 데이터를 체계적으로 수집하고 통합적으로 관리하는 것이 점점 더 중요하게 되었다. 이에 기업들은 데이터를 저장하고 기업에 활용 가능하도록 관리하기 위해 자사의 환경에 최적화된 정보시스템을 구축해 오고 있다. 본장에서는 기업들이 구축하고 있는 소비자정보시스템과 이를 통한 데이터 획득이 어떻게 이루어지고 있는지에 대해 살펴보고자 한다.

1. 정보시스템

1) 정보시스템의 개념

정보시스템(information system)이란 기업의 모든 자원을 최적으로 관리하고자 이에 필요한 정보를 통합한 개념이라고 할 수 있다(DeLone & McLean, 1992). 여기에는 통합적인 컴퓨터 데이터베이스를 구축해 기업의 모든 업무 흐름을 효율적으로 자동 조절해 주는 전산시스템을 포함하고 있다. 즉 정보시스템이란 기업에서 적절한 의사결정을 위해 조직을 관리하고 통제하는데 필요한 정보를 수집하고 이를 처리하고 가공하여 저장하거나 배포하는데 관련되는 모든 구성 요소의 집합이라 할 수 있다.

이러한 정보시스템이 갖추어야 할 주요한 속성은 시스템 품질(system quality)과 정보 품질(information quality)이다(조성호, 2013). 먼저, 시스템 품질은 정보를 처리하는 시스템인 하드웨어, 소프트웨어, 네트워크 등의 성능을 의미하는 것으로, 의사결정 시 정보시스템이 적절한 정보를 얼마나 효율적으로 제공할 수 있는지, 이를 위해 얼마나 잘 관리되고 있는 지 등의 시스템 기능에 관한 것이다. 시스템 품질이 적절하게 관리되고 있는 지는 정보시스템의 생산성 평가에서 자원 효용이나 투자 효용 등으로 측정할 수 있으며, 구체적인 평가항목으로는 자료의 흐름, 응답 시간, 소요 시간, 자료의 정확도, 신뢰성, 완전성, 시스템 유연성, 사용 용이성 등이 있다. 다음으로, 정보 품질은 정보시스템이 제공하는 산출물인 정보가 의사결정에 얼마나 적절한 지를 말하는 것이다. 정보 품질은 정보가 의사결정에 얼마나 활용될 수 있는지에 따라 기대되는 정보의 적절성과 관련된 속성이므로 정보시스템 그 자체보다도 정보시스템의 성과를 결정하는데 중요하다. 정보 품질에 대한 측정은 정보시스템에서 산출된 정보의 정확성, 적시성, 편의성 등으로 측정할 수 있다.

2) 정보시스템의 유형

정보시스템은 기업의 활동 영역에 따라 다양한 유형으로 구축할 수 있다. 기업 내부 활동과 관련된 정보시스템으로, 최고경영층의 의사결정에 필요한 정보를 제공하고 중간경영층의 경영관리 업무를 지원하며 하위경영층의 업무를 감독하고 통제하는 경영정보시스템(management information system)을 구축할 수 있으며, 기업에서 발생하는 문제들을 해결하는 의사결정에 있어 제시되는 다양한 대안 중에서 최적의 대안을 선택하도록 정보를 제공하는 의사결정지원시스템을 구축할 수 있다. 또한 기업의 외부 활동과 관련한 정보시스템으로, 고객과 관련된 기업의 내·외부 자료를 수집하고 통합하여 분석하고, 이를 바탕으로 대고객 전략을 수립할 수 있도록 함으로써 적절한 고객서비스를 제공할 수 있게 하는 고객관계관리시스템(customer relation management system)을 구축할 수 있다.

다음에서는 기업의 기능 영역에 따라 구축할 수 있는 정보시스템의 유형인 생산정보시스템, 재무 및 회계정보시스템, 인사정보시스템, 마케팅정보시스템 등에 대해 살펴보자.

(1) 생산정보시스템

생산정보시스템은 기업의 생산 기능을 구성하는 생산계획, 작업관리, 공정운영 및 통제, 재고 및 실적관리 등과 관련된 활동을 지원하는 정보시스템으로, 생산 활동의 전반적인 계획수립을 담당하는 계획시스템, 생산현장에서 일어난 생산 활동들의 내역을 분석하고 평가하는 관리시스템, 현장의 작업을 운영하고 통제하는 현장시스템 등으로 구성된다.

(2) 재무 및 회계정보시스템

재무정보시스템은 기업 내 자금조달과 재무자원의 운용 및 평가에 관한 정보를 제공하며, 이들과 관련된 업무와 의사결정을 지원하는 정보시스템이다. 기업의 현재 재무성과와 기대되는 재무성과를 평가하며, 기업의 자금조달 여부를 결정하고, 자금조달의 대안들을 평가하여 분석하는 업무를 지원한다. 재무정보시스템에서 제공하는 정보들은 경제상황, 기업 운영상황, 자금조달방법, 이자율, 주식과 사채의 가격 등과 같은 각종 경영, 경제 데이터 등인데 이러한 정보들은 기업의 최적 재무계획을 수립하기 위해 중요한 정보들이다.

회계정보시스템은 기업의 재무에 관한 자료를 수집, 기록, 정리하여 경영자 및 외부의 이용자가 의사결정을 하는 데 유용한 회계정보를 제공하는 시스템이다. 자금의 흐름을 기록하고 보고하며, 대차대조표와 손익계산서와 같은 중요한 재무보고서를 만들어 내며, 과거와 현재의 자금운용 실태와 사업실적들을 토대로 향후 예상되는 재무제표와 재무예산을 추정한다. 회계정보시스템은 제품판매와 대금수령에 관한 데이터나 고객이 지불하여야 하는 금액 등을 기록하고 제공하는 외상매출금시스템, 공급자로부터 물품구입과 대금지급에 관한 데이터를 기록하고 제공하는 외상매입금시스템, 노동비용과 노동생산성과 같은 경쟁력지표를 계산하는 데 필요한 데이터를 제공하는 급여처리시스템 등으로 구성된다.

(3) 인사정보시스템

인사정보시스템은 기업의 내부 직원들에 관련된 인사기록을 저장하고 유지하며, 신규 직원을 모집하고 선발하여 직무에 배치하고 평가하는 것 등 기업의 인사관리에 관한 정보를 지원하는 정보시스템이다. 인사정보시스템은 이러한 인사데이터를 중심으로 인사평가에 관한 것뿐 아니라 직원들의 성과나 복지에 관련된 사항들을 종합적으로 관리하여 기업의 인력관리를 지원할 수 있다.

(4) 마케팅정보시스템

마케팅정보시스템(marketing information system)은 기업의 마케팅 활동을 기획하고 관리하며, 마케팅 활동에 관계되는 타사와의 거래 데이터를 처리하고 분석하는 등 마케팅과 관련된 의사결정에 필요한 정보를 제공하는 정보시스템이다. 마케팅정보시스템은 표적시장이 되는 고객, 마케팅채널, 경쟁자, 거시환경요소 등으로 나타나는 마케팅 환경, 마케팅 데이터, 마케팅의사결정시스템으로 구성되며, 이를 통해 도출된 정보는 마케팅의사결정에 활용된다. 여기서 마케팅의사결정시스템(marketing decision making system)은 내부정보시스템, 고객정보시스템, 마케팅조사시스템, 마케팅인텔리전스시스템 등으로 구성된다. 이는 기업의 고객정보를 수집하고 분석하는 고객정보시스템을 포함하고 있는 정보시스템으로 구체적인 것은 다음과 같다(안광호 외, 2010).

그림 8-1 마케팅의사결정시스템과 고객정보시스템

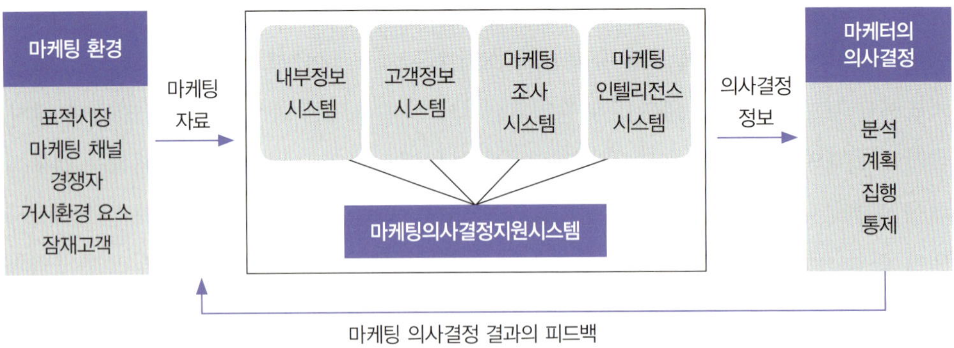

자료: 안광호 외(2010). 마케팅원론. 학현사. p.103.

- **내부정보시스템**(internal information system)은 기업 내부에서 발생되는 자료들을 종합적으로 수집하고 이를 분석하는 시스템이다. 즉 기업 내 각 부서에서 발생된 자료들인 상품별, 지역별, 기간별 매출 데이터, 재고수준, 외상거래, 회계정보 등으로 이러한 기업내부정보를 통합적으로 관리하고자 하는 시스템이다.
- **고객정보시스템**(customer information system)은 기업의 제품이나 서비스를 구매하는 고객들에 대한 정보를 체계적으로 수집하는 정보시스템으로, 고객의 인구통계학적 특성, 라이프스타일, 추구하는 혜택, 구매일자, 구매빈도, 구매가격과 같은 구매정보 등 고객과 관련된 모든 데이터를 통합하여 관리하는 정보시스템이다.
- **마케팅조사시스템**(marketing research system)은 마케팅문제를 해결하고 적절한 마케팅전략을 수립하는데 있어 직접적으로 관련된 자료를 소비자로부터 수집하고 이를 분석하고 문제를 해결하기 위한 마케팅 활동 방안을 도출하는데 필요한 정보시스템이다. 최근에는 소비자들로부터 직접적으로 수집되는 데이터 원천들이 매우 다양하고 데이터의 양도 대단위 규모이므로 이를 수집하고 저장하고 관리하는데 적절한 규모의 정보시스템을 갖추고 시스템품질을 관리하는 것이 필요하다.
- **마케팅인텔리전스시스템**(Marketing intelligence system)은 기업을 둘러싼 마케팅환경에서 발생하는 일상적인 정보를 수집하기 위해 기업이 사용하는 절차와 정보원의 집합으로, 재판매업자, 관리자, 판매원, 관련기관 보고서, 경쟁기업의 고용인 등이 해당된다.
- **마케팅의사결정지원시스템**(marketing decision making support system)은 마케팅의사결정시스템인 내부정보시스템, 고객정보시스템, 마케팅조사시스템, 그리고 마케팅인텔리전스시스템 등으로부터 수집된 정보를 해석하고 마케팅의사결정의 결과를 예측하기 위해 사용되는 관련 자료, 지원 소프트웨어와 하드웨어, 분석도구 등을 통합한 시스템을 말한다.

3) 정보시스템의 성과

정보시스템의 궁극적 목적은 기업의 의사결정 능력을 향상시키고 고객만족과 마케팅 성과를 향상시키는 것이다(Raymond, 1985). 정보시스템의 개념이 시스템 중심의 협의적 개념에서 업무 처리 중심의 포괄적 개념으로 발전하면서 정보시스템이 기업의 성과에 미치는 영향은 점점 더 중요해지고 있다. 기업에서 정보시스템으로 인해 발생하는 성과는 시스템의 생산성과 정보의 적절성으로 인해 나타나는 경제적인 측면의 성과라 할 수 있다. 즉 기업의 조직이나 업무가 전산화되고 정보가 공유되면서 비용이 절감되는 경제적 효과를 발생시킬 수 있는 것이다. 또한 정보시스템의 도입은 경제적 효과 외에도 정보시스템이라는 기술혁신으로 인해 기업의 조직과 업무의 질적 향상, 서비스의 신속한 처리, 수작업으로 불가능한 업무의 처리 등 다양한 효과도 발생시킬 수 있다. 정보시스템으로 인해 발생하는 기업 내 조직과 업무의 효율화와 고객 정보의 체계화와 지속적인 통합관리는 고객에 대한 적절한 서비스를 제공하고 고객 만족을 향상시키는데 도움을 줄 수 있다. 왜냐하면 정보시스템으로 축적한 고객 데이터를 바탕으로 고객을 세분화하고 각 세분화된 고객들이 만족할 수 있는 마케팅전략을 수립할 수 있으며 이에 따라 고객에게 적절한 서비스를 효율적으로 제공할 수 있기 때문이다.

2. 소비자정보시스템

1) 소비자정보시스템의 필요성

소비자정보시스템이란 변화하는 경영, 마케팅, 시장 환경에 능동적으로 대응하고 고객 세분화와 밀착관리로 고객 충성도를 높이기 위해 소비자에 대한 분산된 정보들을 효율적으로 통합관리하기 위한 기법이다(송현수, 1999). 소비자정보시스템은 소비자에 대해 수집된 다양한 형태의 정보들을 효율적으로 통합하고 관리하는 기법으로, 고객관리에 필수적인 요소들인 기술 인프라, 사업전략, 영업 프로세스, 조직의 경영능력, 고객과 관련된 영업정보 등을 고객 중심으로 정리하고 통합하여 고객 활동을 개선시킴으로써 고객과의 커뮤니케이션을 최적화하고 고객과의 장기적인 관계를 구축해나가는 정보관리방법이다.

오늘날 대부분의 기업들이 다양한 영역에서 생성하는 대단위의 소비자 데이터를 체계적으로 수집하고 이를 통합하여 관리하는 데 있어 소비자정보시스템을 구축하고 있는 데에는 다음과 같은 이유들이 있다.

(1) 오프라인과 온라인의 컨버전스 환경

기업이 소비자를 대상으로 활동하는 마케팅 영역이 온라인으로 확장되면서 오프라인과 온라인이 공존하는 컨버전스 환경이 대두되었다. 온라인을 통해 확장된 마케팅 환경은 글로벌 시장과 소비자, 시간과 공간의 경계를 초월하는 무한 서비스, 전자결제 활성화, 무점포 뱅킹시스템 구축, 전자인증, 소비자정보 확대 등으로 나타나고 있다. 또한 이러한 컨버전스 환경에서 기업의 마케팅 활동도 오프라인과 온라인을 연계하는 24시간 리얼타임 운영, 국경을 초월한 유통경로와 배송·운송 시스템, 글로벌 브랜드 경쟁, 글로벌 고객으로 고객시장 확보 경쟁 심화 등으로 더욱 복잡화되면서 새로운 정보들을 필요로 하게 되었다.

(2) 소비자의 정보화

컨버전스 환경에서 기업이 소비자에게 제공되는 정보가 급속히 확대되면서, 소비자는 기존에 의사결정에 필요한 정보량을 기준으로 하는 비대칭적 정보 상황에서 의사결정에 적절한 정보 유무를 기준으로 하는 새로운 비대칭적 정보 상황에 직면하게 되었다. 이러한 상황에서 기업은 개별 소비자의 정보에 대한 니즈를 파악하고 개별 소비자에게 적절한 정보를 제공하기 위해 소비자정보를 효율적으로 관리하는 것이 필요하게 되었고 이로 인해 소비자정보시스템 구축의 필요성이 증대되었다. 소비자 또한 의사결정에 필요한 정보를 획득할 수 있어야 하며, 획득한 정보를 의사결정의 적합성에 따라 선택할 수 있어야 하는데 이를 위해서는 소비자가 정보처리를 합리적으로 할 수 있는 인지체계를 형성하고 이를 바탕으로 바람직한 의사결정을 해나가는 것이 중요하다.

(3) 기업의 고객관계경영 강화

시장이 확대되고 경쟁이 심화됨에 따라 기업의 대고객 마케팅 활동이 변화하고 있다. 기업은 마케팅 활동에서 커뮤니케이션의 대상을 신규 고객에서 기존 고객으로 초점을 바꾸고 기존 고객을 충성고객(loyalty customer)화하기 위해 총력을 기울이고 있다. 충성고객은 변화하는 시장 환경에서도 기업에 대한 충성도를 유지하며 기업의 이윤 극대화와 이로 인한 기업의 성장에 중요한 기여를 하고 있기 때문이다.

기존 고객을 충성고객으로 유지하는데 있어 고객에 대한 개인정보나 구매정보를 지속적으로 관리하고 이를 근거로 고객에 적절한 마케팅 활동을 하는 것은 고객만족을 위해 필요하다. 소비자가 무엇을 원하는지를 소비자 개개인 수준에서 지속적으로 체계적으로 조사하고 파악하기 위해서는 소비자정보시스템의 도입이 필요하다. 또한 고객을 응대하는 모든 조직원들이 숙달된 응대기술과 고객에 대한 배려정신으로 하나의 목소리로 접근하고 고객의 생애가치 평가에 따른 차별적인 응대를 하는데 있어서도 소비자정보시스템은 필수적이다.

(4) 빅데이터 수집과 활용 확대

데이터를 수집하는 방법과 처리하는 기술이 발전하고 비용이 감소함에 따라 기존에는 정보화될 수 없었던 다양한 형태의 데이터들이 기업의 의사결정을 위한 데이터베이스로 사용할 수 있게 되었다. 이에 따라 기업은 획득 가능한 소비자 데이터를 필요로 하는 한 많이 수집할 수 있게 되었으며, 이렇게 수집된 데이터의 규모는 기존의 데이터양에 비해 매우 크고 형태도 다양하게 나타나고 있는데 이러한 데이터를 기존의 데이터들과 비교하여 빅데이터라고 한다. 빅데이터는 소비자의 니즈를 이해하는데 매우 중요한 정보를 가지고 있는 데이터이므로 기업들의 대고객 마케팅 활동에 매우 적절하다고 할 수 있다.

빅데이터를 바탕으로 하는 마케팅 활동으로 데이터베이스마케팅이 있는데, 이것은 빅데이터를 축적하고 있는 데이터웨어하우스의 방대한 데이터를 마케팅의사결정의 베이스로 활용하는 것이다. 마케팅 목적에 맞게 체계적으로 축적된 데이터를 가공하고 분석하여 기업 활동에 적극적으로 활용하는 것이다.

(5) 정보시스템 중심 경영

정보통신의 네트워크화와 정보기술의 혁신으로 기업 내외부에서 발생하는 다양한 커뮤니케이션을 통합하고 정보공유를 통해 기업 운영의 효율성을 고조시키기 위한 정보시스템 중심의 경영이 더욱 중요해지게 되었다. 즉 정보통신의 네트워크화는 기업의 내부 부서들이나 다른 기업들, 그리고 고객과의 업무처리에 있어 효율성을 높이고 있으며, 기업 내 부서 간의 데이터 공유로 업무지원이 실시간으로 가능하게 됨으로써 의사결정의 시간과 비용을 절감할 수 있게 되었다. 이에 기업의 업무처리에 필요한 데이터를 처리하는데 있어 효율성을 재고하기 위하여 조직 내부, 시스템, 고객이 동시에 접근할 수 있는 통합적 정보시스템에 대한 필요성이 커지게 되었으며, 산재된 고객정보로 인해 관리업무의 비효율성을 감소시키기 위해 소비자정보통합시스템 구축이 더욱 필요하게 되었다. 정보시스템 중심의 경영은 소비자정보시스템을 구축함으로써 실현되어질 수 있는 것이다.

2) 소비자정보시스템의 구성

소비자정보시스템은 크게 고객정보관리시스템(customer information management system), 고객콜센터시스템(customer call center system), 성과분석시스템(performance analysis system)으로 구성할 수 있다(김영신 외, 2003).

(1) 고객정보관리시스템

고객정보관리시스템은 고객 정보 파일, 고객생애가치(life time value), MCIF(Marketing Consumer Information File) 등 축적된 고객 정보와 고객 행태를 관리하고 분석하는 시스템이다. 신규고객 및 기존고객 정보의 입력, 고객생애가치, MCIF를 통한 고객 분류, 주문처리, DM 관리, 고객행태분석, 고객의 구매실적 관리 등의 고객 분석 기능을 수행하며, 우수고객관리, 고객이탈 방지, 고객의 중요도 평가 등을 통하여 마케팅 활동을 강화하는데 활용할 수 있다.

(2) 고객콜센터시스템

고객콜센터시스템은 고객의 주문, 제안, 불만, 불평 등 고객의 소리를 직접 처리하고 관리하는 시스템이다. 콜 처리, 전문상담 처리, 콜 관리 분석, 텔레마케터 활동 분석, 고객상담 처리 분석, 지역별, 부서별 고객 상담 만족도 측정, 고객설문조사 분석 등을 수행한다.

(3) 성과분석시스템

성과분석시스템은 기업의 대고객 활동의 결과를 수치화하거나 계량화하고 업무별로 투자대비 수익의 규모와 비중을 분석하여 향후 활동에 대한 전략을 개선 및 보완이 가능하게 하는 시스템이다. 주로 고객별 종합성과분석, 고객상담센터 성과분석, 연체관리 성과분석, 사업부서·지역·팀·개인별 성과분석, 마케팅 이익과 기여도 분석 등의 기능을 수행한다.

다양한 유형의 고객 정보시스템에서 사용하는 데이터는 데이터 원천으로부터 수집한 후 데이터웨어하우스(data warehouse)에서 통합하고 이를 데이터마이닝(data mining) 등으로 분석하여 각 시스템의 목적에 맞게 가공되어진다. 여기서 데이터웨어하우스란 사용자의 의사결정을 지원하기 위해 기업이 축적한 많은 데이터를 사용자 관점에서 주제별로 통합하여 별도의 장소에 저장해 놓은 데이터베이스를 말한다.

데이터웨어하우스의 특성은 여러 시스템에 산재된 데이터들이 웨어하우스로 취합·통합되므로 사용자 질의에 신속한 응답을 제공할 수 있으며, 데이터웨어하우스의 정보는 축적된 데이터를 단순히 추출하여 복제하는 것이 아니라 중복된 데이터는 제거되고 잘못된 값은 수정되는 데이터 정제 과정을 거치고 다양한 포맷의 데이터가 하나의 포맷으로 통일되어 분석에 용이하도록 처리된다. 다음으로 데이터마이닝이란 대규모 데이터베이스로부터 유용한 정보나 정보들 간의 유용한 관계를 발견하는 것을 말한다. 데이터마이닝을 효율적으로 수행하기 위해서는 시계열 분석 등 각종 통계분석기법과 데이터베이스 기술뿐만 아니라 인공지능, 퍼지논리, 패턴인식, 불확실성 추론, 정보검색 등에 이르기까지 각종 정보기술과 기법 등을 사용하게 된다. 또한 경영전략, 마케팅 기법 등의 경영기법 이용도 필요하다. 데이터마이닝을 활용해서 정보를 분류(classification), 추정(estimation), 예측(prediction), 군집화(clustering)할 수 있다.

마지막으로 개인화(personalization)는 고객별로 분석된 결과에 따라 고객의 만족을 극대화할 수 있는 고객 맞춤화 전략을 의미한다. 개인화를 위한 필터링 기준으로는 사용자의 개인 신상, 관심, 선호도 등의 자료를 통해 사용자들의 선호에 맞는 상품이나 정보를 추천하는 방식인 규칙기반 필터링(rule-based filtering), 사용자가 웹상에서 표현하는 선호도나 구매 패턴을 파악하여 이와 비슷한 취향을 가진 고객끼리 묶어 서로 아직 구매하지 않은 제품을 추천해 주는 방식인 협업 필터링(collaborative filtering) 등이 있다.

3) 소비자정보시스템의 구축

소비자정보시스템을 구축하는 프로세스는 소비자정보시스템 구축방향의 설정, 소비자정보시스템 구축전략과 시스템 구성 항목의 결정, 데이터 사용의 명확화, 데이터베이스 요소의 점검과 분류, 데이터베이스 구조의 개발, 고객등급의 확정, 데이트 프로세스 처리, 데이터의 저장·유지·보수 방법 모색, 개별 정보의 통합화, 개인정보의 효용성, 데이터베이스의 설계, 데이터베이스 갱신빈도의 결정, 시스템 평가와 업그레이드, 사용자 요구 적합 여부, 수정·보완·테스트 등으로 이루어진다. 다음은 각각의 단계에 대한 구체적인 설명이다(Maynes, 1976).

(1) 소비자정보시스템 구축 방향의 설정

이 단계에서는 소비자정보시스템을 구축하는데 필요한 인력구성을 결정하고 개발범위를 확정하며, 단계별 검토와 투입비용 및 기대효과를 측정하는 것 등을 동시에 함께 진행해야 한다.

(2) 소비자정보시스템 구축 전략과 시스템 구성 항목의 결정

이 단계에서는 소비자정보시스템을 어떻게 구축할 것인가에 대한 구체적인 전략을 수립하는 것이 필요한데, 시스템 구성을 어떻게 전개할 것이며 각 구성 항목별로 구체적인 과업들을 어떻게 설정할 것인가를 결정해야 한다. 이를 위해서는 현업부서와 전산부서의 협조체계가 있어야 하며, 이를 바탕으로 기획, 분석, 설계, 구현 단계별로 시스템 개발에 따른 구체적인 과업들을 설정하고 이에 따른 구체적인 작업내용과 산출물을 도출해 나가야 한다.

(3) 데이터 사용의 명확화

이 단계에서는 소비자정보시스템을 구축하는데 있어 기존 데이터를 어떻게 활용한 것인가에 대한 활용 목표와 사용범위, 사용방안 등을 구체화시켜야 한다. 고객관리 정책을 정확하게 수립하고 시스템을 구축해야 기존의 고객 데이터베이스가 적절히 활용될 수 있을 것이다.

표 8-1 소비자정보시스템 구축 단계

구축 단계	단계별 핵심 내용
1. 고객정보통합시스템 구축 방향의 설정	자체조직, 외부컨설팅, 자체 및 외부컨설팅
2. 고객정보통합시스템 구축 전략과 시스템 구성 항목 결정	업무단위별 세분화
3. 데이터 사용의 명확화	데이터베이스로 등록된 데이터베이스의 명확화
4. 데이터베이스 요소의 점검과 분류	업무 단위별·파일별로 등록된 데이터와 요소 점검과 분류 작업
5. 데이터베이스 구조의 개발	데이터베이스 구조를 개발하기 위한 방법 모색
6. 고객등급의 확정	고객충성도에 따른 고객등급의 분류
7. 데이트 프로세스 처리	데이터 처리방법과 지정
8. 데이터의 저장·유지·보수 방법 모색	데이터 저장 여부 결정과 저장·유지·보수 방법 설명
9. 개별 정보의 통합화	개인의 개별 정보의 통합화·단일화
10. 개인정보의 효용성	개인정보의 효용성을 극대화시키는 방안
11. 데이터베이스의 설계	결정된 데이터의 설계
12. 데이터베이스 갱신빈도의 결정	데이터베이스 관리의 효율성을 고려하여 갱신빈도를 결정
13. 시스템 평가와 업그레이드	시스템 구조 및 운영환경·효율성 재고
14. 사용자 요구 적합 여부	사용자 요구와 수집·변경·보완·삭제 등으로 데이트베이스 효율성 재고
15. 수정·보완·테스트	수정·보완 여부 최종 확인 후 개정 실시

자료: 송현수(1999)·Maynes(1976). 재구성.

(4) 데이터베이스 요소의 점검과 분류

이 단계에서는 데이터베이스를 구성하는 기본 요소들을 파악하고, 이를 적절한 기준에 따라 분류해야 한다.

① 데이터베이스 구성 요소

- **필드**(field)는 레코드를 구성하는 가장 기본적인 데이터 요소로서 관리항목별 기록의 크기라고 볼 수 있다. 즉 '신규 회원 정보'라는 관리 항목에서 성명의 필드는 영문의

경우 22자, 한글의 경우 5자, 주소(한글기준) 32자 등에서 나타나는 숫자의 크기가 바로 필드이다.

- **레코드**(record)는 필드의 집합체로서 하나의 양식이나 화면 종류에 기록되는 데이터를 말한다. 예를 들어 '신규 회원의 정보' 화면을 설계할 때 '한 사람'의 이름, 주소, 전화번호, 직장명이 1레코드를 구성한다.
- **파일**(file)은 동질적인 레코드의 집합체로서, 데이터베이스상에서 이름과 주소, 직장명 등 동일한 정보를 포함하는 레코드의 집합체를 말한다.
- **데이터베이스**(database)는 각종 파일들의 집합체를 말한다. 데이터베이스의 크기는 수천에서 수백만 레코드까지 얼마든지 확장할 수 있는데, 처리가 정확하고 즉각적으로 정보를 제공할 수 있어야 효율적이다.
- **테이블**(table)은 데이터가 테이블 형대로 배열되는 것을 말한다. 화면을 테이블식으로 구성하여 1개의 줄마다 1레코드를 나타내는 방법으로, 이름의 경우에 1컬럼(열)이 생기고 주소 또한 1컬럼(열)이 생긴다.

② 데이터베이스의 분류

- **1차적 데이터 구성 요소**란 데이터베이스 관리에 필요한 기본적 데이터로서 이름, 주민등록번호, 주소, 우편번호, 최초 구매일, 구매금액, 구매상품 종류 등의 데이터를 말한다.
- **2차적 데이터 구성 요소**란 주로 거래나 고객행동의 결과에서 나타나는 데이터로 거래일, 거래금액, 일반매출, 할부매출 등의 매출구분과 구매량 등을 말한다.
- **3차적 데이터 구성 요소**란 신분을 나타내는 직장명, 직위, 연체내역, 신용거래내역, 인구통계학적 자료 등을 말한다.
- **데이터세트**는 같은 업무처리 단위별로 생성되는 데이터 집합을 의미한다. 데이터세트의 종류는 무수히 많으나 대표적인 것으로 통신판매 주문처리 파일, 마케팅 활동을 위한 고객 명단, 인구통계학 자료, 캠페인 고객참여 명단 등이 있다.

(5) 데이터베이스 구조의 개발

이 단계에서는 데이터베이스 구조를 개발하는데 이때 사용할 수 있는 방법은 파일시스템을 이용하는 방법, 기존의 관계형 데이터베이스를 이용하는 방법, 객체지향형 데이터베이스를 적용하는 방법 등이 있다. 먼저, 파일시스템을 이용하는 방법은 단위업무를 목적별로 구분하여 사용하는 것으로, 데이터, 프로그램, 텍스트 등으로 저장하여 공간적 활용이 가능하다. 다음으로 관계형 데이터베이스를 이용하는 방법인데 관계형 데이터베이스는 처리과정이 각기 다른 다양한 데이터를 결합하여 사용할 경우에 적합하다. 다양한 고객의 행동 특성은 물론 고객의 행동자료들도 키 필드(key field)가 무엇이냐에 상관없이 결합하여 처리할 수 있다. 마지막으로 객체지향형 데이터베이스를 사용하는 방법인데, 이것은 가상 현실세계를 설계하고 모델링하며, 빠른 소프트웨어 개발을 위해 시스템을 객체들의 상호작용으로 바라보는 새로운 형태의 소프트웨어 개발 패러다임이다. 이 방법을 사용하기 위해서는 데이터베이스 구조 개발 시 객체지향형 데이터베이스를 활용할 수 있는 능력을 갖추고 있어야 한다.

(6) 고객등급의 확정

이 단계에서 고객등급을 확정하는 것은 기업에서 자사의 고객이 가지고 있는 평생가치를 향상시키는 기초자료로 중요하다. 고객등급을 분류하는데 있어 신뢰성 있는 고객 등급 측정 시스템을 구축하는 것이 필요하다. 고객의 등급을 분류할 때는 자사제품이나 서비스 특성에 맞게 분류해야 하며, 회사 실정에 맞게 분류 조건을 수치화하여 시스템적으로 접근할 수 있어야 하고, 몇 단계로 분류할 것인가는 수많은 테스트 작업을 거쳐 객관화되어야 한다.

(7) 데이터 프로세스 처리

훌륭한 데이터베이스 시스템을 구축하려면 사용자 중심의 데이터 프로세스 처리가 이루어져야 한다. 이를 위해 주로 사용하는 데이터 프로세스 처리는 생성(C: create), 읽기(R: read), 갱신(U: update), 삭제(D: delete) 등으로 구성된다.

(8) 데이터의 저장, 유지 및 보수 방법 모색

① 데이터의 저장

데이터의 저장방법은 단위시스템별 또는 파일별로 현업팀과 정보팀이 상호협의하에 결정해야 한다. 데이터를 저장하는 곳을 스토리지(storage)라고 하는데, 시스템 구축 시에 스토리지를 잘 정하고 서로 다른 보관방법을 가진 스토리지 기술 중 선택하여 적용하는 것이 중요하다. 기본적인 스토리지 기술을 선택하여 설치했더라도 용량이 증가하여 새로운 스토리지 기술을 추가해야 하는 일이 발생할 수 있다. 스토리지를 추가 또는 변경함으로써 새로운 시스템을 개발해야 되는 경우도 있는 만큼 데이터의 저장방법은 보다 신중하게 접근해야 한다.

② 데이터의 유지 및 보수

정보처리의 산출물을 지속적으로 관리하는 정보관리팀 또는 정보관리자를 따로 지정하는 것이 바람직하다. 이들의 책임은 전사적인 데이터 모델과 프로세스 모델의 작성, 유지, 보수, 시스템 생애주기까지 전담한다. 또한 정보시스템에 대한 사용자(현업부서 및 경영진)의 업무개발 요구사항에 따른 데이터 공급 요건과 전달방법에 대한 창구역할까지 담당해야 한다.

(9) 개별 정보의 통합화

대다수 기업들이 다량의 데이터를 확보하고는 있지만 의사결정 기능도 부서별로 나누어지고 분산되는 것이 자주 발생하게 되면서 데이터를 체계적으로 관리하기 위한 데이터 통합에 어려움을 나타내고 있다. 이를 위해 소비자정보시스템 구축을 전제로 '데이터웨어하우스 구축전략'을 수립하는 것이 필요하다.

(10) 개인정보의 효용성 극대화

고객관리가 기업의 성패를 좌우한다면 고객의 개인정보관리는 고객관리의 성패를 좌우한다. 요즘처럼 경쟁이 치열하고 고객의 욕구가 세분화된 상황에서는 좋은 제품을 저렴하게 공급하는 것보다 고객의 욕구에 적합한 제품과 서비스를 공급하는 것이 더욱 중요하다. 신속한 배달을 원하는 고객에게는 신속한 배달을, 정보수집을 원하는 고객에게는 필요한 정보를, 저렴한 가격을 원하는 고객에게는 저렴한 제품을 공급해야 한다. 따라서 고객관리의 핵심은 개인정보의 효용가치를 극대화시키는 것이다. 다음은 개인정보의 효용성 극대화를 위해 고려해야 할 사항들을 제시한 것이다.

(11) 데이터베이스 설계

① 메뉴 설계

메뉴를 통한 시스템 작동은 특히 초보자나 간헐적 사용자인 경우에는 사용이 편리하다는 장점이 있다. 그러나 메뉴가 계층적 구조이고 계층화의 골이 깊다 보면 숙달된 사용자에게는 번거로울 수가 있다. 따라서 계층화는 3단계를 초과하지 않도록 해야 하고, 메뉴 건너뛰기를 활용할 필요가 있다.

② 입력화면 설계

- 자료 원천에서 입력해야 한다. 자료는 가능한 한 생성 시점에 시스템에 입력해야 에러율이 적다. 따라서 주문입력의 경우 고객이 온라인 통신망을 이용하여 주문내역을 직접 입력하도록 하는 것이 이상적이며, 이는 자료입력에 소요되는 인건비를 줄이는 방법이기도 하다.
- 원문서와 일치해야 한다. 자료입력 화면은 그 형식이 원문서(source document)와 같아야 입력으로 인한 오류가 줄어든다. 만일 원문서가 자료입력에 불편하도록 설계되어 있다면 원무서 자체를 바꿀 필요가 있다.
- 자료입력을 가능한 한 자동화시켜야 한다. 자동화의 예로는 매출 현장 관리시스템(POS)에서의 바코드(bar cord) 판독기를 통한 자료입력의 자동화가 있다. 광학의 원리를 이용한 자료입력 과정 자동화를 통하여 인건비 절감, 자료입력의 정확성과 거래 처리의 신속성을 도모할 수 있다.
- 에러검증 장치를 마련해야 한다. 즉 자료입력 시 입력 담당자의 에러에 대한 대책을 마련해야 한다. 우선은 입력 건수의 확인이다. 예를 들어 당일 접수한 주문서(order sheets)를 한데 모아 저녁에 일괄 입력시키는 경우, 주문서의 수와 컴퓨터가 집계한 총 건수를 상호 비교할 필요가 있다.

(12) 데이터베이스 갱신빈도의 결정

데이터베이스 관리업무 중에서 데이터베이스 갱신빈도의 결정은 시스템 환경의 변화와 데이터베이스 규모의 급격한 증대 등으로 인한 정보관리의 효율성, 시스템 구축의 경제성, 수익성 재고 측면에서 중요하다.

(13) 시스템 평가와 데이터베이스 업그레이드

현업부서와 정보지원 부서는 소비자정보시스템에 대해 냉철한 평가를 내리고 데이터베이스 업그레이드 여부를 결정해야 한다. 이때 최고 경영자층의 욕구는 물론, 실무자가 사용하기 쉬운지 또는 고객의 입장에서 필요한 서비스 정보를 공유할 수 있는지 등을 평가해야 한다.

시스템 평가와 데이터베이스 업그레이드 여부결정 시에는 최신성, 경영층의 활용, 분석의 정밀성, 집적성, 업그레이드 효용성, 시스템 권한(system authority) 등 여섯 가지 요소를 고려해야 한다. 여기서 집적성(aggregation)이란 시스템 보관 파일에 있는 정보내용의 상세함 정도를 나타내는 것으로, 집적성이 낮은 개별 항목뿐만 아니라 시장점유율이나 산업 서베이와 같은 집적성이 높은 것이 수록되어 있어야 한다.

(14) 사용자 요구의 적합성 여부 검토

고객의 욕구를 충족시키기 위해서는 내부조직에서 최종 사용자가 원하는 정보를 적시에 탐색, 발견, 표현, 보고하여 최종 의사결정과 조치를 취할 수 있도록 정보분석 도구와 질의 보고서 도구를 활용한 정보 분석 환경을 구현하는 작업이 필요하다. 이와 같은 최종 사용자의 요구가 시스템 요건의 제공과 부합되는지를 검토하고, 시스템 개발에 적극 반영되어야 한다.

(15) 최종점검(수정, 보완, 테스트)

소비자정보시스템 구축에서 수정, 보완, 테스트는 최종점검 단계로 시스템의 안정성은 물론 다양하고 방대한 정보 요구에 대해 적시에 정확하고 편리한 접근방법으로 제공하는가를 체크한다.

아울러 사용자의 비효율성, 시스템의 안정성, 데이터베이스 통합성, 보안성, 이외에도 기술이전이나 유지, 보수 등의 항목에 대한 체크포인트를 정하여 차근차근 점검하여 문제점을 개선하고 보완한다. 특히 응용프로그램 등의 보완, 추가도 곧바로 필요한지를 사전에 검토해 볼 수 있다.

3. 소비자정보의 획득

1) 소비자조사

(1) 소비자조사의 개념

소비자조사란 기업 의사결정에 있어 문제를 규명하고 이러한 의사결정상 필요한 정보를 구체화하며 체계적이고 과학적인 방법에 의하여 자료를 수집하고 분석함으로써 기업 의사결정에 도움이 되도록 지원하는 것을 말한다.

(2) 소비자조사의 과정

기업의 의사결정 문제를 규명하고 이러한 의사결정상 필요한 정보를 구체화하며 체계적이고 과학적인 방법에 의하여 자료를 수집하고 분석함으로써 마케터의 의사결정에 도움이 되도록 지원하기 위해 소비자조사를 실시한다. 소비자정보를 획득하기 위한 소비자조사 과정은 다음과 같이 다섯 단계로 이루어진다(채서일, 2001).

- 첫 번째 단계는 현상으로 보이는 문제의 증상에서 실제 문제를 규명하고 이를 마케팅조사의 문제로 전환하는 문제의 정의 단계이다.
- 두 번째 단계는 정의된 문제에 대한 종합적인 검토, 조사방법 및 소비자 표본선출 방법을 선정, 예산의 편성과 조사일정의 작성, 그리고 마케팅조사 계획에 대한 평가 등의 조사 계획을 작성하는 단계이다.
- 세 번째 단계는 규명된 문제를 해결하기 위한 필요한 자료를 수집하고 분석하는 조사실시 단계이다. 조사 자료는 1차 자료와 2차 자료로 구분된다. 1차 자료는 조사를 통해 수집되는 자료이고 2차 자료는 이미 다른 목적에 의해 수집된 자료이다. 자료를 수집하는 방법은 조사대상자에게 직접 질문하여 자료를 수집하는 직접적인 방법과 관찰방법, 흔적조사법, 내용분석법 등의 간접적인 방법이 있다. 자료수집 방법이 정해지면 조사 목적에 적절한 조사대상자를 선정하여 조사를 실시한다.
- 네 번째 단계는 수집된 자료를 분석하여 의사결정에 유용한 정보로 전환하는 조사

그림 8-2 기업의 소비자조사 과정

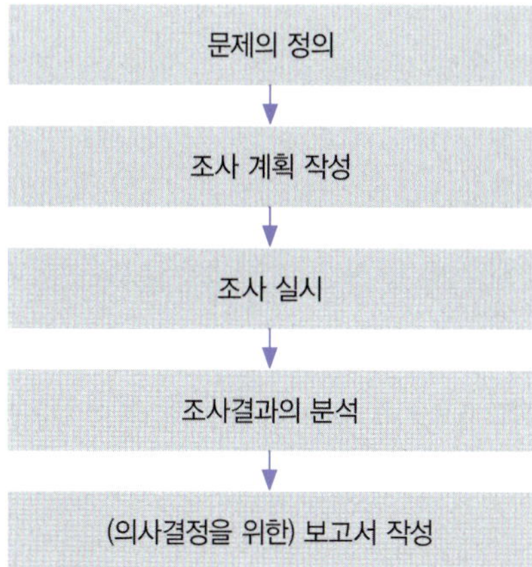

결과 분석 단계이다. 수집된 자료는 자료의 정정 및 보완, 코딩, 컴퓨터를 이용한 통계적 처리 및 분석을 거치게 된다. 분석에서는 기법사용을 위한 선택보다 경영자가 필요로 하는 정보를 얻는데 적절한 통계기법을 사용하는 것이 중요하다. 수집된 자료들에 대한 분석이 이루어진 이후에는 분석 결과에 대한 해석이 중요하다. 분석결과를 해석할 때는 의사결정에 의미 있는 해석을 도출하는 것이 필요하다.

- 마지막 단계는 의사결정자에게 보고하는 보고서를 작성하는 단계이다. 여기서 조사보고서는 조사결과와 결론을 문장과 표 등으로 정리한 것으로 의사결정자가 의사결정을 하는데 정보로 활용하는 것이다. 보고서가 의사결정에 적절히 활용되기 위해서는 의사결정자의 조사 결과에 대해 충분히 이해할 수 있어야 하므로 조사자와 의사결정자 간에 의사소통이 중요하다.

(3) 소비자정보획득 방법

소비자정보획득 방법에는 의사소통 방법과 관찰 방법이 있다(채서일, 2001).

① 의사소통 방법

의사소통 방법은 소비자가 직접 설문지를 작성하거나 소비자와의 대화를 통해서 자료를 획득하는 방법으로, 대인면접법이 대표적이다.

캠벨(Campbell)은 의사소통 방법을 체계화와 공개 정도에 따라 분류하였는데, 여기서 체계화는 자료수집 과정에서의 표준화라고 할 수 있으며, 공개 정도란 소비자가 조사자인 기업이 획득하려는 정보에 대해 알고 있는 정도라고 할 수 있다.

- **체계적 공개적 방법**은 가장 많이 쓰이는 방법으로 표준화된 질문서나 설문지를 이용하여 모든 응답자에게 조사하는 방법이다. 이 방법은 여러 면접원을 채용함으로 인하여 생길 수 있는 오류(interviewer bias)들을 극소화하고, 응답자로 하여금 모든 응답자가 동일한 설문지에 응답한다는 것을 미리 알려서 응답과정에서 발생하는 오류를 줄일 수 있다. 이와 같이 표준화된 질문이나 설문지를 작성할 때는 선행연구에서 사용했던 것을 이용하든가 하고 여러 번의 사전 조사를 통해서 신뢰도와 타당성을 미리 검증해야 한다.
- **체계적 비공개적 방법**은 응답자로 하여금 특정 주제나 제품에 대하여 알고 있는 사실을 말하도록 하는 것이다. 사람들은 자신의 태도나 믿음에 따라 정보를 탐색하고, 또한 정보들을 선택적으로 기억하게 된다. 이 기법은 응답자가 인지하는 정도는 태도나 믿음에 의하여 결정된다는 가정 하에 특정주제나 제품에 관해 알고 있는 정도를 측정하여 이것으로 응답자의 태도나 믿음을 조사하는 것이다.
- **비체계적 공개적 방법**은 앞의 체계적·공개적인 방법에 비하여 질문방식이나 응답의 형식 및 내용이 상당히 자유스럽게 되어 있다. 일반적으로 조사자가 하나의 질문을

표 8-2 체계화와 공개 정도에 따른 분류

	체계적	비체계적
공개적	일반적인 설문지	심층면접법 표적집단면접법
비공개적	객관적 행태조사	통각시험법 역할행동법 만화완성법 문장완성법 단어연상법

자료: 채서일(2001). 마케팅조사론. 학현사.

던지면 응답자는 그 질문에 따라 자신의 느낌이나 태도를 자유롭게 표현하고 이를 조사자가 기록하게 된다. 이 방법의 대표적인 예로는 심층면접법(depth interview)과 표적집단면접법(focus group interview) 등이 있다.

- **비체계적 비공개적 방법**은 투사법(projective technique)이라고 하며 임상심리학에서 발달한 방법이다. 지금까지의 방법들은 응답자가 자신의 믿음이나 느낌을 정확히 알고 그것을 표현할 수 있다고 가정한 기법들이었으나, 이 방법은 응답자로 하여금 느낌이나 믿음을 간접적으로 투사하게 하여 응답자의 심리상태를 알아내는 방법이다. 그 예로는 어떤 주제나 제품 등에 관한 만화나 그림을 보여주고 그것에 대해 어떠한 감정을 가지고 있는가를 알아내는 통각시험법(thematic apperception test), 역할행동법(role playing), 만화완성법(cartoon completion), 단어연상법(word association), 문장완성법(sentence completion) 등이 있다.

② 관찰 방법

관찰 방법은 소비자가 행동으로 나타내는 것을 통해 필요한 자료를 획득하는 방법이다. 즉 소비자들의 행동이나 상황 등을 직접 관찰함으로써 제공받기 힘든 정보를 얻는 데 적합한 방법이다. 관찰방법은 체계적 관찰과 비체계적 관찰, 공개 관찰과 비공개 관찰, 인간 및 기계에 의한 방법 등이 활용되고 있다(채서인, 2001).

- **체계적 관찰과 비체계적 관찰 방법** 중에서 체계적 관찰은 사전에 관찰할 내용과 관찰기록 방식을 정해 놓고 관찰하는 경우로, 관찰항목과 발생빈도를 기록하는 관찰기록지(양식)을 이용하여 기록하는 방법이다. 또한 비체계적 관찰은 일어나는 현상 모두를 관찰하고 사후적으로 특별한 현상이 나타나고 있는지를 분석하거나, 특이한 현상을 관찰하여 기록하는 방법이다.
- **공개 관찰과 비공개 관찰 방법** 중에서 공개 관찰은 관찰하려는 대상자에게 관찰된다는 것을 사전에 알려주고 관찰하는 방법이고, 비공개 관찰은 관찰하려는 대상자가 관찰되고 있음을 알지 못하게 하여 자연스럽게 현상을 관찰하는 방법이다. 그러나 공개 관찰의 경우 관찰을 당하고 있음을 의식하여 호손효과가 발생할 수 있으며, 비공개 관찰의 경우 관찰자만 볼 수 있는 반투명 거울(one-way mirror)을 이용하거나 몰래 관

찰 등으로 인해 윤리적인 문제가 야기될 수 있다.

- **인간 관찰과 기계 관찰 방법** 중에서 인간 관찰은 관찰자가 직접 시각, 청각, 후각, 촉각, 미각 등 오관을 통해 관찰하고 기록하는 것이고, 기계 관찰은 다양한 기계장비를 이용하여 관찰하는 방법이다. 여기서 기계 관찰은 인간이 관찰하기 어려운 매우 미세한 변화나 시간적으로 발생 빈도가 매우 낮거나 관찰조건이 열악한 경우에 주로 사용한다. 예를 들면 TV 시청자 조사에서 동공 측정기와 안구 측정기를 사용하거나 광고물 조사에서 거짓말탐지기를 사용하거나, 감정반응조사, 비디오카메라, 녹음기, 소음계 등을 사용할 수 있다.

2) 빅데이터를 통한 소비자정보의 획득

(1) 빅데이터의 개념 및 특성

기존에 소비자정보로 활용하기 위해 소비자조사를 통해 수집한 데이터와는 달리 빅데이터는 데이터의 크기가 매우 크고 데이터의 형태도 정형 또는 비정형을 포함한다. 데이터 분석과 예측에 있어서 실시간 처리 등 적시성을 요구하는 데이터이다(표 8-3 참조).

가트너(Gartner)는 《Big Data Analytics》(2011)에서 빅데이터는 다음과 같은 특성을 나

표 8-3 빅데이터의 구성 요소

구분	주요 내용
규모(volume)의 증가	기술적 발전과 IT의 일상화가 진행됨에 따라 해마다 디지털 정보량이 기하급수적으로 폭증하여 제타바이트 시대로 진입하게 됨
다양성(variety)의 증가	로그기록, 소셜미디어, 위치정보, 현실데이터와 같은 데이터 종류가 증가하고 멀티미디어 같은 비정형화된 데이터 유형이 다양화함
복잡성(complexity)의 증가	구조화되지 않은 데이터, 저장 방식의 차이, 중복성 문제, 데이터의 종류 확대, 데이터 관리 및 처리의 복잡성이 심화됨
속도(velocity)의 증가	사물정보(센서·모니터링), 스트리밍 정보와 같은 실시간 정보가 증가함에 따라 데이터의 생성과 이동(유통) 속도가 증가하고, 대규모 데이터 처리와 정보의 활용을 위한 데이터 처리 및 분석 속도가 중요해짐

자료: 송태민·송주영(2014).

타낸다고 하였다. 첫째, 빅데이터는 빠른 의사결정이 상대적으로 덜 요구된다. 대용량 데이터를 바탕으로 하는 분석 위주로, 장기적이고 전략적 접근이 필요하다. 따라서 기존의 데이터 처리에 요구되는 즉각적인 처리속도와는 달리, 즉각적인 의사결정이 상대적으로 덜 요구된다. 둘째, 빅데이터는 데이터 처리상에 복잡도가 높다. 즉 다양한 데이터 원천, 복잡한 로직 처리, 대용량 데이터 처리 등으로 인해 처리 복잡도가 매우 높으며, 이를 해결하기 위해 통상적으로 분산 처리 기술이 필요하다. 셋째, 빅데이터는 처리할 데이터양이 방대하다. 즉 클릭스트림 데이터를 예로 들면, 고객 정보수집 및 분석을 장기간에 걸쳐 수행해야 하므로 기존 방법과 비교해 처리해야 할 데이터양은 방대하다. 넷째, 빅데이터는 비정형 데이터의 비중이 높다. 빅데이터는 소셜미디어 데이터, 로그 파일, 클릭스트림 데이터, 콜 센터 로그, 통신 CDR 로그 등 비정형 데이터 파일의 비중이 매우 높아 처리의 복잡성을 증대시키는 요인이기도 하다. 다섯째, 빅데이터는 데이터를 처리하고 분석하는데 있어 유연성이 높다. 즉 잘 정의된 데이터 모델이나 상관관계, 절차 등이 없어, 기존 데이터 처리방법에 비해 처리하고 분석하는 데 있어 유연성이 높은 편인데, 새롭고 다양한 처리방법의 수용을 위해, 유연성이 기본적으로 보장돼야 하기 때문이다. 여섯째, 빅데이터는 동시처리량이 낮다. 즉 대용량 및 복잡한 처리를 특징으로 하고 있어, 동시에 처리가 필요한 데이터양은 낮다. 따라서 (준)실시간 처리가 보장되어야 하는 데이터 분석에는 적합하지 않다.

(2) 빅데이터 처리 과정

빅데이터를 처리하는 과정은 빅데이터 수집, 저장관리, 처리, 분석, 그리고 가시화 등으로 이루어진다(그림 8-3 참조). 각 단계에 대해 구체적으로 살펴보자.

① 빅데이터 수집

빅데이터 수집은 수집 대상 데이터를 선정하는 것으로 시작한다. 수집 대상 데이터는 수집 가능 여부, 사용가능 여부, 이용 목적에 적절한 내용 포함 여부, 수집 비용, 수집 시 조사 대상자의 개인정보 침해의 여부 등을 고려하여 결정한다. 수집 대상 데이터가 결정되면 데이터 원천을 선정해야 하는데 주로 사용하는 빅데이터 원천은 웹 서버 로그, 인터넷 클릭 정보, 소셜 미디어 기록, 이동 전화 통화 기록, 또는 기업의 센서들이 수집한 정

그림 8-3 빅데이터 처리 플랫폼

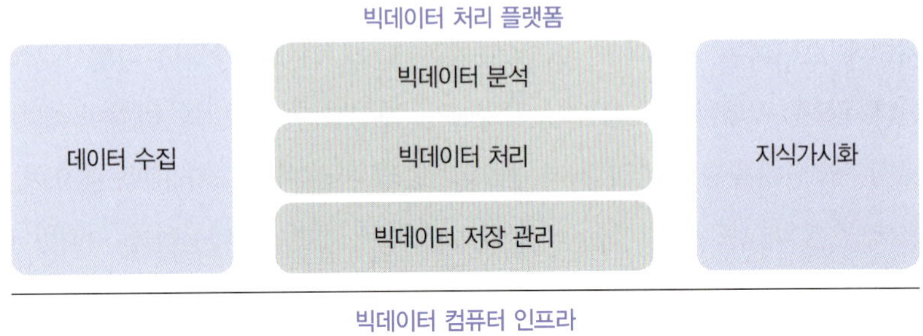

자료: 황승구 외(2013). 빅데이터 플랫폼 전략. 전자신문사. 재구성.

보 등이다. 데이터 원천을 선정하면 데이터 유형을 확인하고 이에 대한 수집 기술을 결정한다. 수집된 빅데이터는 컴퓨터가 처리할 수 있도록 구조화된 형태로 전환하거나 효과적으로 분석하기 위하여 레거시 데이터들을 통합하여 저장해야 한다.

② 빅데이터 저장 관리

빅데이터 저장이란 검색 수집한 데이터를 분석에 사용하기에 적합한 방식으로 안전하게 영구적인 방법으로 보관하는 것으로서 대용량의 다양한 형식의 데이터를 고성능으로 저장하고 필요한 경우 데이터를 검색하여 수정, 삭제 또는 원하는 내용을 읽어오는 방법을 제공하는 것을 포함한다. 수집된 빅데이터에서 유용한 정보를 추출하기 위해서는 빅데이터를 효과적으로 저장 관리하는 것이 중요하다.

표 8-4 데이터 유형에 따른 수집 기술

데이터 유형	데이터 종류	수집 기술
정형 데이터	RDB, 스프레드 시트 등	ETL, FTP, Open API
반정형 데이터	HTML, 웹문서, 웹로그, 센서데이터 등	Crawling, RSS, FTP, Open API
비정형 데이터	소셜미디어 데이터, 문서(워드, 한글), 이미지, 비디오, 오디오, IoT 등	Crawling, RSS, FTP, Open API, Streaming

자료: 미래창조과학부(2014). 빅데이터 활용 단계별 업무절차 및 기술 활용 매뉴얼

③ **빅데이터 처리**

빅데이터 처리는 대용량 데이터를 복잡하게 처리하게 되므로 데이터를 여러 서버로 분산해서 각 서버별로 나누어서 처리한 다음 이를 다시 모아서 결과를 정리하는 분산병렬 기술을 사용한다. 대표적인 기술로는 하둡의 맵리듀스, 그리고 마이크로소프트의 드라이애드(Dryad)가 있다.

④ **빅데이터 분석**

빅데이터 분석 방법에는 통계, 데이터마이닝, 자연어처리, 패턴인식, 네트워크분석 등이 있다. 여기서는 네트워크 분석에 대해 살펴보자.

네트워크의 특성과 네트워크 내에서 행동하는 사람들의 개별 속성 및 이들 간의 관계적 속성들을 분석하는 방법으로 네트워크의 구조(network structure)와 주요 영향자의 관계적 특성을 추출하는데 관심을 두고 있다.

네트워크 구조란 네트워크 내 구성원인 점들(nodes)과 이들 간의 관계를 나타내는 선분들(links, edges)로 이루어지는 형태적 특성이다(Newman, 2003). 네트워크 구조를 측정하기 위해서는 네트워크에 소속하고 있는 사람들(nodes)의 수인 네트워크 크기(size), 네트워크에 소속한 사람들 간에 연결된 관계들(links)의 수인 연결 정도(degree), 두 점들을 연결시키는데 거쳐야 하는 최소 단계인 경로 길이(path length), 군집계수(clustering coefficient) 등을 사용할 수 있다. 또한, 네트워크에서 발생하는 행위나 통제에 있어 전체 네트워크의 형태가 어느 정도 중앙에 집중되었는지를 나타내는 중앙성(centrality) 등을 지표로 사용할 수 있는데, 중앙성에는 연결중앙성(degree centrality), 인접중앙성(closeness centrality), 매개중앙성(betweenness centrality) 등이 있다. 연결중앙성은 각 사람이 연결하고 있는 내향 연결정도(indegree)와 외향 연결정도(outdegree)의 수로 측정하며, 이는 다음 식과 같다.

$$C'_D(n_i) = \frac{\sum_j x_{ij}}{n-1}$$

$C'_D(n_i)$: 노드 i의 연결중앙성, n: 총 노드 수

인접중앙성은 네트워크의 한 노드로 부터 다른 노드에 도달하는데 필요한 최소단계의

거리(geodesic distance)에서 총 노드에서 자신을 뺀 값의 비율로 측정하며, 이는 다음 식과 같다.

$$C_c(n_i) = \frac{n-1}{\sum_{j=1}^{n} d(n_i,\ n_j)}$$

$C_c(n_i)$: 노드 i의 인접중앙성, n: 총 노드 수, $d(n_i,\ n_j)$: i와 j 간의 최단거리

매개중앙성은 각 노드들이 상대방에게 도달하기 위해 거쳐야 하는 노드의 매개성으로, 네트워크에 존재하는 총 노드에서 자신을 뺀 값과 총 노드에서 2를 뺀 값을 곱한 후 2로 나눈 값에서 다른 노드들이 자신을 거치는 매개성(intermediary)의 비율로 측정하며 이는 다음 식과 같다.

$$C_B(n_i) = \frac{\sum_{j<k}^{n} z_{ik}(n_i)/z_{ik}}{[(n-1)(m-2)/2]}$$

$C_B(n_i)$: 노드 i의 매개중앙성, n: 총 노드 수, $z_{ik}(n_i)/z_{ik}$: j와 k 사이를 i가 매개하는 정도

그림 8-4 SNS 데이터를 바탕으로 한 소비자네트워크 시각화의 예

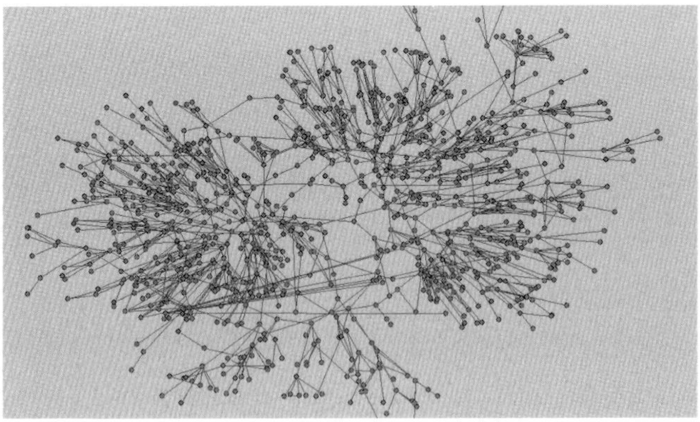

자료: 옥경영·한상만(2009). 온라인커뮤니티 네트워크에서 하위네트워크의 특성이 정보의 초기 확산에 미치는 영향에 관한 연구. 소비자학연구.

⑤ 빅데이터 분석 시각화

빅데이터 분석 시각화(visualization)는 크고 복잡한 빅데이터 속에서 의미 있는 정보와 가치들을 찾아내어 사람들이 쉽게 직관적으로 알 수 있도록 표현하는 기술이다. 시각화의 과정은 획득, 분석, 선별, 마이닝, 표현, 개선, 상호작용의 일곱 단계로 나누어 설명할 수 있다(Ben Fry, 2008).

- **획득**(acquire)은 하드디스크 등 저장매체나, 인터넷 등 네트워크를 통해 데이터를 수집하는 과정이다.
- **분석**(parse)은 데이터의 의미를 바탕으로 이를 구조적으로 카테고리화하는 과정이다.
- **선별**(filter)은 의미 있는 데이터를 구분해 관심 있는 데이터만 남기고 불필요한 데이터는 제거하는 과정이다.
- **마이닝**(mine)은 패턴 구분 또는 수학적 내용에 맞게 데이터를 배치하기 위하여 통계 등으로 데이터를 처리하는 과정이다.
- **표현**(represent)은 기본적 시각화 모델을 이용하여 표현하는 과정이다.
- **개선**(refine)은 기본 표상(basic representation)을 더 명확하게 표현하고 시각화를 향상시키는 과정이다.
- **상호작용**(interact)은 사용자가 데이터를 직접 통제하거나 탐색할 수 있도록 상호작용 기능을 추가하는 과정이다.

생각해 보기

1. 빅데이터를 활용하여 소비자정보를 획득하고 있는 해외의 글로벌 기업의 사례를 찾아보자.
2. 빅데이터를 활용하여 소비자정보를 획득하고 있는 우리나라 기업의 사례를 찾아보자.
3. 기업이 빅데이터를 활용하여 소비자정보를 획득하고 마케팅 활동을 실행하는데 있어 소비자에게 발생할 수 있는 장점과 단점에 대해 생각해 보자.

CHAPTER 9

기업의 정보 활용

급변하는 시장에서 소비자의 니즈에 따라 효과적인 마케팅 활동을 수행해야 하는 대부분의 기업들은 의사결정에 필요한 다양한 데이터들을 수집하고 저장하는 데이터웨어하우스를 구축하고 있다. 데이터웨어하우스는 기업이 다양한 원천으로부터 데이터를 수집하는 과정에 데이터의 카테고리나 형태에 따라 여러 데이터 저장소에 산재되어 있는 것을 의사결정에 용이하도록 주제별로 통합하여 별도의 장소에 저장해 놓은 데이터베이스이다. 데이터웨어하우스에 저장된 데이터는 기업의 영역별로 다양하게 사용되는데 특히 고객의 데이터를 바탕으로 하는 마케팅 활동에 널리 사용되고, 이를 데이터베이스마케팅(data base marketing)이라고 한다. 데이터베이스마케팅은 자사 데이터웨어하우스로부터 고객에 대한 데이터를 제공받아 고객의 니즈에 적절한 광고메시지를 추출, 판매촉진 활동, 텔레마케팅 등을 시행할 수 있어 고객의 만족을 증대시키고 지속적인 고객 관계 유지로 충성고객을 확보하여 기업의 이윤을 극대화시킬 수 있다. 즉 데이터베이스마케팅은 고객관계관리(CRM)를 위한 주요한 마케팅 활동이라고 할 수 있다. 데이터웨어하우스와 데이터베이스마케팅은 분석적 고객관계관리로 확장되어 데이터마이닝, OLAP 등의 분석기법을 통해 보다 효율적인 고객관계관리를 가능하게 지원하고 있는 것이다(Meta group, 2001).

1. 데이터베이스마케팅

1) 데이터베이스마케팅의 개념

데이터베이스마케팅은 고객에 대한 다양한 정보를 개인 단위로 데이터베이스에 축적하고, 이를 통계적 분석과 모델링 기법을 이용하여 분석하여 고객정보를 추출하고 이를 바탕으로 고객 개개인과의 장기적인 관계구축과 고객만족을 위한 마케팅전략을 수립하고 집행하는 마케팅 활동이다. 미국의 마케팅 교수인 로버츠(Roberts)는 데이터베이스마케팅은 잠재 고객 및 현재고객이 장기간에 걸쳐 자사의 제품이나 서비스를 반복적으로 구매하게 하기 위해서 고안된 고객과의 사전에 준비된 커뮤니케이션을 의미한다고 하였으며, 마케팅 컨설턴트인 홀츠(Holtz)는 데이터베이스마케팅은 고객에 대한 접근법, 마케팅 전략, 방법론 등의 마케팅에 대한 제요소가 단순한 구매자 리스트가 아닌 잠재고객에 대한 풍부한 정보에 근거한 마케팅이라고 하였다.

데이터베이스마케팅은 개별 고객 단위로 축적된 데이터를 바탕으로 고객의 충성도를 확보하여 고객의 점유율을 증대시키고 기업과 고객이 장기적인 상호적인 관계를 형성함으로써 고객의 생애가치를 극대화하는 데 있다. 데이터베이스마케팅은 신규고객 확보보다 기존고객을 유지하는 전략이 비용 측면에서 저렴하기 때문에 기업과 기존 고객 간에 지속된 거래를 통해 축적된 데이터를 바탕으로 고객의 욕구를 다각도로 분석하여 욕구

표 9-1 마케팅 사고의 변화

구분	매스마케팅	표적마케팅	데이터베이스마케팅
시대	1960년대	1970~1980년대	1990년대 이후
매체 형태	대중매체	대중매체의 효과 측정	대중매체+디지털 매체
목표고객	불특정 대다수	특정 고객집단	고객 개개인
소비자의 욕구	동질적 구매욕구	이질적 구매욕구	특화된 욕구
커뮤니케이션 방식	일방향 커뮤니케이션	쌍방형 커뮤니케이션	실시간 커뮤니케이션
생산 방식	대량생산, 대량판매	소품종 대량생산	다품종 소량생산

자료: 안광호(2001). 마케팅커뮤니케이션관리. 학현사.

를 충족시키는 마케팅 활동을 수행함으로써 이를 통해 기업에 대한 고객 충성도를 향상시킬 수 있다. 즉 고객별 데이터 분석을 통해 고객의 현재가치와 미래가치를 측정하여 분류하고 지속적으로 유지할 수 있다. 데이터베이스마케팅은 기존고객에 대한 분석을 바탕으로 하여 잠재고객 및 현재고객과의 직접적인 커뮤니케이션을 위한 효과적인 마케팅 프로그램의 개발을 지원하는 데 활용할 수 있다.

2) 데이터베이스마케팅과 데이터

(1) 데이터시스템

데이터베이스마케팅의 데이터시스템은 각종 데이터를 보관하였다가 고객의 요구에 따라 필요한 정보를 제공해 줄 수 있게 하는 데 필요한 제반 자원의 유기적 집합체를 의미한다. 데이터베이스마케팅를 수행하는데 있어 데이터시스템이 구축하는데 고려해야 할 요소들은 다음과 같다.

첫째, 데이터시스템의 설계의 최적화이다. 데이터베이스마케팅을 하고자 하는 기업의 사용 목적에 적절한 데이터 유형과 구조를 갖추고 있어야 한다. 둘째, 데이터시스템의 동태성이다. 기업의 내외부 환경이 변화함에 따라 정보요구도 변화해야 하며 이러한 상황에 부응할 수 있는 유연한 시스템이어야 한다. 셋째, 데이터시스템의 포괄성이다. 고객에 대한 다각적인 분석이 가능하도록 상세한 정보를 갖추고 있어야 한다. 넷째, 데이터시스템의 수익성이다. 데이터베이스를 활용하여 성과로 예상되는 기업의 이윤과 데이터시스템을 관리하는데 드는 비용 간의 차이를 명확히 산정하여 수익성이 보장될 수 있도록 시스템을 구축해야 한다. 다섯째, 데이터시스템의 사용가능성이다. 기업에서 데이터베이스마케팅을 하려는 다양한 부서의 사람들이 데이터베이스시스템에 접근하고 데이터를 활용하는 것이 편리하고 용이해야 한다.

(2) 데이터의 원천

데이터시스템의 데이터의 원천은 매우 다양할 수 있다. 먼저, 기업 내부의 정보시스템으로부터 수집할 수 있는 고객데이터들이다. 예를 들어, 고객 리스트, 고객 개인정보, 구매

정보, 판촉 정보, 고객 상담 자료 등이다. 또한, 기업 외부의 정보원천으로부터 수집할 수 있는 고객 데이터들이다. 예를 들어, 타 회사가 보유하고 있는 고객 리스트, 정보판매를 목적으로 고객정보를 수집하는 회사로부터 구입 가능한 고객 데이터 등이다.

다양한 데이터 원천에서 수집된 데이터들을 데이터베이스마케팅에서 사용하려면 산재되어 있는 데이터를 통합하여 저장하는 데이터웨어하우스를 구축해야 한다. 데이터웨어하우스에서 통합된 데이터는 데이터베이스마케팅의 목적에 따라 다양하게 분석되어진다.

(3) 데이터 분석 방법

① R-F-M 분석법

R-F-M이란 구매 최근성(recency), 구매 빈도(frequency), 구입 금액(monetary)을 말한다. 최근성은 얼마나 최근에 구매하였는지를 측정하는 것이고, 구매 빈도는 일정 기간 동안 얼마나 빈번히 구매하였는지를 측정하는 것이며, 구입 금액은 일정 기간 동안 얼마나 많은 양을 구입했는지를 측정하는 것으로, 기업에서 볼 때 가장 바람직한 고객은 가장 최근에 일정한 기간 동안 자주 일정한 양을 구매하는 사람으로 R-F-M을 분석하여 이를 바탕으로 데이터베이스를 시스템화하는 것이다.

② 확장된 R-F-M시스템

로버트 케스튼바움(Robert Kestnbaum)은 R-F-M분석법을 확장하여 FRAT을 제시하였다. FRAT의 F는 고객의 일정기간 동안의 구매 빈도로 가장 높은 가중치를 가진다. R은 구매의 최신성이고, A는 구매되는 상품과 서비스의 유령별 구매량으로써 R과 A는 R-F-M공식과 거의 비슷하다. T는 R-F-M공식에 추가된 중요한 새로운 요소로서 최근에 고객이 구매한 것은 미래에 구매할 것으로 보이는 것에 관한 암시로 작용함을 의미한다.

③ 고객생애가치 분석법

고객생애가치(Customer's lifetime value)는 기업과 고객이 관계를 지속적으로 유지하는 동안 기업이 고객으로부터 획득할 수 있는 총 수익으로 측정하는데, 기업이 고객과의 긍정적인 관계를 지속하는 기간이 장기간 유지할수록 고객은 기업에 대해 충성도를 형성하게 되고 이것은 기업 이익증대에 도움이 되므로 기업은 고객과의 관계를 지속시키는 전략을 다양하게 모색하게 된다. 예를 들어 교차판매전략(cross-selling strategy)은 한 제품의 고객 데이터베이스를 이용하여 다른 제품의 판매를 촉진하는 전략으로 기존 고객을 유지하는 전략으로 많이 사용되고 있다.

2. 고객관계관리

1) 고객관계관리의 이해

(1) 고객관계관리의 개념

고객관계관리(CRM: customer relationship management)는 기업의 다양한 자원과 역량을 사용하여 고객과의 관계획득, 유지, 그리고 강화 등 전체 고객생애주기에 걸쳐 고객과 기업 상호 간의 이익극대화를 추구하기 위한 기업의 모든 경영활동의 기반이 되는 경영전략 또는 패러다임이라고 할 수 있다(김형수 외, 2014). 이러한 개념을 바탕으로 하는 고객관계관리는 다양한 정보기술을 활용한다. 고객획득·유지·강화 등 고객관계진화의 전 과정에 적용되어야 한다. 고객수익성의 극대화를 목적으로 한다. 고객에게 직간접적으로 영향을 미칠 수 있는 모든 활동을 포함한다는 특성들을 나타내고 있다. 이렇게 볼 때 고객관계관리는 고객데이터를 바탕으로 신규고객획득, 우수고객 유지, 고객가치증진, 잠재고객 활성화, 평생고객화와 같은 프로세스를 통하여 고객의 평생고객가치인 LTV(life time value)를 극대화할 수 있는 기업의 주요한 경영전략인 것이다.

일반적으로 고객관계관리는 기업의 마케팅 활동 목적에 따라 내외부 고객 데이터를 추출하고 이를 데이터웨어하우스에 통합적으로 구축하며, 데이터웨어하우스를 기반으로 고객관계관리를 위한 다양한 보고서 작성, 분석 및 예측을 실시할 수 있는 시스템을 갖추어야 한다. 데이터웨어하우스와 시스템이 갖추어지면 데이터마이닝 등을 사용하여 고객데이터를 분석하고 마케팅 활동을 계획하며 마케팅 활동 계획에 따라 다양한 접촉 채널을 통하여 마케팅 활동을 실시하고 최적의 고객에게 최적의 상품을, 최적의 타이밍에,

최적의 채널로 판매를 하는 관계를 관리하도록 하며, 마케팅 활동 후에는 이에 관한 피드백을 실시한다.

(2) 고객관계관리의 필요성

① 정보기술의 변화

컴퓨터 및 그에 관련된 정보기술의 급격한 발전이 이루어져 컴퓨터 하드웨어의 저장용량이나 데이터 처리 속도가 급속히 향상되었다. 이로 인해 기업들은 대규모 고객 데이터를 수집하고 저장할 수 있는 데이터웨어하우스를 갖출 수 있게 되었고 자동적으로 관리할 수 있게 되었다. 또한 소프트웨어에서도 대규모 데이터를 분석하는데 용이한 수많은 응용프로그램들이 발전하게 되었다. 이러한 정보기술의 발전은 고객데이터나 관련 데이터를 과학적인 분석 기법으로 처리하여 고객 및 시장에 관한 중요한 정보와 지식을 다양한 마케팅 활동에 이용할 수 있게 하였고, 여러 면에서 기업의 마케팅 비용을 감소시킬 수 있게 하였다. 이처럼 정보기술의 발달은 고객 데이터축적 기술의 발전을 가져오며, 기업들이 고객관계관리를 할 수 있는 환경을 마련하는 데 기여하였다.

② 고객의 변화

시장이 세분화되고 소비자의 개성이 강화되면서 최근 개별 고객의 니즈가 점점 더 다양해지고 있다. 이러한 고객의 니즈에 기업이 부응하지 못하면 고객은 경쟁 기업으로 쉽게 이동할 수 있다. 끊임없이 변화하는 고객의 기대와 요구에 부응하기 위해서는 지속적으로 고객과 관계를 유지하고 쌍방향으로 의사소통하는 일대일 마케팅이 필요하게 되었고 고객에 대한 데이터를 바탕으로 개별 특성을 분석하고 고객의 니즈에 부합하는 적절한 제품과 서비스를 차별화하여 제공함으로써 장기적으로 기업의 경쟁적 우위를 고수하는 것이 필요하게 되었다.

또한 스마트폰이나 소셜 네트워크 서비스를 사용하는 사람들이 급속히 늘어나고 뉴미디어를 통해 다양한 정보에 접근하고 탐색하는 것이 용이하게 되면서 뉴미디어를 통해 적극적으로 정보를 찾고 재생산하고 공유하려는 소비자들이 증가하고 있다. 이들은 기업에 대한 정보를 탐색하는데 익숙하며 기업의 마케팅 활동에 관심을 가지고 적극적으로 참여하고자 함으로 이들에 대한 기업이 상호작용적 마케팅 활동을 통해 관계를 형성하고 관리하는 노력이 필요하게 된 것이다.

③ 마케팅의 변화

기존의 마케팅은 신규고객에 초점을 맞추고 고객수를 확대하는데 마케팅 활동을 집중하였다. 이러한 마케팅 활동의 방향은 기존고객에 대한 마케팅 활동이 될 수 없었다. 또한 기존고객에 대한 관심이 있어도 그들의 니즈를 파악할 수 있는 시스템이 갖추어지지 않아 고객에 대한 적절한 정보를 알 수 없었다. 지금의 고객관계관리는 마케팅의 방향을 새로이 정립하고, 데이터시스템을 바탕으로 개별 고객의 니즈를 정확히 파악하여 고객의 만족을 극대화하는 고객만족을 실행하려는 마케팅 활동이라고 할 수 있다.

(3) 고객관계관리의 유형

기업들은 고객과 긴밀한 관계를 유지하기 위해 고객관계관리를 다양하게 활용하고 있다. 다음에서는 고객관계관리의 유형인 파트너관계관리(partner relation management), 방문자관계관리(visitor relationship management), 고객경험관리(customer experience management), 실시간 기업(real-time enterprise) 등에 대해 살펴보자.

- **파트너관계관리**란 제조업체가 자사 소유 영업망 이외에 특약점, 전문점 등의 간접 유통채널을 이용하는 경우 이들 간접 유통채널과의 관계를 강화하는 활동을 의미한다. 간접 유통채널은 제품의 시장전달 범위와 속도를 높일 수 있으며, 영업사원에 대한 교육 및 훈련비용을 별도로 투입하지 않아도 각 유통채널 운영자들의 비즈니스능력을 활용하는 것이 가능하다는 특징을 갖고 있다. 또한, 특약점 등 파트너들이 협조할 경우 고객에 관한 정보를 쉽게 얻을 수 있어 파트너관계관리는 앞으로 점차 확산될 가능성이 크다. 특히, 파트너관계관리는 총체적인 고객관계관리 프로그램 내 파트너들의 특수성을 감안, 연계하는 것이 바람직하다. 또한 파트너들의 주문이 기업의 생산계획·관리에 영향을 미치게 된다는 점에서 전사적 자원관리(ERP)와도 밀접한 관계를 갖고 있다. 파트너관계관리는 채널 프로그램 관리, 주문 관리, 매출 생산성 관리 등에 초점을 맞추고 있다.
- **방문자관계관리**란 인터넷 사이트, 앱스토어, 소셜 네트워크 등을 통해 들어오는 방

문자 기록을 관리, 분석함으로써 기업 고객의 현황을 정확히 알자는 것에서 출발한다. 고객관계관리가 개별 고객에 대한 정보를 분석·관리하는데 비해, 방문자관계관리는 방문자의 이동경로를 추적함으로써 휴면고객과 이탈고객이 누구이고 어느 사이트가 인기가 높은지 실시간으로 파악할 수 있다. 기업에서는 여기서 나온 자료를 토대로 개선방안을 마련하고 마케팅 전략을 수립할 수 있기 때문에 매출에 대한 기여도가 즉각적이다.

- **고객경험관리**란 기업의 제품 판매 또는 서비스를 제공함에 있어 고객의 경험을 근거로 하여 제품을 생산하거나 또는 제품 판매 또는 서비스 제공 전에 고객의 소비행태 및 소비자의 니즈를 반영하는 경영기법을 말한다. 이는 고객의 경험을 이해하면 서비스의 고객만족도를 높일 수 있고 고객이 원하는 것을 만듦으로써 제품 실패도 줄일 수 있기 때문이다. 미국의 컨설팅사인 베인 앤드 컴퍼니가 미국 362개 기업과 그 소비자를 대상으로 조사한 결과 겨우 8%만이 기업 서비스 만족도에 최상이라고 답변했다. 기업 가운데 80%가 자사의 고객만족도가 최상일 것으로 믿었던 사실과 대조되는 부분이다.
- **실시간 기업**은 가트너 그룹(The Gartner Group, 2002)이 기업 내외부를 포함하는 전체적인 관점에서 기업 경영의 지속적인 프로세스 개선과 정보를 실시간 전달함으로써 업무 지연을 최소화하고 의사결정 스피드를 높여 기업의 경쟁력을 극대화시키기 위한 기업의 미래모형으로 제시한 것이다. 따라서 실시간 기업은 최신의 유효적절한 정보를 사용해 기업의 핵심 가치를 창출하는 비즈니스 영역에 대해 실무 수행자에서 관리자나 경영자까지 내포하고 있는 프로세스 지연 요소를 지속적으로 제거함으로써 경쟁력을 극대화하는 기업의 비즈니스 구조를 의미한다. 그래서 이 비즈니스 구조에는 6시그마(Six Sigma) 품질, JIT(just in time) 기법 등의 비즈니스 개념과 ERP(enterprise resource planning), BPM(business process management) 등의 시스템 개념을 다양한 기술을 이용해 업무 프로세스를 구현하는 내용이 포함된다고 하겠다.

마케팅의 유형

1. **타깃 마케팅(target marketing):** 대상을 좁히고 상품 개발과 세일즈 프로모션을 집중적으로 하는 수법을 말한다. 대상 집중에는 상품의 종류와 특성에 십분 대응하여 상품욕구, 연령층, 성별, 지역, 연간 수입, 직업, 취미 등의 요소가 사용되는 경우가 많다.
2. **세그먼트 마케팅(segment marketing):** 타깃 마케팅과 유사하며 프로모션 대상 전체를 일련의 세그먼트(기업에 따라서는 100 이상의 세그먼트로 세분화되어 있다)로 나누어 각 세그먼트의 잠재 고객에게 적합한 상품을 개발, 생산하고 프로모션을 실시하는 수법으로 세그먼트 분류 방법도 타깃 마케팅과 동일하다.
3. **개인 마케팅(individual marketing):** 잠재 고객 한 사람, 한 사람에게 직접 프로모션 접근 방식을 취하는 수법이다. 접근 수단은 전시실이나 이벤트 코너에 방문한 내장객과의 접촉, DM(direct mail), 전화, 가정이나 직장 방문 등이다.
4. **니치 마케팅(niche marketing):** 지금까지 대기업에서 매출 규모가 작다고 판단되어 손을 대지 않았던 틈새시장을 개척해서 이익을 올리려는 수법이다. 목이 좋은 곳만 있으면 상당한 선행 이익을 기대할 수 있으나 어느 정도 세일즈의 노하우가 확립된 곳으로 대기업이 진출하면 저항할 수 없게 되는 경우도 있다.
5. **중요고객 마케팅(frequency marketing):** 항공회사의 '마일리지 프로그램'으로 대표되듯이 이용빈도나 구매 금액에 상응한 장점을 고객에게 제공하여 새로운 구매를 이끌어 내는 수법이다. 주유소, 가전유통점, 백화점 등의 포인트 제도도 이 수법으로 분류할 수 있다. 오래 전부터 있는 전차와 버스 등의 회수권 할인제도는 중요고객 마케팅의 일종이다.
6. **인터넷 마케팅(internet marketing):** 인터넷을 마케팅에 이용한 것으로 기존의 오프라인 마케팅과 비교하여 다음과 같은 차이가 있다. 인터넷 마케팅은 서버와 기본적인 웹사이트가 있으면 가능하고, 다루는 제품도 자사제품만이 아니라 생산업체나 유통업체와 제휴관계를 맺고 있는 다양한 제품을 다룰 수 있고, 고객도 글로벌 가상공간에서 활동하는 모든 사람이 그 대상이 된다.
7. **인터랙티브 마케팅(interactive marketing):** 고객 및 잠재 고객과 대화하면서 여기서 얻은 정보를 상품 개발과 세일즈 프로모션에 활용하는 수법이다. 또한 대화를 통해서 고객과 기업의 연대를 강화시키려는 목적도 있다. 여기서 문제가 되는 것은 엄청난 수의 고객 및 잠재 고객과 어떤 식으로 대화를 이끌어 가는가 하는 점이다. 또한 대화에 드는 비용과 수고에 상응한 효과를 얻을 수 있는지 검증을 해야 한다.
8. **파트너십 마케팅(partnership marketing):** 기업이 고객과 동반자 관계를 확립하여 기업과 고객 쌍방 간에 이득이 되는 상품 개발이나 세일즈 프로모션을 추구해 가는 수법이다. 이 수법은 명확한 전략을 슬로건으로 내세우고 있다는 점에서 상당한 평가를 할 수 있으며, 이를 뒷받침해 줄

수 있는 테크놀로지의 활용이 요구된다.

9. **직판 마케팅(direct order marketing):** 좀 더 자세하게 말하면 중개업자를 경유하지 않고 신문, 잡지, TV, 라디오, DM, e-mail 등의 채널을 통해서 세일즈 프로모션을 펼치고, 소비자로부터 직접 주문을 받아 상품을 판매하는 수법이다.

10. **직접 관계 마케팅(direct relationship marketing):** 기업이 고객 또는 잠재 고객과 직접 대화해서 양자 간에 연대(관계성)를 확립하고 이것(relationship)을 활용해서 쌍방에 이익을 제공하는 형태로 상품 개발이나 세일즈 프로모션을 실시하는 수법이다. 이 경우 판매 형태가 직판이라는 것은 필수 조건이 아니다.

11. **데이터베이스 마케팅(database marketing):** 고객에 관한 데이터베이스를 구축·활용하여 필요한 고객에게 필요한 제품을 판매하는 전략으로 '원투원(one-to-one)마케팅'이라고도 한다. 어느 고객이 무엇을 얼마나 자주 구매했는지, 어느 매장에서 어떤 유형의 제품을 구매했는지, 언제 재구매 또는 대체구매할지 등과 같은 정보를 가지고 고객의 성향을 분석하여 효율적인 판매전략을 수립하는 것이다.

자료: 김영신 외(2002). 소비자정보 관리의 이해. 시그마프레스.

2) 고객관계관리시스템

(1) 고객관계관리시스템의 이해

고객관계관리는 분석 및 기획, 실행, 통제라는 프로세스에 따라 이루어지는데, 이를 구체적으로 살펴보면 상호작용 데이터의 획득, 데이터웨어하우스 저장, 분석을 통한 유용한 정보 추출, 고객관계관리 활동의 기획 및 전개, 모니터링 및 성과 분석 등으로 이루어진다(김형수 외, 2014).

① 상호작용 데이터의 획득

고객관계관리시스템은 기업과 고객 간의 다양한 상호작용을 통해 얻어지는 데이터를 효과적으로 획득할 수 있어야 한다. 고객관계관리가 단기적인 매출만을 목적으로 하는 활동이 아니기 때문에 상호작용 데이터는 단순한 매출정보뿐만 아니라 고객의 대응태도, 궁금증, 불만사항, 그리고 구매과정에서 발견되는 고객 행동패턴 등과 같이 고객과 커뮤니케이션을 수행하면서 파악될 수 있는 다양한 정보를 가능한 모든 고객접점 포인트에서 획득할 수 있어야 한다.

② 데이터웨어하우스 저장

여러 고객접점 채널에서 획득된 고객데이터를 전사적으로 접근이 가능한 데이터웨어하우스에 저장하고, 고객별 프로파일링(profiling)을 수행해야 한다. 고객 프로파일링이란 기술적으로는 현재 데이터로 기존 데이터를 갱신하는 일반적인 정보관리 기법과는 다르게 관련 데이터를 누적시켜 이를 히스토리컬(historical)하게 관리하는 것을 의미하며, 의미적으로는 고객과의 상호작용을 통해 발생하는 모든 관련 고객 데이터를 개인 고객별로 통합하여, 한 고객에 대한 완전한 통찰력을 갖추기 위한 일련의 과정이라고 할 수 있다.

③ 분석을 통한 유용한 정보 추출

필요한 부서 혹은 팀 단위별로 데이터웨어하우스(혹은 데이터마트)에 접근하여 필요에 따른 분석활동을 지원해야 한다. 고객관계관리에서의 분석활동은 단순히 지역별, 매장별, 상품별 혹은 연령대별 매출액 분석과 같은 기본적인 현황분석의 수준을 넘어 고객별 수익성 분석을 통한 고객세분화, 다양한 행동패턴 분석을 통한 교차판매, 상승판매, 등급전환, 고객이탈 혹은 특정 상품에 대한 구매 가능성 등을 예측할 수 있어야 한다.

④ 고객관계관리 활동의 기획

고객관계관리시스템은 분석 결과에 의거하여 마케팅, 영업, 그리고 고객서비스 등의 영역에 걸쳐 다양한 고객관계관리 활동을 기획하도록 지원해야 한다. 물론 고객관계관리 활동의 기획은 시스템의 역할보다는 사람이 담당해야 하는 역할이 더 큰 영역이지만, 캠페인관리 시스템이나 영업자동화 시스템과 같은 고객관계관리 솔루션들은 업무 프로세스 설계에 있어서 고려되어야 할 수많은 관련 변수나 제약사항 등을 자동적으로 점검하여 기획자가 보다 효과적으로 고객관계관리 프로세스 전략을 수립할 수 있도록 지원한다.

⑤ 고객관계관리 활동의 전개

고객관계관리시스템은 앞 단계에서 기획 및 설계된 고객관계관리 활동들을 각종 채널

그림 9-1 고객관계관리시스템의 기능

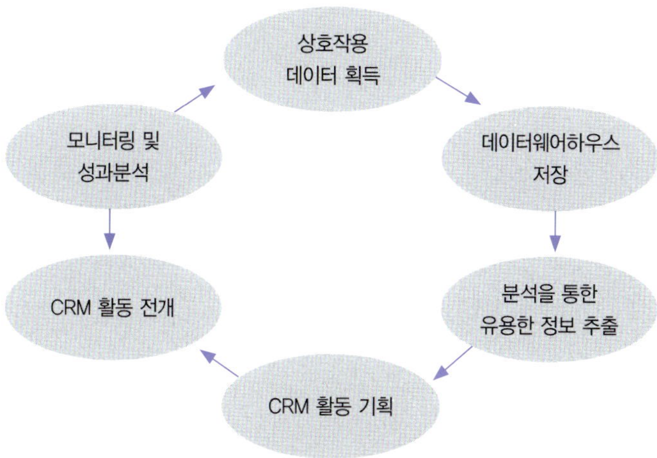

자료: 김형수·김영걸(2014). 고객관계관리 전략 원리와 응용. 도서출판 영.

(인터넷, 콜센터, 이메일, SMS 등)을 통해 효과적으로 전개할 수 있도록 지원한다. 미리 설정된 캠페인들은 정의된 고객별로 일정한 채널, 절차, 시기에 따라 자동적으로 진행되고, 고객들의 반응은 실시간으로 정보시스템에서 포착된다. 콜센터나 매장에서 직접적인 고객 접촉을 통해 고객관계관리 활동이 전개되어야 할 때에도 직원들에게 대응 고객에 대한 구체적인 정보와 현재 고객의 상태에 적합한 마케팅 메시지를 제공함으로써 영업이나 마케팅이 보다 성공적으로 완료될 수 있도록 지원한다.

⑥ 모니터링 및 성과 분석

기업의 고객관계관리 전략은 정답이 정해져 있기보다 경험적으로 최적의 답을 찾아나가는 일종의 실험과 같은 시도이기 때문에 고객관계관리시스템은 진행되는 고객관계관리 활동들의 과정을 지속적으로 모니터링하고 성과분석을 수해할 수 있도록 지원해야 한다. 따라서 모니터링과 성과 측정을 통해 단지 구매 결과만을 나타내서는 안 되며, 고객에게 제공하는 인센티브, 접촉 채널, 접촉 시기, 그리고 전달 메시지 등과 같이 하나의 고객관계관리 활동을 구성하는 모든 변수 혹은 요소들에 대한 효과를 평가할 수 있도록 계획되어야 한다.

(2) 고객 데이터

성공적인 고객관계관리를 이루어내기 위해서는 고객 데이터의 유형별 특성과 분석 방법을 이해할 필요가 있다(김영신 외, 2003).

① 고객 데이터의 유형

고객 데이터의 유형에는 통합된 고객 데이터, 고객의 이력 데이터, 고객의 상세 데이터 및 요약 데이터 등이 있다. 먼저 통합된 고객 데이터는 기업 내의 다른 부분, 다른 장소, 다른 시간에 수집된 데이터를 통일된 방법으로 정리한 데이터이며 통합이미지는 예를 들면 다음과 같다.

- 고객의 이름
- 고객의 연령, 자산
- 고객의 급여, 소득, 자산평가액
- 고객의 가족 상황
- 기혼, 미혼(자녀수, 연령, 성별)
- 고객의 직업
- 고객의 구매 습관
- 고객의 주거지(소유, 입대)
- 고객의 학력
- 고객의 차입 시 특성 등

데이터웨어하우스가 구축되기 이전에는 고객에 관한 다양한 데이터가 기업 내에 분산되어 있었으며 각각의 데이터로는 고객의 전체적인 이미지를 파악할 수 없었다. 데이터웨어하우스를 토대로 고객 데이터를 통합함으로써 종합적인 판단을 할 수 있는 분석을 위한 기반을 사용자에게 제공할 수 있게 된 것이다.

다음으로 고객의 이력 데이터는 고객의 앞으로의 움직임을 예측하기 위해서 대단히 중요하다. 기업이든지 개인이든지 간에 고객은 각각 특유의 행동유형을 가지고 있다. 극단적으로 말하면 한 번 형성된 습관은 일생을 통해서 크게 바뀌는 것이 아니다. 즉 고객의 이력 데이터는 일생을 통해서 크게 바뀌는 것이 아니다. 고객의 이력 데이터를 체계적으로 소지할 수 있다면 고객의 앞으로의 활동과 경향에 대해 상당히 높은 비율로 예측할 수 있다. 실제로 고객의 이력 데이터를 이용하여 다음과 같은 분석이 이루어지고 있다.

- 대출의 적격성을 판단하기 위하여 은행원은 고객의 이력을 분석한다.
- 신용카드를 발급할 수 있는 사람인가를 판단하기 위해 신용 조사원은 입회 신청서를 분석한다.
- 항공회사에서는 어느 고객의 좌석을 등급 상향조정하여 우대할 것인가를 판단하기 위해 과거 탑승이력을 조사한다.

업계와 기업에 따라서 사정은 크게 다르지만 일반적으로 기업이 소유하고 있는 고객의 이력 데이터에는 다음과 같은 것들이 있다.

- 대출의 반환 결제 이력
- 고객의 직장 경력
- 고객의 저축 이력
- 투자 이력

그림 9-2 고객데이터 분석

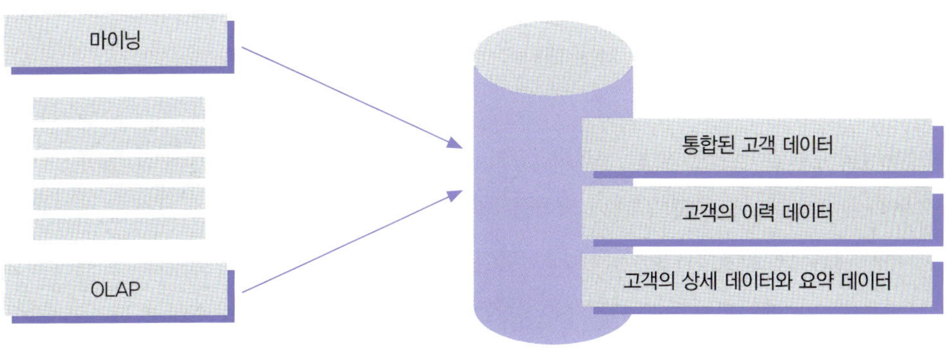

자료: 아사오카 토오모 외 저, 홍성찬 외 역(2000). CRM에서 CRE로. p.126.

- 여행 경력
- 보험금 청구의 이력 등

마지막으로 고객의 상세 데이터 및 요약 데이터가 있다. 기업이 한 사람 한 사람의 고객에게 눈을 돌릴 때 필요한 것은 고객에 대한 상세 데이터이다. 당연한 이야기지만 원투원의 고객 대응을 실현하는 과정에서는 예를 들면, 100개의 제품이 100명에게 팔렸다는 것을 알아도 아무런 도움이 안 된다. 어떤 고객이 어떤 제품을 어떻게 해서 구입했는가라는 상세 데이터야말로 위력을 발휘할 수 있는 것이다. 이러한 상세 데이터를 분석하면 지금까지 몰랐던 상품 상호 간의 관련성과 고객의 구매 패턴이 보이기 시작한다. 무엇보다 정확한 의사결정을 내리기 위해서는 전체의 흐름을 파악하는 것도 잊어서는 안 된다. 상세 데이터에만 의존하면 경영자는 나무만 보고 숲을 보지 못하는 어리석은 상태에 빠질지도 모른다. 고객의 전체적인 행동과 시장의 트렌드를 파악하려면 요약 데이터도 필요하다.

② 고객 데이터 분석 방법

통합 데이터, 이력 데이터, 상세 및 요약 데이터 세 기능을 한군데로 집약해서 이용하면 기업은 경쟁력을 획득할 수 있다. 고객관계관리가 최종적으로 추구하는 것은 한 사람 한 사람의 고객이 어떤 잠재적인 욕구를 가지고 있는가를 파악함과 동시에 나아가 무엇을 할 것인가를 예측하면서 적절한 대응을 하는 것이라고 할 수 있다. 이는 데이터웨어하우스에 축적된 고객 데이터를 분석함으로써 비로소 가능하게 된다. 구체적으로는 마이닝과 OLAP(online analytical processing, 다차원분석) 등의 기법을 적용하는 것으로 고객이 상품과 서비스를 구입할 때의 행동 패턴을 발견할 수 있다.

- **데이터마이닝**이란 용어는 '자료(data)'와 '발굴하다(mining)'란 용어의 합성어로서 말 그대로 '자료를 발굴하다'라는 의미를 가지고 있다. 즉 파묻혀 있는 보석은 의사결정에 유용한 정보나 지식을 찾아내는 것이라 할 수 있다. 보다 일반적으로 데이터마이닝은 데이터베이스로부터 과거에는 알지 못했지만 데이터 속에서 유도된 새로운 데이터 모델을 발견하여 미래에 실행 가능한 정보를 추출해 내고 의사결정에 이용하는 과정을 말한다. 즉 데이터에 숨겨진 패턴과 관계를 찾아내어 광맥을 찾아내듯이 정보를

표 9-2 데이터마이닝과 OLAP

데이터마이닝	OLAP
예상치 못한 숨겨진 지식의 발견 "Why?"에 대한 답 예측 OLAP에 또다른 분석 차원을 제공	다차원질의를 이용한 자료의 요약 "What?"에 대한 답 지역별·상품별 매출액은? 순이익 기여도는? 데이터마이닝의 효과 극대화 학습효과 없음 새로운 해결책 탐사불가

자료: 김영신 외(2002). 소비자정보 관리의 이해. 시그마프레스.

발견해 내는 것이다. 고객의 데이터를 확보하고 이 데이터들로부터 일정한 규칙을 추출하여 새로운 고객의 구매성향 파악에 활용하기 위해서는 데이터베이스로부터 정보나 지식을 추출할 수 있는 데이터마이닝 기술의 활용이 필요하다.

- **OLAP**는 데이터를 다차원으로 배치하는 분석기법이다. OLAP은 데이터를 일괄적으로 파악할 수 있는 것이 특징이며 신속한 상황 파악과 문제의 원인규명이 뛰어나다. 데이터마이닝의 효과를 극대화할 수 있는 방법이라고 할 수 있다.

고객 데이터를 활용한 고객관계관리 방법에는 가망고객 발굴, 신규고객 획득, 이탈고객 분석 및 관리, 우량고객 유지 및 로열티 극대화, 시장세분화 및 고객세분화 등이 있다.

가망고객 발굴 방법

- 고객 프로필 분석에 의한 가망고객층 발굴은 고객 프로필의 다각적 분석을 통해 지속적인 관찰로 이루어진다.
- 가족분석(house-holding)은 현 계약고객의 가족 중 향후 잠재성이 높은 고객 발굴 방법이다.
- 고객구성원 분석은 기존 구성원 중 향후 잠재성이 높은 고객을 발굴하는 것이다.
- 외부데이터 이용은 제휴업체의 고객 데이터 등을 활용하여 고객을 발굴하는 것이다.

신규고객 획득 방법

- 인바운드 고객 분석이란 각종 채널을 통하여 접촉되는 잠재고객에 대한 집중분석을 하여 신규고객으로 획득하는 것이다.
- 가망고객의 정보분석을 통한 획득은 개인적으로 관리되고 있는 가망고객을 일괄적으로 관리, 분석하여 본부 중심의 일관되고 체계적인 영업전략을 수립하는 것이다.
- 제공상품과 가장 적합한 고객추출로는 목표고객선정, 상품별 특성파악 등이 있다.
- 캠페인의 효과분석 및 캠페인을 위한 최적 고객추출로 신규고객을 확보할 수 있다.

이탈고객 분석 및 관리 방법

- 이탈 패턴, 특성 등을 파악하여 과거 이탈고객을 분석한다.
- 이탈 가능성이 높은 고객 추출 후 별도 관리
- 품질보증에 대한 분석업무 정립으로 신뢰성을 확보해야 한다.
- 이탈 가능고객 관리 프로그램을 실시하여 이탈 가능고객의 이탈을 방지하기 위한 적극적인 유지 관리가 필요하다.

우량고객 유지 및 로열티 극대화

- 우량고객에 대한 정의를 통하여 서비스를 확대하고 로열티를 극대화한다.
- 고객별 수익과 비용분석을 통하여 우량고객의 정의에 사용한다.
- 우량고객의 원인과 유형을 파악한다.
- 우량고객을 세분화하여 우량고객에 대한 서비스를 차별화한다.
- 외부 고객정보를 활용하여 우량성을 비교 판단한다.
- 기존고객의 우량화를 위해 전체 고객을 대상으로 우량 가능성 고객을 추출한다.

시장세분화 및 고객세분화

- 고객 수에 의한 시장관리로 일정 고객을 항상 유지한다.
- 수익성 유지를 목적으로 시장관리와 수익성 변동 내역을 관리한다.
- 손해의 크기 및 유형기준을 관리한다.
- 고객 기질에 따른 세분화 기준으로 상품 개발, 고객선정 및 부가 서비스를 제공한다.

- 사회 계층에 따른 세분화 기준으로 상품 개발, 고객선정 및 부가 서비스 제공한다.
- 고객세분화를 점수화하여 가망고객을 관리한다.
- 지역의 특성을 활용한 마케팅 전략을 구현한다.

3) 소비자정보를 활용한 고객관계관리

(1) 콜센터의 고객관계관리

콜센터의 기능 중에서 가장 중요한 것은 고객 이력의 제공이다. 수많은 고객을 상대하면서 발생한 각각에 대한 고객 이력들을 단일한 자료로 만들어 관리하는 것이 필요하다. 콜센터의 정보시스템은 이러한 고객 정보를 데이터베이스화하여 제공함으로써 고객의 상담 문의에 신속하고 정확하게 응대할 수 있도록 하여 고개만족을 달성하고 있다.

① 콜센터 정보시스템

콜센터 정보시스템은 IVX, PBX, CTI 등으로 구성되어 있는데, 가장 대표적인 것은 컴퓨터기능과 전화기 기능을 결합한 CTI(computer telephony integration)시스템이다. CTI는 기존의 분리된 전화 업무와 컴퓨터 업무를 하나로 처리할 수 있게 구성된 지능형 통합 솔루션을 의미한다. CTI는 컴퓨터와 텔레폰 장비(교환기, 키폰, IVR/FAX, 전화기 및 관련 소프트웨어)가 서로 연결, 통합되도록 하는 정보기술과 이를 통해 데이터와 콜을 동시에 업무적인 측면에서 활용하여 업무 효율화를 극대화하며, 자동, 재다이얼 기능을 비롯해 영상회의 기능, 자료전송 및 음성사서함 기능, 송신호에 대한 자동 정보제공기능 등을 구현할 수 있다. CTI로 인해 수백 회선의 전화를 한꺼번에 받거나 자동으로 고객에게 전화를 하는 것이 가능해졌다.

콜센터의 업무 프로세스는 공중전화망(PSTN: public subscribers telephony network)을 통해 교환기로 고객의 전화가 인입되는 것으로 시작된다. 고객의 전화는 교환기에서 CTI 서버에 알려준다. 발신자 확인 서비스(caller identification) 정보가 지원되는 경우에는 해당 정보가 CTI 서버에 콜과 함께 전달되며, 지원되지 않는 경우에는 IVR로 보내 고객 판별 정보(주민등록번호, 계좌번호 등)를 입력받아 CTI 서버에 전달한다. CTI 서버는

표 9-3 콜센터 정보시스템의 요소

구분	기능
IVR	고객의 전화 버튼 입력 값에 따라 다양한 시나리오 및 업무를 제공
PBX	인입 전화를 교환 장비로 상담 직원 전화기가 교환기에 연결
CTI	상담 직원 전화기를 S/W적으로 관리하며, IVR로부터 입력된 고객 정보를 기반으로 적절하게 고객 전화를 상담 직원에게 분배하는 기능
녹취 시설	고객과 통화 내용을 녹음, 고객 대응 및 직원 상담 품질 자료로 활용
고객 정보	고객과 상담 시 고객 정보 내용을 보며 상담 및 상담 이력을 저장하는 기능
기타	인터넷, 채팅, 센터 통합 운영관리, WFM, FAX, SNS, 등

자료: 한국전산원(2004). 공공부분 콜센터 도입전략.

교환기를 통해 인입 받은 정보를 토대로 DB 서버에 해당 고객에 대한 정보를 요청하여 받은 후에 해당되는 고객의 정보를 상담원의 컴퓨터에 보내주고, 인입된 콜을 지정된 상담원의 전화로 연결하도록 교환기에 지시한다.

② 콜센터에서의 소비자정보의 활용

콜센터에서 업무처리에 있어서 정보시스템의 활용은 매우 중요하다. 기업은 콜센터의 ACD(automatic call distribution) 기술을 지원하여 고객들의 상담전화가 자동으로 상담이 가능한 상담원에게 신속하게 연결되고, 고객 상담의 전 과정이 중앙에서 24시간 모니터링 및 통제가 가능하여 효율적인 대고객 서비스가 가능해지는 것이다. 또한 내부 고객인 상담원 측면에서는 정보시스템에서 제공되는 체계적인 고객정보가 지원됨으로 인해 상담원이 고객에 대한 정확한 정보를 실시간으로 제공받을 수 있고, 정보시스템을 활용하여 고객에게 양질의 서비스를 제공할 수 있게 됨으로써 고객만족을 향상시킬 수 있게 된다.

(2) 인터넷환경에서의 고객관계관리

인터넷환경에서는 고객정보를 수집하고 유지하는 비용과 고객관리 비용이 오프라인에 비해 비교적 저렴하다. 또한 고객관계관리 활동이 기존의 오프라인보다 빨리 진행되어 실시간으로 각 고객에 대한 차별적인 마케팅 활동을 수행할 수 있다.

① **e-CRM**

e-CRM이란 인터넷을 기반으로 보다 차별화된 고객관계관리를 실행하는 것을 말한다. e-CRM은 인터넷을 통한 고객관계관리를 통하여 고객의 요구사항에 신속히 대응하고 고객행동에 대한 예측성을 높임으로써 고객점유율을 높이고 기업의 수익성을 증대시키는 것을 목표로 하고 있다. 효과적인 e-CRM을 수행하기 위해서는 인터넷을 기반으로 하는 다양한 채널을 확보하고 관리할 수 있어야 하고, 인터넷을 기반으로 하는 채널들을 통해 수집된 고객 커뮤니케이션을 관리할 수 있는 분석 기능을 수반해야 한다. 이를 위해서는 데이터웨어하우스를 기반으로 해야 하며 실시간으로 데이터를 처리하고 다양한 관점들을 제공하기 위해서는 데이터 축적이나 시스템 퍼포먼스가 확장성을 갖추어야 한다. e-CRM을 수행하는데 있어 일반적인 프로세스는 다음과 같다.

- **분석 및 기획단계**는 데이터웨어하우스로부터 리포트, OLAP, 데이터마이닝 등의 분석을 통해 고객 패턴과 성향을 파악하고, 분석된 고객 데이터 결과를 바탕으로 마케팅 전략을 개발하고 적용하며, 구체적인 캠페인을 기획하거나 웹 콜센터 및 웹사이트를 기획하는 단계이다.
- **실행단계**는 실제로 비즈니스 룰을 적용하는 단계로서, 다양한 개인화(personalization) 기법들을 이용해 고객과 커뮤니케이션하는 단계이다. 전체 고객 경험을 개인화하고 고객별로 적절한 광고를 구성하여 개별별로 정보를 발송한다.
- **통제(학습 및 피드백)단계**는 인바운드 및 아웃바운드 상호작용들의 결과를 통합하는 단계이다. 고객의 기호나 고객이 승인한 정보 등을 비롯하여 고객에게 유용할 수 있는 모든 정보를 통합한다.

② **s-CRM**

SNS 데이터를 이용하는 고객관계관리를 s-CRM(Social CRM)이라고 한다. s-CRM은 소셜 미디어를 매체로 하여 이를 사용하는 고객들의 행동을 분석하여 고객의 관심을 기업의 마케팅 계획에 반영하는 것을 목표로 하는 고객관계관리라고 할 수 있다(Network Times, 2011. 8.). SNS의 특성으로 인해 페이스북이나 트위트 등 소셜 미디어에 게재되는 기업의 제품이나 서비스, 이미지나 만족 불만족에 대한 의견이나 업로드된 글이나 사진 등에 대해 실시간으로 관리가 가능하여 보다 적극적인 대고객 커뮤니케이션 활동이 가능하며 또한 자사의 충성고객에 대한 커뮤니케이션을 집중하고 혜택을 제공함으로써 SNS에서의 긍정적인 구전을 빠른 시간 내에 보다 광범위하게 확산시킬 수 있다.

기존의 고객관계관리와 비교해 볼 때 s-CRM의 특성이 소셜 네트워크 서비스(SNS)의 사용 확대에 따라 많은 변화를 나타내고 있음을 알 수 있다.

- s-CRM의 주변환경은 개인적 관계를 중점으로 하던 기존의 고객관계관리보다 복잡한

표 9-4 CRM과 s-CRM

	CRM	s-CRM
주변환경 (landscape)	• 개인적 관계에 중점(회사와 고객, 회사와 파트너 등) • 고객과 고객선호 커뮤니티, 습관 등 제한된 정보 • 목표 메시지가 가치를 생성함	• 복잡한 협업관계에 중점(좀 더 복잡한 관계 네트워크에 참여) • 복잡한 연결들이 고객 및 고객의 커뮤니티에 대해 더 정확한 이해를 도와줌 • 대화가 가치를 생성함
채널 (channel)	• 고객 프로파일 정보와 고객의 과거 거래 데이터에 기반한 고객정보 확인 • 회사는 데이터를 가지고 있지만 이전 내용 확인에 한계가 있음	• 고객 정보 확인이 더 복잡해짐 • 내부 확보 정보 외에도 고객의 커뮤니티에 참여한 행동과 소셜 네트워크 프로파일 정보 같은 외부 정보가 필요함 • 고객과 다른 웹 2.0 사이트도 중요한 데이터의 일부
프로세스 (process)	• 회사 입장으로 개발된 CRM 프로세스 • 프로세스 중심: 고객 상호작용과 개별 거래 지원을 위한 프로세스 도입 및 최적화 • CRM 프로세스에만 초점	• 고객 입장으로 개발된 회사의 CRM 프로세스 • 대화 중심: 브랜드 커뮤니티 구축을 위한 대화 요인들이 포함되고 아이디어 획득 및 더 세밀한 고객 분류 • CRM 프로세스 진화와 가치사슬에 발생하는 영향에 초점
사고방식 (mindset)	• 혁신은 회사 내 특별한 부서로 부터 발생 • 고객과 접점 직원들은 거래 처리를 위해 목표한 메시지만 전달	• 혁신은 고객과 모든 직원과 내부 웹 2.0툴을 통해 수집 • 고객이 혁신 사이클의 중심임 • 모든 직원이 상황정보와 경로변경 대화형식으로 신규 고객과의 대화, 신규 역할 및 신규 직원 역량이 필요
기술 (technology)	CRM 솔루션들은 주로 내부 업무프로세스 지원 및 자동화에 초점	s-CRM 솔루션들은 주로 내외부 커뮤니티 생성에 초점

자료: Deloitte Consulting(2009).

협업관계에 중점을 두고 있다.

- s-CRM에서 사용하는 고객과의 접점이 되는 채널은 매우 다양하고 이로 인해 고객 정보수집이 더욱 복잡해지고 있다.
- s-CRM의 프로세스는 기업 중심의 프로세스였던 기존의 고객관계관리에서 고객 중심의 프로세스로 진화하고 있다.
- s-CRM의 기본적인 사고방식은 기업 내부 고객과 소비자 간의 상호작용성을 중시하는 형태로 변화하고 있다.
- s-CRM의 기술적인 특성은 기존의 고객관계관리가 주로 기업 내부 업무 프로세스를 지원하고 자동화시키는 것이었던 것에서 내외부 커뮤니티 생성으로 확장되고 있다.

생각해 보기

1. 해외의 글로벌 기업의 데이터베이스마케팅 및 고객관계관리에서 소비자정보 활용 사례를 찾아보자.
2. 우리나라 기업의 데이터베이스마케팅 및 고객관계관리에서 소비자정보 활용 사례를 찾아보자.
3. 기업이 데이터베이스마케팅 및 고객관계관리를 실행하는데 있어 소비자에게 발생할 수 있는 장단점에 대해 생각해 보자.

CHAPTER 10

정부의 소비자정보제공과 활용

국가의 발전상태 및 산업화 정도에 따라, 그리고 다양한 소비자의 유형에 따라 정보탐색 소비자에게는 소비자정보, 소비자교육, 소비자보호의 순으로, 일반 소비자에게는 소비자교육, 소비자정보, 소비자보호의 순으로, 불리한 소비자에게는 소비자보호, 소비자교육, 소비자정보의 순으로 제공되어야 한다고 연구한 결과가 있다.

또한 시장의 구성 요소인 소비자, 생산자, 그리고 정부를 고려할 때, 정부는 시장 질서를 확립하고 공정한 거래 등을 위하여 그 역할이 중요하다. 특히 사회의 급격한 변화 및 국제화로 인해 소비자에게 즉각적이고 투명하고 진의성이 있는 정보제공이 필요하다. 그뿐만 아니라, 소비자는 이러한 정보를 온라인, 오프라인으로 접근하여 소비생활의 향상을 꾀하고 궁극적으로는 소비자복지에 기여할 수 있도록 수동적인 소비자정보제공이 아니라, 한층 더 소비자정보의 재생산이 가능해야 할 것이다. 일반적으로 소비자정보제공은 그 방법에서는 오프라인에서 온라인으로, 대상에서는 소수에서 다수로, 그리고 내용에서는 투명하고 객관적인 내용으로 변화하고 있다. 따라서 본장에서는 정부 측면의 소비자정보제공의 중요성을 알아보고, 우리나라의 정보화 변천, 공공 기관의 정보제공 현황, 그리고 우리나라 소비자정보의 이슈와 전망을 살펴보고자 한다.

1. 정부의 소비자정보제공의 중요성

소렐리(Thorelli, 1983)는 소비자를 위한 소비자정책을 소비자보호, 소비자교육, 소비자정보로 나누었다. 소비자보호는 소비자 스스로가 자신의 주권 및 권리를 주장할 수 없을 때 소비자주권 및 권리를 보장하기 위한 것으로 소비자의 건강과 안전을 유지하기 위한 표준, 법, 규제에서부터 개방시장을 유지하려는 경쟁정책까지 다양하다. 소비자교육은 시민이 지적인 소비자 또는 적어도 자유로운 소비자가 되기 위해서 필요한 기본적인 지식, 기능, 그리고 태도를 제공하는 것이다. 소비자정보는 시장에 나와 있는 개별 상품이나 서비스, 상표, 모델에 대한 모든 자료를 제공하는 것을 의미한다. 산업화된 국가에서는 소비자정보, 소비자교육, 소비자보호 등의 순으로 제공 및 중요하나, 저개발국가에서는 소비자보호, 소비자교육, 소비자정보의 순으로 제공되고 중요하다고 언급하였다(김영신 외, 2013, 재인용). 또한 산업화된 국가에서도 정보탐색 소비자에게는 소비자정보, 소비자교육, 소비자보호의 순으로, 일반 소비자에게는 소비자교육, 소비자정보, 소비자보호의 순으로, 불리한 소비자에게는 소비자보호, 소비자교육, 소비자정보의 순으로 제공되어야 한다고 연구하였다.

일반적으로 시장의 구성 요소인 소비자, 생산자, 그리고 정부를 고려할 때, 정부는 시장질서의 확립과 공정한 거래 등을 위하여 규칙을 제정하고, 중재 및 조정하며, 어느 정도 옹호하면서 정보중재자 및 촉진자로서의 역할을 해야 한다. 특히 사회의 급격한 변화 및 국제화 등은 투명하고 신속한 정보를 제공하여 소비자의 소비 생활을 지원하는 즉각성, 투명성, 그리고 전문성을 갖춘 정보제공이 필요하다.

2. 우리나라 정보화의 과거와 현재

일반적으로 우리나라의 정보화 변천 과정은 다음과 같다. 특히 소비생활에 중요한 역할을 하는 통신을 중심으로 살펴보겠다(대구경북연구원, 2010).

1) 1970년대

1970년대는 컴퓨터 통신의 태동기로 보고 있다. 즉 1970년에 경제기획원 예산총괄과의 KIST전산실을 전용회선으로 연결하여 예산 관련 자료를 주고받은 것이 컴퓨터 통신의 효시로 보고 있으며, 1972년에는 외환은행이 전용회선을 통하여 본점과 지점 간 온라인 시스템을 구축 및 운용하였다. 이를 계기로 다른 금융기관도 전용회선을 통한 온라인 서비스를 제공하기 시작하였다. 1975년에는 대한항공이 비행기 좌석예약업무에 온라인 시스템을 도입함으로써 컴퓨터통신이 일반기업에서도 보급되기 시작하였다.

따라서 1970년대에는 일부 분야에서 정보통신이 도입되었지만 이것들은 대부분 기관 내부의 업무용으로 활용된 시험적인 수준에 불과하였으며, 당시에는 국내에 데이터 통신 전문가도 극소수였고 우리나라가 산업화 초기 단계이었기 때문에 정보화에 눈을 뜰 겨를도 없었다. 이 당시에는 심각한 전화수요 적체조차도 감당하기 어려운 실정이었다.

2) 1980년대

1980년대는 디지털교환기(TDX: time division switching system, 시분할 교환 장치)의 자체개발과 기반 통신망의 구축기라고 할 수 있다. 1982년 한국전기통신공사의 발족과 디지털교환기(TDX)의 자체 개발이 이루어졌고, TDX의 자체 개발로 당시 체신부가 강력 추진했던 전화수요 적체 해소정책은 기본적 통신수요를 충족시켰으며, 후일 디지털시대에 대비한 전국적인 디지털교환망의 구축을 가능하게 하였다.

1987년 9월에는 전화회선이 1,000만을 돌파하여 바야흐로 1가구 1전화의 시대가 열리고 전화의 즉시 가설과 전국자동전화가 개통되었으며, 이에 당시 세계 각국은 이러한 성과를 한국의 전화혁명이라고 부르면서 한국의 정책과 경험을 벤치마킹하기에 분주하였다. 오늘날 개발도상국 정보화의 최대 걸림돌은 낮은 전화 보급률이다. 인터넷 보급을 크게 향상시킨 ADSL은 과거에 깔아놓은 전화선을 이용하여 고속의 인터넷 서비스를 제공해 주고 있기 때문에, 전화 보급은 정보화에 있어서 큰 영향을 끼쳤다고 할 수 있다.

- **디지털교환기**는 우리나라에서 개발된 디지털 교환 방식의 전전자식 교환기 시스템 명칭이다. 다수의 소형 프로세서에 의한 완전 분산처리가 특징으로서 TDX-1, TDX-10, TDX-100 등 계열화가 되어 있다. 전국의 KT 산하 전화국에서 운용되고, 외국에 수출도 되어 있으며, 부호 분할 다중 접속(CDMA) 이동 통신 시스템의 핵심 교환 장치로 사용되기도 한다.

3) 1990년대

1990년대는 세계 최초 CDMA(code division multiple access) 방식의 디지털 이동전화의 상용서비스를 개시한 시기이다. 1996년 세계 최초로 CDMA 방식의 디지털 이동전화 상용서비스를 개시한 이후 한국의 위상은 급속히 올라가기 시작하였다. 특히 통신 부문의 비약적인 발전은 한국의 위상을 올리는데 결정적으로 기여하였다. CDMA 이동전화 개시 이후 매년 2배 이상 성장하여 만 3년도 되지 않은 1998년에 1,000만 가입자를 돌파하였으며, 그 다음 해인 1999년에는 2,300만 가입자를 넘어섬으로써, 2,000만 회선에서 정체되어 있던 유선전화 회선수를 상회하였다. 그뿐만 아니라, 1990년대는 초고속 정보통신망을 구축한 착수기라고 볼 수 있다.

초고속 정보통신기반 구축사업이 추진됨에 따라 도입 첫해인 1998년에 1만 4,000명에 불과하던 가입자가 그 이듬해 37만 명으로 늘었고, 4년째인 2002년에는 1,040만 명으로 1,000만 명을 돌파하였다. 그에 따라 한국은 세계에서 가장 발달된 정보 인프라를 구축한 것으로 평가받고 IT 강국이라는 명칭을 얻게 되었다.

또한 네티즌의 성장도 세계를 놀라게 한 또 다른 성과였다. 1997년 160만 명에 불과하던 인터넷 인구는 초고속인터넷의 도입과 더불어 폭발적으로 증가하여 3년마다 1,000만 명씩 증가하는 경이적인 기록을 보였으며, 네티즌들의 활동도 매우 활발하여 2000년대를 전후하여 동호회, 포럼 등 온라인 소셜 네트워크가 일상생활에 깊이 파고들었다. 이로 인해 선진국보다 최소 4~5년은 앞서 웹 2.0이 자리 잡은 것으로 평가받기도 하였다. 전자민주주의에서도 네티즌들이 대통령 선거결과에 결정적인 영향을 미치는 등 인터넷이 중요한 정치채널로 자리 잡았다.

4) 2000년대

2000년대는 새로운 미래상으로서의 유비쿼터스 사회의 도래기이다. 유무선 통합 인터넷, 모바일 컨버전스, RFID(radio frequency identification) 등 유비쿼터스 IT와 결합되어 유비쿼터스는 새로운 미래 정보사회라는 의미로 확대되었다. 유비쿼터스 사회는 전자공간과 물리공간이 융합되어 정보가전은 물론 모든 사물이 지능화, 정보화, 네트워크화되는 단계를 말한다. 초고속인터넷 및 모바일 등 디지털 컨버전스가 이루어지는 단계로 유비쿼터스 사회로 가는 전화기를 맞이하였다. 향후 10~20년 내 유비쿼터스 네트워크로 자리매김할 수 있는 4G 등 새로운 u-IT기술의 상용화 시기가 예상보다 조기에 실현될 것으로 전망하였다.

즉 서비스 및 매체통합을 통해 새로운 지능형 융합서비스로 출현하였다. 하나의 제품으로 복합적 기능을 편리하게 이용하고자 하는 소비자의 니즈가 증가하면서 디지털 컨버전스 제품이 속속 등장하였다. 디지털 컨버전스는 단순 기능 결합에서 서비스 융합으로 진화하며 지속적인 멀티미디어화, 복합화를 통해 고부가 가치를 추구하고 있다. 또한 방송과 통신(인터넷) 등이 결합하는 서비스, 산업 간 컨버전스가 진행되어 새로운 서비스가 창출되기 시작하였다.

최근에는 휴대폰, MP3 플레이어와 같은 모바일기기에 멀티미디어 기능 융합이 급속히 전개되며 컨버전스가 트렌드로 정착되었고, 휴대폰이 음성통화 위주에서 휴대성과 개인성이라는 특성에 고객의 니즈가 수용되면서 다양한 엔터테인먼트 기능이 강화되었다. 대용량 MP3플레이어는 오디오 기능에 디지털카메라, 건강진단, USB 메모리 등 부수적 기능을 첨가하고 있으며, 복합적 기능에 따라 서비스 영역의 확대, 제품의 경쟁력 향상을 위한 산업 간 융합 등 서비스 및 산업 간 컨버전스가 확장 추세에 있다. 즉 이동통신사는 휴대폰의 엔터테인먼트 기능강화와 함께 음악, 게임, 방송 등 멀티미디어 콘텐츠까지 사업 영역을 확대하였다(대구경북연구원, 2010).

또한 휴대인터넷 등 모바일 초고속인터넷서비스 시대의 본격적인 전개기이다. 2006년에는 세계 최초로 별도 주파수 대역(2.3GHz)을 이용한 무선 휴대인터넷인 와이브로(WiBro)가 국내에서 상용화되었다. 와이브로는 기존 무선랜과 휴대폰 기반 무선인터넷의 장점인 이동성과 전송속도를 절충한 유무선 통합개념의 초고속 휴대인터넷이다.

5) 2010년대

2010년대는 그야말로 이동통신서비스의 확대기이면서 정착기, 그리고 결합상품의 전개기라고 볼 수 있다.

2015년 현재(미래창조과학부, 2015년 1월 기준), 이동전화 가입자 57,433,378명, 스마트폰 이용자 40,836,533명, 초고속인터넷 이용자 19,256,465명, 인터넷전화 이용자 12,421,047명 등 통신서비스의 보편화를 맞이하였다. 과거 2012년경에는 '꿈의 이동통신'으로 불리는 4세대(4G) 이동통신(광대역 무선 이동통신 서비스)이 전개될 것으로 전망하여, 이제 음성전화 및 단문메시지(SMS) 서비스 위주의 2세대 이동통신방식에서 2.5G, 3G로 발전하여 무선테이터 통신, 멀티미디어 서비스로 확대되고 있다. 또한 4G는 저속 이동 사용자에게 1Gbps, 고속 이동 사용자에게 100Mbps이상의 모바일 초고속인터넷서비스가 제공되는 환경이다. 이뿐만이 아니라, 이동통신 비용의 확대화로 인하여 정부에서는 알뜰폰을 권장하여 현재 약 500만 명 정도의 가입자가 있으며, 이와 관련된 다양한 정책을 펼치고 있다(미래창조과학부 자료에 의하면, 2014년 12월 현재 가입자가 4,583,867명이다).

이러한 정부의 정보차원 변화는 급격하게 확대되었으며 정부는 정보공개 및 제공은 기본적으로 법적 근거를 두고 있다. 다음은 정부를 비롯한 공공기관의 정보공개와 관련된 개요를 살펴보도록 하겠다.

표 10-1 이동통신 세대(G) 구분

	기술	상용화	주요 서비스
1세대	아날로그	1980년대 중반–1990년대 중반	음성통화
2세대	디지털 (CDMA, GSM)	1990년대 중반	음성, SMS, 저속 인터넷(수십–수백 kbps, 벨소리 다운로드 등)
3세대	WCDMA, HSDPA, TD-SCDMA 등	2000년대 중반	음성, E-mail, 고속인터넷(수Mbps)양방향 영상, 위치기반서비스 대용량 멀티미디어 서비스
4세대	이동 중 100Mbps, 정지 중 1Gbps	2010년 이후 현재는 5세대도 진행 중	3세대 대비 20배 이상의 전송속도 구현, 유 무선통신, 방송, 위성망 통합으로 끊김 없는 서비스 제공

자료: 대구경북연구원(2010). 정보화, 과거와 현재.

3. 공공기관 정보제공 관련 개요

국가 및 지방자치단체, 즉 공공기관의 소비자정보제공은 소비자의 권익과 관련된 주요 시책과 주요 결정사항을 공개해야 하는 광의의 소비자정보제공과 공공기관이 보유·관리하는 정보를 사전공개하거나 국민이 요청하는 공공정보를 공개하는 협의의 정보공개가 있다. 공공기관의 광의의 소비자정보공개는 「소비자기본법」 제13조에 의거하여, 국가 및 지방자치단체가 소비자의 기본적인 권리가 실현될 수 있도록 소비자의 권익과 관련된 주요 시책 및 주요 결정사항을 소비자에게 알려야 하는 의무를 말한다.

소비자정보 내용은 소비자와 관련된 내용이면 제한이 없으며 정보제공 방법도 규정되어 있지 않아 다양한 형식으로 제공이 가능하다. 일반적으로 이용되는 소비자정보제공 방법은 정보통신망 등을 이용한 온라인 정보제공과 보고서 등의 출판물과 리플릿 등을 활용한 인쇄매체를 통한 정보제공이 있다. 정보제공 특성을 살펴보면 정보개방 정도나 소비자참여 정도는 각 공공기관마다 차이를 보인다.

소비자기본법

[시행 2011. 8. 20.] [법률 제10678호, 2011. 5. 19., 일부개정]

제13조(소비자에의 정보제공) ① 국가 및 지방자치단체는 소비자의 기본적인 권리가 실현될 수 있도록 소비자의 권익과 관련된 주요시책 및 주요결정사항을 소비자에게 알려야 한다.

반면에 협의의 정보공개는 공공기관이 보유·관리하고 있는 정보를 「공공기관의 정보공개에 관한 법률」에 의거하여 사전공개하거나 국민이 요청할 때 정보를 공개하는 것을 의미한다.

정보공개 내용은 「공공기관의 정보공개에 관한 법률」에 의하여 규정되어 있고, 소비자정보 공개방법도 정보통신망 온라인에서 공개할 내용과 공개목록의 비치 등 오프라인을 통하여 공개해야 하는 내용이 정해져 있다. 협의의 공개정보를 구체적으로 살펴보면 다음과 같다.

첫째, 공공기관은 정보공개의 목적과 정보공개의 원칙이 있다. 국민의 정보공개 청구 및 공공기관의 공개 의무는 국민의 알권리를 보장하고 국정에 대한 국민의 참여와 국정 운영의 투명성을 확보함을 목적으로 한다. 그러므로 공공기관은 「공공기관의 정보공개에 관한 법률」에 의거하여, 공공기관이 보유·관리하는 정보를 법이 정하는 바에 따라 적극적으로 공개해야 한다.

공공기관의 정보공개에 관한 법률

[시행 2014.11.19.] [법률 제12844호, 2014.11.19., 타법개정]

제1조(목적) 이 법은 공공기관이 보유·관리하는 정보에 대한 국민의 공개 청구 및 공공기관의 공개 의무에 관하여 필요한 사항을 정함으로써 국민의 알권리를 보장하고 국정(國政)에 대한 국민의 참여와 국정 운영의 투명성을 확보함을 목적으로 한다.

제3조(정보공개의 원칙) 공공기관이 보유·관리하는 정보는 국민의 알권리 보장 등을 위하여 이 법에서 정하는 바에 따라 적극적으로 공개하여야 한다.

둘째, 정보공개 청구권자는 모든 국민과 대통령령으로 정한 외국인이다. 모든 국민은 정보의 공개를 청구할 수 있고, 외국인 중 국내에 일정한 주소를 두고 거주하거나 학술·연구를 위하여 일시적으로 체류하는 사람이나 국내에 사무소를 두고 있는 법인이나 단체는 대통령령에 의거하여 정보공개를 청구할 수 있다.

셋째, 정보공개 방법 및 공공기관의 의무는 다음과 같다. 공공기관은 정보를 제공할 수 있도록 소관 법령을 정비해야 한다. 공공기관은 정보의 보존과 신속한 검색이 이루어지도록 정보관리체계를 정비하고, 정보공개 업무를 주관하는 부서 및 담당 인력을 적정하게 두어야 한다.

정보통신망을 활용한 정보공개시스템 등을 구축하도록 노력해야 하며, 공공기관이 보유·관리하는 정보목록을 작성하고, 그 목록을 정보통신망을 활용한 정보공개시스템 등에 공개해야 하며, 중앙행정기관 및 대통령령으로 정하는 기관은 전자적 형태로 보유·관리하는 정보 중 공개대상으로 분류된 정보는 비록 국민의 정보공개 청구가 없더라도 공개해야 한다.

동법

제5조(정보공개 청구권자) ① 모든 국민은 정보의 공개를 청구할 권리를 가진다.

② 외국인의 정보공개 청구에 관하여는 대통령령으로 정한다.

동법 시행령

제3조(외국인의 정보공개 청구) 법 제5조제2항에 따라 정보공개를 청구할 수 있는 외국인은 다음 각 호의 어느 하나에 해당하는 자로 한다.

1. 국내에 일정한 주소를 두고 거주하거나 학술·연구를 위하여 일시적으로 체류하는 사람
2. 국내에 사무소를 두고 있는 법인 또는 단체

동법

제6조(공공기관의 의무) ① 공공기관은 정보의 공개를 청구하는 국민의 권리가 존중될 수 있도록 이 법을 운영하고 소관 관계 법령을 정비하여야 한다.

② 공공기관은 정보의 적절한 보존과 신속한 검색이 이루어지도록 정보관리체계를 정비하고, 정보공개 업무를 주관하는 부서 및 담당하는 인력을 적정하게 두어야 하며, 정보통신망을 활용한 정보공개시스템 등을 구축하도록 노력하여야 한다.

제8조(정보목록의 작성·비치 등) ① 공공기관은 그 기관이 보유·관리하는 정보에 대하여 국민이 쉽게 알 수 있도록 정보목록을 작성하여 갖추어 두고, 그 목록을 정보통신망을 활용한 정보공개시스템 등을 통하여 공개하여야 한다. 다만, 정보목록 중 제9조제1항에 따라 공개하지 아니할 수 있는 정보가 포함되어 있는 경우에는 해당 부분을 갖추어 두지 아니하거나 공개하지 아니할 수 있다.

② 공공기관은 정보의 공개에 관한 사무를 신속하고 원활하게 수행하기 위하여 정보공개 장소를 확보하고 공개에 필요한 시설을 갖추어야 한다.

제8조의2(공개대상 정보의 원문공개) 공공기관 중 중앙행정기관 및 대통령령으로 정하는 기관은 전자적 형태로 보유·관리하는 정보 중 공개대상으로 분류된 정보를 국민의 정보공개 청구가 없더라도 정보통신망을 활용한 정보공개시스템 등을 통하여 공개하여야 한다.

공공기관은 그 기관이 보유·관리하는 정보목록을 작성하고 비치해야 하며, 정보의 공개에 관한 사무를 신속하고 원활하게 수행하기 위하여 정보공개 장소를 확보하고 공개에 필요한 시설을 갖추어야 한다.

넷째, 정보공개 대상기관(행정자치부 홈페이지, 2015)은 다음과 같다.

정보공개 대상기관에는 국가기관, 지방자치단체, 그 밖에 대통령령으로 정하는 기관이

있다. 국가기관은 국회, 법원, 헌법재판소, 중앙선거관리위원회와 중앙행정기관 및 그 소속기관, 「행정기관소속위원회의설치·운영에관한법률」에 따른 위원회이고, 지방자치단체는 「공공기관의운영에관한법률」 제2조에 따른 공공기관이며 그 밖에 대통령령으로 정하는 기관이 있다.

다섯째, 정보공개 내용은 다음과 같다. 공공기관은 다음과 같은 정보는 공개의 구체적 범위와 주기·시기 방법 등을 미리 정하여 공표하고, 정기적으로 공개해야 한다. 또 국민이 알아야 할 필요가 있는 정보를 공개하도록 노력해야 한다.

동법

제7조(행정정보의 공표 등) ① 공공기관은 다음 각 호의 어느 하나에 해당하는 정보에 대해서는 공개의 구체적인 범위와 공개의 주기·시기 및 방법 등을 미리 정하여 공표하고, 이에 따라 정기적으로 공개하여야 한다. 다만, 제9조제1항 각 호의 어느 하나에 해당하는 정보에 대해서는 그러하지 아니하다.

1. 국민생활에 매우 큰 영향을 미치는 정책에 관한 정보
2. 국가의 시책으로 시행하는 공사(工事) 등 대규모 예산이 투입되는 사업에 관한 정보
3. 예산집행의 내용과 사업평가 결과 등 행정 감시를 위하여 필요한 정보
4. 그 밖에 공공기관의 장이 정하는 정보

② 공공기관은 제1항에 규정된 사항 외에도 국민이 알아야 할 필요가 있는 정보를 국민에게 공개하도록 적극적으로 노력하여야 한다.

4. 주요 정부 부처의 정보공개

이러한 정부 측면에서의 소비자정보는 소비자의 생활과 밀접한 행정자치부, 공정거래위원회, 한국소비자원, 소비생활센터, 기획재정부, 그리고 식품의약품안전청 등에서 제공되고 있는 것을 중심으로 살펴보면 다음과 같다.

1) 행정자치부의 정보제공

(1) 소비자정보제공

행정자치부는 홈페이지 이외에 어린이를 위한 전용 홈페이지와 영어로 제공되는 홈페이지를 상단 메뉴 위에 배치하여 접근이 용이하게 하고 있다. 또한 페이스북, 블로그, 트위터 등을 따로 운영하고 있다.

소비자정보 내용을 살펴보기 위하여 행정자치부의 홈페이지 메뉴를 살펴보면, 정보공개, 고객민원, 뉴스·소식, 정책자료, 업무안내, 기관소개 등의 메뉴로 구성되어 있다. '정보공개' 메뉴에서는 「공공기관의 정보공개에 관한 법률」에 의거하여 규정된 정보를 공개하는 내용으로 구성되어 있으며, 이 부분은 협의의 정보공개 부분에서 설명하고자 한다.

'고객민원'은 온라인 민원신청, 국민제안·참여를 할 수 있는 부분과 사이버신고센터로 구성되어 있다. 온라인 민원은 행정자치부의 업무 관련 질의와 상담을 하는 공간이고, 국민제안·참여는 국민제안, 전자공청회, 정책토론, 규제개혁신문고, 지방규제개혁신문고, 설문조사 등의 항목으로 구성되어 소비자의 참여가 용이하도록 구성되어 있다. 사이버신고센터는 공적비리신고센터, 예산낭비신고센터, 공익신고, 개인정보침해신고센터, 복지, 보조금부정신고로 공정하고 합리적인 정책을 위한 공간을 마련하고 있다.

'뉴스·소식'은 새소식, 지자체소식, 보도자료, e-뉴스레터 등 최근 정책과 주요 동향을 소개하고 있으며, '정책자료'는 법령정보, 전자관보, 통계, 간행물, 정책연구보고서, 참고자료와 국회자료실 자료를 제공하고 있다. '업무안내'는 기관조정실, 창조정부조직실 등 관련 부서의 업무를 안내하고 있고 '기관소개'는 행정자치부의 연혁과 주요업무계획, 그리고 조직 등을 소개하고 있으며, '이용안내'는 소비자가 홈페이지를 이용할 때 도움이 되는 정보와 개인정보처리방침, 저작권보호정책과 모바일 서비스 등으로 구성되어 있다.

홈페이지에 제공되는 정보는 대다수가 무료이고, 다운을 받을 수 있도록 되어 있거나 인쇄가 가능하도록 구성되어 있으며, 소비자의 참여가 가능하도록 고객민원 안에 국민제안, 전자공청회, 정책토론 등 다양한 접근통로를 마련하고 있다.

(2) 정보공개

행정자치부는 홈페이지 첫 페이지 상단 메뉴에 정보공개 메뉴를 배치하고 '정보공개안내',

그림 10-1 행정자치부 홈페이지의 메인 메뉴와 정보공개 메뉴

자료: 행정자치부 홈페이지(2015).

'정보공개청구', '정보공개', '사전공표정보', '사전공표정보', '공공데이터개방', '지방물가정보'를 게시하고 있다.

'정보공개안내'에서는 공공기관 정보공개에 관한 사항을 설명하고 있고, '정보공개청구'에서는 정보공개를 직접 청구할 수 있는 시스템을 구축하여, 국민의 정보공개 청구사항을 접수하고 있다. '사전공표정보'에서는「공공기관의 정보공개에 관한 법률」제7조에 의거하여 미리 공개해야 할 정보를 제공하고 있다. 주요 내용을 살펴보면 '사전정보 공표목록', '발주계획 및 계약현황', '감사계획 및 계약현황', '반부패·청렴현황', '정책실명제', '정부포상 추천대상자 공개검증'을 하고 있으며, '정보공개' 메뉴에서는 '정보목록', '정보공개연차보고서', '유관법령 및 지침', '주요보존기록' 등을 공개하고 있다. '정보공개청구'에서는 인터넷을 통하여 정보공개를 청구할 수 있도록 하였고, 그 외에 '공공데이터 개방', '지방물가정보'와 관련된 정보를 제공하고 있다.

2) 공정거래위원회의 정보제공

(1) 소비자정보제공

공정거래위원회는 소비자정보제공을 위하여 위원회 홈페이지 이외에, 어린이 홈페이지,

영어로 제공되는 홈페이지, 해외경쟁을 따로 구성하여 제공하고 있으며, 페이스북을 운영하고 있다.

공정거래위원회 홈페이지에서는 '공정위뉴스', '정책·제도', '정보공개', '규제정비', '심결·법령', '민원참여', '공정위 소개' 등의 메뉴로 구성되어 있다.

'공정위 뉴스'에서는 정책소식과 공정위 최근 소식을, '정책·제도'에서는 주요업무계획, 경쟁정책, 소비자정책, 하도급 가맹사업, 위원회심결제도, 사건처리통계, 공정거래백서와 용역보고서, 입법예고 등을 하고 있다. '정보공개'에서는 표준계약서, 사업자정보공개, 사업자등록현황, 행정정보공개, 데이터개방, 국회 관련 정보, 국민마당, 정책실명제 등을 소개하고 있으며, 행정정보공개 메뉴에 협의의 정보공개 부분 관련 정보를 제공하고 있다. '심결·법령'에서는 위원회 소관법령과 의결서·재결서, 법위반사실조회, 판례요지 등을 제공하고 있고, '민원참여'에서는 소비자가 인터넷으로 민원을 할 수 있는 장을 마련하고 있다. 나의 신고조회, 상담, 불공정거래신고, 신문불공정거래신고, SW불공정하도급거래 제보, 정책건의 및 질의, '공정위에 바란다' 등 민원을 할 수 있는 장과 신고서식, 민원사무편람으로 구성되어 있다.

'공정위 소개'는 공정거래위원회와 조직, 지방사무소, 산하기관과 주요 역사·현황에 관한 정보로 구성되어 있다. '기타서비스'는 홈페이지 이용안내, 개선의견, 개인정보처리방침, 저작권정책 등과 기타 정보를 제공하고 있다. 소비자정보는 용역보고서, 정책만화 등

그림 10-2 공정거래위원회 홈페이지의 메인 메뉴와 정보공개 메뉴

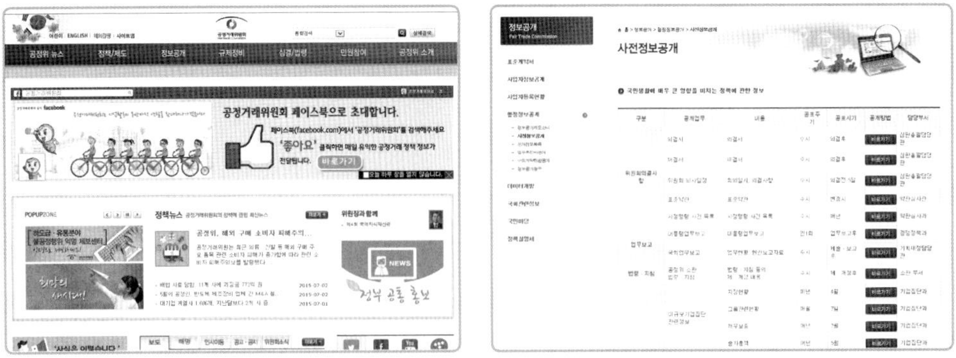

자료: 공정거래위원회 홈페이지(2015).

다양한 인쇄물과 보도자료 등의 텍스트 자료, 그리고 동영상, 방송 등 다양한 콘텐츠를 제공하고 있다. 또한 소비자의 이용과 참여를 용이하게 하기 위하여 주요 메뉴에 '민원참여'란을 두어 소비자의 접근이 용이하게 하였으며, 모바일 등을 통하여도 접근 가능하게 하였다.

(2) 정보공개

공정거래위원회는 홈페이지 첫 화면 '정보공개' 메인 메뉴 하부의 '행정정보공개' 란에 관련 정보를 공개하고 있다.

'정보공개안내' 메뉴에서는 정보공개제도는 국민들의 알권리를 최대한 보장하고 편리하게 이용할 수 있도록 공공기관이 정보를 국민의 청구에 의하여 열람, 사본, 복제 등의 형태로 청구인에게 공개하거나, 공공기관이 자발적으로 또는 법령 등의 규정에 의하여 보유하고 있는 정보를 배포 또는 공표 등의 형태로 제공하는 제도(공정거래위원회 홈페이지, 2015)라고 안내한 후 담당자의 연락처 등을 공개하고 있다.

'사전정보공개' 메뉴에서는 '국민생활에 매우 큰 영향을 미치는 정책에 관한 정보', '예산집행의 내용과 사업평가 결과 등 행정감시를 위하여 필요한 정보', '그 밖에 공공기관의 장이 정하는 정보'에 관한 사항을 '공개정보목록' 메뉴에서는 '매월 정보목록'을, 업무추진비공개' 메뉴에서는 분기별로 업무추진비를, 그리고 '수의계약현황공개' 메뉴에서는 수의계약 현황을 공개하고 있다.

3) 한국소비자원의 정보제공

(1) 소비자정보제공

한국소비자원은 홈페이지 이외에 영어로 제공하는 홈페이지, 어린이 전용 어린이 안전넷, 소비자가격과 만족도 정보를 제공하는 스마트컨슈머 등을 운영하고 있다. 또한 페이스북과 트위터 등을 운영하고 있다.

홈페이지의 메인 메뉴는 '정부3.0정보공개', '피해구제', '소비자뉴스', '정보자료', '소비자교육', 'KCA소개'로 구성되어 있다.

그림 10-3 한국소비자원 홈페이지의 메인 메뉴와 정보공개 메뉴

자료: 한국소비자원 홈페이지(2015).

'정부3.0정보공개'에서는 다른 공공기관과 동일하게 협의의 정보공개 관련 내용으로 구성되어 있고 '피해구제'에서는 소비자의 피해구제신청을 접수하거나 접수를 위해서 필요한 정보를 제공한다. '소비자뉴스'는 소비자안전주의보, 보도자료, 공지사항, 소비자원동향, 뉴스레터 관련 정보를 제공하고 있다. 다른 공공기관이 주로 공공기관과 관련된 소색을 전달하고 있는데 반하여 한국소비자원은 소비자안전주의보 등 본원과 관련된 정보와 소비자와 관련된 정보를 함께 제공한다는 점이 차이를 보인다.

'정보자료'는 KCA보고서, 소비자시대, 소비자문제연구, 소비자법령, 소비자정책동향으로 구성되어 있으며, 주로 한국소비자원에서 발간하거나 출판하는 정보를 제공하는 장으로 유료와 무료자료가 함께 구성되어 있다. '소비자교육'은 교육신청, 교육자료, 소비자교육시험학교로 구성되어 있고, 교육신청은 한국소비자원에서 하는 소비자교육을 접수하는 란이고, 교육자료는 소비자원에서 개발한 자료 중 소비자가 이용 가능한 자료를 제공하는 란으로 동영상과 인쇄물 자료가 혼재되어 있다. 소비자교육시범학교는 한국소비자원에서 지원하는 시범학교와 관련된 정보를 제공하고 있으며, 다음 'KCA 소개'는 한국소비자원과, 소비자분쟁조정위원회 등과 기타 사항에 관한 정보를 제공하고 있다.

(2) 정보공개

한국소비자원의 정보공개는 'KCA3.0정보공개', '정보공개청구', '공공데이터 개방', '경영공

시' 메뉴로 구성되어 있다.

'KCA3.0정보공개'는 KCA3.0에 대한 소개를 하고 있고, '정보공개청구'는 정보공개안내, 사전정보공표, 정보목록 등에 대한 정보를 제공하고 있다. 사전정보공표에서는 업무추진비, 소비자원정보화, 분쟁조정, 경영기획, 예산, 회계, 인사, 계약 및 시설관리, 미디어사업, 소비자정보, 소비자교육, CCM, 정책개발, 거래조사, 국제협력, 피해구제, 소비자상담, 소비자안전, 시험분석, 감사 등의 내용을 공개하고 있다. '정보목록'에서는 매월 제공하는 정보목록을 제공하고 있다.

'공공데이터 개방'에서는 이용방법과 공공데이터 목록과 신청할 수 있는 장을 마련하고 있으며, '경영공시'에서는 공정거래위원회 일반현황, 조직 및 이사회, 사업성과 및 기관운영 등의 현황 관련 정보를 제공하고 있다.

4) 소비생활센터의 정보제공

소비생활센터는 전국 각 광역시와 도에 배치되어 있으며, 그중 하나를 예를 들어 살펴보고자 한다.

경상북도 소비자행복센터 홈페이지의 메인 메뉴는 상담처리, 법령·시책, 알림마당, 센터소개로 되어 있고, 협의의 의미의 정보공개는 따로 하고 있지 않다.

그림 10-4 경상북도 소비자행복센터 홈페이지의 메인 메뉴

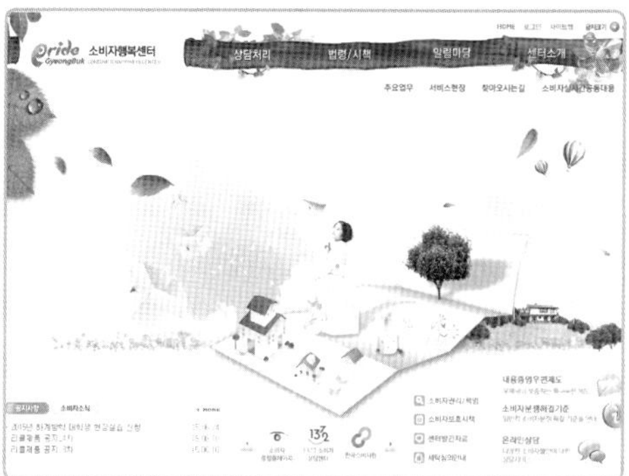

자료: 경상북도 소비자행복센터 홈페이지(2015).

‘상담처리’는 상담을 하는데 도움이 되는 정보와 온라인 상담으로 구성되어 있고, ‘법령·시책’은 소비자권리·책임, 소비자보호시책, 소비자분쟁해결기준 등의 소비자상담에 도움이 되는 법률과 센터 발간자료에 관한 정보를 제공하고 있다. ‘알림마당’은 공지사항과 소비자소식으로 구성되어 있는데 공지사항은 센터 소식을 소비자소식은 한국소비자원의 피해예방주의보와 안전주의보가 링크되어 있다. ‘센터소개’는 센터의 주요업무와 소비자 실시간공동대응에 관한 정보를 제공하고 있으며, 경상북도 소비자행복센터의 정보는 대다수가 인쇄물과 텍스트로 구성되어 있고, 소비자에게 도움이 되는 정보와 상담 관련 자료가 주로 제공되고 있다.

5) 기획재정부의 정보제공

(1) 소비자정보제공

기획재정부는 홈페이지 이외에 영어버전 홈페이지, 어린이·청소년 전용 경제교실, 모바일 전용 홈페이지 등과 트위터, 페이스북, 블로그 등을 따로 운영하고 있다. 또한 ALIO 공공기관 경영정보 공개시스템를 민간에게 위탁 후 최종관리하고 있다.

홈페이지를 중심으로 살펴보면, 메인 메뉴는 ‘뉴스’, ‘정책’, ‘통계’, ‘정보공개’, ‘안내’, ‘민원’

그림 10-5 기획재정부 홈페이지의 메인 메뉴와 정보공개 메뉴

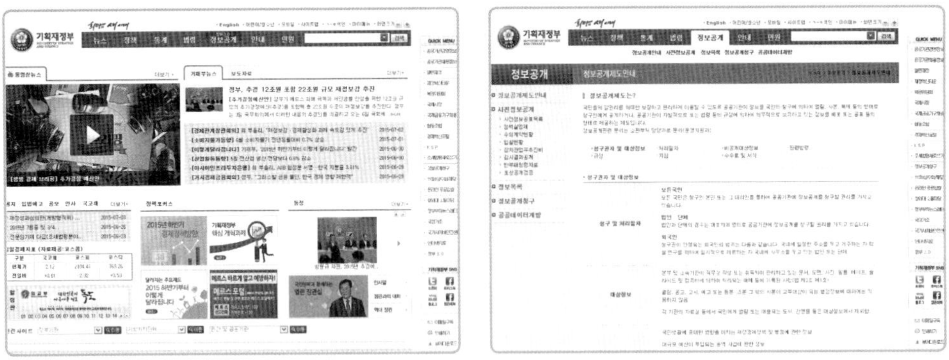

자료: 기획재정부 홈페이지(2015).

으로 구성되어 있고, '뉴스'는 기재부와 관련된 인쇄물 뉴스, 보도자료, 동영상 뉴스, 인터뷰와 연설문, 공지사항 등으로 구성되어 있다. '정책'은 기획재정부에서 하는 정책관련 정보로 경제정책일반, 세제, 산업·공기업, 소비생활, 국제업무, 규제개혁, 국가미래연구와 관련된 정보를 제공하고 있다. '통계'는 주요경제지표와, 재정통계, 국제업무통계, 국가경제력 통계를, '법령'은 소관법령과 예규·유권 해석과 공고를 '정보공개'는 행정정보 공개와 관련된 내용을 제공하고 있다. 다음 '안내'는 기획재정부 기관소개와 조직, 그리고 오시는 길을, '민원'은 민원 이용안내와 신청, 정책토론방, 부조리신고, 예산낭비신고, 부패신고 등으로 구성되어 소비자의 참여를 유도하고 있다.

(2) 정보공개

기획재정부의 행정정보공개는 메인 메뉴 중 하나인 정보공개를 통하여 클릭하여 접근할 수 있으며, 정보공개제도안내, 사전정보공개, 정보목록, 정보공개청구, 공공데이터개방으로 구성되어 있다.

'정보공개제도안내'는 정보공개안내의 목적과 관련 정보를, '사전정보공개'는 사전정보공표목록, 정책실명제, 수의계약현황, 입찰현황, 정치관업무추진비, 감사결과공개, 감사결과공개, 반부패청렴자료, 포상공개검증 등에 관련된 정보를 제공하고 있다. '정보목록'에서는 정보목록과 보존문서목록을, '정보공개청구'에서는 소비자가 정보공개를 접수할 수 있는 란을, '공공데이터개방'에서는 기획재정부에서 제공하는 공공데이터 관련 정보를 제공하고 있다.

(3) ALIO 공공기관경영정보 공개시스템

소비자정보 관련 부서의 정보공개 사례를 살펴보면 다음과 같다.

2007년 4월 1일에 「공공기관의 운영에 관한 법률」이 시행됨에 따라 공공기관에 통합 경영 공시가 법적으로 의무화되었고, 공공기관의 경영현황을 일반 국민에게 공개하기 위하여 구축된 ALIO 시스템이 2015년 현재 316개 공공기관의 37개 항목, 120여 개의 경영정보를 공개하고 있다. 공공기관 경영정보 공개시스템은 2005년 5월에 시스템 구축계획을 대통령에게 보고 후, 12월에 시스템 개발 및 구축에 착수하였다. 2006년 12월에 구축 완료 서비스 제공을 시작하였고, 그 이후 '경영개선 신고센터', '채용정보시스템', '감사보고

그림 10-6 ALIO 공공기관경영정보 공개시스템 및 공개시스템의 연혁

자료: ALIO 공공기관경영정보 공개시스템(2015).

서' 등을 추가 공시하였으며, 2015년에 민간전자공시(DART) 방식으로 개편하였다(ALIO 공공기관경영정보 공개시스템 홈페이지, 2015).

6) 식품의약품안정처의 정보제공

(1) 소비자정보제공

식품의약품안정처의 홈페이지 주요 메뉴는 '정보공개', '국민소통', '알림', '법령·자료', '분야별 정보', '소개'로 구성되어 있다. '정보공개'는 식품의약품안전처에 관련된 정보공개를, '국민소통'은 처장과의 대화, 온라인정책참여, 국민신문고, 신고센터, 여론광장 등 인터넷으로 민원과 정책제언을 할 수 있는 참여의 장을 마련하고 있다.

'알림'은 식품의약품안정처의 소식을 전하고 있고 '법령·정보'는 소관법령에 대한 정보를 제공하고 있으며, '분야별 정보'는 소비자위해예방, 식품안전, 식품영양, 농축수산, 의약품, 바이오, 의료기기와 관련된 정보를 '소개'는 식품의약품안정처의 비전 강령 등 관련 자료를 제공하고 있다.

공공기관의 경영에 관한 법률

제11조(경영공시) ① 공공기관은 다음 각 호의 사항을 공시하여야 한다. 다만, 주무기관의 장은 국가안보상 필요하다고 인정하는 경우 기획재정부장관과 협의하여 일부를 공시하지 아니하도록 할 수 있다. 〈개정 2008. 2. 29., 2008. 12. 31., 2009. 12. 29.〉

1. 경영목표와 예산 및 운영계획
2. 결산서
3. 임원 및 운영인력 현황
4. 인건비 예산과 집행 현황
5. 자회사와의 거래내역 및 인력교류 현황
6. 제13조제2항의 규정에 따라 실시된 고객만족도 조사 결과
7. 제36조제1항에 따른 감사나 감사위원회 감사위원의 직무수행실적 평가 결과
8. 제48조의 규정에 따른 경영실적 평가 결과(공기업·준정부기관에 한한다)
9. 정관·사채원부 및 이사회 회의록. 다만, 이사회 회의록 중 경영 비밀에 관련된 사항은 「공공기관의 정보공개에 관한 법률」에 따라 공개하지 아니할 수 있다.
10. 감사 또는 감사위원회의 감사보고서(지적사항 및 처분 요구사항과 그에 대한 조치계획을 포함한다)
11. 주무기관의 장의 공공기관에 대한 감사결과(지적사항 및 처분 요구사항과 그에 대한 조치계획을 포함한다)
12. 「감사원법」 제31조(변상책임의 판정 등) 내지 제34조의2(권고 등)의 규정에 따라 변상책임 판정, 징계·시정·개선 요구 등을 받거나 「국정감사 및 조사에 관한 법률」 제16조(감사 또는 조사결과에 대한 처리)의 규정에 따라 시정요구를 받은 경우 그 내용과 그에 대한 공공기관 등의 조치 사항
13. 그 밖에 공공기관의 경영에 관한 중요한 사항으로서 기획재정부장관이 운영위원회의 심의·의결을 거쳐 공시하도록 요청한 사항

② 공공기관은 제1항 각 호의 사항을 인터넷 홈페이지를 통하여 공시하여야 하고, 사무소에 필요한 서류를 비치하여야 한다.

③ 공공기관은 제1항의 규정에 따라 공시된 사항에 대한 열람이나 복사를 요구하는 자에 대하여 이를 열람하게 하거나 그 사본이나 복제물을 내주어야 한다. 이 경우 비용의 부담에 관하여는 「공공기관의 정보공개에 관한 법률」 제17조(비용부담)의 규정을 준용한다.

④ 공공기관의 경영공시에 관하여 필요한 사항은 대통령령으로 정한다.

(2) 정보공개

식품의약품안전처의 정보공개 메뉴에는 '정보공개제도안내', '사전정보공개', '정보공개목록', '식의약 3.0', '공공데이터 개방', '정책실명제', '국회 관련 정보공개', '주요위원회'로 구성되어 있다.

'정보공개안내'는 정보공개제도에 대한 간단한 설명, 주요내용, 정보공개청구절차 등에 대한 설명을 하고 있고, '사전정보공개'는 업무계획, 예산결산, 업무추진비 사용내역, 계약현황, 연구용역, 법령, 국회업무, 감사. 청렴, 인사, 백서, 용어집·자료, 정책홍보, 공공기관운영, 기타 등을 설명하고 있다. '정보공개목록'은 정보목록, 업무추진비, 수의계약, 감사결과공개, 청렴정보공개를 '식의약 3.0'은 공공정보 개방과 관련된 주요 내용을 '공공데이터 개방'은 안전처에서 제공할 데이터를 '정책실명제'는 정책을 결정 집행하는 과정에서 담당자 및 참여자의 실명과 의견을 기록관리하는 제도에 대한 설명과 '국회관련정보공개'와

그림 10-7 식품의약품안전처의 사전정보공개

자료: 식품의약품안전처 홈페이지(2015).

'주요위원회' 관련 정보를 제공하고 있다.

이러한 관련 기관의 소비자정보제공 및 공개는 어느 정도의 틀을 형성하여 소비생활 향상에 기여하고 있으나, 이러한 정보의 활용 재가공은 소비자 개인의 몫이며, 관련 정보 간의 융합 및 적극적인 활성화가 요구된다.

5. 우리나라 소비자정보의 이슈 및 전망

정부는 정부 및 공공기관(35인), 학계(33인), 산업계(39인), 기타(3인) 등 IT 전문가 100인을 대상으로 빠르게 변화하는 정보화 발전방향을 정확하게 제시하기 위하여 전문가들을 대상으로 설문조사를 실시하여, IT 트렌드를 예측하고 주요 이슈를 발굴하여 미래 대응방안 마련하고자 하였으며, 2012년 IT 이슈에 대한 평가와 2013년 IT 이슈에 대한 전문가 예측을 통해 우리나라 IT의 현재를 진단하고, 2013년을 이끌어 갈 IT 트렌드를 전망하였다. 조사방법은 1차에서는 IT 이슈 추출을 위한 국내외 동향 및 키워드 사전 조사를 실시하였고(데스크 리서치를 통해 국내외 언론, 저널, 행사 등에 가장 많이 언급된 IT 관련 키워드 25개를 추출), 2차에서는 IT 트렌드 및 이슈의 진단 및 전망을 위한 전문가 설문조사를 온라인 조사를 통해 2012년 IT 이슈를 평가하고, 2013년 10대 IT 이슈 선정 및 전망하였다(한국정보화진흥원, 2013; 빅데이터전략연구센터, 한국정보화진흥원, 2013).

그 결과, 빅데이터, 클라우드 활성화의 메인으로 보안과 관련된 끊임없이 대두되는 정보보안 문제는 빅데이터, 클라우드 활성화의 핵심 선결 과제로 전망하였다.

첫째, IT 업계 전반에 걸쳐 빅데이터를 활용한 가치창출을 위하여 빅데이터 비즈니스 발굴에 초점이 맞춰질 전망으로 예측하였다. 즉 2012년이 빅데이터 개념 확산의 해였다면, 2013년은 빅데이터 분석이 중요한 이슈로 대두되었다. 그리고 모바일 기기 및 서비스의 확산으로 데이터의 폭증은 불가피하므로, 빅데이터의 효율적인 관리에도 관심을 기울여야 할 것으로 예측하였다. 빅데이터는 클라우드와 연계되어 시너지를 형성할 것이며, 개인보다는 기업 중심의 B2B 경쟁이 치열해질 것으로 예상하였다. 이에 설문조사 결과

표 10-2 2011년 전망된 '2012년 국가정보화 트렌드 전망' 평가 결과

평가 순위 (2012년 전망 순위)	키워드	평가 내용
1위 (3위)	소셜 네트워크 서비스	• 각종 SNS 서비스들의 보편화에 힘입어 SNS를 이용한 신규 비즈니스 모델들도 큰 폭으로 증가하는 추세임 • 반면, 이슈화의 정점을 지나 하향세, 전년도와 비슷한 수준을 유지하고 있다는 평가도 있음
2위 (4위)	모바일 어플리케이션	• 스마트 기기 이용이 보편화됨에 따라 모바일 어플리케이션 이용 또한 급격하게 증가하는 추세로, IT 콘텐츠 서비스의 핵심으로 자리매김 • 어플리케이션의 부족과 보안 문제가 한계로 평가됨
3위 (2위)	클라우드 서비스	이동성(mobility)의 증가로 클라우드 기반의 솔루션 및 서비스가 상용화되었으나, 동영상·자료보관 외에 차별화된 서비스는 부족한 상황임
4위 (1위)	정보보호·보안	• 개인정보 유출 및 오·남용 등의 근절을 통한 안전하고 신뢰받는 정보사회를 구현을 위해 제정된 개인정보보호법의 시행(2012. 3. 30.)으로 개인정보보호에 대한 법제도 기반을 확보함 • 정책적 중요도에 비해 관련 사업 활성화 미흡함
5위 (10위)	빅데이터	데이터 폭증으로 인해 2012년에 가장 크게 주목 받은 이슈 중 하나, 개념 확산에 성공했으며, 이후로는 효용과 가치창출 방안 모색이 필요함
6위 (8위)	스마트 디바이스	스마트폰의 일용품화와 모바일 서비스 발달에 따라 디바이스 기능 고도화에 대한 관심과 요구가 꾸준히 증가함
7위 (7위)	소셜 비즈니스	• 개인맞춤형 서비스, 개인 대 다자 간의 서비스 등이 출현하면서 새로운 가치창출 비즈니스 모델로 인식되기 시작함 • 아직은 초기 단계로, 다양한 비즈니스 모델 발굴이 필요하며, 아울러 소셜 비즈니스 피해에 대한 해결방안 마련도 필요함
8위 (5위)	위치기반 서비스	• 스마트폰 일상화, 사건·사고 발생 등에 따라 위치정보 기반 서비스에 관심과 요구가 증가함 • 개인정보·사생활 보호 이슈 등은 활성화의 선결 과제로 지목
9위 (9위)	오픈 플랫폼	개방화, 참여확대, 동등한 기회부여 등에 관한 활발한 논의에 힘입어 꾸준히 거론되었으나, 큰 트렌드를 형성하지는 못함
10위 (6위)	스마트워크	정부의 적극적인 정책추진 등으로 공공 부문을 포함해 대기업 중심으로 이미 확산되었으며, 타 부문도 점진적으로 활성화가 예상됨

자료: 한국정보화진흥원(2013). 2013년 10대 국가정보화 트렌드-2012년 IT트렌드 평가와 2013년 IT 트렌드 전망.

를 보면, 공공기관 응답자의 77.8%가 빅데이터를 주요 트렌드로 예측한 반면, 산업계 응답자들은 51.3%에 그쳤다. 이 같은 차이는 빅데이터 기술이 증가 추세이며, 발전 가능성은 높다고 예상되나, 아직 이를 뒷받침할 성공 사례가 부족한 현 상황에서 기인한 것으로 분석된다.

둘째, 이동성(mobility) 및 데이터 공유·소비량의 급격한 증가에 따라 개인 및 기업의 클라우드 컴퓨팅 환경으로의 전환이 가속화될 것으로 전망하였다. 클라우드 시장성에 대한 탐색 단계를 지나, 2013년부터는 체감할 수 있는 클라우드 서비스 및 비즈니스의 확산 단계에 도입할 것으로 예상하였다. 기업용 클라우드뿐만 아니라 개인을 대상으로 하는 여러 가지 클라우드 서비스의 출현으로 클라우드 비즈니스 활성화를 예측하였다. 특화된 비즈니스 모델 발굴은 2013년 클라우드 시장에서의 경쟁력 확보 및 시장 선점 등의 핵심적인 선결 과제이며, 특히 클라우드 보안 전략은 비즈니스 성패를 결정할 수 있는 매우 중요한 요소이다(경남테크노, 2009; 한국정보화진흥원, 2009).

설문조사 결과, 정부 소속 응답자의 85.7%가 클라우드를 주요 트렌드로 예측한 반면, 산업계 응답자들은 46.2%로 낮게 평가하였다. 정부 및 공공기관 응답자들의 기대는 높게 나타난 반면, 클라우드 시장성 검증에 오랜 시간이 걸린 만큼 산업계 응답자들의 기대는 낮게 나타난 것으로 분석된다(클라우드 컴퓨팅은 1961년 존 맥카시(John McCarthy)가 주장한 유틸리티 컴퓨팅(utility computing)에서 시작되었으며, 이러한 주장은 50년이 지난 지금에 이르러서야 현실이 되었다).

빅데이터 시장 현황 및 전망

개인 모바일 중심의 네트워크 사용 증가로 인해 개인별 1일 데이터 소비량은 현재는 15MB이나, 2020년 1GB까지 늘어날 것으로 전망하였다. 가트너는 2012년 세계 빅데이터 시장규모가 280억 달러(30조 888억 원), 2013년에는 340억 달러(36조 5,364억 원)에 달할 것으로 전망하였으며, IDC는 아·태지역(일본 제외) 빅데이터 시장이 연평균 46.8%로 성장하며, 2016년 17억 6,000만 달러(2조 2,000억 원)에 이를 것으로 예상하였다.

이에 IT 기업들은 빅데이터 비즈니스 발굴에 주력할 뿐만 아니라, 글로벌 빅데이터 시장의 주도권 확보를 위한 전략 수립이 필수적으로 요구된다.

자료: 한국정보화진흥원(2013). 2013년 10대 국가정보화 트렌드–2012년 IT 트렌드 평가와 2013년 IT 트렌드 전망. 재구성.

그 외 분야별 전망은 다음과 같다. 일례로 정부의 적극적인 정책 지원이 필요한 이슈는 빅데이터, 보안, 그린IT, 클라우드, 스마트헬스IT 순이었다. 정부는 빅데이터의 가능성에 대한 검증을 완료하고, 본격적인 분석·활용이 시작되는 시기인 만큼, 전문가 양성, 공공정보제공·활용방안, 시범서비스 추진 등에 대한 적극적인 정부의 지원이 요구된다고 지적하였다. 그리고 정부는 보안 위협에 대한 선제대응책 마련, 예산 지원, 전문가 양성, 영세 기업을 위한 제도적 배려 등 현실적인 장애 해결을 위한 실효성 있는 정부의 지원이 요구된다. 또한 정부는 그린IT 관련 R&D 투자 지원, 시범사업 및 상용화 지원, 공공부문에서의 우선 도입 등 일시적인 이벤트가 아닌, 지속가능발전을 위한 장기적이고 일관된 정부의 지원이 요구된다.

정부는 클라우드의 가능성 확인을 위한 성공사례 발굴, 표준화, 현실을 고려한 제도 정비, 서버 국산화 지원 등 실질적인 정부의 지원이 요구되며, 정부는 앞으로 스마트헬스IT는 노령화 등 사회문제와 직결된 공공성이 강한 이슈이고, 스마트헬스 확산의 가장 큰 장애로 인식되고 있는 법제도 정비에 대한 적극적인 대책 마련을 강구해야 한다고 지적하였다. 또한 앞으로 공익 실현에 가장 영향을 미칠 이슈는 보안으로 언급하였다. 공공분야에 도입되어 공익 실현에 크게 기여할 것 같은 이슈에 대한 설문 결과, 보안이 62.0점으로 1위를 차지하였으며, 사이버상에서의 안전에 대한 걱정이 반영된 것으로서, 온·오프라인에 상관없이 정부가 안전을 보장해 주길 바라는 기대가 반영된 것으로 분석된다. 그리고 개인에게 가장 영향을 미칠 이슈는 소셜 네트워크 서비스(SNS)로 나타났다.

클라우드 컴퓨팅 시장의 현황 및 전망

글로벌 경기 침체에 따른 IT 예산 축소 추세에도 불구하고, 전 세계 클라우드 컴퓨팅 시장은 성장세를 기록하며, 새로운 성장 동력으로 작용할 전망이다. IDC는 전 세계 퍼블릭 IT 클라우드 서비스 지출이 전체 IT 산업 성장률의 5배가 넘는 연평균 26.4%로 성장하며, 2012년 400억 달러에서 2016년 1,000억 달러에 이를 것으로 예측하였다.

2013년 클라우드 서비스의 본격적인 활성화를 위해서는 HW나 SW측면의 이슈 외에 정보 보호, 사이버범죄 예방, 저작권 보호 등과 같은 정책적 측면의 쟁점에 대응방안 마련이 절실하다.

자료: 한국정보화진흥원(2013), 2013년 10대 국가정보화 트렌드-2012년 IT 트렌드 평가와 2013년 IT 트렌드 전망-, 2013년 한국정보화진흥원 보고서. 재구성.

SNS가 개인에게 가장 영향력이 큰 이슈로 선정되어, 실시간 커뮤니케이션, 인맥관리에서부터 정치사회 여론 형성에 이르기까지, 스마트폰 보급이 가져온 스마트 혁명 중에서도 SNS의 영향력은 개인에게 가장 강력한 영향을 초래하였다. SNS에 이어 스마트 가전 서비스, 스마트 헬스 IT, 보안, 클라우드가 상위 5위를 차지했으며, 태블릿PC, 스마트워크, 스마트카, 음성 인식 제어서비스 및 상황인지형 기기·서비스 등이 6~10순위를 차지하였다.

산업 활성화에 가장 활발히 이용될 것 같은 이슈는 클라우드였다. 클라우드가 1위, 뒤이어 빅데이터, SNS, 보안, 스마트 카에 대한 키워드가 상위 5위를 차지했으며, 태블릿PC, 스마트 가전 서비스, 사물인터넷, 상황인지 기기 및 서비스와 UI/UX 등이 6~10순위를 차지하였다. 클라우드 관련 기술뿐만 아니라 정서적인 측면에서도 필요성 인식 등 제반 여건이 성숙됨에 따라 본격적인 활성화가 예상된다.

따라서 정부는 사회변화와 함께 대두되는 정보사회의 이슈를 예측하고 관련 정책에 대한 입안, 시행, 그리고 지속적인 모니터링과 개정을 통하여 소비자와 함께 시대에 맞는 정보를 변화시키고 제공할 필요가 있다.

생각해 보기

1. 근간 소비자정보 중 정부의 대처 능력 및 정보제공에서 역할을 잘한 것과 잘못한 것을 각각 골라서 비교해 보자.
2. 정부가 제공한 소비자정보 중 소비자가 재가공한 것의 예를 들어 보자.
3. 정부가 제공한 소비자정보 중 기업이 재가공한 것의 예를 들어 보자.

PART 3

소비자정보와 정책적 이슈

CHAPTER 11

개인정보보호 관련법

시장거래를 함에 있어서 거래 당사자가 직접 만나서 이루어지는 부분은 점차 감소하고, 온라인 혹은 모바일 거래가 일반화되고 있다. 그리고 핸드폰 사용과 같이 먼저 서비스를 이용하고 나중에 비용을 지불하는 것과 같은 신용거래가 일반화되면서, 소비자의 신분을 증명할 수 있는 방법으로 사업자는 소비자 개인의 정보를 수집하여 활용하고 있다. 그러나 사업자의 개인정보관리 소홀 혹은 미숙으로 소비자가 뜻하지 않은 어려움을 겪는 경우가 자주 발생하고 있다.

이러한 소비자의 어려움을 미리 예방하고, 사업자로부터 소비자를 보호하기 위하여 만들어진 대표적인 법이 「개인정보보호법」으로 비교적 최근인 2011년에 제정되어 시행되고 있다. 그리고 소비자의 온라인 거래과정에서 개인정보보호와 관련이 있는 「정보통신망 이용촉진 및 정보보호 등에 관한 법률」(이하 「정보통신망법」)과 소비자의 신용거래과정에서 개인정보보호와 관련이 있는 「신용정보의 이용 및 보호에 관한 법률」(이하 「신용정보법」) 에 대해 살펴보고자 한다.

1. 개인정보보호 관련 법체계

개인정보는 헌법과 개별 법률이 정하는 바에 따라 보호되고 있다. 개인정보는 헌법상 기본권인 개인정보자기결정권과 사생활의 비밀 및 자유에 기초하고 있으며, 개별 법률은 그 목적에 따라 개인정보를 보호하고 있다. 구체적으로 살펴보면 「개인정보보호법」, 「정보통신망법」, 「신용정보법」 등이 있는데, 이들 법령은 중첩적으로 개인정보를 보호하고 있다(김도년·박희주, 2014).

「개인정보보호법」, 「정보통신망법」은 개인정보를 가장 포괄적으로 보호하고 있는 법률임에 비해, 「신용정보법」은 주로 금융기관이 거래상대방의 신용도나 신용거래능력을 평가하는 것과 관련된 정보, 즉 '개인신용정보' 보호와 관련된 내용으로 구성되어 있다. 이 외에도 「금융실명거래 및 비밀보장에 관한 법률」(이하 「금융실명제법」), 「전자문서 및 전자거래기본법」, 「통신비밀보호법」, 「정보통신기반보호법」, 「의료법」, 「보건의료기본법」, 「생명윤리 및 안전에 관한 법률」 등에서도 정보의 내용 또는 정보가 기재된 대상을 명시하여 이를 보호대상으로 하고 있다.

현행 소비자 개인정보보호를 위한 법률의 적용순서를 살펴보면 다음과 같다. 우선 개별법에서 특별한 규정을 두지 않는다면 「개인정보보호법」이 먼저 적용된다. 개념적으로는 오프라인에서 처리되는 모든 개인정보에 대해서는 「개인정보보호법」이 적용되고, 온라인에서 개인정보를 처리하는 경우는 정보통신서비스제공자(사업자)인 경우에 한하여 「정

표 11-1 개인정보보호 관련 법체계

<table>
<tr><th></th><th>영리</th><th>비영리</th></tr>
<tr><td>개인정보처리자</td><td>개인정보보호법</td><td rowspan="2">개인정보보호법</td></tr>
<tr><td>정보통신서비스제공자</td><td>정보통신법</td></tr>
<tr><td colspan="3">(금융) 신용정보의 이용 및 보호에 관한 법률, 금융실명거래 및 비밀보장에 관한 법률</td></tr>
<tr><td colspan="3">(정보통신) 전자문서 및 전자거래기본법, 통신비밀보호법, 정보통신기반보호법</td></tr>
<tr><td colspan="3">(보건의료) 의료법, 보건의료기본법, 생명윤리 및 안전에 관한 법률</td></tr>
</table>

자료: 김도년·박희주(2014). 소비자 개인정보수집에 관한 개선방안 연구. 한국소비자원. p.22.

보통신망법」의 적용이 이루어진다. 그런데 오프라인 및 온라인에서 처리되는 개인정보가 기타 특별법이 적용되는 경우가 있다. 예를 들어 개인신용정보는 「신용정보법」이 적용되며, 온라인에서 수집·이용되는 정보 중 신용정보가 아닌 경우에는 「정보통신망법」을 적용하게 된다. 소비자 개인정보는 「신용정보보호법」의 틀 속에서 보호받는 개인정보이고, 소비자거래과정 및 개인정보 내용 등의 특성에 따라 개별 법률들의 적용이 있는 경우에 한하여 중첩적인 보호를 받는다.

2. 개인정보보호법

「개인정보보호법」은 동법 제1조에서 「개인정보보호법」 시행 목적을 '개인정보의 처리 및 보호에 관한 사항을 정함으로써 개인의 자유와 권리를 보호하고, 나아가 개인의 존엄과 가치를 구현하는 것이다.'라고 명시하고 있다. 「개인정보보호법」에서 명시하고 있는 개인 소비자 보호 관련 내용을 구체적으로 살펴보자.

1) 개인정보의 정의

개인정보란 동법 제2조에서 '살아 있는 개인에 관한 정보로서 성명, 주민등록번호 및 영상 등을 통하여 개인을 알아볼 수 있는 정보(해당 정보만으로는 특정개인을 알아볼 수 없더라도 다른 정보와 쉽게 결합하여 알아볼 수 있는 것을 포함한다)를 의미한다.'라고 명시하고 있다.

이러한 법에서 정한 개인정보의 정의는 매우 중요하다. 하나의 예로 판매자가 다수 소비자를 대상으로 수신인을 '세대주'로 하여 우편물을 발송하는 것을 개인정보보호 위반이라고 할 수 있는지 여부를 판단하는 기준을 제공해 준다. 이 경우 법에서 명시한 개인정보 정의에 의거하여 주소만으로 개인을 알아보기 어렵다고 판단하기 때문에 개인정보보호 위반이라고 할 수 있다. 이에 비해 피부과 홈페이지에 피부과 시술을 받은 환자의 눈을 가린 전후 비교사진을 환자의 동의 없이 게시한 경우, 「개인정보보호법」 위반이 될 수 있다. 이 사례 역시 법에서 명시한 개인정보 정의에 의거하여 비록 피부과에서 누군지 알 수 없도록 게시하였다 하더라도 그것은 피부과 입장에서의 판단이며 환자를 알아 볼 수 있는 제3자가 있을 수 있기 때문에 환자의 동의 없이 게시를 하였다면 「개인정보보호법」 위반이 된다.

〈표 11-2〉는 구체적인 개인정보의 종류에 대한 것이다.

표 11-2 개인정보의 종류

종류	예
일반 정보	이름, 주민등록번호, 운전면허번호, 주소, 전화번호, 생년월일, 출생지, 본적지, 성별, 국적
가족 정보	가족 구성원들의 이름, 출생지, 생년월일, 주민등록번호, 직업, 전화번호
교육·훈련 정보	학교 출석상황, 최종 학력, 학교 성적, 기술 자격증, 전문 면허증, 이수한 프로그램, 동아리 활동, 상벌 사항 등
병역 정보	군번, 계급, 제대 유형, 주특기, 근무 부대
부동산 정보	소유 주택, 토지, 자동차, 기타 소유차량, 상점, 건물 등
소득 정보	봉급액, 봉급경력, 보너스, 수수료, 기타 소득원천, 이자소득, 사업소득
기타 수익정보	보험 가입 현황, 회사 판공비, 투자 프로그램, 퇴직 프로그램, 휴가, 병가
신용 정보	대부 잔액, 지불상황, 저당, 신용카드, 지불연기 및 미납상황, 임금압류
고용 정보	고용주, 회사 주소, 상급자 성명, 직무수행평가기록, 훈련 기록, 출석 기록, 상벌 기록, 성격 테스트 결과, 직무태도
법적 정보	전과기록, 교통위반 기록, 파산 및 담보 기록, 구속, 이혼, 납세 기록 등
의료 정보	가족 병력, 과거 의료, 정신 질환 기록, 신체 장애, 혈액형, IQ, 약물테스트
조직 정보	노조, 종교단체, 정당 가입 기록, 클럽 활동
통신 정보	전자우편, 전화통화 내용, 로그 파일, 쿠키 등
위치 정보	GPS, 휴대폰에 의한 개인 위치 정보
신체 정보	지문, 홍채, DNA, 신장, 가슴둘레, 체중 등
습관·취미정보	흡연, 음주량, 스포츠, 오락, 여가활동, 비디오 대여기록, 도박성향 등

자료: 개인정보보호 종합지원포털 홈페이지.

2) 개인정보의 처리

개인정보는 특정 목적에 의하여 '개인정보처리자'에 의해 수집되어 이용되고 또 동일한 개인정보를 필요로 하는 곳에 제공될 수 있으며, 이 경우 대부분 정보주체, 즉 개인정보를 제공하는 당사자에게 반드시 동의를 얻도록 되어 있다. 그리고 개인정보의 수집, 이용, 제공은 절대적으로 반드시 필요한 경우에만 이루어지도록 「개인정보보호법」에서 정하고 있으며 이와 관련된 내용이 법에서 어떻게 명시되어 있는지 살펴보자. 여기서 '개인정보처리자'란 업무를 목적으로 개인정보를 처리하는 공공기관, 법인, 단체 및 개인 등을 말하며, 시장거래에서는 주로 이동통신업자, 판매자, 유통업자 등의 사업자를 의미한다.

(1) 개인정보의 수집, 이용, 제공, 파기

개인정보의 수집, 이용, 제3자에게 제공, 그리고 파기와 관련되어 「개인정보보호법」에 명시된 주요 내용을 살펴보면 다음과 같다.

① 개인정보의 수집, 이용

동법 제15조에 따르면, 개인정보처리자는 다음에서 명시한 바와 같이 정보주체의 동의를 받은 경우를 비롯하여 불가피한 경우에만 개인정보를 수집하고, 수집 목적의 범위에서만 이용할 수 있다. 동법 제15조에 명시된 개인정보의 수집 및 이용범위는 다음과 같다.

- 정보주체의 동의를 받는 경우, 개인정보처리자는 개인정보의 수집·이용 목적, 수집하려는 개인정보의 항목, 개인정보의 보유 및 이용 기간, 동의를 거부할 권리가 있다는 사실 및 동의 거부에 따른 불이익이 있는 경우에는 그 불이익의 내용 등을 정보주체에게 반드시 알려야 함
- 법률에 특별한 규정이 있거나 법령상 의무를 준수하기 위하여 불가피한 경우에 한함
- 공공기관이 법령 등에서 정하는 소관 업무의 수행을 위하여 불가피한 경우에 한함
- 정보주체와의 계약의 체결 및 이행을 위하여 불가피하게 필요한 경우에 한함
- 정보주체 또는 그 법정대리인이 의사표시를 할 수 없는 상태에 있거나 주소불명 등으로 사전 동의를 받을 수 없는 경우로서 명백히 정보주체 또는 제3자의 급박한 생명, 신체, 재산의 이익을 위하여 필요하다고 인정되는 경우에 한함

식당에 놓고 온 명함의 이용 범위

우리는 간혹 외식을 하러간 식당 입구에 경품행사를 위한 명함통이 설치되어 있고, 명함통 앞에는 '추첨을 통해 쿠폰을 선물로 드리며, 휴대폰 문자 또는 이메일을 통해 다양한 소식을 알려드립니다.' 라는 문구가 붙어 있는 경우를 간혹 볼 수 있다. 이때 식당업주는 수집한 명함정보를 개인 동의 없이 이용해도 되는 것일까?

답을 말하자면 개인정보처리자(외식업체)는 원칙적으로 정보주체의 동의를 받아 개인정보를 수집하고 이용해야 한다. 그러나 일상적인 생활 및 거래 현장에서 매번 정보주체의 명시적 동의를 받아 개인정보를 수집하는 것이 현실적으로 곤란한 경우가 있는데, 명함을 주고받거나 명함통에 명함을 투입하는 경우가 이에 해당한다. 행정자치부에서 제공한 '개인정보보호'지침(2015년 2월 고시) 제6조 제3항에 따라 명함 등을 제공받아 개인정보를 수집하는 경우에는 정보주체의 동의를 받지 않고 수집할 수 있으나, '사회 통념상으로 동의의사가 있었다고 인정되는 범위' 내에서만 이용할 수 있다. 또한 개인정보의 수집·이용목적 등은 최대한 상세하고 명확히 알려야 한다.

자료: 개인정보보호 종합지원포털. 개인정보보호법 적용사례 상황별 맞춤서비스 시나리오(100건).

- 개인정보처리자의 정당한 이익을 달성하기 위하여 필요한 경우로서 명백하게 정보주체의 권리보다 우선하는 경우. 이 경우 개인정보처리자의 정당한 이익과 상당한 관련이 있고 합리적인 범위를 초과하지 않는 경우에 한함

개인정보처리자는 개인정보를 수집함에 있어서, 수집 목적에 필요한 최소한의 개인정보를 수집해야 하며, 최소한의 개인정보수집이라는 입증책임은 개인정보처리자가 부담하도록 되어 있다. 그리고 개인정보처리자는 정보주체가 필요한 최소한의 정보 외의 개인정보수집에 동의하지 않았다는 이유로 정보주체에게 재화 또는 서비스의 제공을 거부해서는 안 된다(동법 제16조).

② 개인정보의 제공

개인정보처리자는 정보주체의 동의를 받은 경우 혹은 정보를 수집한 목적(동법 제15조) 범위에서 개인정보를 제3자에게 제공(혹은 공유)할 수 있으며(동법 제17조), 이 범위를 초과하여 제공할 수 없다. 특히 정보주체의 동의를 얻어 개인정보를 수집한 경우 이를 제3자에게 제공 혹은 공유할 시에는 다음 사항을 정보주체에게 알려야 한다.

- 개인정보를 제공받는 자
- 개인정보를 제공받는 자의 개인정보 이용 목적
- 제공하는 개인정보의 항목
- 개인정보를 제공받는 자의 개인정보 보유 및 이용 기간
- 동의를 거부할 권리가 있다는 사실 및 동의 거부에 따른 불이익이 있는 경우에는 그 불이익의 내용

다만 개인정보처리자가 개인정보를 국외의 제3자에게 제공할 때에는 앞의 사항에 대하여 단순히 정보주체에게 알리는 것에 그치는 것이 아니라 동의까지 받아야 한다.

③ 정보주체 이외로부터 수집한(개인정보를 제공받은 경우) 개인정보의 수집 출처 등 고지

개인정보처리자가 정보주체 이외로부터 수집한 개인정보를 처리하는 경우 정보주체의 요구가 있으면 즉시 다음의 모든 사항을 정보주체에게 알려야 한다.

- 개인정보의 수집 출처

부동산중개업소에서의 입주민 개인정보관리

새로 분양받은 아파트에 입주 후 인근 부동산중개업소에서 동·호수와 전화번호, 이름 등을 알고 홍보전화를 걸어왔으며, 부동산중개업소에 어떠한 문의도 한 적이 없는데 어떻게 정보를 알고 전화를 하였는지 물어보니 아파트건설사로부터 개인정보를 받았다고 한다. 아파트건설사가 부동산중개업소에게 아파트 입주민의 개인정보를 제공해도 되는 것인가?

답을 말하자면 개인정보처리자(아파트건설사)는 개인정보를 당초 수집한 목적 범위를 초과하여 이용하거나 제3자에게 제공할 수 없다. 다만 정보주체로부터 별도 동의를 받았거나 다른 법률에 특별한 규정이 있는 경우 등은 제3자에게 제공이 허용된다. 비록 아파트건설사가 입주자들의 부동산 거래 편의를 위하여 개인정보를 부동산중개업소에 제공한 것 일수도 있으나, 이러한 경우에도 분양계약 체결 시에 수집한 개인정보를 부동산중개업소에 제공하는데 대한 별도의 동의를 받은 후에 개인정보를 제공해야 한다.

자료: 개인정보보호 종합지원포털. 개인정보보호법 적용사례 상황별 맞춤서비스 시나리오(100건).

- 개인정보의 처리 목적
- 동법 제37조(개인정보의 처리정지)에 따른 개인정보 처리의 정지를 요구할 권리가 있다는 사실

④ 개인정보의 파기

개인정보처리자는 개인정보의 보유기간의 경과, 처리목적 달성 등 그 개인정보가 더 이상 불필요하게 되었을 때에는 지체 없이 그 개인정보를 완전히 파기하여 복구, 재생되지 않도록 조치해야 한다. 다만, 다른 법령에 따라 보존해야 하는 경우에는 예외로 하고 있다(동법 21조).

3) 동의를 받는 방법

개인정보처리자는 개인정보의 수집 및 이용과 관련하여 정보주체의 동의를 받을 경우, 동의 사항 내용 각각에 대하여 정보주체가 이를 명확하게 인지할 수 있도록 알리고 각각에 대한 동의를 받아야 한다. 이러한 이유 때문에 온라인상에서 회원가입 등을 할 때 동의여부에 여러 번 클릭을 해야 했던 것을 기억하는 사람이 많을 것이다. 그리고 개인정보처리자는 재화나 서비스를 홍보하거나 판매를 권유하기 위하여 개인정보처리에 대한 동의를 받으려는 때에도 정보주체가 이를 명확하게 인지할 수 있도록 알리고 동의를 받아야 한다(동법 제22조).

특히, 개인정보처리자는 정보주체가 동의를 하지 않는다는 이유로 정보주체에게 재화 또는 서비스의 제공을 거부해서는 안 되며, 만 14세 미만 아동의 개인정보를 처리하기 위해서는 법정대리인의 동의를 받아야 한다(동법 제22조). 이때 법정 대리인의 동의에 대한 사유를 설명하고 해당 아동으로부터 직접 법정 대리인의 성명·연락처에 관한 정보수집은 가능하며, 법정 대리인의 거부가 있거나 동의의사가 확인되지 않는 경우에는 수집일로부터 5일 이내에 파기해야 한다.

구체적으로 정보주체의 동의를 받는 방법으로는 다음과 같은 것들이 있다(행정자치부 개인정보보호 지침).

- 서면, 우편, 팩스 등의 방법으로 정보주체가 동의서에 직접 서명
- 전화를 통하여 동의내용을 알리고 동의의사 표시를 확인하는 방법, 녹취할 때에는 녹취사실을 정보주체에게 알림
- 전화로 동의내용을 알리고 인터넷 홈페이지 등을 통하여 동의내용을 확인하도록 한 후 다시 전화로 동의의사 표시를 확인하는 방법
- 인터넷 홈페이지 등에 동의내용을 게재하고 정보주체가 동의여부를 표시하도록 하는 방법
- 전자우편으로 동의내용을 발송하여 정보주체로부터 동의의사 표시가 적힌 전자우편을 받는 방법 등

4) 개인정보의 처리 제한

「개인정보보호법」에서는 개인의 민감정보, 고유식별정보, 주민등록번호 등에 대한 처리에 제한을 두고 있다.

(1) 민감정보의 처리 제한

개인정보처리자는 개인의 사상·신념, 노동조합·정당의 가입·탈퇴, 정치적 견해, 건강, 유전자검사 등의 결과로 얻어진 유전정보, 범죄경력자료에 해당하는 정보, 그밖에 정보주체의 사생활을 현저히 침해할 우려가 있는 개인정보를 처리해서는 안 된다(동법 제23조, 시행령 제18조).

(2) 고유식별정보의 처리 제한

고유식별정보란 개인을 구분하는데 절대적인 정보로 주민등록번호, 여권번호, 면허번호, 외국인등록번호 등을 들 수 있으며, 정보주체에게 개인정보 이용 목적 등을 알리고 동의를 받은 경우, 법령에서 구체적으로 고유식별정보의 처리를 요구하거나 허용하는 경우를 제외하고는 고유식별정보 처리를 제한한다. 그리고 개인정보처리자가 고유식별정보를 처리하는 경우에는 그 고유식별정보가 분실·도난·유출·변조 또는 훼손되지 않도록 개인정보의 암호화 등 안전성 확보에 필요한 조치를 해야 한다(동법 제24조).

(3) 주민등록번호 처리의 제한

개인정보처리자는 다음 사항 중 어느 하나에 해당하는 경우를 제외하고는 자율적으로 주민등록번호를 처리할 수 없다. 나아가 주민등록번호를 처리할 수 있는 경우라도 개인정보처리자는 정보주체가 인터넷 홈페이지를 통하여 회원으로 가입하는 단계에서 주민등록번호를 사용하지 않고 회원으로 가입할 수 있는 다른 방법을 제공해야 한다(동법 제24조2).

- 법령에서 구체적으로 주민등록번호의 처리를 요구하거나 허용한 경우
- 정보주체 또는 제3자의 급박한 생명, 신체, 재산의 이익을 위하여 명백히 필요하다고 인정되는 경우
- 앞의 2개 항목에 준하여 주민등록번호 처리가 불가피한 경우

우리나라 행정자치부와 한국인터넷진흥원은 소비자 개인으로 하여금 인터넷상에서 회원가입 등으로 주민번호를 제공한 경우를 모두 찾아 더 이상 이용하지 않거나 자주 이용하지 않는 회원 사이트에서 탈퇴하는 등의 방법으로 불필요하게 개인의 주민번호가 이용

주민등록번호 수집금지

2014년 8월 7일부터 「개인정보보호법」에 의거 개인정보처리자는 원칙적으로 주민등록번호의 수집 처리를 금지하고 있다. 따라서 업체에서 고객관리용으로 주민등록번호를 요구한다 할지라도 거부하면 된다.

모든 공공기관과 민간사업자의 주민등록번호 수집을 원칙적으로 금지하며, 법령에 근거가 없으면 주민등록번호 수집이 가능하지 않다. 예를 들어 미용실, 학원, PC방, 스포츠센터, 패스트푸드점, 커피전문점, 식당, 영화관, 마트, 인터넷회원가입, 경품 응모, 배달, 유통, 콜센터, 호텔 등에서 회원가입 등을 이유로 개인의 주민등록번호를 요구할 수 없다.

단, 법령에 구체적 근거가 있는 경우와 생명, 신체, 재산상 이익을 위해 긴급히 필요한 예외적인 경우 허용하며, 법령에 근거가 있으면 주민등록번호 수집이 가능하다. 예를 들어, 병원(의료법), 약국(의료법), 학교(초·중등교육법), 세금납부(소득세법), 부동산거래(공인중개사의 업무 및 부동산 거래신고에 관한 법률), 보험(보험업법), 금융거래(신용정보의 이용 및 보호에 관한 법률), 자격증취득(국가기술자격법), 근로계약(근로기준법) 등의 경우에는 필요에 따라 주민등록번호 수집이 가능하다.

그림 11-1 한국인터넷진흥원의 주민등록번호 클린센터 홈페이지

되지 않도록 할 수 있는 ‘주민등록번호 클린센터(그림 11-1)’를 운영하고 있다.

5) 개인정보의 안전한 관리

개인정보처리자는 개인정보 안전관리 의무가 있으며, 개인정보가 분실·도난·유출·변조 또는 훼손되지 않도록 내부 관리계획 수립, 접속기록 보관 등 안전성 확보에 필요한 기술적·관리적 및 물리적 조치를 해야 하며(동법 제29조), 그리고 개인정보처리자는 개인정보 유출사고가 발생한 것으로 확인된 때에는 정당한 사유가 없는 한 5일 이내에 정보주체에게 유출 사실을 알리되(행정자치부 개인정보보호 지침) 다음의 조치를 취해야 한다(동법 제34조).

첫째, 해당 정보주체에게 서면을 통하여 다음 사실을 알려야 한다.

- 유출된 개인정보의 항목
- 유출된 시점과 그 경위

- 유출로 인하여 발생할 수 있는 피해를 최소화하기 위하여 정보주체가 할 수 있는 방법 등에 관한 정보
- 개인정보처리자의 대응조치 및 피해 구제절차
- 정보주체에게 피해가 발생한 경우 신고 등을 접수할 수 있는 담당부서 및 연락처

둘째, 개인정보처리자는 개인정보가 유출된 경우 그 피해를 최소화하기 위한 대책을 마련하고 필요한 조치를 해야 한다.

셋째, 개인정보처리자는 1만 명 이상의 정보주체에 관한 개인정보가 유출된 경우에는 첫 번째와 두 번째의 사항에 따른 조치 결과를 지체 없이 한국정보화진흥원 혹은 한국인터넷진흥원에 신고해야 한다. 그리고 첫 번째의 사항을 정보주체에게 서면으로 알리는 것과 함께 인터넷 홈페이지에 정보주체가 알아보기 쉽도록 7일 이상 게재해야 한다. 만일 홈페이지 운영을 하지 않을 때에는 첫 번째의 사항을 서면방법과 함께 사업장등의 보기 쉬운 장소에 7일 이상 게시해야 한다(동법 시행령 제40조).

6) 정보주체의 권리보장

「개인정보보호법」에서 명시한 정보주체의 권리보장에는 개인정보의 열람, 정정 및 삭제, 처리정지 등을 포함하고 있다.

(1) 개인정보의 열람

정보주체는 개인정보처리자가 처리하는 자신의 개인정보에 대한 열람을 해당 개인정보처리자에게 요구할 수 있으며, '개인정보 열람요구서(표 11-3)'를 개인정보처리자에게 제출하여야 한다. 그리고 개인정보처리자는 개인정보 열람요구서를 받은 날부터 10일 이내에 정보주체에게 해당 개인정보를 열람할 수 있도록 해야 한다. 만일 정보주체가 요구한 개인정보 중 일부만을 열람하게 되는 경우, 개인정보처리자는 그 사유와 이의제기방법을 포함한 '열람통지서'를 정보주체에게 알려야 한다(동법 제35조, 동법 시행령 제41조).

특히, 정보주체가 자신의 개인정보에 대한 열람을 공공기관에 요구하고자 할 때에는 공공기관에 직접 열람을 요구하거나, 행정자치부장관을 통하여 열람을 요구할 수 있다.

이 경우에도 역시 정보주체는 '개인정보 열람요구서'를 보내야 한다.

개인정보의 열람 제한에는 여러 가지 경우가 있다. 해당 기간 내에 열람할 수 없는 정당한 사유가 있을 때에는 개인정보처리자는 정보주체에게 그 사유를 알리고 열람을 연기할 수 있으며, 그 사유가 소멸하면 지체 없이 열람하게 해야 한다. 개인정보처리자는 다음 각 사항 중 어느 하나에 해당하는 경우에는 정보주체에게 그 사유를 알리고 열람을 제한하거나 거절할 수 있다.

- 법률에 따라 열람이 금지되거나 제한되는 경우이다.
- 다른 사람의 생명·신체를 해할 우려가 있거나 다른 사람의 재산과 그 밖의 이익을 부당하게 침해할 우려가 있는 경우이다.
- 공공기관이 각각 하나에 해당하는 업무를 수행할 때 중대한 지장을 초래하는 경우에도 해당한다. 예를 들어 조세의 부과·징수 또는 환급에 관한 업무 또는 「초·중등교육법」 및 「고등교육법」에 따른 각급 학교, 「평생교육법」에 따른 평생교육시설, 그 밖의 다른 법률에 따라 설치된 고등교육기관에서의 성적 평가 또는 입학자 선발에 관한 업무 등이다. 이 밖에도 학력기능 및 채용에 관한 시험, 자격 심사에 관한 업무, 보상금·급부금 산정 등에 대하여 진행 중인 평가 또는 판단에 관한 업무, 다른 법률에 따라 진행 중인 감사 및 조사에 관한 업무 등이 해당된다.

(2) 개인정보의 정정 및 삭제와 처리정지 등

동법 제35조에 따르면 개인정보의 정정 또는 삭제가 필요한 정보주체는 개인정보처리자에게 '개인정보 정정·삭제 요구서(표 11-3)'를 해당 개인정보처리자에게 제출해야 한다. 다만, 다른 법령에서 그 개인정보가 수집 대상으로 명시되어 있는 경우에는 그 삭제를 요구할 수 없다.

개인정보처리자는 정보주체로부터 개인정보의 정정 및 삭제의 요구를 받았을 때에는 개인정보의 정정 또는 삭제에 관하여 다른 법령에 특별한 절차가 규정되어 있는 경우를 제외하고는 '개인정보 정정·삭제 요구서'를 받은 날부터 10일 이내에 그 개인정보를 조사하여 정보주체의 요구에 따라 정정·삭제 등 필요한 조치를 한 후 그 결과를 정보주체에게 알려야 한다. 그리고 개인정보를 삭제할 때에는 복구 또는 재생되지 않도록 조치하여

표 11-3 개인정보 열람, 정정·삭제, 처리정지 요구서 양식

「개인정보보호법」 시행규칙 [별지 제8호서식]

개인정보([ ]열람 [ ]정정·삭제 [ ]처리정지) 요구서

※ 아래 작성방법을 읽고 굵은 선 안쪽의 사항만 적어 주시기 바랍니다. (앞 쪽)

접수번호	접수일	처리기간 10일 이내

구분		
정보주체	성명	전화번호
	생년월일	
	주소	
대리인	성명	전화번호
	생년월일	정보주체와의 관계
	주소	

구분		
요구내용	[ ] 열람	[ ] 개인정보수집·이용의 목적 [ ] 개인정보 보유 및 이용 기간 [ ] 개인정보의 제3자 제공 현황 [ ] 개인정보 처리에 동의한 사실 및 내용
	[ ] 정정·삭제	※ 정정·삭제하려는 개인정보의 항목과 그 사유를 적습니다.
	[ ] 처리정지	※ 개인정보의 처리정지를 원하는 대상·내용 및 그 사유를 적습니다.

「개인정보보호법」 제35조 제1항·제2항, 제36조 제1항 또는 제37조 제1항과 같은 법 시행령 제41조 제1항, 제43조 제1항 또는 제44조 제1항에 따라 위와 같이 요구합니다.

년 월 일

요구인 (서명 또는 인)

○○○○ 귀하

작성방법

1. '대리인'란은 대리인이 요구인일 때에만 적습니다.
2. 개인정보의 열람을 요구하려는 경우에는 '열람'란에 [√]표시를 하고 열람하려는 사항을 선택하여 [√] 표시를 합니다. 표시를 하지 않은 경우에는 해당 항목의 열람을 요구하지 않은 것으로 처리됩니다.
3. 개인정보의 정정·삭제를 요구하려는 경우에는 '정정·삭제 란에 [√] 표시를 하고 정정하거나 삭제하려는 개인정보의 항목과 그 사유를 적습니다.
4. 개인정보의 처리정지를 요구하려는 경우에는 '처리정지'란에 [√] 표시를 하고 처리정지 요구의 대상·내용 및 그 사유를 적습니다.

자료: 행정자치부 개인정보보호지침(2015.2. 26.). 행정자치부 훈령 제13호.

야 한다. 다만, 다음 각 사항 중 하나에 해당하는 경우에는 정보주체의 처리정지 요구를 거절할 수 있으며, 처리정지 요구를 거절하였을 때에는 정보주체에게 지체 없이 그 사유를 알려야 한다.

- 법률에 특별한 규정이 있거나 법령상 의무를 준수하기 위하여 불가피한 경우
- 다른 사람의 생명·신체를 해할 우려가 있거나 다른 사람의 재산과 그 밖의 이익을 부당하게 침해할 우려가 있는 경우
- 공공기관이 개인정보를 처리하지 않으면 다른 법률에서 정하는 소관 업무를 수행할 수 없는 경우
- 개인정보를 처리하지 않아서 정보주체와 약정한 서비스를 제공하지 못하는 등 계약의 이행이 곤란한 경우가 생기거나 정보주체가 그 계약의 해지 의사를 명확하게 밝히지 않은 경우

3. 신용정보의 이용 및 보호에 관한 법률

「신용정보의 이용 및 보호에 관한 법률」은 주로 금융거래에서 정보주체의 신용을 평가하고, 개인을 인증하는 과정에서 이용되는 개인신용정보의 오용·남용 혹은 사생활의 비밀 노출로부터 정보주체를 보호하기 위한 내용을 명시하고 있다.

1) 개인신용정보

개인신용정보는 개인의 신용도와 신용거래능력 등을 판단할 때 필요한 정보를 의미하며(동법 제2조제2항), 신용이란 외상으로 물건을 구매하거나 돈을 빌려 쓰고 나중에 약속한 날에 제대로 갚는 것을 의미한다. 그러니 외상으로 구입한 물건이나 돈을 약속한 대로 얼마나 잘 갚을 수 있는지 평가하는 데 필요한 자료가 개인신용정보인 셈이다.

표 11-4 개인신용정보의 유형 및 내용

개인신용정보 유형	개인신용정보 내용
식별정보	성명, 주소 등
신용불량정보	• 대출금 등의 연체 • 신용카드대금 연체 등 • 부정하게 대출을 받는 등 금융거래 질서를 문란하게 한 사실
금융거래정보	• 대출, 보증, 담보제공 • 신용카드, 할부 등 금융거래 사실
능력정보	개인의 소득, 재산 등
공공기록정보	• 법원 재판 관련 정보 • 세금 또는 공공요금 등의 체납 정보

동법 시행령 제2조에 따르면 개인신용정보에는 개인이 누구인가를 알 수 있는 식별정보(성명, 주소 등), 신용불량정보(연체정보, 부도정보 등), 돈을 빌리고 물건을 구매하면서 생성된 금융거래정보(대출정보, 채무보증정보 등), 능력정보(소득, 재산세, 소득세 등), 공공기록정보(국세 및 지방세 체납정보, 법원의 심판 및 결정 정보 등)가 있다.

2) 신용정보집중기관과 신용정보회사

신용정보집중기관은 개인신용정보를 집중하여(모아서) 관리, 활용하는 기관으로 금융위원회에 등록된 기관을 의미하며(동법 제2조), 영어로 크레딧뷰로(CB: credit bureau)라고 한다. 우리나라의 CB는 크게 공적 CB와 민간 CB로 구분할 수 있으며, 공적 CB로는 은행연합회, 사적 CB로는 KCB(Korea Credit Bureau)와 NICE평가정보가 있다.

전국은행연합회는 정부차원에서 이루어지는 CB이며 금융회사만이 회원으로 구성되어 있다. 따라서 모든 금융회사는 자신 고객의 신용정보를 전국은행연합회에 제공하여 집중시킴과 동시에 고객의 신용정보가 필요할 때는 전국은행연합회로부터 집중된 신용정보를 제공받아 특정개인 고객의 신용을 평가하는데 이용한다. 또한 전국은행연합회는 공공기관인 국세청, 법원으로부터 세금체납, 재판결과 등의 정보도 함께 수집 및 제공한다.

민간 CB사들은 전국은행연합회로부터 모든 금융회사로부터 모은 개인신용정보를 직접 제공받는다. 아울러 사적 CB에 회원으로 가입되어 있는 비금융회사(대부업체), 통신사, 유통회사 등으로부터 개인신용정보를 수집관리하면서 회원사가 필요로 할 때 개인신용정보를 제공한다. 그리고 민간 CB사들은 공적 CB사와는 다르게 개인의 신용정보에 기초하여 개인신용등급을 평가한 결과를 회원사 혹은 정보주체(개인)에게 제공한다. 따라서 개인이 자신의 신용등급을 알고 싶으면 민간 CB사 홈페이지를 통하여 요청하면 된다. 이처럼 민간 CB사들은 개인신용정보를 집중할 뿐만 아니라, 개인신용을 평가하여 그 결과를 이를 필요로 하는 회원사 혹은 개인(정보주체)에게 제공하기도 하는 사업을 하고 있다는 측면에서 '신용정보회사' 혹은 '신용정보조회회사'라고 한다.

3) 신용정보의 수집·조사 및 처리

(1) 수집·조사의 원칙

신용정보회사, 신용정보집중기관, 그리고 금융회사와 같은 신용정보제공·이용자(이하 '신용정보회사 등')는 신용정보를 수집·조사하는 경우에는 법 또는 정관으로 정한 업무 범위에서 수집·조사의 목적을 명확하게 하고 그 목적 달성에 필요한 범위에서 합리적이고 공정한 수단을 사용해야 한다(동법 제15조).

(2) 수집·조사 및 처리의 제한

신용정보회사 등은 다음의 정보를 수집·조사하지 못하도록 되어 있다.

- 국가의 안보 및 기밀에 관한 정보
- 기업의 영업비밀 또는 독창적인 연구개발 정보
- 개인의 정치적 사상, 종교적 신념, 그 밖에 신용정보와 관계없는 사생활에 관한 정보
- 확실하지 않은 개인신용정보
- 다른 법률에 따라 수집이 금지된 정보

그리고 신용정보회사 등이 개인의 질병에 관한 정보를 수집·조사하거나 타인에게 제

공하려면 미리 해당 개인(정보주체)의 동의를 받아야 하며, 보험회사가 개인의 질병에 관한 정보를 그 정보가 필요한 보험의 계약 및 보험금 지급업무 목적으로만 그 정보를 이용해야 한다(동법 제16조, 동법 시행령 제13조).

4) 신용정보의 정확성 및 최신성의 유지

개인신용정보를 제공하고 이용하는 금융회사는 신용정보를 신용정보집중기관 또는 신용조회회사에 제공하려는 경우, 그 정보의 정확성을 확인하여 사실과 다른 정보를 등록해서는 안 된다. 그리고 무엇보다 신용정보의 정확성 및 최신성을 유지하기 위하여 중요한 법적 내용은 신용정보회사 등은 신용정보주체에게 불이익을 줄 수 있는 신용정보(주로 연체정보 및 금융사기 등 금융거래질서문란 정보를 의미함)를 그 불이익을 초래하게 된 사유가 해소된 날(예: 연체했던 대출금 상환을 완료한 날)부터 최장 5년 이내에 등록·관리 대상에서 삭제해야 한다는 것이다. 이는 금융사기 등과 같이 아무리 신용정보주체에게 불리한 정보라도 문제가 해결된 시점부터 해당 정보를 보존할 수 있는 기간은 최장 5년을 초과하지 못한다는 의미이다(동법 시행령 제15조).

〈표 11-5〉를 보면 신용정보주체에게 불이익이 되는 신용정보 기록보존기간은 5년 이

표 11-5 금융채무 연체를 해제하였을 때 기록 보존기간

집중기관	등록 사유별	기록 보존기간
전국 은행 연합회	금액에 상관없이 연체 및 대위변제·대지급금 발생거래처로서 등록기간이 90일 이내인 경우	없음
	대출금 연체 1,000만 원 또는 카드대금연체 500만 원 이하	없음
	국세 및 지방세 체납	없음
	연체정보 등의 등록기간이 90일 초과 1년 이내인 경우	채무를 변제하지 아니한 기간(1년 이내)
	등록기간이 1년을 초과하는 경우	1년
	최종부도 거래처	1년
	금융사기, 서류위변조 등 금융거래 질서 문란자	5년
	해제사유 발생 없이 7년이 경과하여 기록이 해제된 경우	1년(금융 거래 질서 문란자는 5년)

내의 범위에서 금융위원회가 정하여 고시할 수 있으며, 현재 구체적 고시내용은 다음과 같다. 등록된 연체정보는 돈을 갚는 즉시 연체 해제가 된다. 그렇다고 등록기록 자체가 삭제되지는 않는다. 연체기간과 연체금액에 따라 해제와 기록 삭제가 동시에 이루어질 수도 있고 그렇지 않을 수도 있다. 금융회사는 연체된 돈을 갚으면 연체정보 등록을 해제한다. 그러나 등록이 해제된다고 하여도 등록사유, 등록금액, 연체기간 등에 따라 연체 기록이 보전·관리되며, 이 기록은 보존기간이 지나면 자동으로 삭제된다.

금융채무는 연체등록기간이 90일 이내, 대출금 연체 1,000만 원 또는 카드대금연체 500만 원 이하인 경우는 해제와 동시에 기록이 삭제된다. 연체등록기간이 90일 초과~1년 이내이면 연체된 기간만큼 기록이 보존된다. 따라서 연체등록 보존기간을 고려하면 연체가 되어 등록이 되었더라도 하루라도 빨리 연체금을 갚으려는 노력이 중요하다.

5) 개인신용정보의 제공·활용에 대한 동의 및 이용

(1) 일반 개인신용정보

개인신용정보의 제공 및 활용에 대한 정보주체의 동의는 크게 두 가지 경우를 고려해 볼 수 있다. 하나는 금융회사(신용정보제공·이용자)가 대출, 보증에 관한 정보 등 개인신용정보를 타인에게 제공하려는 경우에는 해당 개인(정보주체)으로부터 서면, 전자서명, 유무선 통신 등의 방식으로 미리 동의를 받아야 한다. 다만, 금융회사가 개인의 금융채무의 연체정보 등과 같이 반드시 신용정보집중기관 또는 신용조회회사에 제공해야 하는 정보의 경우는 예외로 동의를 받을 필요가 없다(동법 시행령 제28조).

다른 하나는 금융회사 등이 신용조회회사 또는 신용정보집중기관으로부터 개인신용정보를 제공받으려 할 때에도 해당 개인으로부터 동의를 받아야 한다. 이때 개인신용정보를 제공받으려는 자는 해당 개인에게 개인신용정보의 조회 시 신용등급이 하락할 수 있음을 고지해야 한다. 이는 개인의 신용정보에 신용정보 조회기록이 포함되기 때문이며, 예를 들어 대부업체를 통하여 대출을 실제 받지 않았더라도 대출상담만을 위한 신용정보조회 기록이 개인의 신용평가에 불리하게 작용할 경우 이를 고지해야 한다는 의미이다. 다행이도 현재는 개인이 자신의 신용정보를 조회한 기록을 포함하여 금융회사 등에서 개인의 신용정보를 조회한 기록은 신용평가에 적용하지 않도록 하고 있다. 또한 개인신용정보는 해당 신용정보주체가 신청한 금융거래 등 상거래관계(고용관계는 제외)의 설정 및 유지 여부 등을 판단하기 위한 목적으로만 이용해야 한다(동법 제33조).

(2) 개인식별정보의 제공·이용

개인식별정보란 개인을 식별하기 위하여 필요로 하는 정보, 즉 개인의 성명, 주소, 주민등록번호, 외국인등록번호, 여권번호, 성별, 국적 등 개인을 식별할 수 있는 정보를 의미한다. 금융회사 등(신용정보제공·이용자)이 개인식별정보를 신용정보회사 등에 제공하려는 경우에는 해당 개인의 동의를 받아야 한다. 그리고 개인식별정보는 해당 개인이 동의한 목적 또는 해당 개인으로부터 직접 제공받은 경우에는 그 제공받은 목적의 범위에서만 이용되어야 한다(동법 34조, 동법 시행령 제29조).

(3) 신용정보제공 사실의 통보요구

신용정보주체는 신용정보회사 등이 본인에 관한 신용정보(이하 '본인정보')를 제공하는 경우에는 제공받은 자, 그 이용 목적, 제공한 날짜, 제공한 본인정보의 주요 내용 등을 알리도록 요구하거나 인터넷 홈페이지를 통하여 조회할 수 있도록 하여 줄 것을 요구할 수 있다. 이 경우 신용정보회사 등은 요구받은 날부터 7일 이내에 최근 1년간 그 신용정보주체의 본인정보를 직접 제공받은 자, 그 정보의 이용 목적, 제공일 및 주요 내용 등(이하 '신용정보제공내역')을 신용정보주체에게 통보해야 하고, 인터넷 홈페이지를 통하여 신용정보주체가 최근 1년간 그 신용정보주체의 신용정보제공내역을 조회할 수 있도록 해야 한다. 통보나 조회에 직접 드는 비용을 그 신용정보주체에게 부담하게 할 수 있으나, 인터넷 홈페이지를 통하여 신용정보제공내역을 조회할 수 있도록 한 경우에는 신용정보주체가 1년에 1회 이상 무료로 조회할 수 있도록 해야 한다. 그리고 신용정보주체에게 통보하거나 신용정보주체가 조회한 내용을 3년간 보존해야 한다(동법 시행령 제30조).

(4) 상거래 거절 근거 신용정보의 고지

금융회사 등이 신용조회회사 및 신용정보집중기관으로부터 제공받은 개인신용정보에 근거하여 상거래관계 설정을 거절하거나 중지한 경우, 해당 개인(정보주체), 즉 소비자의 요구가 있으면 거절 또는 중지의 근거가 된 정보를 소비자에게 고지해야 한다. 그리고 고지받은 본인 정보의 내용에 이의가 있으면 고지를 받은 날부터 60일 이내에 해당 신용정보를 수집·제공한 신용조회회사 및 신용정보집중기관에게 그 신용정보의 정확성을 확인하도록 요청할 수 있다(동법 제 36조).

(5) 개인신용정보제공·이용 동의 철회권 및 연락중지권

소비자, 즉 신용정보주체는 자신이 동의하여 제공한 개인신용정보에 대하여 제공 동의를 철회할 수 있으며, 철회권은 개인신용정보제공 동의를 한 금융회사로 제한되고 신용조회회사 또는 신용정보집중기관에 제공하여 개인의 신용도 등을 평가하기 위한 목적으로 제공되는 것은 해당이 되지 않는다. 금융회사는 소비자가 정보제공 철회를 요청한 후

삼성전자의 개인정보 동의철회 안내

이용자는 개인정보의 수집·이용 및 제공에 대해 동의한 내용을 언제든지 철회할 수 있다.

- 회원가입을 한 고객은 로그인 후 회원정보 수정 메뉴에서 본인확인절차를 거친 후 회원탈퇴를 하면 보유하고 있는 고객정보와 동의 여부가 지체 없이 이체된다.
- 비회원으로 서비스해약을 한 고객은 개인정보 열람, 정정, 처리정지, 동의철회를 하고자 할 경우에는 대표전화, 또는 개인정보보호책임자 및 담당자에게 서면, 전화 또는 이메일로 연락하면 본인 확인 절차를 거쳐 지체 없이 조치된다.

원치 않는 마케팅 전화, 한 번에 거부

한 번의 신청으로 모든 금융회사의 마케팅 등 영업목적 전화와 문자 수신을 거부할 수 있는 금융권 연락중지청구(두낫콜: Do-not-call) 서비스를 금융권이 공동으로 운영하고 있다.
그동안 금융소비자가 금융회사로부터 걸려오는 금융상품 가입권유 등 마케팅 전화를 받고 싶지 않은 경우, 개별 회사별로 연락중지를 요청해야 했던 불편함이 있었으나, 현재는 금융권 연락중지청구 홈페이지(www.donotcall.or.kr)에서 금융회사에 대한 마케팅 연락중지를 간편하게 신청할 수 있다.
금융소비자는 휴대전화 인증절차를 간단히 거친 후 마케팅 연락을 받고 싶지 않은 다수의 금융회사를 선택하여 신청하면 되며, 신청자의 휴대전화 번호가 고객이 선택한 모든 금융회사로 전달되고 이후부터는 해당 휴대전화 번호로 상품홍보 등 마케팅 목적의 전화 문자메시지를 받지 않게 된다.

자료: 금융위원회 보도자료(2014. 8. 15.).

1개월 내에 조치를 완료해야 한다. 다만, 계약 후 3개월이 지나야 철회할 수 있으며, 철회로 인하여 제휴서비스 등을 제공받지 못할 경우에는 그 서비스를 포기할 의사를 명확히 전달해야 한다(동법 제37조 동법 시행령 제32조).

또한 소비자, 즉 신용정보주체는 금융회사가 마케팅 목적으로 상품이나 용역을 소개하거나 구매를 권유할 목적으로 본인에게 연락하는 것을 중지하도록 청구할 수 있다. 철회권과 달리 즉시 청구가 가능하며, 철회권과 마찬가지로 금융회사 등은 1개월 이내에 조치를 완료해야 한다(동법 시행령 제32조).

(6) 신용정보의 열람 및 정정청구

신용정보주체는 신용정보회사를 통하여 신용정보회사가 가지고 있는 본인정보의 제공 또는 열람을 청구할 수 있으며, 본인정보가 사실과 다른 경우에는 정보에 대한 정정을 청구할 수 있다.

정정청구를 받은 신용정보회사는 정정청구에 정당한 사유가 있다고 인정하면 즉시 문제가 된 신용정보에 대하여 '정정청구 중' 또는 '사실조회 중임'을 기입하고, 지체 없이 해당 신용정보의 제공·이용을 중단한 후 사실인지를 조사하여 사실과 다르거나 확인할 수 없는 신용정보는 삭제하거나 정정해야 한다. 그리고 삭제 및 정정된 정보에 대하여 신용정보회사는 최근 6개월 이내에 해당정보를 제공받은 자와 신용정보주체가 요구하는 자에게 해당 사항을 알려야 한다.

신용정보회사는 이러한 처리결과를 소비자, 즉 신용정보주체가 정정청구를 한 지 7일 이내에 소비자에게 알려야 하며, 소비자는 처리결과에 이의가 있으면 처리결과의 통지를 받은 날(통지가 없는 경우에는 정정청구를 하고 영업일 7일이 지난 날)부터 15일 이내에 금융위원회가 정하여 고시하는 시정요청서(표 11-6)에 다음의 서류를 첨부하여 금융위원회에 제출해야 한다.

- 신용정보회사 등에 정정청구를 한 내용을 적은 서면
- 신용정보회사 등으로부터 처리결과를 통지받은 경우에는 그 통지 내용
- 시정 요청의 대상이 된 신용정보의 사실 여부를 확인할 수 있는 근거자료

보호함과 아울러 정보통신망을 건전하고 안전하게 이용할 수 있는 환경을 조성하여 국민 생활의 향상과 공공복리의 증진에 이바지하는 것이라고 명시하고 있다.

「정보통신망법」에서 명시하고 있는 개인정보보호에 대한 내용은 앞서 살펴본 개인정보보호 관련법과 같거나 유사한 내용이 많으며, 구체적으로 명시된 내용을 자세히 살펴보면 다음과 같다.

1) 개인정보의 수집 및 이용 동의

사업자가 개인정보를 수집하고 이용함에 있어서 소비자 개인(정보주체)에게 수집 목적과 이유를 알리고 동의를 구해야 한다는 점은 앞서 살펴본 개인정보보호 관련법과 마찬가지로 「정보통신망법」에도 법 제22조에서 역시 명시하고 있다.

즉 동법 제 22조에는 요금정산을 위하여 필요한 경우, 경제적·기술적인 사유로 통상적인 동의를 받는 것이 뚜렷하게 곤란한 경우를 제외하고는 '정보통신서비스 제공자는 소비자의 개인정보를 이용하려고 수집하는 경우에는 다음 모든 사항을 소비자 개인에게 알리고 동의를 받아야 한다.'라고 되어 있다. 여기서 정보통신서비스 제공자란 영리를 목적으로 전기통신을 이용하여 정보를 제공하거나 또는 정보의 제공을 매개하는 자를 의미한다.

- 개인정보의 수집·이용 목적
- 수집하는 개인정보의 항목
- 개인정보의 보유·이용 기간

그리고 정보통신서비스 제공자는 자신이 수집한 소비자의 개인정보를 제3자에게 제공하려면 다음 모든 사항을 소비자에게 알리고 동의를 받아야 한다고 명시되어 있다(동법 제24조의2).

- 개인정보를 제공받는 자
- 개인정보를 제공받는 자의 개인정보 이용 목적
- 제공하는 개인정보의 항목

- 개인정보를 제공받는 자의 개인정보 보유 및 이용 기간

아울러 정보통신서비스 제공자로부터 소비자의 개인정보를 제공받은 자는 그 이용자의 개인정보 이용에 대한 동의가 있거나, 다른 법률에 특별한 규정이 있는 경우 외에는 개인정보를 제3자에게 제공하거나 제공받은 목적 외의 용도로 이용해서는 안 되며, 정보제공에 동의하지 않는다는 이유로 서비스 제공을 거부해서는 안 된다고 명시되어 있다(동법 제24조의2).

2) 개인정보의 수집 제한

「정보통신망법」 역시 앞서 살펴본 개인정보보호 관련법과 마찬가지로 개인정보를 수집함에 있어서 다음 사항을 제한하고 있다.

정보통신서비스 제공자는 소비자 개인의 정보를 수집하는 경우에는 정보통신서비스의 제공을 위하여 필요한 범위에서 최소한의 개인정보만 수집해야 한다. 다만 정보통신서비스 제공자는 소비자가 필요한 최소한의 개인정보 이외의 개인정보를 제공하지 않는다는 이유로 그 서비스의 제공을 거부해서는 안 된다. 이 경우 필요한 최소한의 개인정보라는 것은 해당 서비스의 본질적 기능을 수행하기 위하여 반드시 필요한 정보를 말하는 것이다(동법 제23조).

정보통신서비스 제공자는 사상, 신념, 가족 및 친인척관계, 학력(學歷)·병력(病歷), 기타 사회활동 경력 등 개인의 권리·이익이나 사생활을 뚜렷하게 침해할 우려가 있는 개인정보를 수집해서는 안 된다. 다만, 소비자 개인의 동의를 받거나 다른 법률에 따라 특별히 수집 대상 개인정보로 허용된 경우에는 필요한 범위에서 최소한으로 그 개인정보를 수집할 수 있다.

특히 주민등록번호 수집은 극히 제한하고 있으며, 법률상 소비자의 주민등록번호 수집·이용을 허용하는 경우, 영업상 목적을 위하여 소비자의 주민등록번호 수집·이용이 불가피한 정보통신서비스 제공자로서 방송통신위원회가 고시하는 경우를 제외하고는 주민등록번호수집이 제한된다. 아울러 주민등록번호를 수집·이용할 수 있는 경우에도 소비자의 주민등록번호를 사용하지 않고 본인을 확인하는 방법(이하 '대체수단')을 제공해야 한다(동법 제23조2).

3) 개인정보의 관리 및 파기

(1) 개인정보 누출 등의 통지 및 신고

정보통신서비스 제공자 등은 개인정보의 분실·도난·누출(이하 '누출 등') 사실을 안 때에는 지체 없이 다음의 모든 사항을 전자우편·서면·팩스·전화 또는 이와 유사한 방법 중 어느 하나의 방법으로 소비자에게 알리고 방송통신위원회 또는 한국인터넷진흥원에 신고해야 한다. 정당한 사유 없이 그 사실을 안 때부터 24시간을 경과하여 통지·신고해서는 안 된다. 다만, 소비자의 연락처를 알 수 없는 등 정당한 사유가 있는 경우에는 자신의 인터넷 홈페이지에 30일 이상 게시하는 것으로 통지를 갈음할 수 있다(동법 제27의3, 동법 시행령 14조의2).

- 누출 된 개인정보 항목
- 누출이 발생한 시점
- 소비자가 취할 수 있는 조치
- 정보통신서비스 제공자의 대응 조치
- 이용자가 상담 등을 접수할 수 있는 부서 및 연락처

또한 정보통신서비스 제공자 등은 개인정보의 누출에 대한 대책을 마련하고 그 피해를 최소화할 수 있는 조치를 강구해야 한다.

(2) 개인정보의 파기

정보통신서비스 제공자는 다음 사항 중 어느 하나에 해당하는 경우에는 지체 없이 해당 개인정보를 복구·재생할 수 없도록 파기해야 한다.

- 동의를 받은 개인정보로 해당 목적을 달성한 경우
- 동의를 받은 개인정보의 보유 및 이용 기간이 끝난 경우
- 사업을 폐업하는 경우

또한 정보통신서비스 제공자등은 정보통신서비스를 3년 동안 이용하지 않는 소비자의 개인정보를 보호하기 위하여, 소비자의 개인정보를 해당 기간 경과 후 즉시 파기하거나 다른 소비자들의 개인정보와 분리하여 별도로 저장·관리해야 한다(동법 제29조, 동법 시행령 제16조). 개인정보를 별도로 저장·관리하는 경우에는 법 또는 다른 법률에 특별한 규정이 있는 경우를 제외하고는 해당 개인정보를 이용하거나 제공해서는 안 된다.

특히 정보통신서비스 제공자는 3년이라는 기간 만료 30일 전까지 개인정보가 파기되거나 분리되어 저장·관리되는 사실과 기간 만료일 및 해당 개인정보의 항목을 전자우편·서면·팩스·전화 또는 이와 유사한 방법 중 어느 하나의 방법으로 이용자에게 알려야 한다(동법 시행령 제16조). 이 때문에 가끔 신용카드를 발급해 놓고 이용하지 않은 경우, 해당 카드사로부터 개인정보를 다른 소비자들의 것과 별도로 관리한다는 이메일을 받는 경험을 하게 되기도 한다.

4) 소비자의 권리

「정보통신망법」에서 명시한 소비자의 권리는 「신용정보법」이 경우와 매우 유사하며 구체적인 권리는 다음과 같다.

(1) 개인정보 동의 철회권

개인정보 동의 철회권은 소비자가 정보통신서비스 제공자에 대하여 언제든지 개인정보수집·이용·제공 등의 동의를 철회할 수 있는 권리를 의미하며, 소비자의 동의 철회를 요청을 받은 정보통신서비스 제공자는 지체 없이 수집된 개인정보를 복구·재생할 수 없도록 파기하는 등 필요한 조치를 해야 한다.

(2) 개인정보 열람 및 정정권

개인정보 열람 및 정정권은 소비자가 정보통신서비스 제공자에 대하여 본인에 관한 다음 어느 하나의 사항에 대한 열람이나 제공을 요구할 수 있고 오류가 있는 경우에는 그 정정을 요구할 수 있는 권리를 의미한다. 이러한 요청을 받은 정보통신서비스 제공자는 지체 없이 필요한 조치를 해야 한다.

- 정보통신서비스 제공자가 가지고 있는 이용자의 개인정보
- 정보통신서비스 제공자가 이용자의 개인정보를 이용하거나 제3자에게 제공한 현황
- 정보통신서비스 제공자에게 개인정보수집·이용·제공 등의 동의를 한 현황

나아가 정보통신서비스 제공자는 오류를 정정한 사실 혹은 정정하지 못한 사실과 그 사유를 소비자에게 알리는 등 필요한 조치를 해야 하고, 필요한 조치를 할 때까지는 해당 개인정보를 이용하거나 제공해서는 안 된다. 그리고 정보통신서비스 제공자는 소비자의 동의의 철회 또는 개인정보의 열람·제공 또는 오류의 정정을 요구하는 방법을 개인정보의 수집방법보다 쉽게 해야 한다.

(3) 정보통신망에서의 사생활 보호

소비자는 사생활 침해 또는 명예훼손 등 타인의 권리를 침해하는 정보를 정보통신망에 유통시켜서는 안 된다. 정보통신서비스 제공자 역시 자신이 운영·관리하는 정보통신망에 사생활 침해 또는 명예훼손 관련 정보가 유통되지 않도록 노력해야 한다. 그리고 방송통신위원회는 정보통신망에 유통되는 정보로 인한 사생활 침해 또는 명예훼손 등 타인에 대한 권리침해를 방지하기 위하여 기술개발·교육·홍보 등에 대한 시책을 마련하고 이를 정보통신서비스 제공자에게 권고할 수 있다(동법 제44조).

(4) 정보통신망에서의 사생활 침해정보 삭제 요청

정보통신망을 통하여 일반에게 공개를 목적으로 제공된 정보로 사생활 침해나 명예훼손 등 타인의 권리가 침해된 경우 그 침해를 받은 소비자는 해당 정보를 취급한 정보통신서비스 제공자에게 침해사실을 소명하여 그 정보의 삭제 또는 반박내용의 게재(이하 '삭제 등')를 요청할 수 있다. 그리고 삭제 요청을 받은 정보통신서비스 제공자는 지체 없이 삭제·임시조치 등의 필요한 조치를 하고 즉시 신청인 및 정보게재자에게 알려야 한다. 이 경우 정보통신서비스 제공자는 필요한 조치를 한 사실을 해당 게시판에 공시하는 등의 방법으로 이용자 모두가 알 수 있도록 해야 한다.

정보통신서비스 제공자는 소비자의 정보 삭제 요청에도 불구하고 권리의 침해 여부를 판단하기 어렵거나 이해당사자 간에 다툼이 예상되는 경우에는 해당 정보에 대한 접근을

임시적으로 차단하는 조치(이하 '임시조치')를 할 수 있다. 이 경우 임시조치의 기간은 30일 이내로 한다.

무엇보다 중요한 것은 정보통신서비스 제공자는 사생활 침해 정보 조치에 관한 내용·절차 등을 미리 약관에 구체적으로 밝혀야 하며, 문제발생 시 약관대로 조치를 취한 경우, 정보통신서비스 제공자는 자신이 운영·관리하는 정보통신망에 유통되는 정보에 대하여 배상책임을 줄이거나 면제받을 수 있다(동법 제44조의2).

5) 개인정보 이용내용의 통지

정보통신서비스 제공자는 소비자로부터 수집한 개인정보의 이용내역, 즉 개인정보의 수집·이용 목적 및 수집한 개인정보의 항목, 개인정보를 제공받은 자와 그 제공 목적 및 제공한 개인정보의 항목을 연 1회 소비자에게 통지해야 한다. 다만, 연락처 등 소비자에게 통지할 수 있는 개인정보를 수집하지 않은 경우에는 그렇지 않다. 통지는 전자우편·서면·모사전송·전화 또는 이와 유사한 방법 중 어느 하나의 방법으로 한다(동법 제30조의2, 동법 시행령 제17조).

6) 청소년 보호 정책

개인정보와는 직접적인 관련은 없지만, 「정보통신망법」에서는 다른 개인정보보호 관련법과는 달리 청소년 보호를 위한 내용을 명문화하고 있어 간단히 소개하기로 한다.

(1) 청소년 보호를 위한 시책 마련

법에서는 방송통신위원회로 하여금 정보통신망을 통하여 유통되는 음란·폭력정보 등 청소년에게 해로운 정보(이하 '청소년유해정보')로부터 청소년을 보호하기 위하여 구체적으로 다음과 관련된 시책을 마련해야 함을 명시하고 있다(동법 제41조).

- 내용 선별 소프트웨어의 개발 및 보급
- 청소년 보호를 위한 기술의 개발 및 보급

- 청소년 보호를 위한 교육 및 홍보
- 그 밖에 청소년 보호를 위하여 대통령령으로 정하는 사항, 여기서 대통령령으로 정하는 사항은 청소년에게 유익한 정보의 개발 및 보급 촉진, 정보통신망을 통하여 유통되는 음란·폭력정보 등의 유해한 정보로부터 청소년을 보호하기 위한 청소년의 자발적 참여활동의 촉진 및 지원, 청소년 보호를 위한 학부모·교사 또는 민간단체 등의 자율적인 감시·상담·피해구제활동의 촉진 및 지원, 청소년보호활동을 위한 정보통신서비스 제공자 간의 협력체계 구축 지원을 포함(동법 시행령 제23조)

(2) 청소년 유해 매체물의 표시

정보통신망을 이용하여 일반에게 공개를 목적으로 정보를 제공하는 자(이하 '정보제공자') 중 청소년 유해 매체물을 제공하려는 자는 그 매체물에 19세 미만의 자는 이용할 수 없다는 취지의 내용을 누구나 쉽게 확인할 수 있도록 음성·문자 또는 영상으로 표시해야 한다. 또한 앞의 사항을 표시해야 하는 자 중 인터넷을 이용하여 정보를 제공하는 자의 경우에는 기호·부호·문자 또는 숫자를 사용하여 청소년 유해 매체물임을 나타낼 수 있는 전자적 표시도 함께 해야 한다(동법 제42조, 동법 시행령 제24조).

나아가, 정보통신서비스 제공자는 자신이 운영·관리하는 정보통신망에 동법 제42조에 따른 표시방법을 지키지 않는 청소년 유해 매체물이 게재되어 있거나, 청소년 접근을 제한하는 조치 없이 청소년 유해 매체물을 광고하는 내용이 전시되어 있는 경우에는 지체 없이 그 내용을 삭제해야 한다.

7) 과징금

방송통신위원회는 이용자의 동의를 받지 않고 개인정보를 수집한 경우, 이용자의 동의를 받지 않고 개인의 권리·이익이나 사생활을 뚜렷하게 침해할 우려가 있는 개인정보를 수집한 경우, 동의를 받은 목적 이외에 개인정보를 이용하거나 제3자에게 제공한 경우, 이용자의 개인정보를 분실·도난·누출·변조 또는 훼손한 경우로서 조치를 하지 않은 경우, 법정대리인의 동의를 받지 않고 만 14세 미만인 아동의 개인정보를 수집한 경우에는 과징금을 부과할 수 있다.

과징금은 해당 정보통신서비스 제공자등에게 '위반행위와 관련한 매출액'의 3/100 이하에 해당하는 금액을 과징금으로 부과할 수 있다(동법 제64조의3호). 여기서 '위반행위와 관련한 매출액'이란 해당 정보통신서비스 제공자등의 위반행위와 관련된 정보통신서비스의 직전 3개 사업연도의 연평균 매출액을 말한다. 다만, 해당 사업연도 초일 현재 사업을 개시한지 3년이 되지 않는 경우에는 그 사업개시 후 직전 사업연도 말일까지의 매출액을 연평균 매출액으로 환산한 금액을 말하며, 해당 사업연도에 사업을 개시한 경우에는 사업개시일부터 위반행위일까지의 매출액을 연매출액으로 환산한 금액을 말한다(동법 시행령 제69조의2호)

생각해 보기

1. 주민등록번호 클린센터 홈페이지를 방문하여 자신의 주민등록번호가 어떻게 이용되고 있는지 확인하고 불필요한 경우, 주민등록번호를 클린해 보자.
2. 자신의 신용정보를 조회해 보되, 무료로 조회할 수 있는 기회를 이용해 보자. 또한 자신의 신용정보조회 결과를 기초로 신용등급을 올릴 수 있는 방법은 무엇인지 함께 생각해 보자.
3. 자신이 제공한 개인정보에는 무엇이 있는지 확인하고 잘못된 정보가 있을 경우, 이를 정정 요청 혹은 삭제 요청을 해 보자.

CHAPTER 12

개인정보 관련 소비자피해 구제와 소비자정책

개인정보 관련 소비자피해는 사업자의 개인정보수집, 이용 및 관리, 파기의 모든 과정에서 개인정보의 누설, 유출, 도용 등의 개인정보침해 행위가 발생하고, 이는 소비자의 인격적인 침해 및 경제적 손실과 같은 피해 유발로 이어진다는 특성을 갖고 있다.

또 다른 개인정보 관련 소비자피해는 소비자의 개인정보를 도용한 범죄에 해당되는 해킹, 바이러스, 스파이웨어(spyware) 피싱, 스미싱 등과 같은 문제로 개인에게 매우 큰 경제적 손실을 가져오고 있다. 아울러 최근에는 빅데이터가 가시화되면서 소비자들은 자신도 모르는 사이에 자신에 관한 정보가 집적, 가공되어 실제로 어떻게 사용하는지 조차 알 수 없는 시대가 되었다.

본장에서는 구체적인 개인정보 관련 소비자피해를 해결하기 위한 방법에는 무엇이 있는지, 그리고 개인정보 관련 소비자문제를 해결 혹은 예방하기 위한 정책에는 무엇이 있는지 구체적으로 살펴보도록 하겠다.

1. 개인정보 관련 소비자피해 구제

개인정보 관련 소비자피해 구제를 위해서는 전화, 이메일, 인터넷, 방문 등의 방법을 통하여 한국인터넷진흥원의 개인정보 분쟁조정위원회 혹은 개인정보 집단분쟁조정위원회(50인 이상의 동일한 피해자가 존재하는 경우)에 직접 신청한다.

혹은 자신이 경험한 개인정보 관련 소비자문제를 어떻게 해결해야 할지 판단이 어려울 때는 한국인터넷진흥원 개인정보침해 신고센터에 전화, 이메일, 인터넷, 방문 등의 방법을 통하여 신고를 한다. 그러면 신고 접수 및 상담 과정에서 개인정보 분쟁조정을 통한 해결이 적절할 경우 분쟁조정위원회에 신고 내용이 이관되어 처리된다.

개인정보 관련 소비자피해 구제에 대하여 구체적으로 살펴보면 다음과 같다.

1) 소비자피해 신고

한국인터넷진흥원 개인정보침해 신고센터는「개인정보보호법」제62조, 동법시행령 제59조, 또는「정보통신망 이용촉진 및 정보보호 등에 관한 법률」제52조, 동법시행령 제66조에 따라 개인정보에 관한 권리, 이익 침해 사실 신고의 접수·처리 등에 관한 업무를 담당하고 있다.

개인정보침해를 경험한 정보주체는 한국인터넷진흥원 개인정보침해 신고센터에 전화(118, ARS 내선 2번)를 하거나, 전자우편(privacy@kisa.or.kr)을 보내거나, 인터넷(privacy.kisa.or.kr) 또는 방문 등을 통하여 신고를 한다.

신고를 접수한 신고센터는 사안에 따라 개인정보 분쟁조정위원회를 통하여 사안이 해결될 수 있도록 이관한다. 분쟁조정 사안에 해당되지 않는 경우, 사실조사를 하여 법위반 사실이 없으면 그대로 신고 건을 종결하되, 법 위반 사실이 인정되면 관련부처로 이관되어 형사고발, 행정처분, 제도개선 권고 등의 절차를 밟게 된다.

그림 **12-1** 한국인터넷진흥원 개인정보침해신고센터 홈페이지

2) 개인정보 분쟁조정위원회를 통한 해결

(1) 신청사건의 접수 및 통보

개인정보피해로 인한 분쟁조정은 홈페이지, 우편, 팩스, 방문 등을 통해 신청인이 직접 또는 대리로 신청할 수 있으며, 또는 개인정보침해 관련 상담 또는 신고사건 처리과정에서 신청할 수도 있다. 분쟁조정 신청사건이 접수되면, 신청자와 상대방에게 접수사실이 통보된다.

(2) 사실 확인 및 당사자 의견 청취

사건담당자는 전화, 우편, 전자우편, 팩스 등 다양한 수단을 이용해 자료 수집을 통한 분쟁조정 사건에 대한 사실조사를 실시하고, 사실조사가 완료되면 이를 토대로 사실조사보고서를 작성하여 본 사건을 분쟁조정위원회에 회부한다.

(3) 조정 전 합의 권고 및 조정절차 개시

분쟁조정위원회는 조정에 들어가기 앞서 당사자 간의 자율적인 노력에 의해 원만히 분쟁이 해결될 수 있도록 합의를 권고할 수 있으며, 합의권고에 의해 당사자 간의 합의가 성립하면 사건이 종결된다.

만일 합의가 이루어지지 않으면 위원회를 통해 조정절차가 개시된다. 조정절차가 진행되면 당사자의 의견 청취, 증거수집, 전문가의 자문 등 필요한 절차를 거쳐 쌍방에게 합당한 조정안을 제시하고 이를 받아들일 것을 권고하며, 이 경우 사건의 신청자나 상대방은 위원회의 회의에 참석하여 자신의 의견을 개진할 수 있다. 조정절차가 진행되는 중에 원만한 합의가 이루어지는 등의 사유로 인해 더 이상 조정을 원하지 않을 경우 신청인은 조정신청을 철회할 수 있다.

(4) 조정의 성립

분쟁조정위원회의 조정을 통하여 내려진 결정에 대하여 조정결정일부터 15일 이내에 신청인과 상대방이 이를 수락한 경우에는 조정이 성립된다. 당사자가 위원회의 조정안을 수락하고자 하는 경우 위원회가 송부한 조정서에 서명하여 분쟁조정위원회에 제출하면 된다. 양 당사자가 모두 조정안을 수락하면 조정이 성립되어 조정서가 작성되고 조정절차가 종료한다. 그러나 당사자 중 일방이 조정안을 수락하지 않을 경우 민사소송을 제기하거나 포기할 수 있다.

(5) 효력의 발생

분쟁조정위원회의 조정 결정에 대해 신청인과 상대방이 이를 수락하여 조정이 성립된 경우 양 당사자 간에는 조정서와 동일한 내용의 합의(재판상의 화해)가 성립한 것으로 보며, 반드시 합의 내용을 이행해야 한다.

3) 개인정보 분쟁조정위원회

좀 더 구체적으로 「개인정보보호법」에 명시되어 있는 개인정보 분쟁조정위원회에 대하여 살펴보면 다음과 같다. 우선, 개인정보 분쟁조정위원회(이하 '분쟁조정위원회')는 「개인정보 보호법」 제40조에 의거하여 개인정보에 관한 분쟁의 조정(調停)을 위한 목적으로 설립되

그림 12-2 개인정보 일반 분쟁조정의 절차

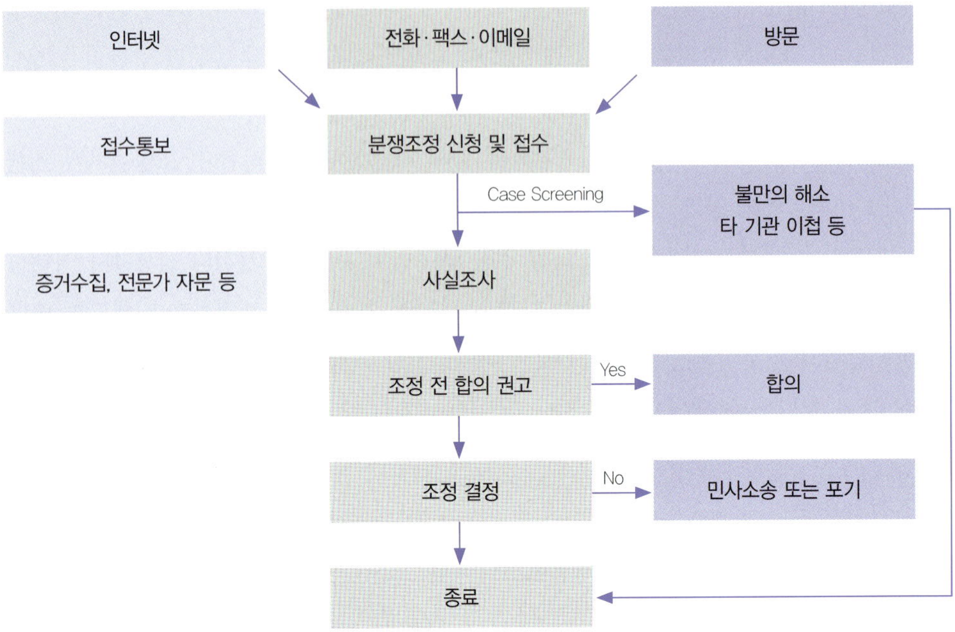

자료: 한국인터넷진흥원 홈페이지.

었으며, 위원장 1명을 포함한 20명 이내의 위원으로 구성되며, 그 중 1명은 상임위원으로 구성된다.

(1) 기능 및 권한

분쟁조정위원회는 개인정보와 관련한 분쟁조정을 고유기능으로 하고 있으며, 분쟁조정 사건의 심의를 통하여 손해배상 결정뿐 아니라 피해예방 활동, 법 제도 개선 건의, 기업의 잘못된 거래행태에 대한 시정권고 등을 통해 국민의 권리보호 및 기업 능률향상과 건전한 개인정보 이용환경 구축에도 이바지하는 기능이 있다.

이러한 기능을 수행하기 위해 분쟁조정위원회는 필요한 경우 조정절차를 진행하기 전에 당사자에게 합의를 권고할 수 있으며, 분쟁조정을 위해 필요한 자료의 제공을 분쟁당사자에게 요청할 수 있고 분쟁당사자 또는 참고인으로 하여금 위원회에 출석하게 하여 의견을 들을 수 있는 권한이 있다. 그리고 분쟁당사자는 정당한 사유가 없는 한 위원회의 자료제공 요청에 응해야 한다.

(2) 분쟁조정범위

분쟁조정위원회는 개인정보, 즉 생존하는 개인에 관한 정보로서 성명, 주민등록번호 등을 비롯하여 개인을 알아볼 수 있는 부호, 문자, 음향 및 영상 등의 정보 침해로 인한 분쟁이면 모두 조정 대상으로 하고 있다. 특히 분쟁조정위원회는 현재의 「개인정보보호법」에서 규율하고 있는 개인정보침해 이외에도 「정보통신망 이용촉진 및 정보보호 등에 관한 법률」, 「신용정보의 이용 및 보호에 관한 법률」, 「의료법」 및 「민법」 등 관련 법률의 규정에 의한 개인정보침해 등에 대해서도 조정대상에 포함시켜 오고 있다(인터넷진흥원, 2013).

(3) 일반분쟁조정

① 신청

개인정보와 관련한 분쟁의 조정을 원하는 자는 분쟁조정위원회에 분쟁조정을 신청할 수 있으며, 분쟁조정위원회는 당사자 일방으로부터 분쟁조정 신청을 받았을 때에는 그 신청 내용을 상대방에게 알려야 한다. 그리고 공공기관이 분쟁조정의 통지를 받은 경우에는 특별한 사유가 없으면 분쟁조정에 응해야 한다(「개인정보보호법」 제43조).

② 처리기간

분쟁조정위원회는 분쟁조정 신청을 받은 날부터 60일 이내에 이를 심사하여 조정안을 작성해야 한다. 다만, 부득이한 사정이 있는 경우에는 분쟁조정위원회의 의결로 처리기간을 연장할 수 있다. 그리고 분쟁조정위원회는 처리기간을 연장한 경우에는 기간연장의 사유와 그 밖의 기간연장에 관한 사항을 신청인에게 알려야 한다(「개인정보보호법」 제44조).

③ 자료의 요청 등

분쟁조정위원회는 분쟁조정 신청을 받았을 때에는 해당 분쟁의 조정을 위하여 필요한 자료를 분쟁당사자에게 요청할 수 있다. 이 경우 분쟁당사자는 정당한 사유가 없으면 요청에 따라야 한다. 그리고 분쟁조정위원회는 필요하다고 인정하면 분쟁당사자나 참고인을 위원회에 출석하도록 하여 그 의견을 들을 수 있다(「개인정보보호법」 제45조).

④ 조정 전 합의 권고 및 분쟁의 조정

분쟁조정위원회는 분쟁조정 신청을 받았을 때에는 당사자에게 그 내용을 제시하고 조정 전 합의를 권고할 수 있다(「개인정보보호법」 제46조). 그리고 분쟁조정위원회는 다음 각 사항 중 어느 하나의 사항을 포함하여 조정안을 작성할 수 있다(「개인정보보호법」 제47조).

- 조사 대상 침해행위의 중지
- 원상회복, 손해배상, 그 밖에 필요한 구제조치
- 같거나 비슷한 침해의 재발을 방지하기 위하여 필요한 조치

⑤ 조정안에 대한 합의

분쟁조정위원회는 조정안을 작성하면 지체 없이 각 당사자에게 제시해야 하며, 조정안을 제시받은 당사자가 제시받은 날부터 15일 이내에 수락 여부를 알리지 않으면 조정을 거부한 것으로 본다. 그리고 당사자가 조정 내용을 수락한 경우, 분쟁조정위원회는 조정서를 작성하고, 분쟁조정위원회의 위원장과 각 당사자가 기명날인해야 한다. 이렇게 작성된 조정 내용은 재판상 화해와 동일한 효력을 갖는다(「개인정보보호법」 제47조). 민사소송법상 재판상 화해는 확정판결과 동일한 효력이 있으므로(「민사소송법」 제220조), 위원회에 의한 조정의 효력은 확정판결과 동일한 효력을 갖게 된다. 따라서 조정의 당사자는 조정 내용의 흠을 이유로 취소나 무효의 주장을 할 수 없고, 조정 내용에 불복하여 소를 제기할 수도 없다.

⑥ 조정의 거부 및 중지

분쟁조정위원회는 분쟁의 성질상 분쟁조정위원회에서 조정하는 것이 적합하지 않거나, 부정한 목적으로 조정이 신청되었다고 인정되는 경우, 조정을 거부할 수 있으며 조정거부의 사유 등을 신청인에게 알려야 한다. 그리고 분쟁조정위원회는 신청된 조정사건에 대한 처리절차를 진행하던 중에 한쪽 당사자가 소를 제기하면 그 조정의 처리를 중지하고

이를 당사자에게 알려야 한다(「개인정보보호법」 제48조).

(4) 집단분쟁조정

① 신청

집단분쟁조정 신청은 국가 및 지방자치단체, 한국소비자원, 소비자단체, 사업자, 정보주체가 직접 분쟁조정위원회에 서면(집단분쟁조정의뢰·신청서)으로 신청할 수 있다. 그리고 신청요건은 피해 또는 권리침해를 입은 정보주체의 수가 50명 이상이고, 사건의 중요한 쟁점(피해의 원인이나 결과)이 동일하거나 유사해야 한다. 집단분쟁조정 신청권에 있어서 특징적인 것은 소비자에 대해 집단적으로 분쟁조정신청권을 인정하고 있지 않은 「소비자기본법」과 달리 정보주체에 대하여도 집단적인 분쟁조정신청권을 인정하고 있다는 점이다.

② 절차의 개시 및 공고

집단분쟁조정의 경우에는 이해관계인이 불특정다수라는 점에서 14일 이상의 기간 동안 분쟁조정위원회의 홈페이지 및 전국을 보급지역으로 하는 일반 일간신문에 게재하는 등의 공고를 한 후 집단분쟁의 조정절차를 개시할 수 있다.

③ 참가신청

집단분쟁조정의 당사자가 아닌 정보주체 또는 개인정보처리자는 분쟁조정의 당사자에 추가로 참가하려면 14일의 공고기간 중에 문서로 참가신청을 해야 한다.

④ 대표당사자의 선임

분쟁조정위원회는 의결로써 집단분쟁조정의 당사자 중에서 공동의 이익을 대표하기에 가장 적합한 1인 또는 수인을 대표당사자로 선임할 수 있다(소비자보호법 제49조). 이는 다수의 피해자가 있는 분쟁해결절차의 특성상 이해관계인 모두가 출석·진술해야 하는 등의 번거로움을 없애고 분쟁을 신속·용이하게 해결하기 위한 방법이라고 할 것이다.

⑤ 분쟁조정기간

집단분쟁조정의 경우에는 공고가 종료된 날의 다음 날부터 60일 이내에 심사하여 조정안을 작성해야 하고 부득이한 사정이 있는 경우에는 분쟁조정위원회의 의결로 처리기간을 연장할 수 있다(「개인정보보호법」 제44조, 제49조).

⑥ **조정 전 합의권고**

일반분쟁의 경우에는 분쟁조정 신청을 받았을 때 분쟁조정위원회가 당사자에게 그 내용을 제시하고 조정 전 합의를 권고할 수 있음을 명시하고 있으나(「개인정보보호법」 제46조), 집단분쟁 조정의 경우에는 이러한 규정이 없어 분쟁조정위원회가 대표당사자에게 조정 전 합의를 권고할 수 있는지 의문이다. 그러나 대안적 분쟁해결제도가 당사자의 이해와 양보를 통한 분쟁의 신속·효율적인 해소를 그 기본으로 한다는 점에서 집단적인 분쟁조정이라고 하여 달리 볼 것은 아니라고 할 것이다(인터넷진흥원, 2013).

⑦ **조정결정**

분쟁조정위원회는 '조사 대상 침해행위의 중지', '원상회복, 손해배상, 그 밖에 필요한 구제조치' 또는 '같거나 비슷한 침해의 재발을 방지하기 위하여 필요한 조치' 중의 어느 하나의 사항을 포함하여 조정안을 작성하면 지체 없이 당사자에게 제시해야 하며, 조정안을 제시받은 당사자는 제시받은 날로부터 15일 이내에 조정안의 내용에 대한 수락 여부를 알려야 하고, 수락 여부를 알리지 않으면 조정을 거부한 것으로 본다(「개인정보보호법」 제47조).

⑧ **보상권고**

「개인정보보호법」 제47조에 따르면, 분쟁조정위원회는 집단분쟁의 당사자가 아닌 자로서 피해를 입은 정보주체에 대한 보상계획서를 작성하여 분쟁조정위원회에 제출할 것을 권고할 수 있다. 이는 집단분쟁에 참가하지 못하였지만 같거나 유사한 피해를 본 정보주체의 보호를 도모하기 위함이다.

⑨ **조정의 효력**

분쟁조정위원회가 제시한 조정안에 대하여 당사자가 수락하여 조정조서가 유효하게 작성되면, 해당 조정의 내용은 일반 분쟁조정과 같이 재판상 화해와 동일한 효력을 갖게 된다.

그림 12-3 개인정보 집단분쟁조정 절차

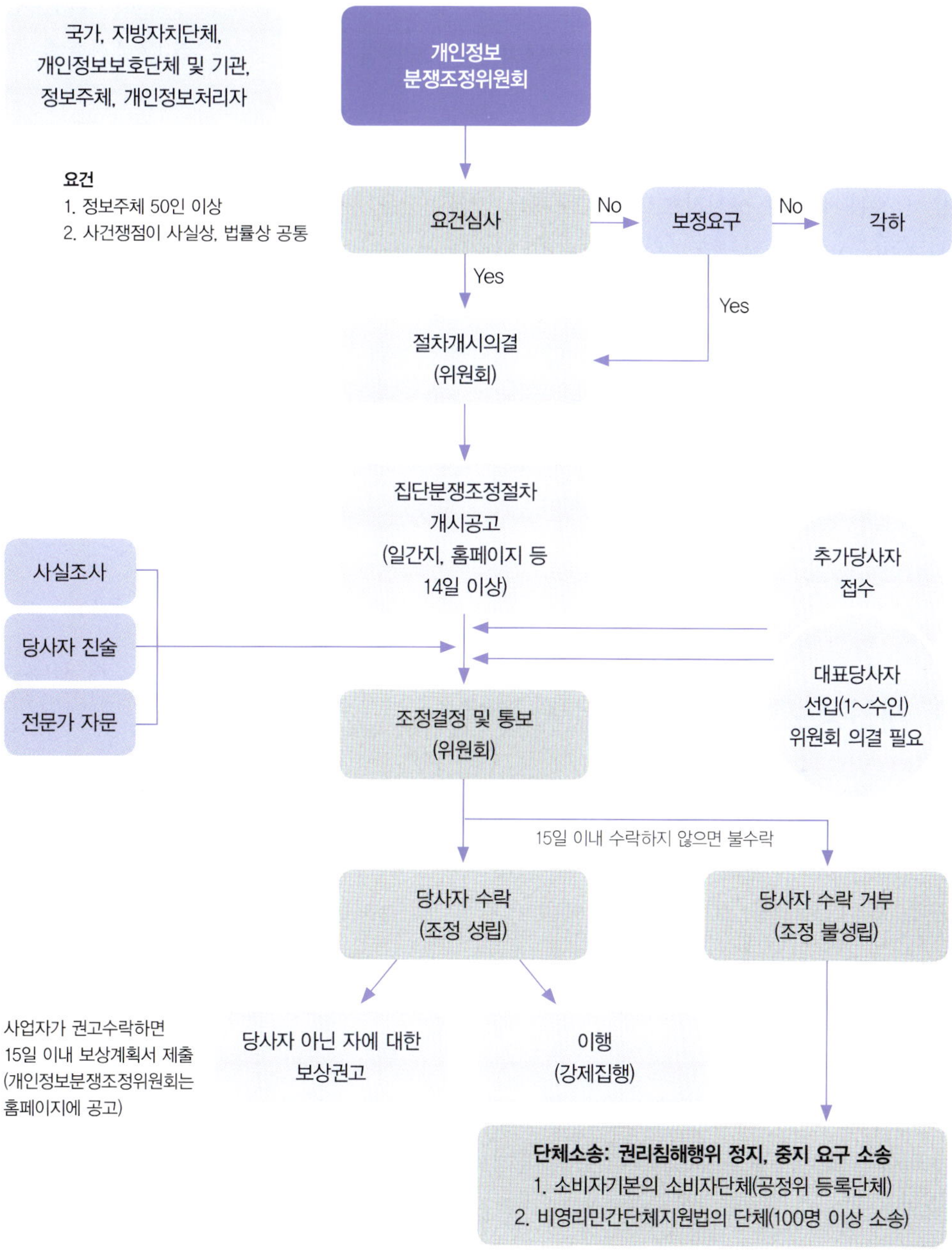

자료: 한국인터넷진흥원 홈페이지.

4) 개인정보 단체소송

개인정보처리자가 집단분쟁조정을 거부하거나 집단분쟁조정의 결과를 수락하지 않은 경우에 특정 단체는 법원에 권리침해 행위의 금지·중지를 구하는 소송, 즉 단체소송을 제기할 수 있다.

특정 단체란 첫째, 「소비자기본법」 제29조에 따라 공정거래위원회에 등록한 소비자단체로서 정관에 따라 상시적으로 정보주체의 권익증진을 주된 목적으로 하며, 단체의 정회원 수가 1천 명 이상이고, 「소비자기본법」 제29조에 따른 등록 후 3년이 경과한 단체를 의미한다. 둘째, 특정 단체란 「비영리민간단체 지원법」 제2조에 따른 비영리민간단체로서 법률상 또는 사실상 동일한 침해를 입은 100명 이상의 정보주체로부터 단체소송의 제기를 요청받고, 정관에 개인정보보호를 단체의 목적으로 명시한 후 최근 3년 이상 이를 위한 활동실적이 있어야 하며, 단체의 상시 구성원 수가 5천 명 이상이어야 하고 중앙행정기관에 등록되어 있는 단체이어야 한다.

2. 개인정보보호 관련 소비자정책

개인정보보호 관련 소비자정책은 주로 개인정보처리자로 하여금 소비자의 개인정보를 수집, 관리 및 이용, 파기하는 과정에서 어떻게 개인정보를 보호하도록 할 것인가에 초점이 맞추어져 있으며, 이에 관한 내용을 구체적으로 살펴보자.

1) 기본계획에 나타난 개인정보보호 관련 소비자정책 방향

우리나라 소비자정책은 「소비자기본법」하에서 소비자정책 기본계획에 기초하여 수립되고 집행되어 왔다. 소비자정책 기본계획은 제1차(2009~2011년), 제2차(2012~2014년)로 수립되어 시행된 이래 현재는 제3차(2015~2017년) 기본계획이 수립되어 시행 중이다(이득연 외 6인, 2014).

제3차 소비자정책 기본계획에 나타나 있는 개인정보보호 관련 소비자정책은 '빅데이터 사용의 확대에 따른 개인정보침해문제'와 'IT, BT, NT 융합기술 리스크관리 차원에서 개인정보보호 정책 강화' 내용을 포함하고 있다.

즉 빅데이터 사용의 확대에 따른 개인정보침해문제를 예방하기 위하여 '소비자 관련 공공데이터의 체계적 관리'라는 소비자정책을 기본계획에 포함시키고 있으며, 구체적인 계획은 '정보제공 대상 범위에 대한 법률 해석과 제공에 따른 분쟁 발생 가능성을 고려하여 개인정보침해 예방을 위한 데이터 제공 기준 마련의 필요성'과 '빅데이터나 공공데이터의 제공 관련 개인정보침해 문제 발생에 대한 신속한 분쟁해결시스템 구축'계획을 포함시키고 있다. 그리고 IT, BT, NT 융합기술 리스크관리 차원에서 개인정보보호 정책 강화를 위해서는 '구글 글래스(glass) 등 신종 상품 및 서비스 등장에 따른 개인정보보호정책 강화' 계획을 포함하고 있다.

2) 법률에 나타난 개인정보보호 관련 소비자정책 방향

소비자의 개인정보보호 관련 내용을 포괄적으로 명시하고 있는 법률은 「개인정보보호법」이다. 이러한 「개인정보보호법」은 OECD의 프라이버시 원칙을 근간으로 하여 개인정보보호의 원칙을 명시하고 있으며, 이것이 바로 우리나라의 개인정보보호 관련 소비자정책 방향이라고 할 수 있다. OECD의 프라이버시 원칙은 수집제한, 정보의 정확성, 목적의 명확성, 이용 제한, 안전성 확보, 처리방침의 공개, 정보주체의 참여 및 책임의 원칙 등 모두 8가지 원칙으로 구성되며, 〈표 12-1〉은 이러한 원칙을 「개인정보보호법」의 원칙에서 어떻게 수용하고 있는지를 나타낸다.

또한 소비자의 권익을 증진하기 위함을 목적으로 제정된 「소비자기본법」에서는 개인정보보호를 위하여, 국가 및 지방자치단체는 소비자가 사업자와의 거래에서 개인정보 관련 피해를 입지 않도록 필요한 시책을 강구해야 하고(제15조), 국가는 소비자의 개인정보보호기준을 제정해야 하며(제15조), 사업자는 소비자의 개인정보가 분실·도난·누출·변조 또는 훼손되지 않도록 그 개인정보를 성실히 취급해야 한다(제19조)라고 명시되어 있다. 이러한 법률 내용은 국가 차원에서 추구하는 소비자의 권익 내에 소비자의 개인정보보호를 포함하고 있음을 반영하고 있다.

표 12-1 OECD 프라이버시 원칙과 개인정보보호원칙의 연계

OECD 프라이버시 원칙	「개인정보보호법」의 원칙
수집제한의 원칙	• 목적에 필요한 최소 정보의 수집 • 사생활 침해를 최소화하는 방법으로 처리 • 익명 처리의 원칙
정보 정확성의 원칙	처리 목적 내에서 정확성, 완전성, 최신성 보장
목적 명확성의 원칙	처리 목적의 명확화
이용 제한의 원칙	목적 범위 내에서 적법하게 처리, 목적 외 활용 금지
안전성 확보의 원칙	권리 침해 가능성 등을 고려하여 안전하게 관리
처리방침 공개의 원칙	개인정보 처리방침 등 공개
정보주체 참여의 원칙	열람 청구권 등 정보주체의 권리 보장
책임의 원칙	개인정보처리자의 책임준수, 신뢰확보 노력

자료: 김영신 외(2014). 소비자와 함께하는 소비자법과 정책. 교문사.

아울러 특수거래와 관련된 법률에서도 개인정보보호와 관련된 내용을 명시하고 있어 정부가 개인정보보호를 중요시하고 있음을 반영하고 있다. 즉 「방문판매 등에 관한 법률」은 사업자의 목적 외 정보이용을 금지하고 있다. 방문판매자, 전화권유판매자 및 다단계판매자는 '본인의 허락을 받지 않거나 허락을 받은 범위를 넘어 소비자에 관한 정보를 이용하는 행위를 하여서는 안 된다.'라고 명시하고 있다(제11조, 제23조).

또한 「전자상거래 등에서의 소비자보호에 관한 법률」에서는 개인정보를 보호하기 위하여 두 가지 사항을 명시하고 있는데, '전자상거래 및 통신판매 사업자가 소비자의 개인정보를 수집 또는 이용하고자 할 때 「정보통신망 이용촉진 및 정보보호 등에 관한 법률」의 관련 규정을 준수해야 한다(제11조).'라는 조항과, '개인정보의 도용으로 인한 소비자피해가 발생했거나 발생할 우려가 있을 경우 사업자가 필요한 조치를 취해야 한다.'라고 명시한 것이 바로 그것이다(제11조). 여기에서 명시한 필요한 조치는 소비자 본인이 요청하는 경우 도용 여부의 확인 및 해당 소비자에 대한 관련 거래 기록의 제공, 도용에 의하여 변조된 소비자에 관한 정보의 원상회복, 도용에 의한 피해의 회복 등(동법시행령 제12조)이 있다.

3) 개인정보 피해 유형에 따른 소비자정책 방향

(1) 개인정보 도용 문제에 따른 정책

2014년 8월 7일부터 「개인정보보호법」에 의거 주민등록번호(여권번호, 운전면허증번호 등) 수집이 법에서 명시한 경우를 제외하고는 금지되어 있지만, 이미 수집된 주민등록번호를 보유하고 있는 사업자들이 이를 잘못 관리함으로써 발생할 수 있는 주민등록번호 노출로 인한 제3자의 불법 도용의 문제는 계속 남아 있다. 개인정보가 도용되게 된 원인은 여러 가지일 것이다. 회사의 내부직원, 제휴사 직원, 결제업자, 배송업자, 대리점 및 영업점 등이 유출할 수도 있고, 사업자가 관리의무를 다했음에도 불구하고 타인이 해킹 등 여러 가지 방법을 통해 도용할 수도 있으며, 정보주체인 소비자의 과실로 개인정보가 남에게 넘어갈 수도 있다. 어떠한 이유에서든지 개인정보 도용문제가 단순히 심리적인 불만 혹은 정신적인 피해에 그치지 않고 소비자에게 금전적 손실을 야기하기 때문에 심각한 소비자문제로 인식하고 이에 대한 대책을 마련할 필요가 있다(김영신 외 4인, 2014). 이러한 문제를 예방하기 위해 이미 개발된 주민등록번호 대체 수단을 널리 보급하고, 제휴사에 의한 개인정보유출행위에 대해서도 본사에 책임을 묻는 방안을 검토할 필요가 있다.

현재 개인을 인증하는 과정에서 주민등록번호 대체 수단으로 이용되는 것에는 이메일 인증, 휴대폰 인증, 아이핀 인증, 공인인증서 인증 방법이 있다. 이메일 인증은 우선 사용자가 이메일을 입력한다. 그러면 사업자는 입력된 이메일로 고유 경로를 발송하고, 사용자가 해당 고유경로를 확인하는 것으로 인증절차를 완료하게 된다. 그리고 휴대폰 인증은 방송통신위원회가 이동통신 3사를 본인확인 기관으로 지정(2012년 12월 28일)하면서 휴대폰 번호, 생년월일, 이름 등을 입력하여 본인 및 실명인증이 가능하게 되었다. 아이핀(I-PIN)은 인터넷상에서 주민등록번호 대신 사용할 수 있는 아이디와 비밀번호이다. 아이핀으로 본인확인을 위해서는 아이핀 발급기관에서 미리 아이핀 아이디와 비밀번호를 발급받아야 한다. 아이핀 이용자가 인터넷 사이트 회원가입이나 성인인증을 위해 자신의 신원 정보를 본인확인기관에 제공하고 본인확인이 필요할 때마다 식별 ID와 비밀번호를 입력하여 본인확인을 받는 방법이다. 그리고 공인인증서는 대면확인을 통한 확실한 신원확인을 통하여 발급되기 때문에 전자거래 시 신원확인, 문서의 위변조, 거래사실 증명 등의 효과를 얻을 수 있다(김도년·박희주, 2014).

아울러 우리나라도 미국의 'ID도용정보센터', 캐나다의 'Phonebusters' 등과 같은 '개인정보도용정보센터'를 개설하여 개인정보 도용과 관련된 핫라인과 홈페이지를 구축하여 상담 및 불만처리 업무를 수행하고, 소비자 및 사업자 대상의 정보제공과 교육을 실시하고, 개인정보 도용 관련 피해사례에 대한 데이터베이스를 구축하여 활용하는 방안을 적극 검토할 필요가 있다(김영신 외 4인, 2014).

(2) 개인정보침해 피해에 따른 정책

일반적으로 사업자의 개인정보의 처리는 수집, 이용 및 관리 등 세 단계로 구성되어 있으며 관련 법률에서 각 단계에 따른 사업자의 책무를 규정하고 있지만 개인정보침해 문제는 지속적으로 발생하고 있다.

① 개인정보의 수집과정 – 최소한의 수집원칙을 강화하는 정책

개인정보보호 관련 법률에서는 개인정보의 수집과정에서 사업자가 지켜야 할 사항으로, 정보주체의 사전 동의를 얻어야 하고, 최소한의 정보를 수집해야 하며, 개인정보의 수집 및 이용 목적 등 법령에 의해 규정한 사항에 대해 사전에 고지하거나 약관에 명시해야 함을 명시하고 있다. 그리고 개인정보침해 피해는 이러한 법을 철저히 지키지 않음으로써 발생한다.

이러한 개인정보침해를 예방하기 위한 소비자정책으로 김도년·박희주(2014)는 소비자 개인정보수집에 있어서 최소한의 수집원칙을 강화시켜야 한다고 주장하였다. 즉 사업자가 정보통신기술을 활용하여 손쉽게 수집한 소비자 개인정보는 본인인증과 결합되어 보다 높은 식별성을 가지게 되며, 개인정보나 프라이버시에 대한 침해가 있는 경우에도 실제 사업자에 의한 손해배상이 적절하게 이루어지지 않고 있기 때문에 사업자의 소비자 개인정보 처리에 대한 권한을 제한하는 정책이 필요하다고 하였다.

김도년·박희주(2014)는 개인정보보호를 위해서는 개인정보의 인증에 관한 사항도 '최소한의 개인정보수집 강화' 차원에서 검토되어야 한다고 주장하였다. 최근 일련의 개인정보 대량유출사건을 경험하면서 주민등록번호 수집이 금지되어 있지만, 꼭 주민등록번호를 사용하지 않고 특정 개인정보를 이용하여 인증을 받는 순간 그 개인정보는 식별성이 높아진 개인정보가 된다. 그리고 이러한 인증을 위한 식별성이 높아진 개인정보의 유출은 주민번호와 같은 고유식별정보의 유출의 경우와 큰 차이가 없다. 이러한 차원에서 소비자 개인정보의 수집에 있어서 불필요한 인증을 하지 않도록 하고, 인증된 개인정보에 대해서는 암호화를 통해 개인정보의 식별성을 낮출 수 있도록 해야 할 것이다.

더 나아가 소비자 개인정보의 인증이 거래상 필요한 경우에는, 사업자는 소비자에게 본인인증의 필요성과 근거를 명확히 고지해야 할 것이다. 또한 소비자 개인정보는 개인의 생활을 종합적으로 보여주는 정보로서 노출 시 피해가 심각하며, 프라이버시의 영역과 밀접하다는 점에 주목할 필요가 있다. 특히 최근에는 사회관계망를 통한 회원가입이 이루어지고 있고, 스마트폰 등 이동통신기기를 통한 접속이 늘어나는 가운데, 사업자는 정보통신기술을 활용하여 소비자 개인정보를 손쉽게 수집할 수 있게 되었다(예: 사회관계망서비스 정보, 위치정보, 일련번호 수집, 쿠키수집). 따라서 사업자는 소비자의 명시적인 동의 없이 소비자거래 이외의 소비자 개인정보를 일괄하여 수집하는 행위를 금지할 필요가 있다.

② 개인정보의 이용과정 – 소비자 개인정보의 인증 시 엄격한 고지절차 마련 및 계약이행 이외의 목적의 제3자 위탁 및 제공 제한

개인정보보호를 위해 사업자는 개인정보를 이용하는 과정에서 고지·명시한 범위를 초과한 목적 이외에 개인정보를 이용 또는 제3자에게 제공해서 안 되며, 회사 내의 개인정보 취급자가 직무상 알게 된 개인정보를 훼손·침해 또는 누설해서는 안 되고, 개인정보의 수집·취급·관리를 위탁할 경우 미리 그 사실을 소비자에게 고지해야 하며, 영업을 양도·합병·상속할 경우 개인정보의 관리도 바뀌게 되므로 그 사실을 소비자에게 통지해야 함을 소비자보호 관련 법률에 명시하고 있다.

이러한 법적 내용에 추가하여 김도년·박희주(2014)는 사업자가 소비자 개인정보 처리를 위해서 소비자 동의를 받는 절차를 현재보다 더 엄격하게 진행할 필요성이 있다고 주장한다. 특히 소비자 개인정보의 내용을 인증하고자 하는 경우에는, 사업자가 계약의 이행에 있어서 소비자 개인정보 인증이 필요한 이유 또는 법률상 이행사항이라는 점을 명시적으로 고지할 필요가 있으며, 인증된 소비자 개인정보의 경우에는 계약이행 이외의 사유로 제3자에게 위탁 및 제공을 원칙적으로 하지 않으나, 제공시에는 반드시 개별적인 동의를 받도록 할 필요가 있다고 하였다.

③ 개인정보의 관리과정 - 개인정보의 보유기간 설정 및 개인정보의 암호화

개인정보보호 관련 법률에서는 사업자가 개인정보를 관리함에 있어 개인정보 관리책임자를 지정하고, 개인정보보호를 위한 기술적·관리적 조치를 취해야 하며, 수집 또는 제공 받은 개인정보는 목적 달성 후 파기하고, 개인정보주체가 동의철회·열람 또는 정정 요구를 쉽게 할 수 있도록 조치하고, 해당 요구가 있을 때 이에 응해야 하며, 정보주체가 오류 정정을 요구했을 때 오류를 정정하거나 하지 못하는 사유를 통지하기 전까지는 해당 정보를 이용해서는 안 되는 것으로 명시되어 있다.

이 과정에서는 사업자가 수집 또는 제공 받은 개인정보를 해당 목적이 달성했으면 바로 파기해야 하는데 보관하고 있다가 다른 목적으로 활용하거나, 개인정보의 동의철회·열람 및 정정요구와 같은 정보주체의 권리 행사를 방해함으로써 소비자피해가 발생하는 것으로 나타나 있다.

이와 관련하여 김도년·박희주(2014)는 개인정보의 보유기간을 설정하고 인증된 개인정보의 암호화 의무를 사업자에게 부과할 것을 주장하였다. 즉 소비자가 개인정보수집 및 활용을 동의한 경우, 활용기간과 개인정보 처리 갱신기간을 정하여 소비자로 하여금 사업자에게 제공하는 개인정보의 양을 주기적으로 조절하도록 하는 방법을 제안하고 있다. 또한 소비자가 지속적으로 누적될 수 있는 거래기록에 대하여 일정기간 보관을 조건으로 자동적으로 삭제되도록 하여 소비자 개인정보 관리의 편의성을 도모하는 것이 바람직하다고 하였다.

아울러, 사업자가 소비자 개인정보를 인증한 경우, 인증한 개인정보는 고유식별정보가 아니더라도 암호화하도록 하여 사업자의 주의의무를 높일 필요가 있다. 현행 법률에서는 암호화의 대상을 고유식별정보(주민등록번호, 여권번호 등)만 의무화하고 있어 이름, 전화번호, 이메일 등은 무방비로 노출되어 있는 상황이다. 인증정보는 소비자가 임의로 제공한 정보가 아님에도 개인 고유의 식별성이 높아진 만큼, 고유식별정보에 준하여 보호할 필요가 있다.

(3) 빅데이터 이용 확대에 따른 정책

PC 중심의 인터넷 환경이 스마트기기 중심의 모바일 인터넷 환경으로 전환되면서 개인정보의 범위가 소비자의 일상생활과 연계된 새로운 영역으로 확대되고 있다. 특히 스마트폰을 통해 수집되는 위치정보, 신용카드 사용내역을 기록한 결제정보 등은 소비자의 입장에서 프라이버시를 침해당할 소지를 제공하는 매우 민감한 정보에 해당하며, 신기술 발전에 대응하여 소비자의 정보 프라이버시 권리를 보호할 수 있는 정책의 마련이 요구되고 있다.

손지연(2014)은 한국소비자원 정책연구를 통하여 스마트폰을 사용하는 소비자가 체감하는 정보 프라이버시 침해 위험의 수준을 진단하고, 이를 바탕으로 소비자지향적 정보 프라이버시 보호 정책이 취해야 할 방향성을 제시하였으며 구체적 내용은 다음과 같다.

스마트폰 사용 시 소비자의 프라이버시 침해 정도를 묻는 질문에 대해 응답자의 약 70% 이상이 스마트기기 이용과정에서 자신에 대한 정보가 동의 없이 수집되거나, 서비스 제공 외의 목적으로 사용되고 다른 기업에게 판매될 가능성이 있다고 생각하는 것으로 나타나 스마트기기를 사용 중인 소비자가 인식하는 정보 프라이버시 침해 위험 수준이 상당히 높은 것으로 확인되었다.

그리고 정부의 정보 프라이버시 보호 정책과 사업자의 정보보안 시스템에 대한 소비자의 신뢰수준이 낮게 나타나, 향후 정부의 정보 프라이버시 보호 정책과 사업자의 빅데이터 기술 활용에 대한 소비자의 지지를 이끌어 낼 필요성이 확인되었다. 또한 스마트폰 앱 서비스 사업자에 대한 소비자 신뢰 수준을 5점 만점으로 측정한 결과에서는 로드맵(위치정보), 메뉴앱(신용카드 결제정보), 유헬스(신체활동정보) 활용 서비스 모두에서 사업자에 대한 소비자의 신뢰 수준이 보통(3점)에 미치지 못하는 것으로 나타났다.

빅데이터 기술이 제공하는 이익에 관한 소비자의 기대수준으로, 위치정보를 활용한 길 안내 서비스, 신용카드 결제 정보를 활용한 음식점 추천 서비스, 건강정보를 활용한 유헬스 서비스의 기대이익과 기대위험을 비교하여 살펴본 결과, 기대위험의 수준이 기대이익의 수준보다 같거나 조금 더 높게 나타났다.

마지막으로 소비자가 희망하는 정보 프라이버시 보호 정책의 방향을 조사한 결과, 41.4%가 현행 개인정보 이용·수집 동의방식의 변경을 희망한다는 의사를 표현하였으며, 34.9%는 제3자에 의한 개인정보 활용에 반대한다고 밝혔다. 이와 같은 조사 결과는 소비자들이 개인정보를 2차 자료로 활용하는 빅데이터의 분석 및 활용에 대체로 부정적인 입장을 지니고 있음을 보여준다.

이상의 연구결과에 기초하여 손지연(2014)은 빅데이터 기술이 제시하는 장점과 소비자가 경험할 수 있는 정보 프라이버시 문제 사이에서 균형을 잡아 나가는 역할을 정부가 할 필요가 있음을 강조하며 다음의 다섯 가지 정책방향을 제시하였다.

첫째, 자신의 개인정보가 제3자에게 제공되는 것을 원하지 않는 소비자의 개인정보 자기결정권을 보장하기 위해 현행 동의방식을 개선할 필요가 있으며, 둘째, 소비자 행태에 기반을 둔 이용내역정보의 추적을 제한하기 위해 추적금지 옵션의 도입이 필요하다. 셋째, 정보주체인 소비자가 민간과 공공부문에서 수집되어 이용되고 있는 개인정보의 정정·삭제·처리·정지 요청을 손쉽게 할 수 있도록 해야 한다. 넷째, '개인정보 영향평가(PIA)'의 의무적용 대상을 확대하는 방안을 고려할 수 있다. 마지막으로, 정부와 사업자는 위험 커뮤니케이션 강화를 통해 소비자가 체감하는 정보 프라이버시 염려 수준을 낮추기 위한 노력을 기울여야 한다.

여기서 '개인정보 영향평가'란 개인정보를 활용하는 새로운 정보시스템의 도입 및 기존 정보시스템의 중요한 변경 시, 시스템의 구축·운영이 기업의 고객은 물론 국민의 프라이버시에 미칠 영향에 대하여 미리 조사·분석·평가하는 체계적인 절차를 의미한다. 따라서 개인정보 영향평가 수행은 개인정보처리 시스템 구축 전 단계인 분석 또는 설계 단계에서 정부에 의해 실시된다.

생각해 보기

1. 한국인터넷진흥원 홈페이지 개인정보침해센터를 방문하여 개인정보침해신고요령과 개인정보 분쟁조정신청요령을 살펴보자.
2. 본인 혹은 주변 가족 혹은 친구의 개인정보침해 경험이 무엇이었는지 살펴보고 개인정보를 보호하기 위하여 정부, 소비자, 사업자가 해야 할 역할에 대해 생각해 보자.

CHAPTER 13

소비자정보제공 관련법과 제도

소비자정보란 일반적으로 개인 소비자의 소비 또는 구매에 필요한 정보를 의미한다. 그리고 소비자정보의 대부분은 생산자, 판매자, 수입업자 등의 사업자에 의해 제공받는다. 이는 소비자의 경우 사업자가 제공하는 정보에만 기초하여 제품을 구매할 수밖에 없다는 의미를 말하며, 사업자와 소비자 간의 정보 격차로 인한 소비자권리 침해가 염려되는 부분이다.

이러한 측면에서 정부는 사업자가 소비자에게 정보를 제공함에 있어서 유의해야 할 사항을 법으로 규정하고 있으며, 좀 더 신뢰할 수 있는 유용한 소비자정보를 제공할 수 있도록 필요한 정책을 펼치고 있다. 소비자에게 신뢰할 수 있는 정보제공을 위해 사업자를 규제하는 대표적인 법은 바로 「표시·광고의 공정화에 관한 법률」(이하 표시·광고법)이며, 정책은 정부가 직접 정보와 관련이 있는 정책을 의미한다. 구체적인 정책방향으로는 최저품질기준을 설정하고 여기에 부합하는 상품만 시장에 공급할 수 있도록 제품분야별로 다양한 인증표시 제도를 만들어 이를 통해 소비자가 표시만 보고도 믿고 구매할 수 있도록 하고 있다.

1. 표시·광고법의 개요

표시·광고법은 상품 또는 용역에 관한 표시·광고를 함에 있어서 소비자를 속이거나 소비자로 하여금 오인의 여지가 있는 부분을 방지하고 소비자에게 바르고 유용한 정보의 제공을 촉진함으로써 공정한 거래질서를 확립하고 소비자를 보호함을 목적으로 하고 있다(동법 제1조). 여기서 표시란 사업자가 상품 또는 용역(서비스, 이하 '상품 등')의 내용, 첨

표 13-1 표시·광고 관련 고시·지침

구분	고시·지침명	제정·개정일자	시행일자
지침	기만적인 표시·광고 심사지침	2010. 12. 31.	2010. 12. 31.
	보험상품 표시·광고에 관한 심사지침	2012. 8. 21.	2012. 8. 21.
	비교 표시·광고에 관한 심사지침	2012. 8. 21.	2012. 8. 21.
	상가 등의 분양 및 임대 표시·광고에 관한 심사지침	2012. 8. 21.	2012. 8. 21.
	소비자 안전에 관한 표시·광고 심사지침	2012. 8. 21.	2012. 8. 21.
	수상 인증 등의 표시·광고에 관한 심사지침	2012. 8. 21.	2012. 8. 21.
	은행 등의 금융상품 표시·광고에 관한 심사지침	2012. 8. 21.	2012. 8. 21.
	인터넷 광고에 관한 심사지침	2012. 9. 7.	2012. 9. 7.
	임시중지명령에 관한 운영지침	2012. 8. 21.	2012. 8. 21.
	정정광고에 관한 운영지침	2012. 8. 21.	2012. 8. 21.
	주택의 표시·광고에 관한 심사지침	2012. 8. 21.	2012. 8. 21.
	추천 보증 등에 관한 표시·광고 심사지침	2014. 6. 18.	2014. 6. 18.
	통신판매 표시·광고에 관한 심사지침	1999. 7. 1.	1999. 7. 1.
	추천 보증 등에 관한 표시·광고 심사지침	2014. 6. 18.	2014. 6. 18.
	통신판매 표시·광고에 관한 심사지침	1999. 7. 1.	1999. 7. 1.
	환경 관련 표시·광고에 관한 심사지침	2014. 5. 1.	2014. 5. 1.
고시	중요한 표시·광고사항 고시	2014. 6. 11.	2014. 7. 15.
	부당한 표시·광고행위의 유형 및 기준 지정 고시	2012. 5. 1.	2012. 5. 1.
	표시·광고 실증에 관한 운영 고시	2012. 8. 20.	2012. 8. 20.
	표시·광고법위반사업자에 대한 과징금 부과 세부기준 등에 관한 고시	2014. 11. 28.	2015. 3. 1.

자료: 공정거래위원회 홈페이지.

가물, 유통기간, 기타 거래조건과 관련된 사항을 소비자에게 알리기 위하여 상품의 용기, 포장, 상품권·회원권·분양권의 증서에 직접 쓰거나 붙인 문자·도형 등을 의미한다. 그리고 광고는 사업자가 상품 등의 홍보를 위한 내용을 전단·팸플릿·견본 또는 입장권, 인터넷 또는 PC통신, 포스터·간판·네온사인·에드벌룬 또는 전광판, 비디오물·음반·서적·간행물·영화·연극 등을 통하여 전달하는 것을 의미한다(동법 제2조).

표시·광고법은 표시·광고가 이루어지기 전에 사전심의를 통한 사전규제가 아니라, 대부분 사후규제, 즉 표시·광고의 내용에 문제가 발견되었을 경우 이에 대한 규제를 하기 위한 내용으로 이루어져 있다. 또한 표시·광고법에서는 부당한 표시·광고행위 금지(법 제3조), 중요정보 고시 및 통합공고(법 제4조), 표시·광고내용의 실증(법 제5조), 시정조치(법 제7조), 임시중지명령(법 제8조), 손해배상책임(법 제10조), 표시·광고의 자율규약(법 제14조) 등 여러 제도를 도입하여 소비자문제를 야기할 가능성이 있는 사업자의 부당한 표시·광고행위를 규제하고 있다.

아울러 공정거래위원회는 표시·광고법의 목적을 충분히 달성하기 위하여 고시와 지침을 제정하여 운영하고 있다. 구체적인 고시와 지침은 〈표 13-1〉과 같다.

2. 부당한 표시·광고 행위의 금지

1) 부당한 표시·광고행위의 의미

부당한 표시·광고행위는 사업자가 소비자를 속이거나 소비자로 하여금 잘못 알게 할 우려가 있는 표시·광고행위를 의미하며, 공정한 거래질서를 저해할 우려가 있는 4가지 유형을 개괄적으로 제시하고 있다. 바로 거짓·과장의 표시·광고, 기만적인 표시·광고, 부당하게 비교하는 표시·광고, 비방적인 표시·광고가 그것이다(동법 제3조).

이처럼 법에서 명시한 부당한 표시·광고행위에는 무엇이 있는지 구체적으로 살펴보면 다음과 같다.

(1) 거짓·과장 표시·광고행위

거짓·과장 표시·광고행위는 사실과 다르게 표시·광고하거나 사실을 지나치게 부풀려 표시·광고하는 것으로(동법 시행령 제3조), 소비자를 오인시켜 소비자의 합리적 상품선택을 방해할 우려가 있는 광고를 말한다.

공정거래위원회에서는 '상품 또는 용역의 재료, 성분, 품질, 규격, 함량, 원산지, 제조방법, 효능, 기타의 거래내용이나 가격, 수량 등의 거래조건에 관하여 사실과 다르게 또는 그보다 우량하거나 유리하다고 광고함으로써 소비자를 유인하거나 상품의 질과 양을 속이는 행위'를 거짓·과장광고라고 하고 있다. 대체로 '사실과 다르거나 근거 없는 내용인 경우'를 '거짓 표시·광고'라고 할 수 있고, 표시·광고상의 주장이 '특정사실 또는 근거에 기초하고는 있으나 그 내용을 부풀린 경우'를 '과장 표시·광고'라고 할 수 있다. 그러나 이에 대한 구분은 쉽지 않아서 '진실성'에 반하는지의 여부는 거짓·과장 표시·광고의 판단에 중요한 요소가 된다. 여기서 '진실성'이란 표시·광고 내용 전체의 진실성뿐만 아니라 부분적인 진실성도 포함되며, 표시·광고내용이 객관적으로 증명되지 않은 사실의 표시·광고도 진실성에 위배된 것으로 본다.

구체적으로는 표시·광고 내용이 사실과 완전히 다르거나 부분적으로 사실인 경우, 제품의 특성상 용인될 수 없는 용어를 사용한 경우, 실증되지 않은 수치나 사실을 주장하는 경우(미실증 표시·광고), 그리고 배타적 용어를 사용하는 경우 등을 거짓·과장 표시·광고로 한다. 또한 상품의 품질에 대한 객관적 입증이 어려운 '가장 좋은', '가장 큰'이라는 표현을 사용한 표시·광고라든지, 속담이나 옛 시의 구절을 인용하여 실제에는 있을 수 없는 내용을 어느 정도 얼버무리는 형식도 확대된 표시·과장광고로 본다.

그러나 '표시·광고의 속성상' 다소의 허위나 과장은 그것이 일반 상거래 관행과 신의·성실의 의무에 비추어 인정될 수 있다고 보며, 실제로 '놀라운', '완벽한', '뛰어난' 등의 허풍에 가까운 주관적 표현에 대해서는 소비자도 그런 표현에 속지 않을 것으로 보아서 어느 정도 허용될 수 있다(김영신 외 4인, 2014).

(2) 기만적 표시·광고행위

기만적인 표시·광고는 사실을 은폐하거나 축소하는 등의 방법으로 표시·광고하는 것으로(동법 시행령 제3조), 사실을 은폐하거나 기만적인 방법으로 소비자를 속이거나 속일 우려가 있는 표시·광고이다. 여기서 '기만적'이란 일반적으로 서로 지켜야 할 신의와 성실의 의무를 저버리는 모든 적극적 및 소극적 행위로써 소비자로 하여금 상품 및 용역에 관하여 착오를 일으키게 할 우려가 있는 것을 의미한다.

대체로 소비자는 표시·광고물에서 사용하는 각 용어를 주의 깊게 생각하면서 음미하기보다는 전체적인 인상에 의해 이해하는 경향이 있기 때문에 비록 표시·광고에서 행해진 개개의 주장이 문자대로 또는 부분적으로 진실이라 할지라도 광고의 전체적 인상이 기만적인 경우도 있을 수 있다. 공정거래위원회의에 의하면 전체적인 인상이 기만적인 광고에 해당하는 경우에는 다음과 같은 것들이 있다고 한다. 예를 들어 공공기관이 아니면서 마치 공공기관인 것처럼 표현하는 광고, 광고상품과 직접적인 관련이 없는 자료나 통계 혹은 인증을 인용하는 광고, 국내제품을 외국제품으로, 외국제품을 국내제품으로 오인시킬 우려가 있는 광고, 기타 전체적 인상이 소비자를 기만함으로써 구매행위를 오도하는 광고 등을 말한다.

또한 소비자가 표시·광고 문구를 어떻게 이해하느냐에 따라 구매활동에 지대한 영향을 미치기 때문에 표시·광고 문구의 해석범위도 기만적 광고의 중요한 판단요소가 된다. 따라서 표시·광고 내용이 두 가지 또는 그 이상으로 해석될 수 있고, 그 가운데 어느 하나라도 기만적이라면 그 표시·광고는 기만적 표시·광고에 해당된다.

(3) 부당한 비교 표시·광고행위

부당하게 비교하는 표시·광고는 비교대상 및 기준을 명시하지 않거나 객관적인 근거 없이 자기 또는 자기의 상품이나 용역을 다른 사업자와 비교하거나 다른 사업자의 상품이나 용역과 비교하여 우량 또는 유리하다고 표시·광고하는 것이다(동법 시행령 제3조). 그런데 대부분의 광고는 비교의 속성을 가지고 있어서 일반적으로 광고주와 경쟁기업의 상품이나 용역을 비교하는 형태의 광고는 비교 광고에 해당한다.

여기서 비교 표시·광고의 요건을 구분해 보면 다음의 두 가지로 볼 수 있다. 첫째, 비교 표시·광고는 경쟁관계에 있는 상품 또는 기업의 명칭을 거론하거나 암시함으로써 경쟁사업자를 식별할 수 있어야 한다. 따라서 경쟁사를 밝히지 않는 표시·광고나 일반 경쟁사로 지칭되는 표시·광고는 비교 표시·광고에 해당하지 않는다. 둘째, 제품 혹은 용역의 한 가지 이상의 특정한 속성이 비교되어야 한다. 표시·광고상의 내용이 특정경쟁사업자에 대한 전면적인 우월성을 주장하는 경우라면 비교 표시·광고에 해당되지 않는다.

비교 표시·광고에서도 소비자가 볼 때에 인지하는 진실성이 중요한 요건이 되므로 비교되는 상품 등이 전체적으로 정확한 모습으로 전달되어야 한다. 그러기 위해서는 비교항목이 공정하고 적절하게 선정되어야 하며, 경쟁하는 제품 간의 의미 있는 차이를 부각시켜야 하는데, 만약 자신의 표시·광고상품의 우월성을 강조하기 위해서 작위적으로 경쟁업자의 비교대상 내용을 선별하여 전체적 인상을 왜곡시키는 경우에는 명백하게 부당한 비교 표시·광고에 해당한다. 또한 비교 표시·광고의 내용을 입증할 수 있는 과학적 객관적 근거 자료 없이 자신의 것이 경쟁사업자의 것에 비해 우량 또는 유리하다고 주장하는 표시·광고 역시 부당한 비교 표시·광고에 해당하게 된다.

공정거래위원회의 비교 표시·광고 심사지침의 일반적 원칙은 다음 세 가지로 크게 구분할 수 있다. 첫째, 비교 표시·광고는 소비자에게 사업자나 상품에 관한 유용하고 정확한 정보제공을 목적으로 행하는 것이어야 하며, 소비자를 속이거나 소비자로 하여금 잘못 알게 할 우려가 없도록 해야 한다. 둘째, 비교 표시·광고는 그 비교대상 및 비교기준이 명확해야 하며 비교내용 및 비교방법이 적정해야 하고, 셋째, 비교 표시·광고는 법령에 의한 시험·조사기관이나 사업자와 독립적으로 경영되는 시험·조사기관에서 학술적 또는 산업계 등에서 일반적으로 인정된 방법 등 객관적이고 타당한 방법으로 실시한 시험·조사 결과에 의하여 실증된 사실에 근거해야 한다.

그리고 비록 사실에 기초한 비교하는 형식의 표시·광고라고 하여도 다른 사업자 및 다른 사업자의 상품에 대한 중대한 이미지 훼손이 되는 것과 같이 표시·광고의 전체 내용이 전달하는 바가 다른 사업자 또는 다른 사업자의 상품이 실제보다 현저히 열등 또는 불리한 것처럼 소비자가 오인할 수 있도록 한다면 이는 곧 비방적인 표시·광고에 해당된다.

(4) 비방 표시·광고행위

비방적인 표시·광고는 다른 사업자 또는 다른 사업자의 상품 등에 관하여 객관적인 근거가 없는 내용으로 표시·광고하여 비방하거나 불리한 사실만을 표시·광고하여 비방하는 것으로(동법 시행령 제3조), 경쟁사업자의 것에 관하여 객관적으로 인정된 근거 없는 내용으로 표시·광고하여 비방하거나 또는 경쟁사업자의 것에 관하여 불리한 사실만을 표시·광고하여 비방하는 행위를 말한다. 이러한 비방 표시·광고는 일반적으로 비교 표시·광고의 형식으로 나타나게 되는데, 실제 사례에서 이 둘을 구분하는 것은 쉽지 않다.

비방 표시·광고는 실질적으로는 허위·과장 표시·광고 또는 기만적 표시·광고 행위에 해당한다. 즉 경쟁사업자의 것에 관하여 객관적으로 인정된 근거 없는 내용으로 비방하는 경우는 허위·과장 표시·광고에 해당하며, 경쟁사업자의 것에 관하여 불리한 사실만을 표시·광고하여 비방하는 경우는 기만적 표시·광고에 해당한다. 그럼에도 표시·광고법에서는 이를 별도로 규정하고 있는데, 여기서의 구분은 허위·과장 표시·광고는 자신의 것에 관하여 진실성이 반하는 내용을 표시·광고한다는 것이고, 비방 표시·광고는 경쟁사업자의 것에 관하여 그 진실성에 반하는 내용을 표시·광고한다는 점이라고 할 수 있다(김영신 외 4인, 2014).

2) 부당한 표시·광고 고시

공정거래위원회가 제정한 고시는 총 4개이며 이 중 가장 중요한 것은 「부당한 표시·광고 행위의 유형 및 기준 지정고시」인데, 이 고시에서 명시하고 있는 주요 내용을 살펴보면 다음과 같다.

(1) 사업자 자신에 관한 표시·광고

사업자가 자신이나 구성사업자의 규모, 연혁, 생산시설, 수상경력, 사업계획, 사업실적, 기술제휴 등에 관한 사항에 대하여 표시·광고할 경우 사실과 다르게 또는 사실을 과장하거나 모호하게 표시·광고하여 소비자를 오인시킬 우려가 있는 표시·광고행위는 부당한 표시·광고가 된다. 다음은 사업자 자신에 관한 부당한 표시·광고의 예이다.

- 자기의 생산규모가 국내에서만 가장 큰 규모인데도 '세계 최대의 규모'라고 표시·광고하는 경우
- '○○○출판사 중앙고시연수원'이라는 상호의 사업자가 정부기관과 직접적인 관련이 없는데도 불구하고 자신을 '중앙고시연수원'이라고 표시·광고함으로써 마치 자기가 국가에서 인정한 교육기관이거나 국가 또는 공공기관인 것처럼 광고하여 소비자를 오

인시키는 경우

(2) 원재료, 성분에 관한 표시·광고

실제 사용되지 않는 원자재나 성분이 포함된 것처럼 혹은 실제 사용된 양보다 많이 포함된 것처럼 과장하여 표시·광고하는 행위, 사용된 원재료나 성분이 수입된 것을 완제품이 수입된 것처럼 표시·광고하는 행위, 주된 원재료나 성분을 가지고 전체의 주된 성분인 것처럼 표시·광고하는 행위가 이에 포함된다. 다음은 원재료, 성분에 관한 부당한 표시·광고의 예이다.

- '산딸기 맛 아이스크림'이라고 표시·광고하였으나 실제는 산딸기 성분이 들어 있지 않거나 단지 산딸기 맛의 향만 들어 있는 경우(이 경우 '산딸기 맛 아이스크림'이라고 표시·광고하면 부당한 표시·광고행위에 해당하지 않는다)
- 실제는 콩기름이나 들기름등 기타 식용유를 섞어서 판매하면서 '참기름'이라고 표시·광고하는 경우

(3) 품질, 성능, 효능 등에 관한 표시·광고

품질 또는 성능이 일정한 수준에 해당하지 않음에도 불구하고 해당수준에 해당한다고 하거나 해당수준에 해당하는 것처럼 표시·광고하는 행위, 성능이 발휘될 수 있는 판단기준을 명시하지 않고 막연히 일정 성능을 발휘한다고 표시·광고하는 행위, 일부 또는 부분에 관련되는 품질 또는 성능을 전체에 관련되는 품질 또는 성능인 것처럼 과장하여 표시·광고하는 행위, 표시·광고된 상품의 성능이나 효능이 객관적으로 확인될 수 없거나 확인되지 않았는데도 불구하고 확실하게 발휘되는 것처럼 표시·광고하는 행위가 이에 포함된다. 다음은 품질, 성능, 효능 등에 관한 부당한 표시·광고의 예이다.

- 정부기관 등 공인기관으로부터 의약품으로 약효를 인정받지 않았는데도 불구하고 각종 질병을 치료 또는 예방하는 효과가 있는 것처럼 표시·광고하는 경우
- 미국의 정부기관이 인정한 내용은 "해당사업자가 제시한 자료를 근거로 살펴볼 때 건강에 유익한 것으로 고려된다."라고 한 것에 불과한데도 '○○효능을 미국정부기관이

공인'이라고 표시·광고하는 경우

(4) 규격, 용량, 수량 등에 관한 표시·광고

규격이 일정한 기준에 해당하지 아니함에도 불구하고 해당규격에 해당한다고 하거나 해당하는 것처럼 표시·광고하는 행위, 실제 용량 또는 수량과 다르게 용량 또는 수량을 표시·광고하는 행위, 용량을 실제보다 크게 나타내기 위하여 외형의 크기를 내형의 크기인 것처럼 표시·광고하는 행위가 이에 포함된다. 다음은 규격, 용량, 수량 등에 관한 부당한 표시·광고의 예이다.

- KS규격 또는 외국공인규격 등에 해당하지 아니함에도 불구하고 'KS규격' 또는 '외국기관 등에 의하여 공인된 규격'이라는 내용으로 표시·광고하는 경우
- 냉방기나 온방기의 경우 적정한 사용면적은 '15평'인데도 '24평형'이라고 과장하여 표시·광고하는 경우

(5) 제조일자, 유효기간 등에 관한 표시·광고

자기가 공급하는 상품의 제조일자, 포장일자, 유효기간 등을 표시·광고할 경우 사실과 다르게 또는 모호하게 표시·광고하여 소비자를 오인시킬 우려가 있는 표시·광고행위는 부당한 표시·광고가 된다. 다음은 제조일자, 유효기간 등에 관한 부당한 표시·광고의 예이다.

- '제조일자로부터 ○○일간 유효'라고만 하고 제조일자는 표시·광고하지 않거나 제조일자 또는 유효기간을 소비자가 식별하기 곤란하게 표시·광고함으로써 최근에 제조되거나 사용 등에 문제가 없는 것처럼 소비자를 오인시킬 우려가 있는 경우
- 일정기간이 경과되면 소모 또는 마모되는 것을 영구히 또는 사실보다 상당히 장기간 존속하는 것처럼 표시·광고하는 경우

(6) 제조방법에 관한 표시·광고

자기가 공급하는 상품의 제조방법에 관하여 표시·광고할 경우 다음과 같이 사실과 다르

게 또는 모호하게 표시·광고하여 소비자를 오인시킬 우려가 있는 표시·광고행위는 부당한 표시·광고가 된다. 다음은 제조방법에 관한 부당한 표시·광고의 예이다.

- '수동' 또는 '반자동'의 생산설비로 제조된 상품인데도 불구하고 '자동화 생산설비' 또는 '최근 컴퓨터 생산시설'로 생산된 상품인 것처럼 표시·광고하는 경우

(7) 특징에 관한 표시·광고

자기가 공급하는 상품 등의 특징을 표시·광고할 경우 사실과 다르게 또는 과장하여 표시·광고하거나 모호하게 표시·광고하여 소비자를 오인시킬 우려가 있는 표시·광고행위는 부당한 표시·광고가 된다.

- 자연, 순수 등의 일정한 특징을 가지고 있지 않거나 또는 그것이 실증되지 아니한 것임에도 불구하고, 'ㅇㅇ자연수' 또는 '순수 알카리' 등으로 표시·광고하는 경우
- 자연이란 날것으로서 혼합물·첨가물이 없고 냉장·냉동 또는 건조 이외의 어떠한 보존을 위한 가공도 하지 않은 상태
- 순수란 첨가물이든지 영양소이든지 간에 어떠한 것도 첨가하지 않고 오물, 화학사료, 잔류농약 등을 실질적으로 함유하고 있지 않으며 조리, 냉기, 냉동 또는 건조 이외의 어떠한 보존을 위한 가공도 하지 않은 상태

(8) 원산지, 제조자에 관한 표시·광고

자기가 공급하는 상품의 원산지 및 제조자에 관하여 표시·광고할 경우 다음과 같이 사실과 다르게 또는 모호하게 표시·광고하여 소비자를 오인시킬 우려가 있는 표시·광고행위는 곧 부당한 표시·광고라 할 수 있다. 다음은 원산지, 제조자에 관한 부당한 표시·광고의 예이다.

- 한국에서 제조된 상품임에도 불구하고 상품사용설명서, 포장용기 등에 영어, 일본어 등으로 표기함으로써 해당상품이 마치 미국산 또는 일본산 상품인 것처럼 표시·광고하는 경우

(9) 보증에 관한 표시·광고

자기가 공급하는 상품 등에 관하여 보증·품질사후관리(A/S)에 관하여 표시·광고하고자 할 경우 그 내용, 범위, 방법, 기간, 장소, 책임자 등에 관하여 사실과 다르게 표시·광고하는 행위는 부당한 표시·광고가 된다. 다음은 보증에 관한 부당한 표시·광고의 예이다.

- 보증의 내용, 기간 등에 관하여 표시·광고함이 없이 막연히 '100% 품질보증' 또는 '무조건 보증'이라고만 표기함으로써 사실과 다르게 완벽하게 보증이 되는 것처럼 표시·광고하는 경우

(10) 추천, 권장 등에 관한 표시·광고

전문가, 연구기관, 유명단체에 의한 추천, 권장, 수상 등의 사실이 없음에도 불구하고 동 사실이 있는 것처럼 표시·광고하는 행위이다. 또 해당상품 등을 실제로 구입·사용해 본 사실이 없는 소비자의 추천을 표시·광고하는 행위, 해당상품에 관하여 실제로 시험, 조사, 검사를 한 사실이 없는 해당부문 전문가의 추천을 표시·광고하는 행위, 참가상 또는 순번상을 품질이 우수함으로 인하여 수상한 것처럼 표시·광고하는 행위, 부분적인 품질 또는 규격과 관련한 상을 전 품질 또는 전 규격의 상을 수상한 것처럼 표시·광고하는 행위, 수상자가 현존하지 않거나 또는 해당 수상자가 생산, 조립, 가공, 제작 등에 참여하지 않았음에도 불구하고 참여한 것처럼 표시·광고하는 행위 등이 이에 해당된다. 다음은 추천, 권장 등에 관한 부당한 표시·광고의 예이다.

- ○○신문사가 매년 실시하는 ○○인기상품 선정행사에서 대상이 아닌 10대 부문 히트상품으로 선정되었음에도 불구하고 대상으로 선정된 것처럼 표시·광고하는 경우
- 단지 1년 중 하반기 히트상품으로 선정된 사실을 해당연도 전체의 히트상품인 것처럼 표시·광고하는 경우

(11) 용도, 사용방법, 주의사항 등에 관한 표시·광고

자기가 공급하는 상품 등에 대한 용도, 사용방법, 주의사항 등에 관하여 표시·광고할 경우 상품선택에 영향을 미칠 수 있는 중요한 사항을 표기하지 않거나 사실과 다르게 또

는 현저히 멸실되기 쉬운 형태로 표시·광고하는 행위는 부당한 표시·광고가 된다. 특히 안전과 관련되는 상품 등의 경우 상품선택에 영향을 미칠 수 있는 위해정보를 표기하지 않거나 식별이 용이하지 않고 사용상의 오인가능성이 있으며, 해당상품의 보존기간 동안 존속되는 방법으로 표시·광고하지 않는 행위도 부당한 표시·광고가 된다. 다음은 용도, 사용방법, 주의사항 등에 관한 부당한 표시·광고의 예이다.

- 사용상의 주의사항, 용도 등이 기재된 라벨이 소비자가 주의를 기울였는데 불구하고 용기 등으로부터 쉽게 떨어지도록 부착하여 표시하는 경우

(12) 경쟁사업자 및 경쟁관계상품에 관한 표시·광고

자기 자신이나 자기가 공급하는 상품(이하 '자기의 것')이 경쟁사업자의 것보다 현저히 우량 또는 유리하다고 나타내기 위하여 '최대', '최고', '최초', '제일', '유일' 등 배타성을 띤 절대적 표현의 용어를 사용하여 소비자를 오인시킬 우려가 있는 표시·광고행위는 부당한 표시·광고가 된다. 또한 경쟁사업자의 것과 부적절하게 비교를 하거나 경쟁사를 비방·중상하는 경우는 표시·광고는 부당한 표시·광고가 된다. 특히 자기가 공급하는 상품이 현저히 우량 또는 유리하다고 소비자를 오인시키기 위하여 경쟁사업자의 것에 관하여 객관적 근거 없는 허위의 내용으로 중상·비방하거나 불리한 사실만을 표기하여 비방하는 표시·광고행위는 부당한 표시·광고가 된다. 이 경우 '회사' 등 경쟁관계에 있는 사업자를 구체적으로 밝히지 않더라도 일반적으로 어느 사업자를 지칭하는지 명백한 경우에는 해당이 된다. 다음은 경쟁사업자 및 경쟁관계상품에 관한 부당한 표시·광고의 예이다.

- '최초'를 입증할 수 없음에도 불구하고 다음과 같은 방법으로 표시·광고하는 경우(예: 국내 최초로 개발한 ○○제품, 국내 최초로 수출한 ○○회사)
- TV의 가격을 비교·광고함에 있어서 A사의 것은 14인치의 가격을 B사의 것은 20인치의 가격을 비교하여 자사의 제품가격이 저렴하다고 하면서 용량을 명시하지 않거나 소비자가 알아보기 어려운 방법으로 표현하는 경우
- 커피를 적당량 섭취 시에는 인체에 이로운 점이 있음에도 녹차 제조회사가 커피제품이 무조건 인체에 유해한 식품인 것처럼 '아직도 커피를 드십니까? 많이 마시면 좋지

않다는 걸 알면서도'라고 광고하는 경우

(13) 누락, 은폐 등에 의한 기만적인 표시·광고

사업자 자신이나 상품에 관하여 중요한 사실이나 내용을 누락하거나 은폐함으로써 소비자를 오인시킬 우려가 있는 표시·광고행위는 부당한 표시·광고가 된다. 다음은 누락, 은폐 등에 의한 기만적인 표시·광고의 예이다.

- 유행상품을 모아 한 세트로 팔면서 상품구성에 있어서 구식모델을 일부 섞었음에도 불구하고 그 사실을 밝히지 않고 표시·광고하는 경우
- 광고하는 아파트가 실제 입주일까지 상당기간이 걸릴 것이 예상됨에도 곧 입주가 가능한 느낌을 주는 표현을 하고 실제 입주일을 표기하지 않는 경우

3) 부당한 표시·광고 심사지침

부당한 표시·광고에 관한 심사지침은 다양하며, 주요 심사지침은 다음과 같다(공정거래위원회 홈페이지).

(1) 주택의 표시·광고에 관한 심사지침

주택공급사업자가 주택의 분양 및 임대와 관련하여 행하는 표시·광고로서 분양 또는 임대하는 주택의 공급자, 면적, 특징 등에 관하여 소비자를 오인시킬 우려가 있는 부당한 표시·광고행위의 유형을 제시한다.

(2) 상가 등의 분양 및 임대 표시·광고에 관한 심사지침

사업자가 상가, 사무실, 오피스텔, 콘도미니엄 등의 분양·임대와 관련하여 행하는 표시·광고로서 상가 등의 명칭, 시행자·시공자·분양자, 분양업종, 상권, 수익성, 분양가, 건축허가, 건물인증 등에 관하여 소비자를 오인시킬 우려가 있는 부당한 표시·광고행위의 유형을 제시한다.

(3) 환경 관련 표시·광고에 관한 심사지침

사업자가 환경과 관련된 내용으로 행하는 표시·광고로서 사업자 자신 또는 경쟁사업자가 공급하는 상품이나 용역의 원재료, 성분, 품질, 성능, 제조방법, 가격, 보증 기타의 거래내용이나 거래 조건 등에 관하여 소비자를 오인시킬 우려가 있는 부당한 표시·광고행위의 유형을 제시한다.

(4) 은행 등의 금융상품 표시·광고에 관한 심사지침

은행 등이 국내에서 공급하는 금융상품의 거래조건 등에 대해서 행하는 표시·광고로서 이자율·수익률, 이자·수익 산정방법, 대출자격 등에 관하여 소비자를 오인시킬 우려가 있는 부당한 표시·광고행위의 유형을 제시한다.

(5) 보험상품 표시·광고에 관한 심사지침

보험회사가 국내에서 판매하는 보험상품에 관하여 행하는 표시·광고로서 보험회사의 보험료, 보험혜택, 중도해약환급금, 만기환급금 등에 관하여 소비자를 오인시킬 우려가 있는 부당한 표시·광고행위의 유형을 제시한다.

(6) 수상·인증 등의 표시·광고에 관한 심사지침

사업자가 각종 수상·인증·특허 등에 관하여 행하는 표시·광고로서 수상·인증·선정·특허 등의 사실·획득 의미·인정 가치 등에 관하여 소비자를 오인시킬 우려가 있는 부당한 표시·광고행위의 유형을 제시한다.

(7) 통신판매 표시·광고에 관한 심사지침

통신판매사업자가 상품 판매 또는 용역 제공에 관하여 행하는 표시·광고로서 통신판매사업자의 주소, 전화번호 등 사업자 자신, 상품의 내용 및 가격, 거래 조건 등에 관하여 소비자를 오인시킬 우려가 있는 부당한 표시·광고행위의 유형을 제시한다.

(8) 추천·보증 등의 표시·광고에 관한 심사지침

개인적 경험·체험이나 전문가 또는 단체의 추천·보증 등에서 소비자 피해를 유발하는 부당한 표시·광고행위의 유형을 제시한다.

(9) 소비자 안전에 관한 표시·광고 심사지침

상품 또는 용역에 관한 표시·광고에 있어서 소비자 안전과 관련하여 부당한 표시·광고가 될 수 있는 대표적인 유형을 공통지침과 업종별 지침으로 구분하여 제시한다.

3. 중요정보 고시

중요정보란 상품 등의 거래 분야의 성질에 비추어 소비자의 보호 또는 공정한 거래질서의 유지를 위하여 필요한 사항으로 사업자나 사업자 단체가 표시·광고에 포함해야 하는 사항을 의미한다. 그리고 공정거래위원회는 중요정보 표시·광고의 방법을 고시(인터넷 게재 포함)할 수 있으며(동법 제4조), 이에 따라 제정한 것이다.

또한 사업자 등은 표시·광고행위를 하는 경우에는 공정거래위원회의 「중요한 표시·광고 사항 고시」에 명시된 중요정보를 표시·광고해야 한다. 여기서 중요정보는 구체적으로 표시·광고를 하지 않아 소비자의 피해가 자주 발생하고 있는 사항, 표시·광고를 하지 않으면 소비자가 상품 또는 용역의 중대한 결함 또는 기능상의 한계 등을 정확히 알지 못하여 소비자의 구매선택에 결정적인 영향을 미치게 되는 경우, 소비자의 생명·신체상의 위해가 발생할 가능성이 있는 경우, 그 밖에 소비자의 합리적인 선택을 잘못 그르칠 가능성이 있거나 공정한 거래질서를 현저히 저해하는 경우가 우려되는 사항이 포함된다. 예를 들면 자동차 부품이 신품 또는 중고인지 아니면 재생인지의 여부와 같은 사항, 백화점 할인특매 광고에서 할인대상 분야가 무엇이고, 할인율은 얼마나 되는지에 관한 사항, 그리고 패키지 해외여행상품 광고 시 숙박등급 및 식사횟수 등을 표시하였는지에 대한 사항 등이 해당된다.

이와 같이 표시·광고법에서 중요정보 고시제도를 명시하고 있는 이유는 사업자는 상품 정보를 독점하면서 유리한 정보만을 공개하고 상품결함 등 불리한 정보는 은폐하는 경향이 있기 때문이며, 이를 방치할 경우 잘못된 구매로 인한 소비자 피해는 물론 사업자 간의 품질, 가격경쟁도 저해될 우려가 있기 때문이다. 따라서 사업자가 표시·광고를 할 때 소비자 선택에 핵심적인 중요사항을 표시하도록 할 필요가 있기 때문이다.

공정거래위원회가 중요정보를 고시할 때에는 중요정보제공협의회 및 관계행정기관의 장과 미리 협의해야 하는데, 필요하다고 인정되는 때에는 공청회를 개최하여 사업자단체, 소비자단체, 그 밖의 이해관계인 등의 의견을 들을 수 있으며, 또 소비자 및 사업자 등 이해관계인에게 종합적인 정보를 제공하기 위하여 다른 법령에서 표시·광고를 하도록 한 사항 및 표시·광고를 제한하거나 금지하고 있는 사항을 통합하여 공고할 수 있다(동법 제4조).

공정거래위원회에서 제정한 「중요한 표시·광고 사항 고시」에는 제품 분야별로 표시와 광고 시에 각각 어떠한 중요정보를 반드시 포함시켜야 하는지가 일일이 명시되어 있다. 이 중 분야별 중요정보를 몇 가지 살펴보기로 한다. 좀 더 구체적인 것은 공정거래위원회 홈페이지(www.ftc.go.kr)에서 제공하는 「중요한 표시·광고 사항 고시」를 통하여 찾아보자.

1) 유전자 변형물질 분야

사업자가 유전자 변형이 아닌 농·수산물을 구분하여 생산·유통한 경우 비의도적으로 유전자 변형 농·수산물이 혼입될 수 있는 점을 고려하여 유전자 변형 농·수산물이 3% 이하로 포함된 경우에는 적용하지 않으며, 구체적인 표시 및 광고사항은 다음과 같다.

표 13-2 유전자 변형물질 분야 중요정보

하위분야	표시사항	광고사항
식품 제조·판매업	해당사항 없음	해당식품에 유전자 변형물질이 포함되어 있다는 사실을 구체적으로 명시, 식품 포함 여부가 확실한 경우, '유전자재조합(농·축·수산물명) 포함'이라고 명시, 포함 여부가 불확실하나 포함 가능성이 큰 경우, '유전자재조합(농·축·수산물명) 포함 가능성 있음'이라고 명시
농·수산물생산·판매업	해당사항 없음	해당 농·수산물에 유전자 변형물질이 포함되어 있다는 사실을 구체적으로 명시, 포함 여부가 확실한 경우, '유전자 변형(농·수산물명) 포함'이라고 표시, 포함 여부가 불확실하나 포함 가능성이 큰 경우, '유전자 변형(농·수산물명) 포함 가능성 있음'이라고 표시함

2) 상품권 분야

상품권에 명기해야 할 중요정보는 다음과 같다.

표 13-3 상품권 분야 중요정보

표시사항	광고사항
권면금액 중 사용 후의 잔액에 대한 현금 환불 기준, 상사채권 소멸시효(5년) 이내인 경우로서 유효기간이 경과된 상품권에 대한 보상기준, 상품권의 사용제한품목, 사용제한기간 등 상품권의 사용과 관련한 제한사항을 표시해야 함	해당사항 없음

3) 소비자안전 분야

소비자안전 분야에서는 주로 전기용품과 어린이용품이 해당되며, 어린이용품은 물놀이기구, 보행기, 비비탄 총, 어린이놀이기구, 운동용 안전모, 유모차, 유아용 침대, 인라인롤러스케이트, 자동차용 어린이보호 장치, 킥보드, 롤러스포츠보호 장구, 바퀴운동화, 유아용 의자, 크레용, 휴대용 레이저 용품이 포함된다. 이에 대한 구체적인 표시 및 광고사항은 다음과 같다.

표 13-4 소비자안전 분야 중요정보

하위분야	표시사항	광고사항
전기용품	해당사항 없음	'안전인증 필', '안전검사 필'
어린이용품	해당사항 없음	'안전인증 필', '자율안전확인신고 필'

4) 업종별 중요정보

중요정보 고시에서 제시한 업종은 크게 10개 업종으로 구분하고 있으며, 그 예로는 제조업, 도매업 및 소매업, 부동산업 및 임대업, 운수업, 출판·영상·방송통신 및 정보서비스업, 전문·과학 및 기술서비스업, 교육서비스업, 예술·스포츠 및 여가 관련 서비스업, 협회 및 단체·수리 및 개인서비스업, 기타 등이 있다. 이 중 몇 가지 분야만을 제시하자면 바로 다음과 같다.

표 13-5 제조업종 중요정보

하위분야	표시사항	광고사항
가구업종	주요 원재료의 종류, 환불·교환 가능 여부 및 환불·교환기준	표시사항과 동일함
건강기능식품·특수용도 식품 업종	환불·교환 가능 여부 및 환불·교환기준, 부작용 발생 가능성(부작용이 있고 건강기능식품에 관한 법률 제17조제1항의 규정이 적용되지 않는 경우에 한함)	표시사항과 동일함

(1) 제조업종

제조업종에는 가구업종, 건강기능식품·특수용도식품업종, 완구업종, 의류업종, 장의업종, 소형전자제품업종 등이 포함되어 이 중 가구업종과 장의업종만을 살펴보면 다음과 같다.

표 13-6 장의업종 중요정보

표시사항	광고사항
수의원단 제조에 소요되는 원사의 종류·구성비율 및 원산지, 수의원단의 제조방법 및 제조지역, 수의완제품의 제조자명	표시사항과 동일함

(2) 예술, 스포츠 및 여가 관련 서비스업종

예술, 스포츠 및 여가 관련 서비스업종에는 여행업종과 체육시설운영업종이 포함되어 있으며, 구체적인 표시 및 광고 중요정보는 다음과 같다.

4. 표시·광고 내용 실증제

1) 표시·광고 내용 실증제의 의미

공정거래위원회는 사업자 등이 부당한 표시·광고 행위의 금지조항을 위반할 우려가 있어 이에 대한 실증이 필요하다고 인정되는 경우에는 그 내용을 구체적으로 명시하여 해당 사업자에게 관련 자료의 제출을 요청할 수 있다(동법 제5조).

표 13-7 예술, 스포츠 및 여가 관련 서비스업종 중요정보

하위분야	표시사항	광고사항
여행업종	해당없음	① 여행상품 가격 • 여행상품 가격에는 유류할증료, 공항이용료, 전쟁보험료, 관광진흥개발기금, 운송요금, 숙박요금, 식사요금, 가이드 경비, 여행자보험료, 현지관광입장료 등 소비자가 특정 여행상품을 선택할 경우 반드시 부담해야 하는 모든 경비가 포함되어야 함. 다만, 가이드 경비를 현지에서 지불해야 하는 경우 별도로 그 금액을 표시할 수 있으며, 현지에서 별도로 지불해야 한다는 점을 표시해야 함. ② 선택경비 유무 및 세부 내용 • 선택경비(선택관광 경비 등 현지에서 개별 구매자의 필요나 선택에 의하여 지출하게 되는 경비)가 있는지 여부 및 소비자의 선택에 따라 자유롭게 지불할 수 있다는 점을 함께 표시해야 함. • 선택관광 경비의 금액 및 선택관광을 선택하지 않을 경우의 대체 일정을 함께 표시해야 함. • 가이드 팁에 대하여 기재할 경우에는 가이드 경비와 구별하여 자유롭게 지불 여부를 결정할 수 있음을 표시해야 함. 다만, 정액으로 지불을 권장하는 등 소비자가 필수적으로 지불해야 하는 경비인 것처럼 오인하지 않도록 표시해야 함.
체육시설 운영업종	광고와 동일	• 제공되는 서비스의 구체적 내용과 요금체계(기본요금 및 추가 비용) • 체육시설 이용계약의 중도해지 시 잔여기간의 이용료 환불기준

'광고실증제도'는 사업자가 광고에서 주장한 내용을 실험·연구 등 경험적 사실에 근거한 합리적이고 객관적인 자료에 의해 증명하는 것을 의미하는 것으로, 광고에서 주장하는 내용에 대한 입증 책임을 사업자에게 전환함으로써 광고 심의의 신속성을 확보하고, 광고에서의 주장이 과학적이고 객관적인 사실에 근거하도록 하게 하기 위함이다. 이는 사업자가 실증할 수 없는 내용을 함부로 광고를 하지 못하도록 함으로써 부당광고를 사전에 예방하는 기능을 가지고 있다.

관련자료 요청을 받은 사업자가 광고에서 주장한 내용에 대하여 합리적인 근거를 제출하지 못할 경우에는 미실증 광고로 규제를 받으며, 동시에 제출된 실증자료가 객관적인 자료로 인정받지 못하는 경우에는 부당광고로도 규제를 받게 된다. 이때 사업자가 표시·광고한 내용 중 사실과 관련한 사항을 실증함에 있어서 시험이나 조사는 다음과 같이 이루어져야 한다. 즉 실증에 사용되는 시험 또는 조사의 방법은 학술적 또는 산업계에서 일반적으로 인정된 방법 등 객관적이고 타당한 방법일 것, 시험 또는 조사는 법령에 따른 시험·조사기관이나 사업자 등과 독립적으로 경영되는 시험·조사기관에서 이를 행할 것

등이다(동법 시행령 제4조). 또한 공정거래위원회는 상품 또는 용역에 관하여 소비자가 잘못 아는 것을 방지하거나 공정한 거래질서를 유지하기 위하여 필요하다고 인정되는 경우에는 그 자료가 사업자의 영업상의 비밀에 해당하는 경우를 제외하고는 사업자가 제출한 실증자료를 비치하여 이를 일반이 열람할 수 있게 하거나 기타 적절한 방법에 의하여 이를 공개할 수 있다(동법 시행령 제5조). 그리고 공정거래위원회는 사업자가 실증자료의 제출을 요구받고도 15일 이내에 제출하지 않은 채 계속하여 표시·광고를 하는 때에는 실증자료를 제출할 때까지 그 표시·광고행위의 중지를 명할 수 있다(동법 제5조제3항).

2) 표시·광고 실증에 관한 운영고시

공정거래위원회는 표시·광고 실증제 운영과 관련된 사항을 고시하고 있으며, 「표시·광고 실증에 관한 운영고시」 내용을 살펴보면 다음과 같다.

(1) 실증자료 요청의 주요 대상

부당한 표시·광고 행위의 금지조항에 위반될 우려가 있는 표시·광고로서 TV, 라디오, 신문 및 잡지를 통해 전국적으로 표시·광고되고, 표시·광고 중 사실과 관련한 사항이 해당 표시·광고의 주요내용인 경우에는 실증자료 요청의 주요대상이 된다.

여기서 표시·광고의 주요 내용은 인체에 직접적으로 영향을 미친다는 내용인 경우, 안전 또는 환경과 관련된 내용인 경우, 성능, 효능, 품질에 관한 내용인 경우(예: 운동기구의 경우), 기타 소비자의 구매선택 및 거래질서에 중대한 영향을 미치는 내용인 경우이다. 구체적인 사례를 살펴보자.

① 인체에 직접적으로 영향을 미친다는 내용인 경우

- 건강기능식품의 경우, '담즙분비 촉진효과' 등의 표현
- '소화흡수율이 95% 이상' 등의 표현
- '운동하는 경우와 같은 원리로 지방을 분해하여 복부비만을 없애줍니다.' 등의 표현
- '장에서 파괴되지 않고, 약 4배 이상 흡수가 잘되며, 신경조직에 침투가 잘 됩니다.' 등의 표현

② **안전 또는 환경과 관련된 내용인 경우**

- '미국 FDA 화장품 안정성·무독성 검사에 합격하였습니다.' 등의 표현
- '한국소비자원의 시험결과를 통해 우리 ○○제품 ○○○의 안전성이 입증되었습니다.' 등의 표현
- '○○란? 석탄을 액화시켜 만든 청정연료로, 환경오염을 획기적으로 줄였을 뿐 아니라 연비의 향상은 물론 주행성을 향상시킨 고성능의 자동차용 대체연료라 할 수 있습니다.' 등의 표현

③ **성능, 효능, 품질에 관한 내용인 경우**

- 내연기관용 윤활유의 경우, '연료절감 10%' 등의 표현
- '98% 유기농 고급원료로 정성껏 만들었습니다.' 등의 표현
- '꿈의 연비 한번 주유 서울↔부산 왕복 2회 1600km 달성, ○○ 탑재 시 차종에 따라 공인연비 대비 166~240%의 연비 향상을 나타냈습니다.' 등의 표현
- '스테인리스로 만든 보일러는 동(銅)에 비하여 23배, 철(鐵)에 비하여 4배나 열전도율이 나쁘므로 연료비가 너무 많이 듭니다.' 등의 표현

특히 화장품의 경우 그 효능 혹은 기능을 부풀려 의약품으로 오인될 소지가 있는 경우가 간혹 발생한다. 예를 들어 단순한 보습용 크림임에도 불구하고 '아토피 가려움을 빠르게 완화시켜 주어 아토피를 효과적으로 개선시킵니다.' 등으로 광고를 하고 이에 대한 실증을 하지 못하면 처벌을 받게 된다.

④ **기타 소비자의 구매선택 및 거래질서에 중대한 영향을 미치는 내용인 경우**

- 운동기구의 경우 '○○보다 열량소비율 5배 높음, 근육 강화기능이 40% 더 높음' 등과 같이 비교하는 내용의 표현

(2) 실증자료의 심사

실증자료는 실증방법, 실증기관, 실증내용의 요건을 모두 갖춘 경우에 그 객관성과 타당성을 인정하게 된다. 실증에 사용되는 시험·조사 기타 실증방법은 학술적 또는 산업계에

서 일반적으로 인정된 방법 등 객관적이고 타당한 방법이어야 한다.

구체적으로는 실증방법이 시험·조사에 의한 경우에는 관련 분야에서 확립된 절차·방법에 따르거나 관련 분야의 전문가 다수가 인정하는 절차 및 방법에 의할 것, 전문가, 전문가단체, 전문기관 등의 견해에 의한 경우에는 해당 분야의 전문지식에 기초한 공식적인 견해로서 해당 분야의 전문가라면 일반적으로 인정할 수 있는 내용일 것, 학술문헌에 의한 경우에는 그 내용이 해당 분야의 전문가에 의하여 일반적으로 인정되는 것일 것, 기타 실증을 위한 방법은 그 절차, 과정 등이 객관적이고 타당할 것 등이다.

그러나 다음과 같은 경우는 객관적이고 타당한 실증방법에 해당되지 않은 것으로 보는데, 보통 타이어보다 25% 빨리 정지할 수 있다는 타이어 광고에 있어서 통상적인 도로 상태가 아닌 물에 젖은 노면 등 특수한 상황 또는 조건에서 실시하는 시험, 실증되어야 하는 표시·광고의 내용과 다른 분야의 전문지식을 가진 전문가의 견해를 인용한 경우, 전문가 사이에서 의문이 존재하는 내용의 견해 또는 학술문헌 등을 인용한 경우 등이다.

실증방법이 시험·조사에 의한 경우에는 시험·조사기관은 독립적으로 경영되는 시험·조사기관이이어야 하고, 시험·조사를 수행하는데 필요한 충분한 능력이 있다고 인정되는 기관이어야 한다. 여기서 독립적으로 경영되는 시험·조사기관이란 사업자 등 또는 사업자의 계열회사가 운영하는 시험·조사기관 혹은 사업자 등이 속한 기업집단의 범위에 속하였으나 그 기업집단으로부터 제외된 회사가 운영하는 시험·조사기관이 아닌 시험·조사기관을 말한다.

그러나 법령에 의한 시험·조사기관 또는 사업자 등과 독립적으로 경영되는 시험·조사기관이 없거나, 공개될 경우 영업활동에 중대한 침해가 우려되는 영업상의 비밀을 유지하기 위하여 독립된 시험·조사기관에 의한 시험·조사가 적당하지 않은 경우, 시험·조사비용이 과다하여 독립된 시험·조사기관에 의한 시험·조사가 적당하지 않은 경우로 공정거래위원회가 인정할 때에는 예외로 한다.

실증내용은 요구된 표시·광고 내용과 직접적인 상관관계가 있어야 하며, 실증이 요구된 표시·광고 내용이 타당하다고 소비자들이 충분히 인정할 수 있는 정도여야 한다. 예를 들면, ○○ 자동차에 관하여 안전도가 우수하다고 비교광고하였으나, 그 실증자료로서 미국 환경청(EPA)의 연비에 관한 시험결과를 제출하였다면 합리적인 실증근거로 인정할 수는 없다.

5. 부당한 표시·광고에 대한 조치

1) 위반행위의 조사

공정거래위원회는 사업자의 법 위반 행위에 대한 조사를 하기 위하여 필요하다고 판단되는 경우 한국소비자원과 합동으로 조사반을 구성할 수 있다(동법 제16조의2).

2) 임시중지 명령제도

'임시중지 명령제'는 공정거래위원회가 소비자 또는 경쟁사업자 등에게 생길 회복할 수 없는 손해를 예방하기 위해 시정조치의 필요성이 시급한 부당표시·광고를 대상으로 일시 중지시킬 수 있는 제도이다. 공정거래위원회에게 임시중지명령을 요청할 수 있는 기관은 소비자단체, 정보통신윤리위원회, 한국간행물윤리위원회, 한국소비자원, 한국신문윤리위원회, 한국광고자율심의기구, 표시·광고를 심의하기 위하여 다른 법령에 의하여 설립된 기관 또는 단체이다.

임시중지명령에 불복하는 자는 그 명령을 받은 날부터 7일 이내에 공정거래위원회에 이의를 제기할 수 있다. 공정거래위원회는 임시중지명령을 받은 자가 이의를 제기하였을 때에는 지체 없이 서울고등법원에 그 사실을 통보해야 하며, 통보를 받은 서울고등법원은 「비송사건절차법」에 따라 재판을 한다(동법 제8조).

3) 시정조치

공정거래위원회는 사업자가 부당한 표시·광고행위를 하는 경우, 행정적 제재조치로써 시정조치를 내릴 수 있다. 구체적 시정조치 내용은 위반행위의 중지를 명하거나, 위반 행위의 내용, 정도, 기간, 횟수를 참작하여 시정명령을 받은 사실의 공표를 명하거나 혹은 정정광고를 명하거나, 기타 위반행위의 시정을 위하여 필요한 조치이다(동법 제7조).

또한 공정거래위원회는 사업자 등에 대하여 시정명령을 받은 사실의 공표 또는 정정광고를 명할 때에는 위반행위의 내용 및 정도, 위반행위의 기간 및 횟수 등을 고려하여 공표 또는 정정광고의 내용과 횟수·크기·매체 등을 정하여 명해야 한다. 다만, 시정명령을 받은 사실의 공표 또는 정정광고를 명할 때에는 해당 사업자 등에게 미리 그 문안(文案) 등에 관하여 공정거래위원회와 협의하도록 할 수 있다(동법 시행령 제8조).

4) 과징금 부과

과징금은 매출액의 2%를 초과하지 않는 범위 안에서 부과할 수 있으며, 매출액이 없거나 산정이 곤란한 경우에는 5억 원의 범위 안에서 부과할 수 있다. 벌칙은 형벌은 위반유형에 따라 최대 2년 이하의 징역 또는 1억 5천만 원 이하의 벌금 부과가 가능하며 과태료는 위반유형에 따라 최대 1억 원 이하의 과태료 부과가 가능하다. 과징금을 부과하는 경우에는 위반행위의 내용 및 정도, 기간 및 횟수, 위반행위로 인하여 취득한 이익의 규모, 사업자 등이 소비자의 피해를 예방하거나 보상하기 위하여 기울인 노력의 정도를 고려해야 한다(동법 제9조, 동법 시행령 제12조).

5) 손해배상책임

사업자 등은 부당한 표시·광고 행위를 함으로써 피해를 입은 자가 있는 경우에는 그 피해자에 대하여 손해배상의 책임을 진다. 손해배상의 책임을 지는 사업자 등은 고의 또는 과실이 없음을 들어 그 피해자에 대한 책임을 면할 수 없다(동법 제10조).

6. 동의의결제도

1) 동의의결제도의 도입 배경 및 개념

표시·광고법상 동의의결제도는 2014년 1월 28일 동법 개정을 통해 신설된 제도이며, 부당한 표시·광고행위의 신속한 중지, 그리고 소비자에게 실질적인 피해구제의 효과가 가도록 하기 위한 목적으로 도입되었다.

동의의결제도는 공정거래위원회의 조사나 심의를 받고 있는 사업자 등(이하 '신청인')으로 하여금 해당 조사나 심의의 대상이 되는 행위로 인한 소비자 오인상태를(행정적 조치가 아닌) 자발적으로 해소하는 것에 초점을 두고 있다. 동의의결신청은 신청인이 해당 행위의 중지, 소비자 오인상태의 해소 등 거래질서의 적극적 개선을 위하여 필요한 시정방안, 소비자와 다른 사업자 등의 피해를 구제하거나 예방하기 위하여 필요한 시정방안을 기재한 서면을 공정거래위원회에 제출함으로써 이루어진다. 공정거래위원회는 신청인의 요청서에 따라 해당 행위의 사실관계에 대한 조사를 마친 후 시정방안이 요건을 모두 충족한다고 판단되는 경우에는 해당 행위 관련 심의 절차를 중단하고 시정방안과 같은 취지의 의결(이하 '동의의결')을 할 수 있다.

2) 동의의결의 절차 및 취소

공정거래위원회는 신속한 조치의 필요성, 소비자피해의 직접 보상의 필요성 등을 종합적으로 고려하여 동의의결 절차의 개시 여부를 결정해야 한다. 그리고 공정거래위원회는 동의의결을 하기 전에 30일 이상의 기간을 정하여 해당 행위의 개요, 관계 법령 조항, 시정방안 등을 소비자를 비롯한 이해관계인에게 통지하거나, 관보 또는 공정거래위원회의 인터넷 홈페이지에 공고하는 등의 방법으로 의견을 제출할 기회를 주어야 한다. 공정거래위원회는 위 사항을 관계 행정기관의 장에게 통보하고 그 의견을 들어야 하며, 검찰총장과는 협의해야 한다. 그리고 동의의결을 받은 신청인은 의결에 따라 동의의결의 이행계획과 이행결과를 공정거래위원회에 제출해야 한다(동법 제7조의3).

공정거래위원회가 동의의결을 취소할 수 있는 경우는 동의의결의 기초가 된 시장상황 등 사실관계의 현저한 변경 등으로 인하여 시정방안이 적정하지 않게 된 경우, 신청인이 제공한 불완전하거나 부정확한 정보로 인하여 동의의결을 하게 되었거나, 신청인이 거짓 또는 그 밖의 부정한 방법으로 동의의결을 받은 경우, 신청인이 정당한 이유 없이 동의의결을 이행하지 않는 경우이다. 동의의결을 취소하는 경우 신청인이 또 동의의결을 하여 줄 것을 신청하면 공정거래위원회는 다시 동의의결을 할 수 있다. 동의의결을 취소하는 경우 공정거래위원회는 중단된 해당 행위 관련 심의절차를 계속하여 진행할 수 있다(동법 제7조의4).

공정거래위원회는 정당한 이유 없이 상당한 기한 내에 동의의결을 이행하지 않는 사업자에게 동의의결이 이행되거나 취소되기 전까지 하루당 200만 원 이하의 이행강제금을 부과할 수 있다(동법 제7조의5).

7. 표시·광고의 자율규약

사업자 등은 표시·광고법을 위반하는 행위를 방지하기 위하여 자율적으로 표시·광고에 관한 규약이나 기준 등(이하 '자율규약')을 정할 수 있다(동법 제14조). 그리고 사업자 등의 표시·광고가 자율규약에 위반되는지 등을 심의하는 등 부당한 표시·광고를 방지하기 위한 조직(이하 '자율심의기구 등'이라 한다)을 운영하는 자는 공정거래위원회에 신고할 수 있다(동법 제14조의2). 아울러, 자율심의기구는 정당한 사유 없이 사업자 등의 표시·광고 또는 소비자에 대한 정보제공을 제한해서는 안 된다.

사업자 등은 공정거래위원회에 자율규약이 표시·광고법을 위반하는지에 대한 심사를 요청할 수 있으며, 공정거래위원회는 자율규약의 심사를 요청받은 경우에는 요청을 받은 날부터 60일 이내에 심사 결과를 신청인에게 통보해야 한다(동법 제14조).

8. 표시 적정화 제도

정부 혹은 민간기구는 소비자로 하여금 제품의 합리적인 선택을 할 수 있도록 미리 제품을 검사하여 제품의 품질, 안전 등과 관련된 인증표시제도를 운영하고 있다. 이러한 인증표시제도는 제품의 품질, 안전 등의 최소한의 기준을 정해놓고 이 기준을 만족하는 제품에는 인증표시를 할 수 있도록 운영하고 있다. 이 제도 덕분에 소비자는 인증표시만 보고도 제품의 품질과 안전을 고려한 제품 선택을 할 수 있다. 이러한 인증표시제도를 구체적으로 살펴보자.

1) 품질표시제도

(1) 품질보증(인증)표시제도

우리나라에서는 산업자원부 주관으로 품질경영 및 공산품 안전관리법에 의한 품질보증체제 인증제도 운영요령을 마련하여 시행하고 있으며, 한국품질환경인정협회의 장은 이에 의거하여 국제표준화기구 등에서 정한 기준 또는 지침에 따른 해석지침을 따로 정할 수 있도록 되어 있다. 그에 따라 소비자에게 상품품질에 대한 정보를 주기 위한 품질인증마크제도와 수상·인증 등의 표시·광고에 관한 심사지침이 마련되어 시행 중에 있다. 특히 수상·인증 등의 표시·광고에 관한 심사지침은 한국표준협회의 품질경영상이나 대한출판문화협회의 출판문화상과 같이 사업자가 사업자 외의 자로부터 자신의 상품, 용역의 우수성 또는 공로 등을 인정받아 상을 받는 행위인 수상과 품질인증마크제도에 의해 시행되고 있는 국제 표준화(ISO)가 제정한 ISO9000, ISO14000 규격에 의한 인증 등, 우리나라의 'KS'마크, '검'마크, '전'마크, 'NT'마크, 'KT'마크, 'GD'마크, 'GP'마크, 'SD'마크, 'AS'마크, '환경'마크, 'EM'마크, 'Q'마크, '태극'마크 등의 규격인증, 그리고 미국의 'UL'마크, 'FCC'마크, 일본의 'S'마크, 'SG'마크, 영국의 'BSI'마크, 프랑스의 'NF'마크, 캐나다의 'CSA'마크, 독일의 'VDE'마크 등과 같이 사업자가 관련 법규 또는 일정기준에 따라 어떠한 규격 또는 시스템 등에 적합한 상품·용역을 공급한다는 사실을 사업자 외의 자가 인정 또는 보증하는 행위인 인증과 허가·승인 등에 적용되고 있다.

품질인증마크는 다양한 기준에 의하여 다음과 같이 분류될 수 있다.

- 정부가 사업자로 하여금 일정한 규격에 따라 상품을 제조해 반드시 의무적으로 승인을 받도록 한 강제마크와 선택적으로 승인을 받도록 한 임의마크가 있다.
- 품질인증마크는 제품을 대상으로 하는 경우, 기술을 대상으로 하는 경우, 사업체 관

리시스템(system)을 대상으로 하는 경우로 나뉜다.

- 마크의 유형에는 국가기관에서 부여하는 인증마크와 비 국가기관에서 부여하는 인증마크가 있다. 비 국가기관에서 인증하는 마크인 경우 상품에 문제가 발생하면 인증을 부여한 민간기관 혹은 제조업체에서 모두 배상을 하도록 되어 있다.
- 마크의 특성으로는 소비자의 안전과 위해의 피해를 막기 위하여 전기 혹은 전열기기 등의 상품을 비롯한 공산품에 대하여 정부의 기준에 맞추어 제조되었는가를 검사하여 부여하는 공산품 규격인증마크가 있으며, 이들 중 KS마크를 제외하고는 모두 강제마크이다. 또한 우수한 품질임을 표시하는 품질우수인증마크, 그리고 특수마크 등이 있으며 이들은 임의마크이다.

(2) 공산품 품질인정제도

품질인정제도는 상품의 품질과 안전도를 보증하여 소비자가 인증마크를 확인함으로써 불량제품을 피하고 질 좋은 상품을 구할 수 있는 제도로, 정부의 공산품 품질규격인증마크와 품질우수인정마크, 그리고 특수마크의 세 제도가 운영되고 있다.

① 공산품 품질규격인증마크

정부가 정한 일정한 규격에 따라 상품을 제조해 반드시 승인을 받아야 하는 마크로 'KS'마크, '전'마크, '검'마크 등이 해당된다.

- **'KS'마크**는 우리나라의 대표적인 제3자 제품인증제도로, 전 품목에 대해 민간기관인 한국표준협회에서 수행한다. 식품과 관련해서는 KS 가공식품 마크와 전통식품 품질인증마크가 있다.
- **'전'마크**는 전기용품 안전관리법이 규정하는 기준에 따라, 전기용품에 부여하는 강제마크이므로 이 마크가 없는 전기제품은 불법제품이며, 이는 수입품에도 적용된다.
- **'검'마크**는 품질경영 및 공산품 안전관리법에 의거, 기술표준원에서 주관하며, 생활용품 안전검사제에 의해 안전검사를 받아 합격한 제품에 대해 표시하도록 한 제도이다. 여기서 안전검사제는 안전에 대한 우려가 큰지, 작은지에 따라 사전검사('검'마크)와 사후검사('안전'마크)로 나뉘며, '안전'마크는 강제성은 없다.

② **품질우수인증마크**

의무사항은 아니며, 우수한 품질임을 표시하는 마크이다.

- **'품'마크**는 'KS'마크와는 별도로 연필, 노트 등 학용품이나 어린이 용품을 비롯한 거의 모든 산업분야에서 품질관리가 우수한 업체에 대해 정부에서 부여하며, 시스템 인증마크의 성격을 갖는다.
- **'GD'마크**는 'KS', '품', '검'마크를 이미 획득한 제품 중 디자인, 기능, 안전성 등을 종합 심사한 결과 우수한 제품에 대해 정부(산업디자인포장개발원)가 인정해 주는 마크(good design)이다.
- **'SD'마크**는 우수한 산업디자인으로 인해 수출 등 매출 신장에 두드러진 제품을 대상으로 부여하는 마크(super design)이다.
- **'GP'마크**는 포장이 뛰어난 상품(good package)에 대해 산업디자인포장개발원에서 심사를 거쳐 부여하는 것이다.
- **'GQ'마크**는 품질은 우수하면서(good quality) 제품인지도가 낮아 판매에 어려움을 겪는 중소기업을 돕기 위한 제도이다.
- **'Q'마크**는 한국생활용품시험연구소, 한국원사직물시험검사소, 한국의류시험검사소, 한국전기전자시험검사소, 한국화학시험검사소, 한국유화시험검사소 등 6개 분야별 민간시험소에서 해당업체의 신청을 받아 우수품질제품에 붙여주는 것으로, 임의적 표시사항이지만 'Q'마크 제품에 하자가 발생되면 시험소와 함께 해당업체에서는 수리, 교환, 대금의 환불 등 보상을 해 주게 된다. 'Q'마크는 국내 소비자를 위한 일반 'Q'마크, 적정 품질상품으로 환경오염방지 저공해 상품에 부착하는 환경 'Q'마크, 그리고 외국의 소비자 보호를 위해 수출품에 부착하는 수출 'Q'마크의 세 종류로 구분된다.
- **'태극'마크**는 한국귀금속감정센터가 귀금속에 대한 상인과 소비자 간의 신뢰를 높이기 위하여 귀금속에 부여하는 마크이다.

③ **특수마크**

- **'전자파적합등록'마크**는 전자파적합등록 인증제도에 의해 전자제품에서 발생하는 전자파가 방사 또는 전도되어 다른 기기의 성능에 장해를 주는 것을 방지하고, 전파환

경보호 및 인명·재산의 피해예방을 목적으로, 정보통신부 장관(전파연구소)이 행하는 전자파적합(EMC: electromagnetic compatiability) 등록을 받은 제품에 부착하는 마크를 말한다.

- **'환경'마크**는 제품품질과는 상관없이 환경보전을 위해 재활용품을 사용했거나 오염물질을 사용하지 않는 상품에 대해 부여하는 마크이다.
- **'AS'마크**는 사후봉사가 우수한 기업에 대해 정부(기술표준원)가 그 기업의 AS 품질을 공인해 주는 제도로, 소비자의 상품선택의 폭을 넓히고 나아가 소비자의 이익을 보호하는 제도로, 선진국에도 전례가 없는 제도이다.
- **'GR'마크**는 상품의 내용물을 담고 있는 용기 등의 재활용 여부를 소비자가 쉽게 알 수 있도록 하기 위하여 재활용마크를 상품용기에 국가(기술표준원)가 부여한 품질인증마크를 표시하도록 하는 제도(우수재활용품 품질인증: good recycled)이다.
- **고효율인증제도**는 에너지 이용 합리화를 위하여 고효율에너지 기자재 중 일정기준 이상의 제품에 대하여 인증하여 주는 효율보증제도이다.

(3) ISO 인증제도

'국제표준화기구(ISO: international organization for standardization) 9000'은 품질보증체제를 의미하며 품질관리체제와는 다르다. 우리나라에서는 한국산업기술평가원에서 ISO 9000시리즈 규격요건에 따라 심사를 실시하여 품질시스템이 적합하게 운영되고 있음을 인정하는 기업에게 본 인증을 부여하고 있다. ISO 9000 품질보증체제를 운영하는 회사에서는 ISO 9001, 9002, 9003 규격 중 하나의 규격을 선택하여 품질보증체제 인증을 받을 수 있으며, 간단한 제품은 ISO 9003(출하 시 확인)만으로도 충분하다. 또 다른 ISO 시리즈로 환경경영관리체계에 대한 국제인증제도인 ISO 14000 시리즈가 있다.

2) 식품표시 제도

(1) 식품영양 표시제도

식품영양 표시제도는 소비자보호 차원에서 주로 상품의 품질, 원료, 사용방법에 관한 정보를 단순히 제공하는 다른 표시제도와는 달리, 식품에 영양성분, 영양소 함량 등의 영양정보를 표시하여 소비자에게 제공함으로써 소비자들의 합리적인 영양관리를 위한 현명한 식품선택을 유도하는데 목적을 둔 제도이지만, 아직 제대로 정착되지 않고 있는 실정이다. 일반적으로 가공식품의 영양정보는 크게 영양정보 표시, 영양소 함량강조 표시, 그리고 건강강조 표시의 3가지로 나누어 표시할 수 있다.

- 영양정보 표시는 제품이 갖는 영양소의 종류와 제품의 일정량에 함유된 영양소의 함량과 같은 영양성분을 표시하는 것이다.
- 영양소 함량강조 표시는 제품에 함유된 영양소의 함유 사실 또는 함유 정도를 '무', '저', '고', '강화', '첨가', '감소' 등의 특정한 용어를 사용하여 표시하며, 다시 영양소 함량강조 표시와 영양소 비교강조 표시로 나누어진다.
- 건강강조 표시는 식품의 질병 또는 건강과 관련된 상태를 표시하여 소비자에게 식품의 건강효과에 관한 정보를 제공해 주는 것이다.

(2) 건강기능식품에 관한 표시제도

우리나라에서는 2003년에 '건강기능식품에 관한 법'을 제정하였고, 표시사항은 '건강기능식품에 관한 표시기준'에 의거하여 표시 제도를 운영하고 있다. 본 제도에 대한 구체적인 표시기준은 다음과 같다.

- 주 표시면에 제품명과 내용량, 건강기능 식품을 반드시 표시해야 한다.
- 정보 표시면에는 유통기한, 보관방법, 섭취량, 섭취방법, 섭취 시 주의사항, 원재료명 및 함량을 표시해야 한다.
- 기능 정보면에서는 인체의 성장 증진 및 정상적인 기능에 대한 영양소의 생리학적 작용을 나타내는 영양소 기능표시와 인체의 정상기능이나 생물학적 활동에 특별한 효과가 있어 건강상의 기여나 기능향상 또는 건강유지 개선을 나타내는 영양소 기능 표시를 한다.
- 전체 식사를 통한 식품의 섭취가 질병의 발생 또는 건강상태의 위험감소와 관련한 질병발생 위험 감소표시로 구분하여 표시하도록 한다.

- 섭취량, 섭취방법 및 섭취 시 주의사항은 다음과 같다. 먼저 해당제품에 대한 섭취대상별 1회 섭취하는 양과 1일 섭취횟수 및 섭취방법을 표시하도록 한다. 또한 해당제품의 섭취 시 이상증상이나 부작용 우려대상, 과다 섭취 시 부작용 가능성 및 그 양 등 주의해야 할 사항이 있을 경우 이를 표시하도록 한다.
- 질병의 예방 및 치료를 위한 의약품이 아니라는 내용의 표현은 소비자가 알아보기 쉽게 주 표시면 또는 정보 표시면의 아래 부분에 바닥면과 평행하게 표시하도록 한다.

(3) 농산물 표시 관련 제도

국립농산물 품질관리원에서는 농수산물 가공산업 육성법에 의거하여 농수산물의 공정거래실현은 물론 소비자보호에 이바지하고자 농수산물 및 농수산물가공품, 기타 특산물을 대상으로 농수산물의 표준출하 규격화와 특산물 및 전통식품의 품질인증제도를 실시하고 있다. 2015년 현재 농식품인증제도는 친환경농산물인증제도, 농산물우수관리인증제도, 농산물이력추적관리제도, 가공식품산업표준KS인증제도, 전통식품품질인증제도, 유기가공식품인증제도, 우수식품인증기관지정제도, 지리적표시제도, 품질인증제도가 있다. 2012년 1월 1일부터 국가 대표 인증마크로서 대표성을 확보하고 인증제품의 경쟁력을 강화하고자 통합인증로고를 사용하고 있어 소비자 인지도 향상에 기여하고 있다.

2001년 7월 1일부터는 농산물 품질관리법의 품질인증제도와 환경농업육성법의 표시신고제도를 일원화하여 '친환경 농산물 표시인증제도'를 시행하고 있다. 친환경농산물은 종류별로 표시방법이 달라진다. 농산물의 본격적인 수입개방에 따라 공정한 거래질서를 확립하고 생산농업인과 소비자를 동시에 보호하기 위하여 농산물의 원산지 표시제도를 시행하고 있다.

3) 등급사정 제도

등급사정(grade rating) 제도란 동일한 종류의 상품을 품질에 따라 등급을 평가하여 그 결과를 상품에 부착하도록 하는 제도로서 소비자로 하여금 동일 제품의 선택 시 좀 더 합리적인 구매를 할 수 있도록 정보를 제공해 주는 데 그 목적이 있다.

(1) 에너지소비효율 등급 표시제도

에너지소비효율등급 표시제도(효율관리기자재 운용규정, 지식경제부 고시)에 따른 의무 제도로, 국내 제조업자(국산품)·수입업자(수입품)가 지정 시험기관에서 측정 후, 의무적으로 에너지관리공단에 제품을 신고(시험성적서 발급일자 60일 이내에 공단 홈페이지에 신고)하고, 에너지소비효율등급라벨 및 최저소비효율라벨을 부착해야 하며, 최저소비효율기준(MEPS: minimum energy performance standard) 미달 시에는 국내 생산·판매가 금지된다. 에너지관리공단 신고 사이트(www.kemco.or.kr)에 반드시 제조업자(국산품)·수입업자(수입품)가 직접 신고하도록 되어 있다.

에너지소비효율등급라벨은 에너지절약형 제품에 대한 변별력 향상을 통해 고효율제품의 보급을 촉진하기 위하여 제품의 효율에 따라 1~5등급으로 나누어 표시하는 라벨이다. 에너지 소비효율 등급은 1등급에 가까운 제품이 가장 높은 에너지 절약형 제품이며, 1등급 제품은 5등급 제품보다 30~40% 절감효과가 있다. 전체 35개 품목(자동차 제외) 중 형광램프용안정기, 삼상유도전동기, 어댑터, 충전기, 변압기, 전기온풍기, 전기스토브, 전기장판, 전기온수매트, 전열보드, 전기침대, 전기라디에이터를 제외한 24개 품목에 이 라벨을 적용하고 있다. 에너지소비효율등급라벨을 적용하지 않는 11개 품목에는 다음과 같은 별도의 에너지소비효율라벨이 적용된다. 해당 제조·수입업자는 고시 내용에 따라 에너지소비효율등급라벨 등을 제작하여 제품에 부착한 후 판매해야 하며, 이때 반드시 고시된 부착 위치를 준수해야 한다.

그림 13-1 에너지소비효율등급 표시의 상세 정보

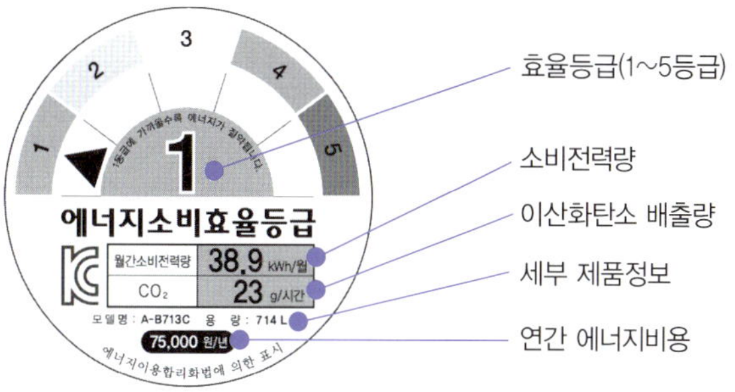

자료: 에너지관리공단.

(2) 자동차 안전성등급 표시제도

국토교통부는 자동차안전도평가(KNCAP: Korean New Car Assessment Program)를 거쳐 탑승자가 받는 상해 정도를 평가한다. 신차안전도평가란 소비자에게 보다 넓은 선택의 기회를 제공하고 제작사가 보다 안전한 자동차를 제작하도록 유도하기 위해 충돌시험 등을 통하여 자동차의 안전성을 평가하고 그 결과를 소비자에게 공개하는 것이다(www.car.go.kr). 1999년부터 국토교통부주관으로 자동차안전연구원에서 자동차평가를 실시하여 그 결과를 발표하고 있다.

1999년부터 2012년까지 승용자동차 101개 모델, 승합자동차 4개 모델 및 소형화물자동차 2개 모델에 대한 정면충돌 안전성 등 8개 항목에 대한 안전도를 평가하여 발표하였고, 2013년에 수입자동차 4종을 포함한 승용자동차 11개 모델의 정면충돌 안전성, 부분 정면충돌 안전성, 측면충돌 안전성, 좌석 안전성, 보행자 안전성, 주행전복 안전성, 제동 안전성, 기둥 측면충돌 안전성 및 사고예방 안전성의 총 9개 항목을 평가하였다. 2014년부터 '충돌분야 종합등급(정면충돌, 부분 정면충돌, 측면충돌, 기둥 측면충돌, 좌석 안전성 등 5개 항목을 종합)'에서 전(全) 항목(9개 항목)의 평가결과로 확대 적용하여 '안전도 종합등급'을 산정, 그 결과를 발표하고 소비자들에게 제공하고 있다.

(3) 축산물 품질등급 표시제도

축산물의 등급은 축산법 및 시행령에 근거하여 축산물등급판정세부기준에 따라 선정된다. 주된 기준은 육질의 상태와 도축 당시의 육량이다. 예를 들어 쇠고기의 등급은 육질

표 13-8 소고기 등급표시 방법

육질 / 육량	1^{++} 등급	1^{+} 등급	1등급	2등급	3등급	등 외
A등급	1^{++}A	1^{+}A	1A	2A	3A	D
B등급	1^{++}B	1^{+}B	1	2B	3B	
C등급	1^{++}C	1^{+}C	1C	2C	4C	
등 외		D				

자료: 축산물품질평가원(2014).

등급과 육량등급으로 구분하여 판정한다. 육질등급은 고기의 질을 근내지방도, 육색, 지방색, 조직감, 성숙도에 따라 1^{++}, 1^{+}, 1, 2, 3등급으로 판정하는 것으로 소비자가 고기를 선택하는 기준이 되며, 육량등급은 도체에서 얻을 수 있는 고기량을 도체중량, 등지방두께, 등심단면적을 종합하여, A, B, C등급으로 판정한다. 소고기의 구체적 등급표시 방법은 〈표 13-8〉과 같다.

생각해 보기

1. 친구들과 함께 각자 자신에게 가장 흥미 있는 특정 광고를 선정하여 부당한 부분은 없는지 스스로 심의관이 되어 심의해 보자. 그리고 친구들의 생각과 자신의 생각이 어떻게 같은지 혹은 다른지를 비교해 보자.
2. 자신이 제품 등을 구매하면서 도움이 되었던 표시 혹은 광고는 무엇인지 자신의 경험을 나누어 보자.
3. PPL(TV 드라마 혹은 오락 프로그램 중에 자연스럽게 특정제품을 노출시키는 광고기법)광고와 일반 광고에 대한 소비자의 신뢰도는 차이가 있는지, 만일 차이가 있다면 그 이유는 무엇인지 토론해 보자.

CHAPTER 14

미래사회와 소비자정보

기술변화와 급진적인 사회화로 인해 소비자는 미래사회에 대한 상호의존성과 복잡성이 커지고 불확실성이 더욱 증가하게 되었다. 이로 인하여 소비자는 늘 미래에 대해서 분석하고 알고자 한다. 이러한 미래사회의 변화는 점점 더 변화의 폭과 속도가 증가하고 있어 더욱 모호해지고 있다. 그럼에도 불구하고 소비자는 늘 미래사회에 대해 궁금해 한다. 모든 소비자는 궁극적으로 소비자사회화, 즉 소비 중심적인 사회로 가고 있지만 그 최종은 어디일까? 이러한 측면에서 우리는 현재 변화하는 사회에서 과거 변화해온 사회와 미래의 변화할 사회를 연결하는 중요한 존재임이 분명하다.

미래에 대한 기대와 전망은 과거와 현재를 토대로 하며, 또한 미래 발전의 기초가 되고 있다. 특히 미래사회에서는 소비자정보의 내용, 전달 방법, 소비자의 참여 문화 등 전반적인 변화도 동반하지만, 가장 중요한 것은 소비자정보의 중요성이다. 그리고 미래사회에서는 소비자정보의 역할과 이슈는 변화하지만 그 중심에는 소비자정보를 이용하는 소비자가 중심이 되어야 한다.

이에 본장에서는 미래사회와 소비자정보를 미래사회의 변화, 미래사회에서의 소비자정보의 역할, 그리고 미래사회의 소비자정보 관련 이슈를 다루어 보고자 한다.

1. 미래사회의 변화

미래사회를 살펴보기 전에 최근 소비환경의 변화를 살펴보자. 우선, 디지털 변화로 인한 기회 변화와 경기침체 위협의 확산을 들 수 있다. 최근 디지털 기술의 지속적 발전으로 온라인 쇼핑이 활성화되고 있으며, 참여 지향적 소비자의 특성으로 인하여 기업 활동에 참여 행동이 활발해지는 추세이다. 특히 스마트폰의 확산으로 모바일 상거래는 상당히 급성장하고 있으며 그루폰, 리빙소셜 등 소셜커머스의 매출도 급성장하고 있다. 그리고 무료 반품, 콜센터 등 소비자에게 안심을 주는 다양한 서비스가 확산됨에 따라 기존 전자제품과 서적 및 DVD뿐 아니라 온라인 구매가 기피되었던 패션의류까지 온라인 구매영역으로 확대되는 추세이다(대한상공회의소, 2013). 이에 소비자의 정보력과 정보판단력, 정보 활용 능력이 전문가 못지않게 높은 수준으로 변화되면서 소비자는 정보를 활용한 소비에만 그치지 않고 정보의 생산 및 재생산의 주체로서 경영 부문에 적극 참여하려는 경향이 확대되고 있다.

반면, 2008년 금융위기 후 이어진 경기침체로 소비심리는 극도로 위축된 분위기이다. 특히 가계의 부채가 이미 포화상태에 도달한데다 집값의 하락, 전세가 폭등 등으로 소비여력이 갈수록 감소하고 있다. 이에 소비자는 해외직구, DIY 가구 등 정보를 활용한 가격인하 상품에 관심이 갈 뿐만 아니라 근간 중동호흡기증후군(MERS, 메르스) 등 예측하지 못한 소비자 안전 위협으로 소비자의 집단 모임의 회피, 집안에서의 시간 증가 등은 소비 관련 채널의 변화를 가져왔으며, 반면에 소비 자체는 영역별로 감소하는 등 다양한 변화를 증가시키고 있다.

그리고 상품과 서비스의 품질은 기본이고 가격, 디자인, 스타일 및 이미지 측면에서 차별적으로 매력이 없는 제품은 소비자들로부터 외면을 받는 추세이다. 이에 소비자는 상품과 서비스의 구매에 앞서 다양한 멀티채널을 통해 제품 정보와 가격을 엄격하게 검색한 후에 구매를 결정하는 것으로 나타났다. 이러한 소비자의 정보탐색과 비교 등 소비자의 역량이 강화되고 있고, 그 수준은 날로 증가되고 있다.

특히 고령화로 인한 생산능력의 감소, 신흥국 경제의 부진 등으로 전반적인 경제 활력의 저하를 들 수 있다. 실제 소득감소보다 경제위기가 언제 끝날지 모른다는 미래에 대한 불안이 소비침체를 가속화하고 있으며, 양극화를 부추기고 있다.

이러한 것을 중심으로 미래사회를 전망해 보자. 미래사회를 전망하는 데에는 정답이 없다고 한다. 누구나 다가오는 미래사회를 어떻게 설계하고 어떻게 준비하느냐에 따라서 그 도착 지점이 바뀔 수 있기 때문이다. 비록 정답이란 것은 없지만, 사회 변화의 폭과 속도가 커질수록 지속적이고 다각적인 미래사회에 대한 전망은 매우 중요하다.

존 나이스비츠는 1982년에 그의 저서 《Megatrends》에서 메가트렌드는 현대사회에서

메르스, 그리스의 국가부도 사태와 우리 경제의 관계

기획재정부는 2015년 7월 8일 내놓은 〈최근 경제동향〉(그린북) 보고서를 통해 메르스로 인한 불안심리 때문에 회복세를 보이던 소비, 관광·여가 등 서비스업 활동이 둔화되고, 그리스 채무협상 관련 불확실성이 확대되는 등 대내외 위험요인이 커졌다고 진단했다. 즉 정부는 중동호흡기증후군(MERS, 메르스)과 그리스 국가부도 사태가 우리나라 경제의 위험 요인이 되고 있는 것으로 지목했다.

예컨대, 5월 소매판매 부문에선 의복 등 준내구재와 차량 연료 등 비내구재 판매가 늘었지만, 가전제품 같은 내구재 판매가 감소하면서 전달과 같은 수준(1.4%)을 유지했다. 메르스의 영향으로 소매판매가 늘지 않았다는 뜻이다.

5월 중 광공업생산은 휴일 증가에 따른 조업일수 감소와 수출 부진 등의 영향으로 자동차·반도체·기계장비 품목을 중심으로 전월보다 1.3% 정도 줄었으며, 5월 중 취업자는 지난해 같은 달보다 37만 9,000명 늘어 전달(21만 6,000명)보다 증가 폭이 커졌다. 5월 고용률은 0.1% 정도 상승한 60.9%를 기록했다고 한다.

여신금융협회와 산업통상자원부에 따르면 6월 백화점과 할인점 매출은 1년 전보다 각각 10.7%, 9.7% 정도 감소했고, 휘발유·경유 판매량은 2.9% 정도 줄었다고 한다. 6월 소비자물가는 작년 동월 대비 0.7% 정도 올랐다. 석유류 가격의 하락, 도시가스 요금 인하 등으로 7개월째 0%대 상승률을 이어갔지만, 가뭄 영향으로 일부 농산물 값이 오르면서 상승 폭은 전달(0.5%)보다 조금 커졌다.

그리고 6월 수출은 1년 전보다 1.8% 줄어든 것으로 추정됐다. 다만 무선통신기기·반도체·자동차 등의 수출 증가세에 힘입어 전달(−10.9%)보다는 감소폭이 줄어들었을 것으로 예상됐다. 기재부는 수출 부진으로 경기회복이 늦어지는 것을 우려하는 견해를 내놓았다. 기재부 측은 "고용이 양호한 증가세를 보이고 있지만, 저유가로 물가상승률이 낮은 수준에 머무는 가운데 수출 둔화의 영향으로 생산·투자 회복이 지체되는 모습"이라고 지적했다. 그리고 6월 중 국내 금융 시장에서는 그리스 관련 불확실성 등의 요인으로 채권금리가 상승하고 코스피 지수가 다소 조정을 받은 것으로 평가됐다. 외환시장에서는 원화 가치가 하락하면서 원·달러, 원·엔 환율이 모두 상승했다.

자료: 디지털타임스 뉴스(2015. 7. 8.).

일어나고 있는 거대한 조류로 정의한 바 있으며, 또 다른 학자는 현대를 기점으로 10년, 20년 후의 큰 변동을 예측하는 측면이라고 정의하였다. 누가 주장하건 간에, 메가트렌드는 이 시대를 중심으로 변화하게 이끄는 힘으로 작용하고 있으며, 우리 사회의 장기적 발전 추세와 통찰력을 얻는데 중요한 기준을 제시하고 있다. 과거에서 현재로 점차 변화하였고, 현재에서 미래로 변화하듯이, 미래사회는 지금도 변화하고 있으며, 현재의 우리는 과거의 변화와 미래의 변화를 연결하는 소비 주체로서 중요하다. 그렇다면, 궁극적인 소비사회는 어디이며, 무엇일까? 그저 우리는 그 사회 간에 연결하는 긴 선상에 있는 하나의 점에 불과하지 않을까?

미래사회의 변화에 대한 분석의 필요성은 급속한 기술발전과 불확실성에 대한 확신을 증가하기 위함이 아닌가? 즉 기술과 사회의 공진화로 인해 미래사회는 상호의존성과 복잡성이 커지고 불확실성이 더욱 증가하기 때문에 소비자는 분석하고 알고자 한다. 그리고 불확실성의 증가로 좀 더 확실하게 하기 위한 점을 들 수 있다. 변화의 폭과 속도가 커짐에 따라 미래 예측은 더 힘들지만 모호함으로 인하여 그 중요성과 불안감 역시 증대되고 있기 때문이다.

그렇다면, 우리의 미래는 어떻게 될까? 한국정보화진흥원은 2010년에 해외의 유력한 미래사회 예측 기관들의 미래사회 예측 보고서에 제시된 10, 20년 후 미래사회상을 통해 우리 시장이 보다 장기적인 시각에서 미래를 준비할 수 있도록 분석하였다. 이에 외국 관련 기관 및 전문가 대상으로 선정한 메가트렌드 도출을 살펴보면 다음과 같다.

주된 내용을 경제적 측면에서 살펴보면, 세계는 글로벌 다국화 시대로 변화하여, 아시아의 부상, 국력 격차의 완화, 국가자본주의 확산, 인구의 다변화 등을 도출하고 있다. 그리고 기후변화와 자원고갈 측면에서 살펴보면, 이산화탄소 농도 증가, 물과 식량의 부족, 에너지 수요의 증가 등을 도출하고 있다. 과학기술의 진보 측면에서 보면, 의사결정과정의 개선, 인간 문명의 변화 등으로 IT의 발전으로 의사결정과정이 크게 개선될 전망임을 예측하여, 향후 유비쿼터스 컴퓨팅, 집단지성 시대의 도래는 의사결정에 필요한 지식을 즉각 얻을 수 있게 만들어 의사결정의 질을 향상시킬 것이며, 나노, 바이오, 정보통신, 인지과학 간의 융합으로 인류문명이 근본적으로 변화할 것으로 도출하고 있다.

인류의 삶의 질을 개선하기 위한 측면에서는 기술의 발전으로 전염병 질병의 위협에 대해 규제, 면역프로그램, 글로벌 정보공유 및 대응 네트워크 구축을 예측하고, 지속적인 교육훈련이 사회 전체적으로 확산되어 지식기반사회로 이행하면서 충분한 교육의 기회를 갖지 못한 인력에게 새로운 교육과 훈련의 기회를 제공하는 것이 사회 과제가 될 전망으로 예측하고 있다.

그리고 보다 중요한 것은 웹 활용이 증가하면서 소비자들의 천국이 될 것이며, 소비자 권리보호를 위한 여러 제도가 생김으로 인해 소비자권리를 중요시하는 소비자 중심주의 강화 사회로 발전할 것으로 전망하였다. 또한 시장 환경이 소비자 중심으로 이동하면서 소비자와 기업 간 상호 관계의 복잡성이 증가하며, 동시에 개인 소비자가 경험하는 가치의 독특성이 증가하게 되어, 소비자들은 풍부한 소비정보를 과거와는 비교할 수 없는 빠른 속도, 낮은 비용으로 획득하게 될 것을 예측하고 있다.

반면에, 제품의 종류는 많지만 소비자의 만족은 과거에 비해 오히려 크지 않음을 강조하고 있다. 소비자 만족과 가치창출을 위하여, 상호 가치 창출의 기본 원칙들로서 소비자와 공급자 간의 지속적인 대화, 접근성 증가, 부단한 리스크 평가, 기업 경영의 투명성 확대 등을 요구하고 있다. 이러한 초석들은 소비자와 기업 간의 협력 관계를 더욱 강화하는 중심축이 될 것으로 확신하고 있다.

또한 다양한 측면에서 변화를 지적하고 있는데, 사회적인 측면에서는 인구구조의 변화, 세계인구의 증가, 저출산 고령화 문제, 양극화, 네트워크 사회 등을 지적하였으며, 기술적인 측면에서는 가상지능 공간, 기술의 융복합화 및 로봇으로의 전개를 들 수 있으며, 경제적인 측면에서는 웰빙·감성·복지경제, 지식기반경제, 글로벌 인재의 부상 등을 언급하였다. 환경적인 측면에서는 기후변화 및 환경오염, 에너지 위기, 그리고 급격한 기술발전에 따른 부작용을 들 수 있으며, 정치적인 측면에서는 글로벌화, 안전 위험성 증대, 그리고 남북통일 등을 지적하였다.

이러한 변화는 글로벌 사회에서 공동의 상호가치와 경험을 공유하고 창출하는 의미를 포함하고 있다. 즉 공동의 경험가치 창출은 정보화 등 새로운 인프라의 등장, 소비자의 욕구 진화, 일부 선도 기업의 발 빠른 대응의 사례에서 기존의 기업 중심적 가치 창출에서 공동의 경험 가치 창출이라는 새로운 모습을 볼 수 있다.

그리고 시장 환경이 소비자 중심으로 이동하면서 소비자와 기업 간 상호 관계의 복잡성이 증가하고 있으며, 동시에 개인 소비자가 경험하는 가치의 독특성이 증가하게 됨을 지적하고 있다. 소비자들은 풍부한 소비자정보를 이전하고 비교할 수 없는 빠른 속도를

표 14-1 해외 미래예측기관들이 보는 10년 후 세상

<table>
<tr><th>메가트렌드</th><th>트렌드</th><th>이슈</th></tr>
<tr><td rowspan="4">글로벌
다국화 시대</td><td>아시아의 부상</td><td>신흥시장 경제의 부상과 글로벌화의 확산에 따른 영향으로 세계의 부와 경제적 영향력이 서구국가들에서 아시아로 이동함</td></tr>
<tr><td>국력 격차 완화</td><td>• 국가보다는 기업과 종교, 문화, 비정부단체 등의 조직과 개인의 영향력이 점차 증가할 것임
• 선진국과 후발 개도국들 사이의 국력의 격차도 줄어들 것임</td></tr>
<tr><td>국가자본주의 확산</td><td>중국의 모델을 본받아 후발개도국들이 시장과 경제주체들의 활동에 대한 국가의 개입을 강화할 가능성이 있음</td></tr>
<tr><td>인구의 다변화</td><td>2025년 세계 인구는 약 80억 명이 될 전망이며, 북반구에서는 30세 이하의 인구가 전체 인구의 1/3 미만인 고령화시대에 접어들 전망임</td></tr>
<tr><td rowspan="3">기후변화와
자원고갈</td><td>이산화탄소 농도 증가</td><td>기후변화에 의한 경제적 손실은 10년 이내에 매년 1,500~3,000억 달러에 이를 전망임</td></tr>
<tr><td>물과 식량의 부족</td><td>• 2025년 30억 인구가 물 기근을 겪을 전망임
• 물 부족은 필연적으로 식량부족을 가중시킬 것임</td></tr>
<tr><td>에너지 수요의 증가</td><td>2006~2030년까지 석유에 대한 수요는 40% 가까이 늘어날 것이고 이 수요를 충족시키기 위해 총 22조 달러의 투자가 이루어져야 함</td></tr>
<tr><td rowspan="2">과학기술의
진보</td><td>의사결정과정 개선</td><td>• IT의 발전으로 의사결정과정이 크게 개선될 전망임
• 향후 유비쿼터스 컴퓨팅, 집단지성 시대의 도래는 의사결정에 필요한 지식을 즉각 얻을 수 있게 만들어 의사결정의 질을 향상시킬 것임</td></tr>
<tr><td>인간 문명의 변화</td><td>• 나노, 바이오, 정보통신, 인지과학 간의 융합으로 인류문명이 근본적으로 변화함
• 인간의 윤리적 이슈를 낳을 수 있고, 인체에 대한 나노기술의 부작용 가능성, 인간의 존엄성 위협의 문제가 대두될 전망임</td></tr>
<tr><td rowspan="3">인류의
삶의 질
개선</td><td>질병의 치료</td><td>기술의 발전으로 전염병 질병의 위협에 대해 규제, 면역프로그램, 글로벌 정보공유 및 대응 네트워크를 구축 가능함</td></tr>
<tr><td>소비자 중심주의 강화</td><td>• 웹 활용이 증가하면서 소비자들의 천국이 되었음
• 소비자의 권리 보호를 위한 여러 제도가 생김으로 인해 소비자 권리를 중요시하는 사회로 발전할 전망임</td></tr>
<tr><td>은퇴 후 재취업 보편화</td><td>• 지속적인 교육훈련이 사회 전체적으로 확산될 전망임
• 지식기반사회로 이행하면서, 충분한 교육의 기회를 갖지 못한 인력에게 새로운 교육과 훈련의 기회를 제공하는 것이 중요한 사회적 과제가 될 전망임</td></tr>
</table>

자료: LG경제연구원(2009). 미래예측기관들이 보는 10년 후 세상, 한국정보화진흥원(2010). 한국사회의 15대 메가트렌드: meta analysis 재구성.

향유하고, 낮은 비용으로 획득 가능해지며, 제품의 종류는 많지만 소비자의 소비경험 만족은 과거에 비해 오히려 크지 않다고 예측하고 있다.

과거 100년 이상 지속되어 온 기업 중심의 가치 창출 패러다임이 소비자와 공급자 공동의 가치 창출 형태에 위협을 받고 있다. 소비자와 기업 간의 상호 관계가 복잡해지면서, 소비자 개인이 경험하는 가치의 독특성은 증가하고 있다. 그리고 상호 가치 창출의 기본 원칙들로서 소비자와 공급자 간 대화, 접근성, 리스크 평가, 기업 경영 투명성 등의 초석들은 소비자와 기업 간의 협력 관계를 더욱 강화하는 중심축이 되고 있다.

이러한 미래 관련 변화에서는 정치적 동맹관계의 재편성, 기술의 놀라운 발전, 세계를 지배하는 실용주의 확대, 인구통계의 변화, 에너지 문제와 환경문제의 심각화(OECD, 2011), 글로벌 정보 경제(the global information economy)의 확대, 세계적인 변화의 소용돌이 증가, 시장중심의 지배 사회, IT 관련 산업의 부흥, 국가경제의 파괴, 웹 관련 다양한 신종직업 속출, 세계의 양극화, 글로벌 문화, 노령화, 프로슈밍, 그리고 소비자문제의 다양화 등과 연계되어 있다.

참고로 트렌드로 보는 미래사회의 분석 구조와 7대 분야별 마이크로 트렌드의 내용은 다음 〈표 14-2, 14-3〉과 같다.

2. 미래사회에서의 소비자정보 역할

과거 소비자의 생활에서 중요한 자원은 수렵채집사회에서는 자연환경이었던 것이, 농토, 노동력의 단계를 거쳐 시간도 필수적인 것이 되었으며, 이는 생산과 소비 사이에서 발생하는 과정의 경과에서 오는 시간적 손실이 줄어들기 시작했다. 즉 기업이 아이디어를 얼마나 빨리 제품으로 만들어서 소비자에게 전달하는가, 신선한 아이디어에서부터 출발해서 그 아이디어를 개발하는 과정을 거쳐 소비자들이 구매하고 사용할 수 있는 제품이나 서비스를 생산할 때까지 얼마나 빨리 움직이는가는 바로 성공의 기본적인 척도가 된 것이다(김시월, 2007). 정보경제의 기본이 되는 형태는 숫자, 문자, 소리, 영상이며, 정보의 기

표 14-2 미래사회의 특징을 도출하기 위한 트렌드 분석의 구조

구분	분야
메가트렌드	① 인구구조(고령화), ② 환경변화(지구 온난화, 기후변화) ③ 글로벌화(자유무역), ④ 기술진보(네트워크, 컨버전스, 인간화)
마이크로 트렌드	사회: ① 미디어, ② 정치, ③ 권위와 파워, ④ 경제와 소유 개인: ⑤ 가족구성, ⑥ 커뮤니케이션, ⑦ 소비

표 14-3 미래사회의 7대 분야별 마이크로 트렌드

항목		변화의 징후(현재)	미래 전망
사회	1. 미디어	• 신문사의 시장점유율 하락(신문사의 경영난 봉착) • 언론사의 인터넷 영역 확장 • 블로그, UCC 등 1인 미디어 발달 • 방송통신 미디어 융합	• 종이매체 종말, 온라인 저널리즘이 주류로 성장 • 실감형(실제감, 몰입감)미디어, 오감 미디어, 마이크로 미디어, 융합미디어 등 뉴미디어의 진화
	2. 정치	• 온라인 국민 정치사회 참여 증대 • 전자투표 영역 확장	• 전자민주주의 실현 • 신 직접민주주의 시대 도채
	3. 권위와 파워	• 정보공유 및 집단지성 확대 • 전문지식의 탈독점화 현상 • 사이버공간에서 시민사회 형성	• 개인의 파워 강화(청중의 반란) • 가상권력 등 새로운 권력 출현 • 전문가와 전문직의 위상 변화
	4. 경제와 소유	• 지구온난화, 기후변화 논의 확산 • 건강문제 • 지식사업(SW, 콘텐츠 등)의 성장 • 무분별한 복제, 불법유통 문제 급증 • 포털 등 저작권 침해 갈등 심화	• 그린경제, 바이오 대두 • 소프트 부문의 자산 가치 증가 • 저작권을 둘러싼 논란 확대 • 자유저작권(copyleft), 공짜경제 논의 급부상
개인	5. 가족구성	• 가족주의 약화 • 다민족개인의 다양한 가치 표출(다원화) • 여성의 사회 진출 확대	• 가족구성원 수 감소, 가족개념 변화 • 다민족, 다원화 • 신 모계사회 도래
	6. 커뮤니케이션	• SNS(소셜 네트워크 서비스) 인기 • 시각(문자, 영상) 커뮤니케이션 인기 • 휴먼인터페이스, 뇌인터페이스 등 커뮤니케이션 기술 연구 확산	• TV 등 다양한 매체로 SNS 확산 • 오감 커뮤니케이션, 가상현실 커뮤니케이션 등으로 신 문화 창출 • 인간–기계, 기계 간 커뮤니케이션
	7. 소비	• 삶의 질에 대한 관심 증대, 상품의 물질 이상의 의미 요구 • 여성의 사회진출과 고령화 • IT와 인터넷에 익숙한 세대 성장	• 감성소비, 드림 소사이어티 도래 • 여성, 노인의 소비주체 위상 강화 • 글로벌 D세대 등 신소비자군 등장

자료: 한국정보화진흥원(2009). 트렌드로 보는 미래사회의 5대 특징과 준비 과제. 제8호. pp.4–18. 재구성.

본적인 기능은 생성, 처리, 저장, 전송이다.

첫 번째 기능인 정보의 생성은 주변에 존재하는 정보를 취득해 그것을 네 가지 형태 중 하나로 표현하기 위해 변환시키는 것을 말한다. 과거에 수판은 회계원이 사용하는 숫자들을 잡아 장부를 만들어내며, 타자기는 작가의 말을 잡아서 책으로 만들어냈다. 또한 녹음기는 기타의 소리를 잡아 레코드나 테이프를 만들어내며, 사진 기술은 풍경의 영상을 잡아 사진을 만들어낸다. 어떠한 콘텐츠라도 과정을 거쳐서 결과물로 존재하게 된 것이다. 경제체제 속에서 정보의 생성은 어떤 빛나는 작품이라기보다는, 수신자가 쉽게 이해할 수 있는 형태로 정보를 보내기 위해 준비하는 것을 가리킨다. 본질적으로 이는 정보를 디지털화해서 컴퓨터가 사용하는 정보의 기본 단위로 배열하는 것을 의미한다.

두 번째 기능인 처리는 컴퓨터가 처음으로 크게 기여했던 분야이다. 데이터 처리로부터 시작해서 문서 처리로 이어졌고, 지금은 목소리와 영상의 동영상 처리도 수행되고 있어 정보의 모든 형태가 여기에 포함되는 셈이다. 컴퓨터의 처리기능은 변환, 편집, 분석, 계산, 합성으로 이루어져 있다. 우리는 반도체 기술을 이용해 정보를 조종해서 변환시키고 있지만, 이 각각의 단계들은 영상을 필름에 담아 현상하고 강화하여 확대한 다음 그 사진 속에 무형의 형태로 들어 있는 정보를 보관할 장소를 찾을 때의 단계들만큼이나 서로 다르다.

세 번째 기능인 정보의 저장은 네 가지 형태 중 한 가지 형태로 된 정보를 취해 그것을 나중에 사용할 수 있도록 보관하는 것이다. 과거 시대에 문서와 데이터는 점토판에 저장되었으며, 때로는 동굴의 벽화는 그보다 수만 년 전에 영상을 저장했다. 오직 소리만이 산업시대가 되어서야 레코드, 테이프, 디스크 등에 저장이 가능해졌으며, 무수한 변화를 거쳐오게 되었다.

네 번째 기능인 정보의 전송은 전화 덕분에 가능해졌다. 간단히 말해서 전송은 모든 형태의 정보를 한 곳에서 다른 곳으로 보내고 받는 것을 말한다. 이때 동축 케이블을 사용하면 전송 속도는 전자기파의 속도와 같아지고, 광섬유 케이블을 이용하면 빛의 속도와 같아진다. 저장 기능은 정보를 시간을 가로질러 옮기는 역할을 하며, 전송은 정보를 배포하는 기능이며, 방송, 전화 교환, 네트워크 연결, 수신, 신호처리, 수집, 디스플레이 등 많은 활동들을 포함한다. 생성, 처리, 저장의 처음 세 가지 기능은 컴퓨터가 지배하고 있지만, 네 번째 기능인 전송 분야에서는 원거리 통신이 빼어난 능력을 보여주고 있다. 보다 구체적으로 말하자면, 컴퓨터는 정보의 기반 시설 중 데이터 처리에서 시작되었고, 원거리 통신은 소리 전송에서 시작되었다.

지능과 정보 콘텐츠, 그리고 서비스 등을 통합시키면 제품의 가치를 더욱 높일 수 있다. 또한 정보의 특징과 기능을 조화롭게 합하면 이미 성숙 단계의 끝에 도달한 제품과 서비스도 보다 현대화시킬 수 있다. 가치 증가의 원천이 되는 것은 물질적 변화라기보다는 새로운 무형의 자산들이다. 전통적인 제품에 선택권, 다양성, 서비스 등을 삽입하면 보다 정보화된 제품으로 전환되며, 시장에서 또 다른 새로운 기회가 만들어진다.

이처럼 다양한 정보를 다양한 채널과 콘텐츠로 소비자에게 전달하는 중요한 소비자정보는 변화하는 미래사회에서는 더 확대될 것이다. 왜냐하면, 상품과 서비스의 다양화는 시장을 더욱 복잡하게 하고, 복잡한 시장구조에서 소비자는 신속하고 정확한 정보의 역

정보보호의 날

매년 7월 둘째 주 수요일은 정보보호의 날이다. 금융감독원은 2012년부터 정보보호의 날(매년 7월 둘째 주 수요일)로 지정하였으며, 2015년 7월 8일을 맞이해 최근 개인정보 관련 민원 동향과 개인정보보호를 위해 금융소비자 유의사항을 안내했다고 한다. 특히, 인터넷·모바일 뱅킹 등 비대면 금융거래 활성화로 개인정보의 수집·이용에 따른 정보유출 피해위험이 높아지고 있다며, 안전한 금융생활을 위해 금융소비자의 개인정보 관리에 대한 관심과 실천이 중요하다는 점을 강조했다.

최근 개인정보 관련 민원 동향으로 주요 민원내용은 개인정보 유출에 따른 금전적 피해구제, 금융회사의 과도한 개인정보수집 또는 관리 소홀, 마케팅 목적 등으로 제3자에게 개인정보제공에 대한 불만 등이 꾸준히 발생하고 있다. 이 같은 개인정보 유출로 인한 금융소비자 피해의 특징으로는 스미싱, 큐싱 등 스마트폰을 통한 정보유출과 사회적 이슈에 편승한 정보 탈취 시도 등이 있으므로 향후에도 전 국민의 관심도가 높은 사회적 이슈 발생 시 이를 악용하는 사례가 발생할 수 있어 주의가 필요하다.

개인정보 유출 사전 예방을 위한 실천사항으로는 개인정보가 노출되지 않도록 안전하게 관리하는 습관이 필요하고, 개인정보는 절대 타인에게 알려줘서는 안 되며, 금융회사의 원치 않는 마케팅 전화를 거부해야 한다고 하였다.

금융감독원은 개인정보 유출 시 대처방법으로는 신속한 신고, 그리고 명의도용 피해가 우려된다면 신용정보 조회중지 서비스 신청, 또한 피해 발생 시에는 분쟁조정을 신청할 수 있다고 강조하였다. 그리고 개인정보 불법유통 발견 시에는 금융피해 확산이 방지될 수 있도록 협조를 바란다고 밝혔다.

자료: 데일리팝(2015. 7. 8.).

할이 소비자선택에 중요하게 작용하기 때문이다. 이것은 결국, 비용이나 문화적 행태와 직결된다. 소비자는 다양한 정보의 소유에서 정보의 공유로, 그리고 각 소비자의 유형이나 특성별 맞춤을 재가공하는 시대에 살고 있으며, 앞으로도 그러할 것이기 때문이다.

3. 미래사회의 소비자정보 이슈

1) 모바일 광고

이경렬 외(2010)는 모바일 광고를 이동통신단말기 혹은 무선인터넷 단말기를 이용하여 고객에게 광고메시지를 발송하는 행위로 정의하였다. 또한 모바일 광고는 무선통신 매체(휴대폰, PDA 등)를 통해 이루어지는 광고 커뮤니케이션으로 보고, 시간과 장소의 구애를 받지 않고, 원하는 고객에게만 다양한 형태의 음성, 문자, 동영상 등 멀티미디어 광고를 집행할 수 있는 특성이 있는 것으로 설명하고 있다. 이 밖에도 모바일 광고는 모바일 광고에 대한 유형을 광고 형태에 따라 검색, 노출형(배너) 외에 비디오와 메시지 등으로 구분하였다.

정태연(2011)은 이경렬·한상필·박용찬 외(2010)가 제시한 내용을 이용하여, 모바일 광고를 무선 통신 매체(휴대폰, PDA 등)를 통해 고객에게 음악, 그래픽, 음성, 문자 등의 방법으로 광고 메시지를 발송하여 고객으로부터 기대하는 반응을 얻고자 하는 광고 커뮤니케이션으로 정의하고 있다.

김재필 외(2011)는 모바일 광고를 스마트폰, 태블릿PC 앱, 모바일 웹에 삽입·전달되는 광고인데, 휴대용 기기를 통해 시간·장소 제약 없이 타깃 고객을 대상으로 음성·문자·동영상 등 다양한 형태로 내용을 전달하는 모바일 마케팅 수단이라고 정의하고 있다.

그리고 조일상 외(2012)는 모바일 광고에 대한 범주를 다음과 같이 제한하였다. 첫째, 모바일 기기를 활용하더라도 모바일 전용 웹·앱을 통해 모바일 기기를 활용하지 않는 경우는 인터넷광고와 동일하기 때문에 모바일 광고로 볼 수 없다. 둘째, 모바일을 통한 상품판매 광고의 경우, 단순 상품판매 수수료가 발생한 경우가 아니라 인벤토리 또는 별도

표 14-4 모바일 광고의 종류

종류	특성
검색 광고	포탈사업자 주도, 모바일웹과 함께 동반 성장이 예상됨
배너(디스플레이)광고	모바일웹 또는 앱 내 배너 광고, 고객주목도 높고 거부감이 적음
비디오 광고	동영상, TV 시청 시 전후에 노출되며 양방향 광고가 가능함
메시지 광고	SMS·MMS 형태의 광고로, 모든 휴대폰에 적용이 가능하고 스팸성이 높아 비효율적임
앱 광고	스마트폰에 적합한 광고이며, '브랜드앱' 방식으로 기업이 직접 배포 혹은 플랫폼 내에 브랜드앱 입점 등의 방식으로 전개함

자료: 김재필·허정욱·성민현(2011). 국내 모바일 광고 시장 및 플랫폼 사업 동향. DigEco Report. KT 경제경영연구소. p.4.

의 광고료를 소비하여 광고하는 경우(광고비 발생)만을 포함시킨다. 따라서 모바일 웹 또는 앱을 광고 매체로 광고비용이 집행된 부분에 한하여 모바일 광고로 정의하였다. 이때 리스트구입 비용, 통신비 등이 발생하는 MMS·SMS광고, 자사의 웹사이트 광고, 온라인 상점 등에서 상품을 판매하기 위한 노출 등은 광고에서 제외하였고, 자사 상품 광고라도 브랜드앱 등 개발의 경우 개발비용 등이 발생하므로 별도 광고로 집계하였다.

또한 과금 방식·광고 유형·광고 형태 등에 따른 모바일 광고의 종류를 구분하는 방식을 제시하고 있지만, 그보다는 다양한 플랫폼의 증대, 스마트미디어의 확산에 따른 유형 간 결합이 발생하고 있어 조사를 위한 유형 구분이 필요하다고 보고 이를 별도로 제시하고 있다.

문필주(2012)는 모바일 광고를 휴대용 기기를 통해 시간과 장소의 제약 없이 항시 고객을 대상으로 음성·문자·동영상 등 다양한 형태로 내용을 전달하는 모바일 마케팅수단이라고 규정하고 있다. 또한 김재필·허정욱·성민현(2011)이 제시한 검색, 배너, 비디오, 메시지, 및 앱 광고의 5분류 방식을 차용하여 모바일 광고 유형을 제시하고 있다(정보통신정책연구원, 2013, 재인용).

일반적으로 모바일 광고는 휴대폰이나 PDA 등 모바일 기기를 통해 전달되는 모든 형태의 광고라고 할 수 있다. 이동통신 시장의 환경변화 측면에서 살펴보면, 이동통신 시장은 2015년 현재 가입자가 57,433,378명(이동전화 가입회선 57,433,378명, 스마트폰 이용회선 40,836,533명, 미래창조과학부 통계자료, 2015년 1월 기준)으로 포화상태에 이르러 성장률

표 14-5 시장모니터링 대상 온라인광고 이슈

모니터링 이슈	주요 내용
부당광고	허위·과장, 기만, 부당비교, 상품정보 오기(가격오기), 비방, 명예훼손
콘텐츠·광고 미구분	정보와 광고가 구분되지 않은 경우, 온라인 간접광고
원하지 않은 광고 노출	불법 애드웨어, 불법 스팸 메일, 기만을 통한 노출(엉뚱한 페이지 랜딩)
분쟁 및 글로벌 광고 피해	이용자-사업자 간 분쟁, 국경 간 제공 광고 관련 이용자보호 이슈
개인정보침해	신상·위치·형태 정보의 수집과 사용
내용규제·심의 대상	청소년유해광고(선정성·폭력성·사행성), 사회의 통합을 해치는 내용, 사회불신 조장, 지나치게 지역적인 내용, 전통가치·미풍양속 훼손, 건전한 사회질서 저해, 인간 존엄성 훼손, 성별·인종·출신·종교 차별 등

자료: 정보통신정책연구원(2013). 스마트광고 시장성장에 따른 이용자측면의 규제정책 방향 연구, 방송통신정책연구 13-진흥-087, p.96.

이 크게 둔화됨에 따라 다양한 컨버전스형 서비스 개발에도 불구하고 지난 10년간의 역동성을 기대하기는 어려운 점도 있다. 이러한 단점을 극복하기 위하여 가입자 접속료 중심에서 콘텐츠, S/W, 서비스, 광고 등 사용자 가치 중심으로 변화하게 되면서 초고속인터넷 사업자 대신 인터넷 포탈 기업들이 막대한 수익을 얻게 되었다.

모바일 광고의 매개체로서 모바일 미디어는 디지털화와 융합화의 맥락에서 방송, 통신, 인터넷망 등 여러 유형의 네트워크에 접속하여 다양한 정보를 주고받는 양방향성을 실현하도록 진화하고 있다. 이러한 모바일 미디어의 발전과 확산은 기존 매스미디어 중심의 사회적 소통구조를 개인 미디어 중심으로 변화시키고 모바일 기기를 다양한 콘텐츠와 서비스를 매개하는 지능화된 기기로 발전시켜 모바일 기기가 커뮤니케이션 수단에서 엔터테인먼트 미디어로 진화함에 따라 기존 매체의 강력한 경쟁 매체로 부상하고 있다(정두남·이시훈, 2008).

소비자 입장에서 모바일 광고는 다양한 모바일 서비스를 위해 이동통신사가 보유하고 있는 개인정보와 위치정보 등을 기반으로 실시간 정보에 근거한 개인화된 맞춤 정보제공이 가능하고, 가격 파괴적인 모바일 광고 서비스가 제공될 경우 제품이나 서비스에 대한 비용할인 등과 같은 경제적인 혜택을 누릴 수 있는 것이다. 그러나 기존 매체 광고와 가장 차별적인 모바일 광고의 가치라고 할 수 있는 개인화된 맞춤 정보를 제공받기 위해서는 인구통계학적 정보와 서비스 이용정보, 위치정보 등 다양한 개인정보가 활용되지 않으면 안 된다는 것이다.

이와 같이 모바일 광고 서비스 제공을 위해서는 개인정보수집이나 활용에 대한 사전 동의 과정을 거쳐야 함에도 불구하고, 현재 가장 활성화되어 있는 문자메시지 중심의 모바일 광고의 경우 소규모 사업자에 의해 소비자의 동의를 거치지 않거나 제대로 된 소비자 분석 없이 무분별하게 전송되는 경우가 많아 소비자피해가 발생할 가능성이 농후한 데에 문제점이 있다.

또한 10대를 포함한 대부분 연령대의 소비자가 모바일 폰을 이용하고 있을 뿐만 아니라 기존 매체 광고와 달리 광고 노출 후 제품구매나 서비스 이용으로 바로 연결될 수 있다는 측면에서 모바일 광고 시장이 성장해감에 따라 무분별한 스팸성 모바일 광고에 대한 직접적인 노출로 인해 소비자 피해 규모 역시 커질 수 있는 우려가 많다.

일반적으로 모바일 광고의 장점을 사업자 관점에서 보면, 첫째, 모바일 광고는 표적 고객을 대상으로 개인화된 메시지를 전달할 수 있는 개인 맞춤 광고가 가능하다. 둘째, 모바일 광고는 현재의 위치에 적합한 메시지를 전달할 수 있는 위치 기반 광고가 가능하다. 셋째, 모바일 광고는 다양한 마케팅 수단과의 결합을 통해 추가적인 혜택을 제공해 준다. 넷째, 모바일 광고는 다양한 오락거리를 통해 즐거움을 제공해 준다.

반면에 사업자 관점에서의 단점은 먼저 사전 동의를 얻지 않으면 개인정보 이용에 의한 사생활 침해라는 부정적 태도가 형성될 수 있다. 그리고 모바일 매체의 특성으로 인해 상대적으로 작은 화면, 글자 수 제한 등 사용자 환경에 있어 한계가 존재한다. 마지막으로 웹접속 광고의 경우 광고 대상이 모바일 인터넷에 익숙한 이용자에 국한될 수 있는 한계가 있다(남기화, 2011).

소비자 관점에서 효용을 구체적으로 살펴보면, 모바일 광고는 소비자가 커뮤니케이션 과정에 능동적으로 참여하여 정보를 교환할 수 있는 상호작용이 가능하다. 다음으로 현재 위치나 상황, 개인 성향에 맞는 맞춤형 정보를 제공해 준다. 이러한 정보는 소비자 개인의 특성, 서비스 이용 및 제품 구매행태, 현재 위치 분석 등을 통해 소비자 개개인의 상황을 고려한 것이기 때문에 적절한 상황에 제시되는 광고를 통해 정보탐색과 동시에 구매가 가능하게 해 준다. 이와 더불어 광고 노출 직후 상호작용을 통해 필요시 더욱 풍부한 정보를 즉시적으로 얻을 수 있다.

또 다양한 마케팅 수단과의 결합을 통해 추가적인 혜택을 제공해 준다. 온·오프라인 연동 마케팅이나 실시간 마케팅의 일환으로 이벤트 당첨, 할인 쿠폰 제공 등을 통해 필요시 적시 구매가 가능하여 기회비용을 절감하게 해 준다. 또한 선택적 광고 접속을 유도하는 광고 특성상 광고 접속 대가로 요금 할인이나 서비스 및 콘텐츠를 무료로 이용하게 해 주는 보상을 제공하거나 요금할인 혹은 무료 통화나 문자를 제공해 주거나 엔터테인먼트 서비스와 광고가 결합하여 동영상이나 게임과 같은 서비스를 할인된 가격이나 무료로 제공해 주어 보다 저렴하게 서비스를 이용할 수 있는 다양한 혜택을 제공해 준다. 이 밖에도 다양한 오락거리를 통해 즐거움을 제공해 준다. 다양한 형태로 표현되는 멀티미디어적인 광고를 통해 흥미를 느낄 뿐만 아니라 소비자들이 모바일 미디어를 통해 광고에 접속하는 과정에서도 즐거움을 느낄 수 있다는 것이다.

소비자 관점에서 단점은 사적정보나 연락정보, 위치정보 등 개개인의 정보가 활용되기 때문에 개인정보 활용에 대한 우려를 유발할 수 있다. 푸시형 광고는 소비자로 하여금 성가심을 유발하게 할 수 있다. 상세정보를 보기 위해 추가 정보 페이지에 접속하거나 연결할 경우 음성 및 데이터 통화료, 정보이용료 등과 같은 부수적인 비용이 발생할 수 있어 이에 대한 우려를 야기할 수 있다(남기화, 2011).

모바일 광고는 현상적으로는 비교적 새로운 것이지만 법적으로는 인터넷 광고의 연장선상에서 파악할 수 있다. 이러한 점을 고려하여 모바일 광고 제도의 세부적인 쟁점은 다음과 같다.

모바일 광고는 인터넷 서비스가 구체적으로 어떠한 유형인가에 따라서 같은 인터넷이라는 매체를 이용하더라도 많은 차이가 있다. 예를 들어, 인터넷 서비스를 제공하는 사이트에 노출광고를 하는 것과 이메일을 통하여 광고를 전송하는 것과는 그 규율방법이 달라야 한다. 이러한 논의는 광고에 있어서도 매체 중심의 수직적 규율체계에서 수평적 규율체계로의 변화가 필요한지, 필요하다면 어떻게 수용해야 할지에 대한 논의로 연결된다. 콘텐츠 규제는 매체 중심의 수직적 규율체계에서 수평적 규율체계로 이미 변화가 시작되었다. 「방송통신위원회의 설치 및 운영에 관한 법률」에 의하여 방송통신위원회가 설립되어 운영되고, 「방송통신발전기본법」이 제정되어 방송통신영역을 규율하고 있는 것이 시초이다. 결국 광고도 이러한 체계를 수용할 수밖에 없을 것이다. 다만 수평적 규율체계가 매체의 특성에 대한 경시로 연결되면 안 되는 것처럼, 광고에 대하여 수평적 규율체계

표 14-6 소비자와 사업자의 관점에 따른 모바일 광고의 장점과 단점

구분	사업자 관점	소비자 관점
효용성 면에서의 장점	• 개인 맞춤성 • 위치 기반성 • 상호 작용성 • 즉시성 • 온오프라인 연동성 • 멀티미디어성	• 상호 작용성 • 개인 맞춤성 • 혜택 제공성 • 오락 제공성
비용성 면에서의 단점	• 사전 동의 필요 • 사용자 환경 한계 • 웹접속 광고대상 한계	• 개인정보 활용 우려 • 성가심 • 비용발생 우려

자료: 조용환(2009). 한국 고등학생의 학업생활과 문화에 대한 연구. p.110.

를 취하더라도 광고 매체에 대한 심도 있는 고려가 있어야 할 것이다.

모바일 광고의 판매 구조에서는 판매대행사를 반드시 요구해야 할 필연성이 낮다. 물론 첫 번째에서 논의한 것처럼 이 경우도 해당 인터넷 서비스가 구체적으로 어떠한 유형인가에 따라서 같은 인터넷이라는 매체를 이용하더라도 많은 차이가 있을 것이다. 그러나 원칙적으로 전통적인 방송광고의 판매에 비하여 판매대행사를 제도적으로 강제할 필요가 덜 할 것이다. 이 경우 판매대행사를 거치느냐, 거치지 않느냐는 시장 참여자의 판단에 맡기는 것이 타당하다. 시장의 효율성에 따르도록 하는 것이 타당하다. 이러한 요청은 모바일 광고 판매 구조 설계에 있어서 반영되어야 한다.

모바일 광고는 인터넷 광고와 마찬가지로 기존의 콘텐츠와 광고의 혼용과 합성을 특징으로 한다. 사이트 검색광고는 검색결과인 콘텐츠와 광고의 합성이다. 최근 각광받고 있는 트위터의 경우, 새로운 광고형식을 취하고 있다. 예를 들어 팔로어가 수만 명인 트위터가 특정한 상품을 가격이 싸고 최신 디자인을 갖추고 있어 만족스럽다는 글을 남기는 것이 그것이다. 이러한 현상은 비단 모바일 광고에만 국한되는 것은 아니다. 방송의 간접광고와 같은 프로그램 내 노출광고는 광고회피 현상을 극복할 수 있는 새로운 광고수단으로 주목받고 있다. 이에 따라 광고를 어떻게 정의해야 하는지, 원래의 콘텐츠를 변형하는 것이 어느 수준까지 허용될 수 있을 것인지가 광고법제의 중요한 쟁점으로 부각되었다고 할 수 있다.

모바일은 국경이 없다. 그러나 모바일 광고에 대한 제한은 국경이 있다. 따라서 필연적

으로 동일한 시장에서 경쟁하는 기업에 대한 이른바 비대칭 규제가 발생한다. 이러한 비대칭 규제는 공정경쟁을 방해하는 큰 요인으로 작용한다. 나아가 국경을 넘나드는 행위로 인하여 해당 행위로 야기되는 법적 분쟁에 대한 재판관할권이 문제가 된다.

모바일 광고에서는 방송 광고 등 전통적인 매체 광고와는 달리 광고에 대하여 매체가 책임을 져야 하는지가 쟁점이 되고 있다. 예를 들어, 신문이나 인터넷 사이트에서 주거공간 분양광고를 노출시켰을 때 그 분양광고가 허위광고인 경우, 광고주에게 허위광고의 법적 책임을 묻는 것 외에 매체사인 신문이나 인터넷 사이트에 이러한 광고를 노출시켰다는 이유로 법적 책임을 물을 수 있는지의 문제가 제기된다.

이것은 방송 광고 등 전통적인 매체 광고에서 매체가 책임을 지지 않는다는 결론에 비추어 보면, 특이한 현상이라고 할 수 있다. 이 점에 있어서 모바일 광고와 전통적인 매체 광고가 결론을 달리할 특수한 점이 있는지가 중요한 쟁점이 될 것이다. 이러한 점이 방송 광고와 달리 모바일 광고에서 문제가 되는 것은 근본적으로 구조에 기인한 것이라고 생각한다. 방송광고의 경우 기존에 사전심의 등을 통하여 이러한 광고가 매체에 게재되지 않는 구조가 조성되어 이러한 문제가 법적 분쟁까지 가지 않는 구조를 가지고 있는 것에 비하여, 모바일 광고는 상대적으로 이러한 구조를 가지고 있지 않은 것이다. 따라서 모바일 광고에서도 전통적인 매체가 책임을 지지는 않는 것이 타당하다.

위치정보를 분석하거나, 쿠키(cookie) 정보, DPI(deep packet inspection)를 통한 정보분석을 통하여 이용자의 행태정보를 분석하여 타깃 광고 또는 맞춤형 광고가 가능하다. 그러나 이러한 기술을 이용한 맞춤형 광고가 아직은 널리 사용되지 않고 있다. 이러한 기술이 맞춤형 광고를 구현할 수 있을 정도로 안정화되지 못했고, 정보주체의 동의 없는 정보이용이 개인정보의 침해 문제를 야기하기 때문이다. 따라서 이에 대한 사회적 논의를 통하여 해결이 필요하다.

특히 모바일 광고는 위치정보를 분석하여 위치기반 광고를 할 수 있다는 점에서 기존의 인터넷 광고와 크게 다르다. 위치기반 기술을 이용하여 고객이 원하는 정보를 적절한 시간과 장소에 구애받지 않고 제공하는 실시간 마케팅(real-time marketing)을 할 수 있게 되었다. 예를 들어, 타킷 소비자가 특정 지역에 들어올 경우 휴대폰으로 그 지역의 상거래 정보나 이벤트를 고지할 수 있고, 특정 백화점 주변에 있는 고객을 대상으로 할인정보 또는 할인티켓을 제공할 수 있다. 그런데 위치기반 광고를 하기 위해서는 정보주체의 동의에 의한 정보수집이 전제가 되어야 한다. 더구나 위치기반 정보는 개인정보침해뿐 아니라 생명이나 신체의 안전과 더욱 중요한 법익 침해를 야기할 수 있기 때문에, 쿠키 정보나 DPI를 통한 정보 분석으로 이용자와 행태정보를 이용하는 것보다 강력한 대응이 필요하다. 현재 우리는 「위치정보의 보호 및 이용 등에 관한 법률」(이하 '위치정보법'), 정보통신망법을 중심으로 이에 대응하고 있는데, 업계에서는 이와 같은 보호방법과 수준이 위치기반 광고의 활성화를 저해한다고 인식하고 있다.

위치기반 광고를 위하여 현재 위치정보법의 원칙(위치 기반서비스사업자가 개인위치정보)을 이용하여 서비스를 제공하고자 하는 경우에는 미리 위치기반서비스사업자의 상호, 주소, 전화번호 그 밖의 연락처, 개인위치정보주체의 권리와 그 행사방법, 위치기반서비스사업자가 제공하고자 하는 위치기반서비스의 내용, 위치정보 이용, 제공사실 확인 자료의 보유근거 및 보유기간 등을 이용약관에 명시한 후 개인위치 정보주체의 동의를 얻도록 하는 규정(제19조 참고)을 변경해야 할지는 신중한 판단을 요한다. 만약 변경할 필요가 있다면, 앱을 다운 받을 때 미리 고지 후 동의를 받고, 이 한도 내에서 위치기반 광고를 하는 것으로 이 방법은 원칙을 훼손하지 않으면서도 조화를 이룰 수 있는 방법이라고 판단된다.

모바일 광고 시장이 급격히 성장하고, 광고 형태가 SMS 발송 형태에서 콘텐츠 내의 플랫폼으로 변모하고 이동통신회사에서 단말기 제조사, 모바일 플랫폼 사업자 등으로 주도권이 변화하면서 불공정행위에 대합 규제가 필요한지 검토해야 할 필요가 제기되고 있다. 이제 막 형성되기 시작한 모바일 광고 시장에서 당장 불공정행위를 규제하는 것은 바람직하지 않다. 해당 시장에서 누가 시장 지배적 사업자 지위에 있는지, 누가 누구에게 어떠한 형태로 불공정행위를 하는지 등 시장 상황을 면밀히 관찰하다 시장이 좀 더 성숙하여 이러한 규제 필요성이 인정될 때 적절히 규제하는 것이 타당하다.

모바일 광고를 둘러싼 법률관계는 아직 정형화되지는 않았지만, 대체로 매체사-판매대행사-광고대행사-광고주의 관계로 구조화되어 있다. 여기서 광고주는 헌법 제21조에서 보호하는 표현의 자유를, 판매대행회사와 광고대행사는 헌법 제15조에서 보호하는 직업의 자유에서 나오는 영업의 자유를, 매체사는 매체사의 유형에 따라 헌법 제21조에서 보호하는 언론사의 자유 또는 제15조의 영업의 자유를 가지며, 매체의 이용자는 소비자로서의 권리 또는 이익을 가진다. 광고주의 광고는 청소년 보호, 소비자 보호, 공정경쟁과 같은 공익을 침해하거나 명예권 또는 초상권과 같은 타인의 기본권을 침해할 수 있다. 따라서 광고주의 광고에 의한 표현은 헌법 제37조 제2항에 따라 제한될 수 있다. 국가는 한편으로는 광고주의 표현의 자유를 보호할 책무를, 한편으로는 이와 같은 공익이나 일반 국민의 기본권을 보호할 책무를 동시에 가진다.

국가는 이러한 책무를 이행하기 위하여 일반적인 광고를 규율하는 법령을 제정하여 집행하고 있다. 「소비자기본법」, 「표시광고법」과 같이 소비자 보호와 공정경쟁을 촉진하기 위하여 모든 광고에 두루 적용되는 법령과 「의료법」 등과 같이 개별 영역에서 광고를 제한하고 있는 법령, 모든 콘텐츠에 두루 적용되어 광고에도 적용되는 「청소년보호법」, 「형법」 등이 그것이다. 그리고 이러한 일반적인 광고 규율 법령 외에 각 매체에 따라 그 특성에 맞는 특유한 규율 제도로 구성되어 있다.

한편 모바일 광고에는 이상의 법령을 바탕으로 모바일 광고의 특성에 맞는 특유한 규율 제도가 있다. 인터넷 광고에 있어서 특별한 제도인, 한국인터넷광고심의기구라는 민간기구의 자율적인 사전 사후심의 제도, 「정보통신망법」에 따른 방송통신위원회와 방송통신 심의위원회의 불법정보 또는 유해정보에 대한 심의 및 사후조치가 그것이다. 그 밖에 모바일 광고에 있어서만 특별한 제도는 현재까지는 없다.

모바일 광고는 잠재력은 있지만, 아직 규모나 구조가 미성숙한 상태인 것으로 보인다. 따라서 국가는 이러한 시장 구조를 형성할 수 있도록 조력하는 것이 필요하다. 모바일 광고 시장에 참여자가 원하는 것처럼, 모바일 광고의 정의, 배너의 크기, 사용기술 등에 대한 표준화를 지원해야 할 것이다. 그와 함께 국가는 이러한 시장의 구조가 어떻게 형성되는지 관찰을 하되 현재 상태에서 섣부른 제한은 부적절해 보인다. 내용규제를 위한 제도는 인터넷 광고와 같은 구조로 형성하는 것이 좋으나, 다만 위치정보를 이용한 광고는 그것이 가능하도록 하면서도 위치정보가 적절히 보호될 수 있는 적당한 방법을 찾아 이를 입법화하려는 노력이 시급하다.

좀 더 폭넓게 온라인 광고 규제와 관련하여 정부가 추진해 나갈 필요가 있는 정책과제는 첫째, 온라인광고 시장의 부단한 모니터링, 둘째, 자율규제 실효성 재고와 온라인광고의 가이드라인 관리, 셋째, 온라인광고에서 개인정보보호 수위에 대한 사회적 합의 도출을 통한 제도화 등을 제안할 수 있다. 그리고 넷째, 개인정보보호 수위와 마찬가지로 어려운 문제가 온라인광고에서 광고와 콘텐츠의 구분 기준의 명확화가 요구되며, 끝으로 온라인광고 규제를 위한 글로벌 공조체제의 구축이다.

온라인 비즈니스는 국경이 없는 것이 큰 특징이다. 국내외 사업자들이 혼재되어 온라인에서 활동하지만 국내 사업자들에 적용되는 규정과 해외사업자들에게 적용되는 규정이 다를 경우 형평성 문제가 일어나고 불공정한 시장이 될 수도 있으며 이용자들에게도 혼란과 불편을 야기하고 궁극적으로 시장발전을 저해할 수도 있다. 이 문제를 해결하려면 어떤 방식으로든 국가 간 협력 체제를 구축하고 국가 간 규제 격차를 줄여나갈 필요가 있다(이준호, 2008).

그뿐만 아니라, 정부는 정책수단으로서의 미래연구 및 공무원 수준의 미래연구 관련 역량 강화가 요구되며, 창조경제를 위한 새로운 신 산업의 발굴과 산업 간 융합 환경이 조성되어야 한다. 특히 소비자와 관련된 규제가 미약한 광고는 소비자오인을 야기하여 소비자의 생활에 부정적 요인이 강할 뿐만 아니라, 건전한 소비문화 및 소비습관 양성에 장애가 되므로 관련 정책을 준비하는 해안이 필요하다.

2) 빅데이터

1980년대에 출판된 《제3의 물결(The Third Waves)》에서 앨빈 토플러는 정보화 혁명이 20~30년 내에 이루어져 제3의 물결인 정보화 시대가 도래할 것이라고 예측하였다. 이제 우리는 이를 넘어 정보가 범람하는 정보(big data)를 생산하고 수용하는 시대의 중심에 서 있다.

빅데이터란 아날로그 체계에서 생성되던 데이터에 비하면, 그 규모가 방대하고, 생성 주기도 짧으며, 형태도 숫자, 문자, 영상 데이터를 망라하는 비정형적인 대규모 데이터를 일컫는 말이다. 예컨대 소비자가 사용하는 신용카드의 사용 내역의 누적, 인터넷 쇼핑 사이트에 남긴 장바구니의 내역, 그리고 소비자의 탐색 발자국(trace, digital footprint)은 모두 소비자에 대한 정보를 담고 있는 데이터로 축적된 것들로 이는 일종의 빅데이터라고 할 수 있다.

빅데이터의 특징은 3V, 즉 데이터의 양(volume), 데이터 생성 속도(velocity), 형태의 다양성(variety)을 들 수 있다. 미국에서 예측한 2012년 전략기술에 새롭게 등장한 빅데이터는 2013년 전략기술로서 연속으로 제시되었다. 빅데이터는 대규모 데이터를 분석해서 의미 있는 정보를 찾아내는 데이터 분석뿐만 아니라 데이터의 양과 질의 동시적, 다각적 측면을 반영해 주는 빅데이터의 전반적인 처리기술의 중요성을 강조하고 있다. 따라서 빅데이터는 산업혁명 시기의 석탄처럼, IT와 스마트혁명 시기에 혁신과 경쟁력 강화, 그리고 생산성 향상을 위한 중요한 원천의 하나로 간주되고 있다(김종호, 2013, 재인용).

이와 같이 빅데이터에 대한 폭넓은 활용 가능성에 대한 기대로 민간부문과 공공부문에서 빅데이터의 확보 양산 활용에 대한 관심도가 증폭되고 있다. 민간 기업들은 일찍이 고객 자료를 활용하여 고객관계관리(CRM)와 고객 데이터 분석을 통해 고객의 행동을 미리 예측하고, 고객 유지와 이탈방지 등과 같은 다양한 마케팅 활동에 이바지해 왔다. 근래에는 트위터와 인터넷에서 생성되는 해당 기업 관련 검색어와 댓글들을 수집하여 빅데이터 기술의 하나인 분산처리 방식을 통해 대규모 고객정보를 단시간에 분석하여 고객의 욕구에 즉각적으로 대응함으로써 시장에서 그 유용성을 입증하고 있다.

이미 빅데이터는 민간부분에서는 적극적으로 활용되고 있다. 민간부문의 빅데이터 활용사례로 빅데이터에 근거하여 사이트의 특정 키워드를 검색하면, 관련된 검색어 빈도분석을 통해 국가 기관보다 자세한 정보는 물론, 그 예측력이 더 뛰어난 것으로 밝혀졌다. 하지만 이 사실은 빅데이터의 활용에 대한 흥미도 있지만 의구심도 있다.

첫째, 검색한 사람의 의지와 상관없이, 사전고지 없이 추정되는 사람들의 정보를 타인에게 누출한 셈이 된다. 둘째는 질병을 통제하는 한 국가의 공공기관이 민간 검색 사이트의 정보력 획득 수준보다 낮다는 사실은 공공기관의 빅데이터 활용수준이 매우 열악함을 알 수 있다.

다시 말하자면 빅데이터는 엄청난 양의 정보 축적으로 IT를 활용한 분석도구로서 민간 마케팅 분야에서는 소비자의 소비 패턴 파악의 정확성을, 그리고 공공부문에서는 정책결정과 집행의 순기능을 확보하는 희망의 도구로서 긍정적인 시각이 강하다. 하지만 조지 오웰의 《1984》에 묘사되었듯이 하나의 독점 권력이 개개인의 정보를 독식하여 관리 통제하는 무시무시한 현실의 부작용을 간과할 수는 없다.

민간부문은 소비자의 차별화된 요구에 부응하는 원스톱 맞춤형 서비스를 제공하여 소비자만족도를 최고치로 달성하지만, 고용부문은 국민의 안전과 복지증진을 위한 명목 아래 빅데이터로 인한 폐단과 갈등에 대한 고려 없이 정부와 민간부문은 각 개인의 정보를 수집하고 분석하는 데에만 박차를 가할 것으로 보인다. 따라서 빅데이터 시대의 도래를 위한 정부의 역할을 파악하고 그 시대의 윤활제 및 촉매제 역할로서 정부의 적극적 제도 구축과 이에 대한 환경 마련이 절실히 필요하다. 즉 정부가 빅데이터 시대에 빅데이터를 잘 활용하고 관리하는 정부 역량을 발휘하여 국민의 생활의 질이 향상될 수 있도록 기여해야 한다.

구체적인 정부의 역할은 먼저 빅데이터의 소유권은 어떻게 정의할 것인가의 문제를 정부가 정의해야 한다. 그리고 빅데이터의 총체적인 관리 및 운영체계 확립이 필요하다. 개인정보보호법과 정보통신망법과의 갈등 조절 및 긴장 완화 보완책과 기타 관련법들과의 관계정립 보완 방안이 필요하며 정보의 질과 신뢰를 확보하기 위한 정부의 사전 및 사후적 규제가 필요하다. 마지막으로 정보의 특성상 정보의 편중이 일어날 수 있으며, 이러한 정보의 부익부 빈익빈 현상을 미연에 방지할 필요가 있다.

빅데이터 활용에 간접적으로 적용할 수 있는 법들은 정보통신망 이용촉진 및 정보보호 등에 관한 법률, 전기통신사법, 전자금융거래법, 전자상거래 등에서의 소비자 보호에 관한 법률, 저작권법 등이 있다. 시장역량은 창조경제를 위한 새로운 신 산업의 발굴과 산업간 융합 환경이 조성되어야 하며, 기술역량으로는 데이터 기반의 국가미래전략수립을 위한 기초 기반인 빅데이터 기술 역량이 강화되어야 한다.

공공, 민간 및 국내외 상용 포털에서 확보되는 빅데이터를 분석하고 해석함으로써 위험과 기회를 식별하고 중장기 미래전략 수립을 위한 수단으로 활용하며, 빅데이터 기반을 위한 주요 이슈는 데이터 경제 시대에 대한 만반의 준비, 공유 데이터 플랫폼의 구축과 확산, 데이터 사이언티스트 양성, 개인정보보호 및 사생활 침해 예방, 인간 감정의 상호작용 분석, 거대담론적 분석, 미래 예측으로, 데이터 분석을 통해 어떻게 미래를 예측할 수 있는지에 대한 구체적 매커니즘은 여전히 모호성에 대한 부단한 준비를 해야 한다.

3) 정보이용 관련 저작권 윤리

저작물은 인간의 사상 또는 감정을 표현한 창작물을 말한다. 일반적으로 창작성이 있을 것, 인간의 사상 또는 감정을 표현한 것이어야 함이 요구된다. 저작물의 창작성이란 완전한 의미의 독창성을 말하는 것은 아니며, 단지 어떠한 작품이 남의 것을 단순히 모방한 것이 아니고 작자 자신의 독자적인 사상 또는 감정의 표현을 담고 있음을 의미한다.

저작권은 저작물의 창작과 동시에 발생하며, 어떠한 절차나 방식을 요구하지 않는 무방식주의에 따라 권리가 발생한다. 저작권은 등록하지 않아도 법적 보호를 받을 수 있지만, 등록하는 경우에는 추정력과 대항력이라는 법률적 이익이 발생한다.

저작물의 보호 범위는 저작자의 사상 그 자체가 아니라 사상의 표현이다. 대법원 판례는 아이디어와 표현의 구별을 널리 받아들여 "저작권법이 보호하는 것은 문학·학술 또는 예술에 관한 사상·감정을 말·문자·음·색 등에 의하여 구체적으로 외부에 표현하는 창작적인 표현형식이고, 그 표현되어 있는 내용, 즉 아이디어나 이론 등의 사상 및 감정 그 자체는 설사 그것이 창작성이 있다 하더라도 원칙적으로는 저작권법에서 정하는 저작권의 보호대상이 되지 아니한다."라고 명백히 하고 있다.

저작물이란 소설·시·논문·강연·연술·각본 등의 어문저작물, 음악저작물, 연극 및 무용·무언극 등의 연극저작물, 회화·서예·도안·조각·공예·응용미술작품 등의 미술저작물, 건축과 건축을 위한 모형 및 설계 도서를 포함한 건축저작물·사진저작물·영상저작물, 지도·도표·설계도·약도·모형 등의 도형저작물·컴퓨터프로그램저작물, 기타 저작물의 요건을 갖춘 모든 창작물을 말한다. 원저작물을 번역·편곡·변형·각색·영상제작, 기타 방법으로 작성한 2차 저작물은 독자적인 저작물로서 보호된다.

그러나 법령, 국가 또는 지방공공단체의 고시·공고·훈령, 법원의 판결·결정·명령 및 심판이나 행정심판 절차 등에 의한 의결·결정, 국가 또는 지방자치단체가 작성한 편집물 또는 번역물, 사실의 전달에 불과한 시사 보도 등은 보호 대상에서 제외된다.

저작재산권은 재판 절차 등에서의 복제, 정치적 연설 등의 이용, 학교 교육목적 등에의 이용, 시사 보도를 위한 이용, 공표된 저작물의 인용, 영리를 목적으로 하지 않는 공연·방송, 사적 이용을 위한 복제, 도서관 등에서의 복제, 시험문제로서의 복제, 시각장애인 등을 위한 복제, 방송사업자의 일시적 녹음·녹화, 미술저작물 등의 전시 또는 복제, 번역 등에 의한 이용 등의 경우 외에는 저작재산권자의 허락 없이 저작물을 자유로이 사용할 수 있다.

저작재산권의 보호기간은 저작자가 생존하는 동안과 사망 후 50년간 존속한다. 다만, 저작자가 사망 후 40년이 경과하고 50년이 되기 전에 공표된 저작물의 저작재산권은 공표된 때로부터 10년간 존속한다. 저작재산권의 양도·행사·소멸에 있어 저작재산권은 전부 또는 일부를 양도할 수 있으며, 다른 사람에게 그 저작물의 이용을 허락할 수 있다.

저작재산권은 재산권자가 상속인 없이 사망하여 법률의 규정에 따라 국가에 귀속되는 경우, 재산권자인 법인 또는 단체가 해산되어 법률의 규정에 따라 국가에 귀속되는 경우에는 그 권리가 소멸된다.

저작물 이용의 법정 허락에 있어 누구든지 대통령령이 정하는 기준에 해당하는 상당한 노력을 기울였어도 공표된 저작물(외국인의 저작물은 제외)의 저작재산권자나 그의 거소를 알 수 없어 그 저작물의 이용허락을 받을 수 없는 경우에는 대통령령이 정하는 바에 따라 문화체육관광부장관의 승인을 얻은 후 문화체육관광부장관이 정하는 기준에 의한 보상금을 공탁하고 이를 이용할 수 있다.

저작권자는 그 권리를 침해하는 자에 대하여 침해의 정지를 청구할 수 있으며, 그 권리를 침해할 우려가 있는 자에 대하여 침해의 예방 또는 손해배상의 담보를 청구할 수 있다. 또한 저작권법은 특정사항에 관한 의무위반에 대해서 벌칙으로 제재를 가하고 있다. 다만 형사구제 방법인 저작권침해죄는 침해자를 안 날로부터 6개월 이내에 피해자의 고소가 있어야 소추할 수 있는 친고죄이다.

「저작권법」은 1957년 1월 28일 제정되었고, 1986년 12월 세계저작권협약 등 국제조약 가입과 국제적으로 인정되는 제도의 도입을 위하여 전부 개정되었다. 이후 2003년 7월

저작권 침해 유도 사건

2015년 6월 23일에 공갈, 무고 등의 혐의로 박모(28) 씨가 구속기소 되었다. 자세히 살펴보니, 가학성 음란물 인터넷 카페에 자신들이 제작한 동영상을 올리도록 유도한 뒤 '저작권을 침해했다'며 고소해 합의금 명목으로 수억 원을 갈취하였다.
조사결과 이들은 카페와 별도로 유료 회원제 사이트를 운영하면서, 이 사이트를 통해 자체 제작한 동영상 80여 건을 유포했다. 그리고 이들은 인터넷 포털 사이트에 자신들이 제작한 동영상을 올린 회원 1천 74명을 고소해 170명으로부터 저작권 침해 합의금 명목으로 1인당 250~300만 원 등 총 3억 2천여 만 원을 갈취한 혐의를 받고 있다.
즉 이들은 이 사이트에서 동영상을 내려 받은 뒤 카페 게시판에 다시 올리면 등급을 올려주겠다며 회원들을 유인한 뒤 변호사를 통해 이들을 고소한 것으로 확인됐다. 등록비만 내면 저작권을 등록할 수 있는 현행 제도를 악용, 3개월 동안 범행을 치밀하게 준비했다고 검찰은 전했다.

자료: 연합뉴스(2015. 6. 23.).

DB제작자 보호와 온라인서비스 제공자의 책임범위 명확화 등을 위한 개정, 2004년 10월 실연자, 음반제작자에게 전송권을 부여하는 개정, 2006년 12월 공중송신 및 디지털음성 송신 개념 도입과 저작권위원회로의 명칭 변경 및 역할 강화, 불법복제물의 수거·폐기 및 삭제·중단 명령 도입 등을 위한 전부개정, 2009년 4월 「저작권법」과 「컴퓨터프로그램보호법」을 통합하고 온라인불법복제 방지대책 강화를 위한 개정 등이 이루어졌다.

저작권 제도는 기술정보의 발전과 더불어 탄생하고 변화하고 있다. 저작권 제도는 종이의 발명, 인쇄술의 발전 및 컴퓨터 기술의 발전에 의하여 창작자에게 창작 촉진과 더불어 공중의 이용 활성화의 조화를 모색하고 있다.

이에 사이버 국토 건설을 위한 국가차원의 투자와 준비 필요성 강조로, 현실공간을 가상으로 옮기는 '공간정보', 현실과 다른 차원의 '가상세계', 현실에서 가상물체가 표현되는 '증강현실' 등 새로운 가상공간 증가, 그리고 이 공간은 물리적인 영토국가의 권위와 국경이 무의미하고 사이버공간의 창시자(제공자)가 권력을 갖기 때문에 공간 선점의 필요성을 들 수 있다. 또한 사이버 영토와 사이버 라이프가 물리적 현실을 대체하는 것에 관련한

에펠탑에서 찍은 기념사진 SNS 게재 시 벌금형

영국의 어떤 일간지는 2015년 6월 28일(현지시간)에 유럽연합이 세계 각지에서 몰려드는 여행객들은 당국의 허가 없이는 랜드마크를 포함한 공공건물의 사진을 함부로 찍을 수 없도록 제재하겠다고 밝혔다.
허가를 받지 않은 관광객들은 에펠탑 등 유명 건물을 배경으로 하는 셀프카메라 사진 또는 일반 기념사진을 찍는 것은 불법이 아니나, 이를 불특정 다수에게 공개하는 SNS 또는 인터넷 사이트에 올릴 때에는 반드시 허가를 받아야 한다고 한다.
이러한 법안은 상업적인 사진작가들이 무단으로 건물이미지를 사용하는 것을 막기 위함인데, 최근 SNS 등 소셜미디어가 발달하면서 저작권을 위반하는 사례가 늘고 있고 있기 때문이다. 이를 어길 시에는 전문 포토그래퍼뿐만 아니라 일반 관광객도 벌금형 또는 징역형에 처해질 수 있다고 한다.
이 같은 소식이 전해지자, 여기저기서 반발이 일고 있다. 법안 자체가 개인의 자유를 지나치게 억압한다는 것이라고 항의하고 있다. 특히 해당 건물만 찍은 것이 아니라 여행을 기념하기 위해 비상업적인 용도로 기념사진 또는 셀프카메라 사진을 찍는 여행객들에게까지 해당 법규를 적용한다는 점에서 논란이 예상된다.

자료: 헤럴드(2015. 7. 1.).

법·제도적 장치와 부작용 대응 방안 마련이 요구된다. 가상세계에서의 '불법행위와 사법권', '경제서비스와 과세', '지식재산권'의 문제 등 사회적, 제도적 합의를 통한 질서 확립과 현실의 삶은 외면한 채, 가상세계 속에서만 살아가는 중독된 삶이나 '전자마약' 등으로 악용될 수 있는 가상공간 부작용의 대응책 준비도 요구된다.

그 외 미래사회에서 소비자와 관련된 이슈는 또 어떤 것이 있을지 생각해 보자.

생각해 보기

1. 미래사회의 변화를 소비자 중심적인 시각에서 예측해 보자.
2. 미래사회의 이슈 중 빅데이터에 대한 정부의 준비는 어떤 것이 있어야 할지 토론해 보자.
3. 미래사회의 이슈 중 모바일 광고의 소비자 측면에서의 효용성은 어떤 것이 있는지 토론해 보자.
4. 미래사회의 이슈 중 새롭게 떠오를 이슈는 어떤 것이 있는지 예측해 보자.

참고자료

국내논문

궁선영(2009). 현대적 소비와 사회질서. 고려대학교대학원 박사학위논문.

김나래(2013). 오프라인과 온라인상의 가격차이 인지와 후회가 이후 구매결정에 미치는 영향. 서울대학교대학원 석사학위논문.

김종호(2013). 빅데이터 시대의 정부의 역할. IT 기획시리즈, 주간기술동향, 14–23.

김현진(2011). 품질인증이 소비자의 구매의도에 미치는 영향에 관한 연구: 제품유형 및 소비자의 관여 유형의 조절적 역할을 중심으로. 숭실대학교대학원 석사학위논문.

김혜연(2014). 소비자의 사회적 책임에 대한 소비자, 기업, 정부 간의 인식. 건국대학교대학원 박사학위논문.

남기화(2011). 모바일 광고 수용과정 분석을 통한 소비자 지향적인 개선방안 연구. 서울대학교대학원 박사학위논문.

류미현·이승신(2013). 공정무역제품 구매태도 및 의도에 따른 정보 요구. 소비자문제연구, 44(1), 1–26.

문필주(2012). 모바일 광고 플랫폼 비교 및 분석. 한국전자통신학회논문지, 7(3), 515–520.

박성용(2010). 인터넷광고와 소비자보호. 한국소비자원, 소비자정책동향, 12, 1–17.

박정훈(2014). 홈쇼핑 시장의 환경변화에 따른 TV 홈쇼핑 방송 편성정책의 다양성 연구–GS샵을 중심으로. 고려대학교대학원 석사학위논문.

손상희·김경자·나종연·최신애(2010). 녹색소비역량의 구성체계와 측정지표에 관한 연구. 소비자정책교육연구, 6(3), 95–119.

송인숙(2005). 소비윤리의 내용과 차원정립에 관한 연구. 소비자학연구, 16(2), 37–55.

심영(2010). 소비자의 사회적 책임에 관한 연구. 소비자학연구, 20(2), 81–119.

양용석(2010). 해외 개인정보보호 관련법과 제도의 동향. 주간기술동향, 통권1443, 18–29.

양재강(2014). 소비자의 혁신성과 가치관이 친환경 제품 구매의도와 구매행동에 미치는 영향. 세종대학교대학원 박사학위논문.

옥경영·한상만(2009). 온라인커뮤니티 네트워크에서 하위네트워크의 특성이 정보의 초기 확산에 미치는 영향에 관한 연구. 소비자학연구, 20(1), 37–64.
옥정원(2015). 공정무역제품에 대한 소비자 인식의 구조적 관계에 관한 연구. 경영과 정보연구, 34(1), 143–162.
우윤재·여윤경·차은영(2004). 소비자상품테스트지의 상품품질정보에 대한 국제 간 비교순서. 소비문화연구, 7(2), 47–64.
유두련(2012). 대학생소비자의 녹색소비행동영향요인에 관한 연구. 소비자정책교육연구, 8(4), 1–24.
유문(2014). 소셜커머스의 특성이 재구매 의도에 미치는 영향에 관한 연구. 고려대학교대학원 석사학위논문.
유재성(2009). 정보시스템 분석 및 설계단계에서의 개인정보보호 감리 방법에 관한 연구. 건국대학교 석사학위논문.
이가은(2014). 소셜미디어를 활용한 패션 브랜드 마케팅에 관한 연구. 중앙대학교대학원 석사학위논문.
이경아(2009). 시장의 변화와 소비자 역할. 소비자문제연구, 9(21), 1–27.
이광래(2000). 기업의 사회적 책임. 제주관광대 논문집, 6, 139–158.
이나겸·김기진·변광인(2014). 기혼여성의 외식업체에 대한 SNS구전정보 수용과정과 행동의도 형성과정에 관한 연구–부산지역을 중심으로. 한국조리학회지, 20(6), 159–174.
이동녘(2010). 개인정보보호를 위한 정보시스템 보안감사 방법에 관한 연구. 명지대학교대학원 석사학위논문.
이윤재·이한석(2012). 온라인쇼핑몰의 사회적 지원기능이 고객태도에 미치는 영향연구: 자기효능감과 소속감 인식을 중심으로. 상품학 연구, 30(4), 145–157.
이자성(2007). 일본 개인정보보호법의 체계 및 구성 내용에 관한 고찰. 전자정부법제연구, 2(1), 111–136.
이자성(2007). 일본 지방자치단체의 개인정보보호제도와 법적통제에 관한 고찰–개인정보보호조례를 중심으로. 한국지방자치연구, 9(3), 123–144.
이정진(2005). 정보와 신념 그리고 경제적 합리성, 인문노총, 53, 65–101.
이준호(2008). 인터넷광고의 현황과 주요 이슈. 정보통신정책연구원 연구보고서.
전은정·김학범·염홍열(2012. A). 유럽의 개인정보보호 법·제도 동향. 정보보호학회지, 22(2), 58–72.
전은정·김학범·염홍열(2012. B). 일본·중국의 개인정보보호 법·제도 동향. 정보보호학회회, 22(5), 90–105.
전은정·김학범·염홍열(2013). 각국의 개인정보보호법·제도 분석을 통한 잊혀질 권리에 관한 연구–기술적 대응방안을 중심으로. 순천향대학교대학원 박사학위논문.
정태연(2011). 스마트시대의 모바일 광고 전망. 한국방송통신전파진흥원, 방송통신전파저널(Journal

of Communications & Radio Spectrum), 37, 48–54.
정하명(2014). 정보공개제도에서 개인정보보호에 관한 논의의 발전–한국과 미국에서의 정보공개에서 개인정보보호를 중심으로. 공법연구, 42(3), 31–51.
천경희(2014). 지속가능한 발전을 위한 소비생활방식 연구–공동체 화폐운동을 중심으로. 소비자정책교육연구, 10(3), 165–193.
최호웅(2014). 기업의 개인정보보호에 관한 연구. 동국대학교대학원 석사학위논문.
KAA(2013). 2013 광고산업 발전을 위한 제언.
현소은(2009). 착한소비(윤리적소비)와 공정무역(대안무역). 마케팅, 43(11), 7–10.
황의수(2006). 개인정보침해유형에 따른 개인정보보호의 제도에 관한 연구. 고려대학교대학원 석사학위논문.

국내문헌

강성안(2013). 불확실성하 의사결정. 두남.
강태욱(2014). 개인정보침해사고의 유형분석과 대응방향. 한국CPO포럼 2014년 발표자료.
경남테크노(2009). 미리 가본 2018년 유엔 미래보고서.
김경환·이상우(2010. 11. 08.). 개인정보보호법(안)의 주요 내용과 보험 산업에의 시사점. KiRi Weekly(보험연구원 주간이슈).
김기옥·김난도·이승신(2004). 디지털 사회의 소비자정보론. 시그마프레스.
김도년·박희주(2014). 소비자 개인정보수집에 관한 개선방안 연구. 한국소비자원, 정책연구 14–16.
김시월(2007). 소비자가 세상을 움직인다. 건국대학교출판부.
김영신·강이주·이희숙·정순희·허경옥(2009). 새로 쓰는 소비자 의사결정. 교문사.
김영신·강이주·이희숙·허경옥·정순희(2000). 소비자 의사결정. 교문사.
김영신·서정희·송인숙·이은희·제미경(2012). 소비자와 시장환경. 시그마프레스.
김영신·이희숙·유두련·강성진·김성숙(2014). 소비자와 함께하는 소비자법과 정책. 교문사.
김영신·이희숙·유두련·이은희·감상욱(2002). 소비자정보 관리의 이해. 시그마프레스.
김재필·허정욱·성민현(2011). 국내 모바일 광고 시장 및 플랫폼 사업 동향. KT 경제경영연구소.
김철환(2011). 소셜커머스 신뢰가 돈이 되는 사람중심 상거래 혁명. 블로더앤미디어.
김형수·김영걸(2014). 고객관계관리 전략 원리와 응용. 도서출판 영.
김환표(2013). 트랜드 지식사전. 인물과 사상사.
대구경북연구원(2010). 정보화, 과거와 현재. 대구경북연구원.
대한상공회의소(2013). 최근 소비패턴 변화와 기업의 대응 연구보고서.

대한상공회의소(2015). 2015 유통산업백서.
미래창조과학부(2014). 빅데이터 활용 단계별 업무절차 및 기술 활용 매뉴얼. 미래창조과학부.
박명희(1994). 소비자 의사결정론. 학현사.
빅데이터전략연구센터, 한국정보화진흥원(2013). 데이터 기반 국가미래전략을 위한 정책과제 제3호. IT & Future Strategy, 한국정보화진흥원 보고서.
손지연(2014). 빅데이터 시대 소비자정보 프라이버시 보호에 관한 연구. 한국소비자원, 정책연구 14-09.
송태민·송주영(2014). 빅데이터분석방법론. 한나래.
송현수(1999). 고객정보통합시스템 구축실무. KTS정보컨설팅.
아사오카 토오모, 이사이 테츠, 코야마 켄지 공저, 홍성찬 외 공역(2005), CRM에서 CRE로. 영진닷컴.
안광호(2001). 마케팅커뮤니케이션관리. 학현사
안광호 외(2010). 마케팅원론. 학현사.
LG경제연구원(2004). The Future of Competition. LG경제연구원.
LG경제연구원(2007). 미래 비즈니스 혁신의 공간 가상현실.
LG경제연구원(2009). 미래예측기관들이 보는 10년 후 세상.
LG경제연구원(2011). 2011년 대한민국 20대의 가치관과 라이프스타일.
우정(2009). 지식정보사회에서의 정보소비 이론과 실제. 미래한국재단.
이경렬·한상필·박용찬(2010), 모바일 광고 발전 방안에 관한 연구. 한국인터넷광고심의기구(KIADO).
이기춘(1999). 소비자교육의 이론과 실제. 교문사.
이기헌·서의진(2011). 온라인 판매점의 단위가격 표시제 도입방안 조사결과. 한국소비자원 조사보고서.
이득연·배순영·이경아·나광식·지광석·송민수·곽윤영(2013). 제3차 소비자정책 기본계획 수립 연구. 한국소비자원, 정책연구 13-03.
이대용·이상빈 역(1998). 소비자행동론. 영풍문고.
이문규·안광호(2011). 소비스마케틱과 매니지먼트. 집현재.
이종수(2009). 행정학사전. 대영문화사.
인터넷진흥원(2013). 2013 개인정보분쟁조정 사례집.
정기영(2009). 경영정보시스템개론. 도서출판 명진.
정두남·이시훈(2008). 모바일산업의 현황과 전망: 모바일 광고마케팅을 중심으로. 한국방송광고공사.
정민규·김병곤(2013). 자본구조 의사결정의 이해. 한국학술정보.

정보통신정책연구원(2008). 방통융합에 따른 개인과 기업의 경제활동 변화. 정보통신정책연구원 보고서.
정보통신정책연구원(2009). 컨버전스 시대의 경제 패러다임 변화 연구. 정보통신정책연구원.
정보통신정책연구원(2013). 스마트광고 시장성장에 따른 이용자측면의 규제정책 방향 연구. 방송통신정책연구 13-진흥-087.
정순희(2007). 소비자학. 신정.
정지선·은혜진·김연철(2009.10.20.). 트렌드로 보는 미래사회의 5대 특징과 준비과제. IT & Future Strategy 8.
조동기 역(2007). 정보사회이론. 나남.
조윤희(2013). 정보사회론. 신지원.
조일상·나윤정·서라벌(2012)의 모바일 광고 산업통계 및 이용자 행태 조사. 한국인터넷진흥원(KISA).
차태훈(2013). 정보와 소통-소비자의 해석과 선택. 박영사.
채서일(2001). 마케팅조사론. 학현사.
채정숙·유두련·김정희(2004). 정보사회의 소비자와 시장. 신정.
채정숙·유두련·김정희(2010). 정보화사회의 소비자와 시장. 신정.
천경희·홍연금·윤명애·송인숙(2010). 착한소비 윤리적소비. 시그마프레스.
최동수(2007). 정보사회의 이해(제4판). 법문사.
컴퓨터인터넷IT용어대사전(2011). 일진사.
한국국제협력단(KOICA. 2000). 국제개발협력용어집.
한국국제협력단(KOICA. 2012). 국제개발협력용어집.
한국온라인쇼핑협회(2012). 2011 온라인쇼핑 결산과 전망.
한국온라인쇼핑협회(2013). 2013 온라인쇼핑 시장에 대한 이해와 전망.
한국온라인쇼핑협회(2014). 2014 온라인쇼핑 시장에 대한 이해와 전망.
한국전산원(2004). 공공부분 콜센터 도입전략. 한국전산원.
한국정보보호진흥원(2013). 2013 개인정보분쟁사례집.
한국정보화진흥원(2010). 디지털 시대의 사회통합을 위한 전략 및 시사점.
한국정보화진흥원(2010). 정보화 패러다임 전환에 따른 새로운 정보격차 해소방안 연구.
한국정보화진흥원(2010). 한국사회의 15대 메가트렌드: Meta Analysis.
한국정보화진흥원(2013). 2013년 10대 국가정보화 트렌드-2012년 IT 트렌드 평가와 2013년 IT 트렌드 전망-. 한국정보화진흥원 보고서.
허경옥(2000). 정보사회와 소비자. 교문사.
현대경제연구원(2009). 녹색 소비가 녹색 성장의 원동력이다- 일본의 녹색 소비 전략과 시사점.

황승구 외(2013). 빅데이터 플랫폼 전략. 전자신문사.

국외논문 및 문헌

Akerlof, G. A.(1970). The Market for 'lemons': Quality Uncertainty and the Market Mechanism. *Quarterly Journal of Economics*. 84(4), 488–500.

Block, L. and Keller, P.(1995). When to accentuate the negative: The effects of perceived efficacy and message framing on intentions to perform a health–related behavior. *Journal of Marketing Research*, 32(2), 192–203.

Broniarczyk, S. M. & Griffin, J. G.(2014). Decision Difficulty in the Age of Consumer Empowerment. *J. of Consumer Psychology*, 19, 2–16.

Deloitte Consulting(2009). *Social CRM*. Deloitte Consulting.

Feather, F.(2000). *Future Consumer*. Warwick Publishing.

Garman, E. T.(1995). *Consumer Economic Issues in America*. Dame Publications, Inc.

Hoffman, D. L. & Thomas, P. N.(1996). *Marketing in hypermedia computer– mediated environments: conceptual foundations. Journal of Marketing*. 60(July), 50–68.

Kahneman, D. & Tversky A.(1979). Prospect Theory: An Analysis of Decision under Risk. *Econometrica*, 47(2), 263–281.

Kahneman, D. and Tversky A.(1983). Choices, Values, and Frames. *American Psychological Association*, 39(4), 341–350.

Klayman, J. & Ha, W. Y.(1987). Confirmation, disconfirmation, and information in hypothesis testing. *American Psychological Association*, 94(2), 211–228

Maynes, E. Scott(1976). *The Concept and Measurement of Product Quality, Household Production and Consumption*, ed., Nestor Terleckyj, ed., New York: National Bureau of Economic Research, 529–560.

META Group(2001). *Integration: Critical Issues for Implementing of CRM* Solutions. META Group.

OECD(2011). *Greening household behaviour: The role of public policy*. Paris: OECD.

Smith, S. M. & Petty, R. E.(1996). Message framing and persuasion: A message processing analysis. *Personality and social psychology bulletin*, 22(3), 257–265.

Shapiro, C. & Varian, H.(1999). *Information Rules: A Strategic Guide to the Network Economy*, Boston, Harvard Business School Press.

Stanovich, K. E(1999). *Who is Rational? Studies in Individual Differences in ReasoningMahwah*, NJ: Laurence Erlbaum Associates.

Stigler, George J.(1961). The Economics of Information. *The Journal of Political Economy*, 69(3), 213–225.

Thaler, Richard (1985). Mental Accounting and Consumer Choice. *Marketing Science*, 4(3), 199–214.

Tversky A. & Kahneman, D.(1974). Judgment under Uncertainty: Heuristics and Biases Science. *New Series*, 185(4157), 1124–1131.

웹사이트

경상북도 소비자보호센터 홈페이지. consumer.gb.go.kr.

공공기관경영정보 공개시스템 홈페이지. www.alio.go.kr.

공정거래위원회 홈페이지. www.ftc.go.kr

개인정보보호 종합지원포털 홈페이지. www.privacy.go.kr.

국가기록원. www.archives.go.kr.

국립농산물품질관리원. 친환경농산물제도. www.nasq.go.kr

기획재정부 홈페이지. www.mosf.go.kr.

네이버 블로그. blog.naver.com/jjinyy?Redirect=Log&logNo=120122027887.

대검찰청 블로그. spogood.tistory.com.

대중문화사전. terms.naver.com/list.nhn?cid=42028&categoryId=42028&so=st4.asc.

두산백과. terms.naver.com/list.nhn?cid=40942&categoryId=40942.

미래창조과학부 홈페이지. www.msip.go.kr.

시사경제용어사전. terms.naver.com/list.nhn?cid=43665&categoryId=43665.

시사상식사전. terms.naver.com/list.nhn?cid=43667&categoryId=43667.

식품의약품안전처 홈페이지. www.mfds.go.kr.

에너지관리공단 홈페이지. bpms.kemco.or.kr

SK에너지 컴퍼니 블로그. blog.skenergy.com.

AFN(Asia Fairerade Network). www.asiafairtradeshop.net.

위키백과(2015), 정보화사회. ko.wikipedia.org.

축산물품질평가원 홈페이지. www.ekape.or.kr

최규청의 communication 2.0. comm20.tistory.com.

한경 경제용어사전. s.hankyung.com/dic.
한국소비자원 홈페이지. www.kca.go.kr.
한국소비자원 소비자위해감지시스템. www.isafe.go.kr.
한국인터넷진흥원 홈페이지. privacy.kisa.or.kr.
해양수산부 블로그. blog.naver.com/koreamof.
행정자치부 홈페이지. www.mogano.go.kr.

신문기사 및 TV뉴스

네이버뉴스(2015. 7. 7.). 불안한 사회와 개인정보 유출.
뉴스1(2015. 5. 14.). 경찰대신 범인 잡는 CCTV… 검거실적 272.3% 증가.
데일리팝(2015. 7. 8.). 정보보호의 날, 개인정보 유출 주의·신고 필요.
동아일보(2015. 7. 3.). 삼천리자전거. 유아용 안전사고에 리콜.
디지털타임스(2015. 4. 27.). 개인정보수집 '홈플러스' 과징금.
디지털타임스(2015. 6. 25.). 축소된 '정보윤리' 업무 위상 강화해야.
디지털타임스(2015. 7. 8.). 정부 '메르스·그리스 사태로 경제위험요인 증폭'.
매경헬스(2015. 7. 7.). 빅데이터. 의료진에게 환자 치료 방향까지 제시한다.
매일일보(2015. 7. 12.). 정보유출 배상책임보험 시장 확대, 구색 맞추기 논란, 최대 3조 규모, '가입기준 금액 낮아 영향력 없을 것'.
물류신문(2015. 7. 6.). 중국 파워블로거. 한국 수산물 홍보한다.
미디어다음(2015. 6. 28.). 취미 그 이상 스마트폰 영화 돌풍.
시민일보(2015. 5. 31.). 서대문구. CCTV로 취객털이범 검거 기여.
연합뉴스(2015. 5. 1.). 고객 15만 명 정보 무단사용 SKT에 벌금 5천만 원 구형.
연합뉴스(2015. 6. 23.). 저작권침해 유도.
온라인 중앙일보(2015. 3. 14.). 휴대폰 충전기 사고 급증, '안전사고 예방 대책은'.
전자신문(2014. 6. 4). 소셜커머스, '성장통 vs 출혈' 그 결과는.
한국경제(2015. 4. 10). 넌 아직도 페북만 쓰니? 이젠 세컨드 SNS 시대, '인스타그램' 인기몰이.
헤럴드 기사(2015. 7. 1.). 에펠탑서 셀카 찍어 SNS 올리면 벌금, 왜?
YTN뉴스(2015. 6. 25.). 유명 보험사 대리점 이력서 정보 유출.

찾아보기

ㄱ

ㄴ

ㄷ

ㄹ

ㅁ

ㅂ

ㅅ

ㅇ

ㅈ

ㅎ

저자 소개

김영신
서울대학교 생활과학대학 소비자학과 졸업
서울대학교 대학원 졸업(석사, 박사, 소비자학 전공)
캐나다 University of British Columbia 객원교수
미국 Ohio State University 교환교수
한국소비자원 원장 역임
현재 충남대학교 소비자생활정보학과 교수

이희숙
충북대학교 사범대학 가정교육과 졸업
서울대학교 대학원 졸업(석사, 소비자학 전공)
미국 Oregon State University(박사, 소비자학 전공)
충북대학교 생활과학대학장 역임
현재 충북대학교 소비자학과 교수

김시월
건국대학교 소비자주거학과 졸업
건국대학교 대학원 졸업(석사, 박사 소비자학 전공)
Research Intern of East-West Center in Hawaii State University
일본, 오차노미즈여자대학, 요코하마국립대학 해외파견교수
캐나다 University of British Columbia 해외파견교수
현재 건국대학교 상경대학 소비자정보학전공 교수

옥경영
숙명여자대학교 경상대학 소비자경제학과 졸업
숙명여자대학교 대학원 졸업(석사, 소비자경제정책 전공)
성균관대학교 대학원 졸업(박사, 소비자정보 전공)
미국 Massachusetts Institute of Technology(Post. Doc, Consumer Information)
현재 숙명여자대학교 소비자경제학과 조교수

서인주
상명대학교 사범대학 가정교육과 졸업
상명대학교 대학원 졸업(석사, 박사, 소비자학 전공)
한국소비생활연구원 선임연구원 역임
현재 상명대학교 소비자주거학과 조교수

핵심 소비자정보관리

2015년 8월 28일 초판 인쇄 | 2015년 9월 4일 초판 발행

지은이 김영신 · 이희숙 · 김시월 · 옥경영 · 서인주 | **펴낸이** 류제동 | **펴낸곳 교문사**

편집부장 모은영 | **책임진행** 김소영 | **디자인** 신나리 | **본문편집** 김재은

제작 김선형 | **홍보** 김미선 | **영업** 이진석 · 정용섭 · 진경민 | **출력** 현대미디어 | **인쇄** 동화인쇄 | **제본** 한진제본

주소 (10881)경기도 파주시 문발로 116 | **전화** 031-955-6111 | **팩스** 031-955-0955

홈페이지 www.kyomunsa.co.kr | **E-mail** webmaster@kyomunsa.co.kr

등록 1960. 10. 28. 제406-2006-000035호

ISBN 978-89-363-1520-7(93330) | 값 24,000원

* 잘못된 책은 바꿔 드립니다.